Matthias Recktenwald

Matthias Recktenwald

Ein amerikanischer Mythos

Einbandgestaltung:
Luis Dos Santos unter Verwendung von Vorlagen
des Autors.

Bildnachweis:
Soweit nicht anders vermerkt, stammen alle Fotografien und
Zeichnungen vom Verfasser.

Eine Haftung des Autors oder des Verlages und seiner
Beauftragten für Personen-, Sach- und Vermögensschäden ist
ausgeschlossen.

ISBN 3-613-02320-2

1. Auflage 2003
Copyright © by Motorbuch Verlag,
Postfach 103743, 70032 Stuttgart.
Ein Unternehmen der Paul Pietsch-Verlage
GmbH & Co.

Nachdruck, auch einzelner Teile, ist verboten. Das Urheberrecht
und sämtliche weiteren Rechte sind dem Verlag vorbehalten.
Übersetzung, Speicherung, Vervielfältigung und Verbreitung einschließlich Übernahme auf elektronische Datenträger wie
CD-ROM, Bildplatte usw. sowie Einspeicherung in elektronische
Medien wie Bildschirmtext, Internet usw. ist ohne vorherige
schriftliche Genehmigung des Verlags unzulässig und strafbar.

Lektor: Martin Benz
Innengestaltung: Viktor Stern
Scans: digi bild reinhardt, 73037 Göppingen
Druck: Schwertberger GmbH, 86687 Kaisheim
Bindung: Conzella, 84347 Pfarrkirchen
Printed in Germany

Inhalt

Einleitung 6

Bowie-Terminologie 9

Die ersten Bowie-Messer 18
    Das Ur-Bowie 18
    Das Fowler-Bowie 23
    Die Schively-Bowies 25
    Das Forrest-Bowie 28
    Das Moore-Bowie 30
    Das Musso-Bowie 32
    Die James Black-Debatte 34
    Das Seguin-Bowie 38

James Bowie 40
    Herkunft und Jugend 40
    Der Sklavenhändler 43
    Der Spekulant 46
    Die verlorene San Saba-Mine 47
    Bowie und der texanische
    Unabhängigkeitskrieg 49
    Bowies Ende 56

Das Bowie-Messer als Waffe 61
    Der Kampf in Bailey's Hotel 62
    Bowie rüstet sich 63
    Die Vorgeschichte des Duells 63
    Der Kampf auf der Sandbank 65
    Bowie als Duellant 67
    Bowie-Messer als Duellwaffen 69
    Die Hintergründe des Bowie-Booms 71

Entwicklung und Siegeszug der Bowie-Messer 77
    Frühe handgefertigte Bowies 82
    Klassische Sheffield-Bowies 85
    Cowboy-Bowies 99
    California-Bowies 103
    Militär-Bowies 107
    Moderne zivile Bowies 116

Historische Repliken und Fälschungen 143

Einige Datierungshilfen für Bowie-Messer 152

Nutzen, Pflege und Umgang 155

Scheiden für Bowie-Messer 168

Hersteller von A bis Z 181

Anhang
    Bowie-Chronologie 218
    Anschriften 220
    Literatur 221

Einleitung

Der Name *Bowie* hat den gleichen sagenhaften Klang wie diejenigen von Colt und Winchester: Er bezeichnet eine Waffenart, die sich aus der amerikanischen Pionierzeit nicht wegdenken lässt. Und wie eine kleine Umfrage zeigte, kann nahezu jedermann den Begriff »Bowie-Messer« zeitlich und geographisch zuordnen. Doch wissen selbst Historiker und Messerspezialisten nicht mit letztgültiger Sicherheit, wer das Bowie-Messer erfunden hat. Fest steht hingegen, dass der Mann, dessen Namen diese Blankwaffen-Art trägt, nicht der Konstrukteur war. Doch koppeln unlösbare Bande sie mit dem abenteuerlichen Schicksal von Oberst James Bowie. Er verteidigte mit seinem Messer in einem weithin berühmten Handgemenge sein Leben gegen mehrere Gegner, er nahm es mit bei seinen ausgedehnten Streifzügen durch Arkansas, Louisiana, Texas und Mexiko, er zog damit auf der Suche nach einer verschollenen Silbermine in das Land der Indianer. Und natürlich führte er eine solche Klinge, als er im Jahre 1836 während des texanischen Unabhängigkeitskrieges bei der Belagerung des Alamo in San Antonio de Bexar sein Leben ließ. Wegen seiner Rolle in dieser Feste gilt er neben William Barret Travis und David Crockett als Nationalheld des US-Staates mit dem einsamen Stern. Und die von der Legende weit überhöhten Fährnisse seines Lebens führten zu einem Ansturm auf *»Messer wie das von Jim Bowie«*.

Der Begriff *»Bowie Knife«* ist seitdem untrennbar mit jener Romantik verbunden, die mit der atemberaubend turbulenten Epoche der amerikanischen Westwanderung einhergeht – mit Fluss-Schiffern, Plantagenbesitzern, Jägern, Fährtensuchern, Eroberern, Glücksspielern, Goldgräbern, Cowboys, Sheriffs und Banditen. Wer ein Bowie-Messer erwarb, der kaufte stets ein Stück des damit verbundenen abenteuerlichen Nimbus mit. Bis heute hat sich für die Masse der Käufer daran nichts geändert. Darüber hinaus erblicken viele Sammler darin auch ein antikes Objekt mit einer garantiert zuverlässigen Wertsteigerung, die selbst gewiefte Börsianer und Aktienjongleure vor Neid erblassen lässt. Schon seit Jahren nämlich schießen die Preise für originale *Americana* förmlich durch die Decke – nebst alten Waffen, Sätteln, Hüten, Lederartikeln und anderen Gegenständen aus dem *far west* betrifft dies auch die Messer mit dem alten schottischen Namen. Einige davon

Matthias Recktenwald
F.J. Recktenwald Filmproduktion, München

erbrachten bei US-Auktionen bereits Erträge, für die es in Deutschland ein durchaus stattliches Eigenheim gibt.

Freilich ist dieser Schneidwarentyp längst aus seinem angestammten Territorium herausgetreten, ja mehr noch: Als sich vor gut fünf Jahrzehnten einige erfolgreiche Bücher sowie ein vielbeachteter Hollywood-Film mit Mann und Messer befassten, da verlangten begeisterte Fans wieder nach *Bowie-Knives*. Als Folge erlebte die Welt die Renaissance des handgefertigten Messers und eine Wiederbelebung alter Klingenschmiedetechniken. Die in aller Welt verstreuten, auf Einzelstücke spezialisierten »Knifemaker«, die großen Messerbörsen von Atlanta, New York, Paris, München oder Lugano sowie die internationale Gemeinde der Messer-Enthusiasten – für all dies bildete das Bowie vor gut fünfzig Jahren den Auslöser. Die Meister der Klinge und der Esse würdigten das auf ihre Art und schufen prachtvolle Bowies von herausragender Qualität und unglaublichem Variantenreichtum. In all dem zeigt sich das Können, die Schaffensfreude und die Individualität von Menschen aller Kontinente: Die Begeisterung für das Bowie als Objekt künstlerischen Schaffens ist völkerverbindend.

Natürlich gibt es Fachliteratur – akribisch recherchiert, brillant geschrieben und exzellent bebildert. Doch haben diese Werke alle einen Makel: Sie sind in englischer Sprache verfasst. Was fehlt, ist eine ausführliche Beschreibung in unserer deutschen Muttersprache: Es existiert kein Überblick zu dieser Schneidwarenart, deren Ursprünge am Großen Fluss von Nordamerika liegen, deren Historie von märchenhaft anmutenden Legenden wie der des blinden Schmiedes aus Arkansas überwuchert ist und deren Produktion einst zahllose Betriebe im englischen Yorkshire in Lohn und Brot gehalten hat. Dieses Buch will die Lücke schließen. Es will erzählen, wie sich diese Messerart entwickelt hat, wer sie wann und warum geschaffen und gebaut hat – und das noch heute tut. Es geht um die historischen und technischen Vorbilder der Bowies und um ihre unzähligen Varianten. Das Augenmerk liegt auch auf dem Schicksal jener verwegenen Männer, die dem Messer den Namen gaben: die Brüder James und Rezin Pleasant Bowie. In diesem Buch ist daher auch die Rede von Piraten und Schatzsuchern, von Duellanten und von Freiheitskämpfern. All dies ist ein Teil der Geschichte und vereinigt sich in jenem Nimbus, der sich in der texanischen Folklore untrennbar an die Person des Jim Bowie knüpft.

Wer nie an Mythen geglaubt und von Abenteuern geträumt hat, der möge dieses Buch zur Seite legen. Alle anderen sind herzlich eingeladen, den Spuren der Bowie-Messer und den Zeugnissen ihrer erstaunlichen Wandlung vom Kampfgerät zum Gegenstand kunsthandwerklichen Schaffens zu folgen.

Vorab sei noch jenen gedankt, ohne die sich dieses Buch nicht hätte verwirklichen lassen:

Meiner Familie, die trotz schwerwiegender Probleme all das mit dem Schreiben eines Buches verbundene Ungemach ertrug und half, wo es nur irgendwie ging. Meinen Brüdern, die bereitwillig Modell standen. *Martin Benz* vom Motorbuch-Verlag, der das Thema anregte und mit Engelsgeduld seinen Werdegang begleitete. Allen in diesem Buch genannten *Custom-Knifemakern* sowie den Mitgliedern der deutschen Messermachergilde, die immer mit Rat und Tat zur Seite standen, zu ihren Jahrestreffen einluden, ihr Wissen teilten und ihre Meisterwerke zwecks Fotografie zur Verfügung stellten. Hier darf der Verfasser zudem einige Personen gesondert erwähnen: *Ulrich Hennicke* und *Daniel Jeremiah Boll* verschafften an zwei Tagen einen einmaligen Einblick in die Kunst des Schmiedens und damit eines der ältesten Handwerke des Menschen überhaupt –

Der Verfasser mit seinem Bruder Michael.
F.J. Recktenwald Filmproduktion, München

Jungs, danke, dass ihr euch die Zeit genommen habt. Den Bowieanern *Gerhard Haats*, *Wolfgang Dell* und *Jockl Greiß*, die berieten, diskutierten und gutes Fotomaterial beisteuerten. Und *Jozsef Fazekas*, von dem der Autor eins der schönsten Stücke seiner kleinen Privatsammlung erhielt.

Der Verfasser konnte auf diverse Messersammlungen und -sortimente zurückgreifen, als da wären die Kollektionen von *Dirk Bollmann, Hartmut Burger, Horst Eckstein, Andreas Rombach, Harvey Silk* und *H.H. »Tex« Weber* – sie alle überließen leihweise ihre wertvollen Messer mit einem Vertrauen, das schlicht sprachlos machte: Danke. Herr Eckstein beriet zudem beim Anfertigen der in diesem Buch enthaltenen Zeichnungen. Herr Burger organisierte seltene und vergriffene Bücher. Die *Firma Butterfields* in Kalifornien, die den Autor mit ihren aufwändigen Katalogen bemusterte und bei der Bildauswahl weiterhalf. Die Messerfachhändler *Markus Schwiedergoll* aus Mönchengladbach sowie *Bernd Rathey* aus Ottweiler stellten aus ihrem Fundus eine Reihe seltener und ausgefallener moderner Bowies zur Verfügung, Herr Rathey half darüber hinaus ebenfalls mit kaum erhältlicher Literatur weiter. Den Firmen *Carl Linder Nachfahren, C. Jul. Herbertz, Haller Stahlwarenhaus, Böker Baumwerk, Horst Trigatti*, welche Realstücke, Fotos und Bild-CD bereitstellten. Auf kunstvollste Lederbearbeitung spezialisierte Fachleute wie *Ulrich Look, Willi Baumann* und *Andreas Rombach* lieferten wertvolle Hinweise zum Thema »Messerscheiden *Do-it-yourself*«. Dem Autorenkollegen *Dietmar Pohl*, Marketingleiter bei Heinrich Böker Baumwerk in Solingen, der rare Fotos beschaffte und immer mit Rat und Tat zur Verfügung stand. *Harald Cech*, einem Experten in der Geschichte des amerikanischen Westens und des revolutionären Texas, der eine wundervolle Aufnahme aus San Antonio beisteuerte. Und natürlich den Kollegen vom *VISIER-Team* der Vogt-Schild Deutschland GmbH in Bad Ems, die geduldig die Klagen des Kollegen ertrugen, wenn wieder einmal sein Schaffensfluss stockte.

Den Kameraden aus der Western-Szene: *Uwe Sünderhauf* und *Dr. Norbert Häfner*, die den Autor bei diversen Schießwettbewerben mit ihren guten Stücken zum Knipsen von dannen ziehen ließen. Den Leuten vom »Council«: *Anja* und *Ellen, Mac* und *Isi* von den *Rangers*, dem Freundeskreis rund ums Drei-Mädel-Lager, dem *Jones-Clan: Sam, Chris, Angelina* und *Jeremy; Jonny* von den *Wyomings, Don Graham, Sam Nash, Monty, Alamo, Mike* und dem *Judge*, welche ebenfalls freizügig ihre Messer und die passenden Utensilien zum Fotografieren zur Verfügung stellten und sich auch auf fruchtbare Fachdiskussionen zu dem Thema einließen.

Den Fotografen *Michael Schippers* aus Winden und *Arno Recktenwald* aus Marpingen, die nicht mit fachlichem Rat geizten und bei der Auswahl der Fotoausrüstung entscheidende Ratschläge erteilten. *Franz-J. Recktenwald* von der *Filmproduktion Recktenwald* in München, der bei einigen Aufnahmen Hilfestellung leistete und leihweise Ausrüstung zur Verfügung stellte. Dem Grafiker *Gary Zens* für seine unverzichtbare Unterstützung bei der Erstellung digitaler Bilddaten. *Alexander Tönges* und *Dirk Bartling*, die stets unverzagt und auch mal recht kurzfristig bei Problemen mit dem Rechner halfen.

Ihnen und allen nicht namentlich Genannten:
Auf dass eure Schatten niemals kürzer werden und euer Geist nie zwischen den Winden gehen muss!

Im Januar 2003   **Matthias Recktenwald**

Bowie-Terminologie

Seit nunmehr 17 Jahrzehnten bezeichnet der Begriff *Bowie Knife* eine Vielfalt von unterschiedlich geformten Schneidwaren einschließlich Blankwaffen. Zum besseren Verständnis seien daher zuerst die wichtigsten Fachbegriffe erläutert. Manch einer tut sich zudem beim Lesen amerikanischer Fachliteratur schwer – deswegen werden auch wichtige englischsprachige Begriffe übersetzt und erklärt. Zuerst aber sei erläutert, wo hier oben, unten, hinten und vorn ist. Dazu führte der US-Fachmann Harold L. Peterson schon vor gut 50 Jahren aus: *»Ein Messer beschreibt man in horizontaler Position mit nach unten gerichteter Schneide. Der Griff zeigt aus Sicht des Betrachters zur linken, die Spitze zur rechten Hand. Befindet sich das Messer in der Stellung, dann ist die zum Betrachter liegende Seite des Messers ihm zugewandt, die andere [also die verdeckt liegende Seite – d. Verf.] abgewandt. Alles, was zur Spitze hin zeigt, ist vorn, alles was zum Griff hin zeigt, liegt hinten.«*

Es gibt zwei Begriffe, welche das komplette Ding bezeichnen: *Messer* (englisch: **knife**) und *Dolch* (englisch: **dagger**). Ein Messer ist ein Gerät zum Schneiden, Schnitzen, Hacken und Hauen. Ein Werkzeug. Damit zertrennt man hauptsächlich vergleichsweise weiche Materialien. Das umfasst eigentlich alles, was nicht aus Stein, Metall oder Hartholz besteht. Ein Dolch ist gedacht zum Stechen und Durchstoßen von hartem Material, meist eine Waffe, sowohl militärisch wie auch zivil vor allem zu Nahkampfzwecken benutzt. Messer und Dolch unterscheiden sich in ihren beiden wesentlichen Bestandteilen nicht. Der eine dient zum Arbeiten – das ist die *Klinge*. An dem anderen hält dabei die Hand das Messer fest und führt es – das ist der *Griff*.

Zur *Klinge*, von manchen Autoren alternativ auch als *Blatt* oder *Klingenblatt* bezeichnet. Auf englisch heißt die Klinge **blade**. Genau genommen bestehen Klingen aus der *Angel* (oder dem *Erl*) sowie dem *Klingenblatt*. Grob formuliert ist das Klingenblatt alles, was vor dem Griffanfang liegt. Insgesamt lässt sich das in drei Partien unterteilen: Das vordere Drittel heißt *Klingenschwäche*, das mittlere *Klingenmitte* und das hintere *Klingenstärke*. Am vorderen Ende des Klingenblattes liegt der *Ort* oder die *Spitze* (englisch **point**). Mitunter finden sich in den Spiegeln des Blattes eine oder mehrere längslaufende, wannenartige Vertiefungen. Sie dienen der Verstärkung des Blattes und heißen *Hohlkehle(n)*, oder – falls breiter – *Hohlbahn(en)*. Die Altvorderen nannten das *Kalle* respektive *Gracht*. Hin und wieder stolpert man in dem Zusammenhang über den Begriff *Blutrinne* – die Fachleute streiten trefflich, ob man den verwenden darf oder nicht. Hat man eine eckige Längsvertiefung im Blatt, dann spricht man von *Greite*. Im Englischen heißt all das einfach nur **fuller**. Liegen zwei dieser Elemente nebeneinander, dann nennt man die dazwischenliegende Kante *Rippe*.

Reine Messer besitzen fast ausschließlich einschneidige Klingen, die von der Seite her asymmetrisch wirken. Unter *Klingenrücken* (englisch: **back**) versteht man die stumpfe, abgeplattete Kante gegenüber der scharfen Seite, man spricht da auch von Rückenklingen. Sind die beiden Klingenrückenkanten zum Teil abgerundet oder abgeschrägt (*beveled*, von *to bevel*: abschrägen), heißt die betreffende Partie im Englischen **swage**. Die scharfe Seite der *Klinge* heißt *Schneide* oder – selten benutzt – *Wate* (englisch **edge**). Ihr *Bauch* (**belly**) ist die entsprechend ausladend gewölbte Partie der Schneide, üblicherweise in der vorderen Hälfte des Blattes zu finden. Die über der Schneide liegenden Flachseiten des Klingenblattes heißen *Spiegel*. Gibt es zwischen der Schneide und dem Spiegel eine Kante, so spricht man vom *Grat*. Findet sich direkt vor dem Anfang des Griffbereichs ein im Querschnitt viereckiges, nicht beschliffenes Feld, dann heißt diese Klingenpartie *Schild*, *Ricasso* oder *Fehlschärfe*. Ab und zu ist der Ricasso schmäler als der geschliffene Teil des Blattes, häufig klafft da auch ein keilförmiger Ausschnitt. Dann gibt es zwischen Ricasso und Schneide immer einen senkrecht oder schräg verlaufenden, absatzförmigen Übergang. Das ist der *Einsatz* (englisch: **choil**). Hier findet sich bei manchen Bowies die *Spanische Kerbe* (**spanish notch**): Ein meist runder, rein dekorativer Durchbruch an der Hinterkante der Schneide. Warum »Spanisch«? Diese Kerbe fand sich bei Dolchen aus dem US-Süden, deren Vorbilder aus dem Mittelmeerraum stammten.

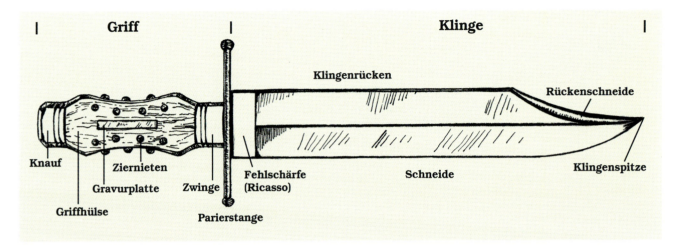

Die Bezeichnung der einzelnen Messerbestandteile. Die Zeichnung zeigt einen Klassiker der frühen Bowie-Ära – ein Messer der in Pennsylvanien ansässigen Firma English & Hubers. Typisch der sanduhrförmige Griff mit den Ziernägeln und die gerade Parierstange. Zeichnung: Verfasser

Die Schneide reicht nicht bis zur Parierstange. Dazwischen befindet sich ein stumpfer Abschnitt: Die Fehlschärfe, auch *Ricasso* genannt.

Die »Spanische Kerbe«.

Liegt die Spitze der Messerklinge auf gleicher Höhe wie der Rücken (respektive leicht darüber oder minimal darunter), spricht man von einer *Rückenspitze* oder *Grootspitze*. Hier ist die Schneide zur Spitze hin meist rund, oft ausladend ausgewölbt. Da all dies ungefähr der Form eines Tropfens entspricht, heißt diese Spitzenart im Englischen ***drop point***. Liegt die Spitze hingegen, von der Flachseite her gesehen, ungefähr in der Mitte der Klinge, dann spricht man von einer *Mittelspitze* (englisch: ***spear point***, also Speerspitze). Als ***trailing point*** bezeichnen die Angelsachsen eine einschneidige Klinge, deren Spitze weit über den Rücken hinausragt und bei der sich die Schneide im

Messer-Klingen. Bei einer liegt die Spitze auf Höhe des geraden Rückens, bei einer neigt sich der Rücken in diesem Bereich leicht nach zur Mitte hin – die klassische Tropfenspitzen- oder *Drop-Point*-Form (links).

Eine Vierkant-Klinge mit Mittelspitze – dies die wohl klassische Form bei einem Dolch.

Typische Häutemesser- oder *Skinner*-Klinge.

vorderen Drittel bauchig auswölbt. Dies findet sich vor allem bei *Abhäutemessern* (englisch: **skinner**). Und krümmt sich bei einer Klinge der Rücken im Bogen zur Schneide, so dass eine Spitze fast komplett oder völlig fehlt, dann redet man von **sheepsfoot**, also *Schafsfuß*.

Sowohl »drop point« wie »spear point« finden sich in der Bowie-Familie sehr häufig. Doch der wohl klassische Klingentyp dieser Messerfamilie besitzt im Klingenrücken oberhalb der Mittelspitze eine zumeist halbrund nach innen gewölbte Partie. Wegen dieser Form heißen solche Klingen

Eine Klinge mit *Clip Point* oder Entenschnabelspitze – dies die heute als typisch angesehene Klingenform des Bowie-Messers. Die kerbenartigen Vertiefungen an den Kanten des Klingenrückens sind eingefeilter Zierrat, daher der englische Begriff *Filework*.

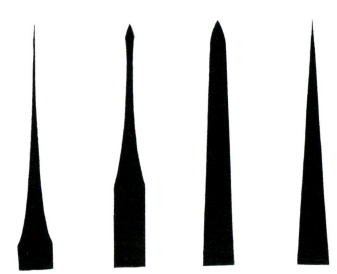

Einige Schliff-Formen (von rechts): keilförmig, ballig, Klinge mit beidseitiger Hohlbahn, echter Hohlschliff.

Entenschnabel-, *Schnabel-* oder *Hechtklingen*. In der Blankwaffenkunde rangiert das auch unter *Pandur(en) spitze*. Im Englischen nennt man die Spitze eines solchen Klingenblattes **clip(ped) point**. Denn es sieht so aus, als sei hier ein Stück aus dem Stahl herausgeschnitten, also geklippt. Diese Partie kann stumpf oder angeschliffen sein. Trifft Letzteres zu, dann spricht man von einer Rückenschneide. Nicht immer ist der Ausschnitt gerundet, es gibt auch eckig abgestufte Formen. Für Schnabelklingen insgesamt hat sich auch der Begriff *Bowie-Klinge* eingebürgert, aber mit Blick auf die Historie stimmt das nur bedingt. Ähnliche Klingenformen kamen im Lauf der Jahrhunderte immer wieder vor.

Betrachtet man sich die Klingenblätter im Querschnitt, so sieht man bald, dass es da Unterschiede im *Schliff der Schneiden* gibt. Bildet hier jede Schneidenseite einen Spitzbogen, dann ist der Schliff *ballig* oder *gewalkt*. Man nennt das auch *Eisenhauerschliff*. Für Briten und Amerikaner heißen diese Schneiden **cannell edge** oder **rolled edge**. Bei einem komplett dreieckigen respektive keilförmigen Klingenquerschnitt spricht man von einem *derben* Schliff. Im englischen Sprachgebrauch kennt man diesen als **V-grind**. Ist nur eine Seite der Klinge ballig oder derb angeschliffen, nennt man das auf englisch **chisel grind**. Kein Wunder, erinnert das doch an einen Meißel. Dann gibt es den *Hohlschliff* (**hollow grind**). Hierbei wölbt sich das Klingenblatt unmittelbar über der schmalen, kurzen und meist V-förmigen Schneide beidseitig nach innen; das ganze erinnert entfernt an eine Sanduhr. Die schwächste Partie der Doppel-Höhlung ist dabei also dünner als die breiteste Partie der Schneide. Dies genau auseinander zu klamüsern ist wichtig. Denn anders als die Deutschen kennen die Briten neben dem Hohlschliff noch den **concave grind**. Dabei ist die gesamte Schneide konkav angesetzt, so dass die dünnste Stelle mit der Schneide zusammenfällt. Freilich lassen viele Messermacher nur letzteres als echten Hohlschliff gelten und lehnen das erstere als falsch angesetzten Schliff ab. Ist der Rücken des Klingenblattes ungeachtet der Form dieser Partie in Bereich der Spitze oder der gesamten Klingenschwäche ausgeschliffen, spricht man im Deutschen von *Rückenschneide* (auch *Rückenschärfe* oder *Rückenschliff*). Dies ist nicht haargenau dasselbe wie der englische Terminus **false edge** (wörtlich: falsche Schneide). Denn der Definition einiger US-Spezialisten zufolge macht es für die Verwendung dieses Begriffes keinen Unterschied, ob der vordere Bereich der Rückenklinge nur stumpf angeschrägt oder komplett scharf geschliffen ist.

Als *Angel* oder *Erl* bezeichnet man jenen Bereich einer Klinge, welche als Basis für den Griff dient. Auf englisch heißt das **tang**. Es gibt mehrere Arten von Angeln und Erlen: Eine Flach- oder Platt-Angel sieht aus wie die Verlängerung des Klingenblattes, auch wenn beide Teile aneinandergeschmiedet wurden. Bleibt die Angel von vorn bis hinten gleich dick, nennt man das im Englischen **full tang**. Wird die Angel nach hinten dünner, dann spricht man von **taper(ed) tang**. Üblicherweise schließt das hintere Ende der Plattangel mit dem Griff-Ende ab. Allerdings gibt es auch Flachangeln, die (meist um die Hälfte) kürzer sind als der gesamte Griff – englisch: **half tang**, deutsch: *Kurz-Angel* oder *Kurz-Erl*. Und sind die längslaufenden Angelkanten von außen nicht zu erkennen, also gleichsam verborgen, spricht man von einem **hidden tang**. Eine *Steckangel* (englisch: **rat tail tang**, also Rattenschwanzangel) dagegen besteht aus einem meist runden Eisen- oder Stahlstab, auf welchen der ausgehöhlte Griff von hinten aufgesteckt wird. Hin und wieder findet man auch ganz flache, schmale und nach hinten spitz zulaufende Steckangeln. Die Rundangel misst im Querschnitt meist mehr, als die Klinge dick ist. Daher wird sie oft am hinteren Ende der Klinge angeschmiedet oder angeschweißt.

Zum Arbeiten fasst die Hand das Messer am *Griff*, auch als *Heft* bekannt. Auf englisch heißt der Griff **handle** oder **hilt**. Damit die Hand auch Halt findet, versieht man die Angel mit entsprechend geformten Materialien. Die einfachste Methode ist das *Auflegen*, das man vor allem für Flachangeln anwendet: Man befestige auf jeder Angelseite eine *Schale* (englisch **scale**), bei Bowies meist aus Bein,

... anders dagegen als bei dieser Steckangel eines Bowies der US-Firma Coast Cutlery, die an die Klinge angeschweißt wurde. Und wie man sieht, hat es nicht gehalten.

Die meisten heutigen Klingen (nicht nur für Bowies) besitzen Plattangeln. Wie das kleine Sortiment zeigt, bestehen Angel und Klinge stets aus ein und demselben Material ...

Bowie-Terminologie

gesteckten Griffen auf der Angel, zur Verstärkung und/oder als Gegengewicht ein *Knauf* (englisch: **butt** oder **pommel**). Knäufe gibt es in allen denk- und vorstellbaren Formen. Bei Bowies bestehen sie meist aus Metallen wie Silber, Messing oder Neusilber (*German* oder *Nickel silver*), Letzteres eine Legierung aus Kupfer, Zink und Nickel. Mitunter sind die Knäufe hohl und werden verstiftet sowie mit Füllmittel versehen. Zwei Arten von Knäufen lassen sich unterscheiden: Einteilige und zweiteilige, Letztere werden wie das Schalenmaterial von beiden Seiten an der Angel befestigt.

Die Schalen liegen auf der Angel auf und sind meist mit Nieten fixiert.

Beim Pedersoli-Bowie besteht der Knauf aus Neusilber. In der spindelförmigen Ebenholz-Griffhülse eingelegt findet sich das ovale *Escutcheon*, also das Gravurplättchen.

Horn oder Holz. Sie werden aufgeklebt und verstiftet respektive genietet oder verschraubt. Die englischen Begriffe für *Niete* und *Stift* lauten **rivet** sowie **pin**. Mitunter werden die Griffelemente auch vorn und hinten von einer Art Ring gehalten, das ist die *Zwinge* **(ferrule)**. Bei einer Steckangel hingegen schiebt man meist ein der Länge nach ausgehöhltes, einteiliges Element auf. Zur Befestigung kann man es einkitten oder einkleben und zusätzlich durch Zwingen fixieren und/oder zwecks höherer Griffigkeit mit einer Wicklung (Leder, Kordel o.ä.) versehen. Diese vor allem bei Stoßwaffen gebräuchliche Angel- und Griffkombination erlaubt es, die äußere Kontur zugunsten einer schnellen Handhabung symmetrisch zu halten. Ungeachtet aller Variationen gleicht die Grundform solcher Griffe fast immer derjenigen einer Spindel.

Oft reicht das Schalenmaterial aber nicht bis zum hinteren Ende des Griffes. Hier findet sich zur Fixierung von auf-

Typisch für große Bowies aus der Zeit um 1850 sind zweiteilige Griffbeschläge. Oberhalb der Parierstange wurde je eine Schale aus Horn aufgelegt. Der Knauf besteht aus Neusilberplättchen mit eingeprägtem Motiv und wurde auf die gleiche Art wie die Hornschalen befestigt – aufgelegt, nicht aufgesteckt. Typisch die sargähnliche Form.

Die Einteiligen hingegen werden von hinten soweit auf die Angel geschoben, bis sie am hinteren Ende der Griffschale anliegen. Üblicherweise werden sie dann mit dem Hinterende der Angel vernietet. Oder man dreht in das Erl-Ende ein Gewinde, so dass sich Knauf und Angel miteinander verschrauben lassen.

Dann wäre da noch das so genannte *escutcheon*. Dabei handelt es sich um ein Metallplättchen, meist in der Mitte einer, mitunter auch beider Schalen eingelassen oder auf der Schale angenietet. Es kann länglich, eckig oder oval sein, gelegentlich gleicht es auch einem Mini-Wappenschild. Sein Zweck: Hier kann man etwas eingravieren (lassen). Manche Hersteller vermerk(t)en da Jahres- und Produktionszahlen sowie Firmen- oder Modellbezeichnungen. Bei klassischen Bowies stand/steht dort meist der Name des Besitzers.

Zwischen dem Griff und der Klinge befindet sich bei der überwiegenden Zahl der Bowie-Messer der *Handschutz* (englisch: **guard** oder **handguard**). Er bildet eine Barriere zwischen der Hand und der scharfgeschliffenen Schneide – sowohl der eigenen als auch der gegnerischen. Letzteres gilt für Kampfmesser und Dolche. Es gibt mehrere Arten von Handschutz. Zum Ersten unterscheiden sie sich in der Bauweise. Man kann dieses Element zum einen aus einem separaten Stück (meist Metall, seltener auch Horn) fertigen und dann an der Klinge befestigen. Zum Anderen gibt es die vor allem bei modernen Messern übliche Methode, den Handschutz aus dem Stahl der Klinge herauszuarbeiten. Und natürlich lässt sich auch beides kombinieren.

Zum Zweiten differiert bei den einzelnen Handschutz-Arten auch die Form. Oft findet sich am vorderen Ende des Griffes nur ein ring- oder zwingenförmiger Metallabschluss mit einer rundumlaufenden Rille. Dieses Element verstärkt und stabilisiert den Übergang von Blatt zu Angel, mitunter schützt es den Ansatz der Griffschalen. Die Rille verhindert ein Abrutschen der Finger. Im Englischen kennt man dieses Element unter dem Begriff **bolster**. (Dieser Begriff kennt aber noch eine Bedeutung: Darunter versteht man bei Taschenmessern die meist aus Metall gefertigten, links und rechts an einem oder beiden Griff-Enden aufgelegten Beschlagstücke. Sie schonen die Kanten des Griffschalenmaterials. Und sie verstärken den Bereich, in dem sich die Klingenangel um ihre Niete dreht.)

Bei einem Handschutz im eigentlichen Sinn steht aber irgendetwas über, zumindest an der Seite mit der Schneide. Ragt er aber wie bei einem mittelalterlichen Schwert auch noch über den Rücken der Klinge hinaus, spricht man von einem *Parierelement*. Auch hier kann man weiter unterteilen. Die einfachste Art besteht aus einer simplen geschlitzten *Platte* (englisch: *plate*), die oval, rechteckig oder rhombisch ausfallen kann. Die Platte kann mit den Flachseiten

Das rundumlaufende Element oberhalb des Parierstangen-Plättchens ist die Zwinge. Sie schützt den Ansatz der Griffhülse und erlaubt dank ihrer Riffelung, dass Daumen und Zeigefinger das Messer schnell drehen und wenden können. Werkstoff: Neusilber.

Verhältnismäßig selten bei Bowies finden sich asymmetrische Vogelkopf-Griffe. Das Holzelement wurde mit Nieten fixiert, oben im Knauf sitzt eine Fangriemenöse. Dieses Messer hat eine Parierstange mit geraden Armen, die Mitte des Elements ist zur Zwinge ausgeformt.

der Griffschalen plan abschließen oder etwas darüber hinausragen. Bei einer verhältnismäßig breiten Platte spricht man im Englischen von **counterguard**. Etwas mehr Aufwand in der Fertigung verlangten die *Parierstangen*, die einen quer zur Klinge laufenden *Stab* (**cross bar**) aufweisen. Hier nennt man jeden der beiden Stabarme *Quillon*.

Von den Parierstangen gibt es einige Sonderformen. Bei dem *S-förmigen Typ* (**S-guard**) biegt sich der im Rücken liegende Quillon nach vorn um, der am Bauch dagegen zeigt nach hinten und schützt so den Zeigefinger. Beim **C-guard** zeigen üblicherweise beide Arme zur Spitze hin – im Deutschen heißt so etwas *hängende Stangen*, es findet sich das bei einigen Dolchen aus dem Mittelalter. Reicht der Arm der Bauchseite dagegen bis zum Knauf oder hört kurz davor auf, spricht man von einem **knuckle-bow** (wörtlich: Knöchel-Bogen). Berührt das lange Stangen-Ende den Knauf, dann erinnert das an ein »D«, also wären wir nun beim **D-guard**, Letzteres typisch für Bowies der Bürgerkriegszeit. In der deutschen Blankwaffenkunde tut man sich da schwerer mit dem Terminus. Denn beim klassischen *D-guard* gehen strenggenommen zwei Elemente ansatzlos ineinander über: der Griffbügel und die Parierstange. Also wählten die Fachleute den umständlichen, aber folgerichtigen Begriff *Griffbügelparierstange*.

Wie kommt ein separater Handschutz an die Klinge? Da seien die drei gängigsten Methoden geschildert. Erstens: Man kann ihn aus zwei Metallplättchen fertigen und wie die Griffschalen auch auflegen. Zwotens: Eine Parierstange hat in der Mitte fast immer einen Schlitz oder Durchbruch. Damit schiebt man sie von hinten über die Angel soweit nach vorn, bis sie an zwei Kanten am Blattansatz anstößt. Diese Kanten nennt man *Schultern* oder *Auflager*. Handelt es sich bei der Parierstange um eine Platte, dann lötet man sie hier an, damit sie nicht wackelt. Dieser Halt wird durch passgenaues Auflegen der Griffschalen verstärkt. Einige Parierstangen besitzen aber links und rechts vom Angel-Durchbruch je eine zum Knauf zeigende, viereckige Fläche. Hier ist natürlich genug Platz vorhanden, um das Parierelement zusätzlich durch Verstiften zu sichern. Drittens gibt es den vom Rücken her geschlitzten Handschutz. Den schiebt man von unten auf die Klinge, wo man ihn je nach Material verklebt, verlötet und/oder verstiftet. Dieses Verfahren eignet sich natürlich nur für einen einarmigen »*handguard*«, der bündig mit dem Griffrücken abschließen soll.

Gerade im Bereich Handschutz/«*bolster*»/Parierstange bieten Bowie-Messer eine unglaubliche Vielfalt. Folgt man aber der reinen Lehre, dann ist jedes Gerät mit einer Parierstange eigentlich kein Messer mehr. Denn dabei handelt es sich um ein typisches Element einer Waffe, in unserem Fall eines Dolches. Der überwiegende Teil der Bowies vereinigt Elemente beider Grundtypen. Daher sei im Folgenden auf die grundlegenden Unterschiede zwischen Dolch und Messer eingegangen.

Der auf Stoß berechnete *Dolch* hat eine extrem verwindungssteife Klinge mit einer so genannten Mittelspitze und fast immer mehr als nur einer Schneide. Es gibt Klingen mit drei-, vier oder sechseckigem Profil, mit geraden oder mit nach innen ausgekehlten Seitenflächen. Dolchklingen können breit oder schmal, gerade oder gekrümmt sein, wobei es hiervon jede Menge Variationen gibt. Fast immer besitzen Dolche auch einen symmetrisch geformten, geraden Griff mit einem markant ausgeformten Knauf. Haben sie einen Handschutz, dann zumeist eine über zwei Griffseiten ragende, symmetrische Parierstange. Das Wort Dolch ist ein Oberbegriff. Hierunter fallen so unterschiedliche Griffwaffen wie »Stilett«, »Cinquedea« (Ochsenzunge), »Schweizer Dolch« oder »Gnadgott«. Ein zum Schneiden und Zertrennen ausgelegtes *Messer* hingegen besitzt eine flache, mitunter auch seitlich biegsame Klinge, die nur auf einer Seite, dem Bauch, scharf ausgeschliffen ist. Die am meisten verbreitete Version verfügt über eine nach unten ausgewölbte Schneide. Der gegenüberliegende Teil (Rücken) ist stumpf. Der Griff ist asymmetrisch.

Natürlich haben sich die Hersteller seit jeher nicht an diese beiden Grundformen gehalten und munter jede Menge Mischformen geschaffen. Die lassen sich wiederum in zwei Kategorien einteilen:

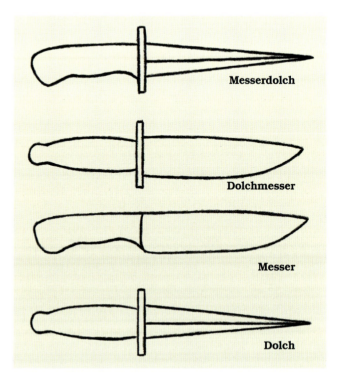

Ein *Messerdolch* hat einen asymmetrischen Messergriff und eine symmetrische, mehrschneidige Dolchklinge.

Ein *Dolchmesser* hat einen symmetrischen Dolchgriff und eine asymmetrische, einschneidige Messerklinge. Ein bekanntes Beispiel für ein Dolchmesser ist der schottische *dirk*, auch bekannt als das Hochländer-Messer.

Außerdem muss man noch eine Unterscheidung vornehmen: zwischen Messern und Dolchen mit *feststehenden* oder *einklappbaren Klingenblättern*. Das heißt: Bei den letztgenannten Messern ist der Fuß der Klingenangel mittels eines Stiftes oder einer Niete drehbar vorn im Griff befestigt. Der englische Begriff für *Klappmesser* ist **folder** oder **folding knife**. Und wichtig: Nur die kleinen Ausführungen heißen Taschenmesser (**pocketknife**); es gibt nämlich durchaus stattliche Stücke mit drehbar gelagerten (Bowie-)Klingen. Damit sich die Klinge eines Klappmessers öffnen lässt, weist sie unterhalb des Rückens eine *Daumennagel-Kerbe* oder *Daumennagel-Rille* (englisch: **nail mark**) auf.

Zum Aufbau des Griffes: Der kann aus einem Stück mit einem Schlitz für die Klinge bestehen, wie es bei den französischen Nontron- oder Opinel-Messern der Fall ist. Meist aber besteht er aus zwei Metallscheiben, den *Backen* oder *Platinen*, auf die das Schalenmaterial aufgelegt wird. Diese Platinen geben der Angel-Niet-Verbindung und dem Rest des Griffes die nötige Verwindungsteife, dienen als Trägerelemente für die Stützfedern der Klinge(n) und enthalten die Bohrungen für die Klingenniete(n). Letzteres ist deswegen wichtig, weil die Bohrungen in weicherem Material als Metall zu leicht ausschlagen können. Als Folge würde die Klappmesserklinge wackeln. Auf englisch heißen die Platinen **liner**, **lining** oder **side scale**.

Zur korrekten Terminologie gehört aber auch die Kenntnis der wichtigsten *Grundmaße*: Gesamtlänge, Grifflänge, Klingenlänge, Klingenbreite und Klingendicke. Die *Gesamtlänge (L)* erklärt sich bei feststehenden Messern aus sich selbst, bei Klappmessern verstehen wir darunter, wie lang das gute Stück im geöffneten Zustand ausfällt. Die *Grifflänge (GL)* beschreibt das Maß vom Knauf bis zu Handschutz, Parierstange oder dem vorderen Griff-Ende. Die *Klingenlänge (KL)* umfasst alles zwischen Handschutz, Parierstange oder dem vorderen Griff-Ende einerseits und der Klingenspitze andererseits. Für die *Klingenbreite (KB)* misst man quer über die breiteste Stelle der Klinge. Und unter *Klingendicke (KD)* versteht man, wie stark der Stahl von Messer oder Dolch ist. Bei Messern findet sich die stärkste Stelle fast immer unmittelbar vor dem Griffanfang, wenn es an der Klinge einen Ricasso (Fehlschärfe) gibt. Ansonsten ermittelt man bei Messern den Punkt, an dem der Klingenrücken am breitesten ist. Bei Dolchen mit zwei- oder mehrschneidigen Klingen fehlt ein solcher Rücken – die üppigste Stelle liegt meist am Mittelgrat der Klinge.

Natürlich treten bei alldem auch Sonderfälle auf. Dazu gehören die so genannten Verlängerungsmesser: Klappmesser, bei denen das Blatt auch in geschlossenem Zustand aus dem Griff ragt. Hier macht es Sinn, Klingen- als auch Gesamtlänge jeweils in geöffnetem wie geschlossenem Zustand zu ermitteln und entsprechend zu kennzeichnen.

Das erste Bowie-Messer

Bowie-Messer leiten ihren Namen von dem Mann ab, der 1827 ein solches Gerät bei dem berühmten Kampf auf einer Mississippi-Sandbank einsetzte und 1836 bei der Verteidigung der Klosterfestung Alamo in Texas starb. Es lassen sich zwei Gruppen von Bowies unterscheiden, eine große und eine sehr kleine. Erstere umfasst alle bis dato gebauten Messer, die den schottischen Namen »Bowie« tragen. Dabei ist es gleichgültig, ob es sich um Muster eines Grobschmiedes oder eines Kunsthandwerkers handelt, ob es da nur je ein individuell gefertigtes Einzelstück gibt oder ob es um eine industriell gefertigte Serie geht – davon später mehr. Zunächst aber zur zweiten Gruppe. Hierzu zählen all die Messer, die als das persönliche Stück von James Bowie in Frage kommen oder direkt aus dem Umfeld seiner Familie stammen. Und natürlich genießt jenes Messer den größten Ruf, das Jim Bowie als erstes führte.

Das Ur-Bowie

Dieses Messer gilt spätestens seit dem Zeitpunkt im Jahr 1836 als verschollen, an dem der Mann aus Louisiana im Alamo sein Leben aushauchte. Seitdem läuft die Suche nach diesem Exemplar, dem Ur-Muster, der Mutter aller Bowie-Messer. Und da James Bowie seit seinem Tod in Texas als unantastbarer Nationalheld mit mythisch überhöhten Zügen gefeiert wird, nimmt dieses Messer dort auch eine wichtige Position ein: Für die Texaner spielt es eine ähnliche Rolle wie der Heilige Gral für die Kreuzritter. Und wie die alten Mären Siegfrieds Schwert Balmung oder Excalibur, die Waffe von König Artus, mit einem schier undurchdringlichen Rankenwerk an Legenden umgeben haben, so zeigt sich auch die Geschichte des Ur-Bowie ähnlich umwuchert von technischen Unmöglichkeiten, Halbwahrheiten, *»Campfire«-Stories* und Schatzgräber-Romantik. Jedenfalls förderte die Suche nach dem originalen *Bowie-Knife* nicht nur reichlich Fälschungen zutage, sondern auch mehrere Messer, welche die Fachwelt als mögliche Seitenwaffe Jim Bowies diskutiert.

Stichwort »Fachwelt«. Es sei darauf verwiesen, dass ein Großteil der ansonsten akribischen Messer-Spezialisten beim Thema Ur-Bowie die gängigen Werkzeuge des Historikers mitunter komplett ignorieren. Eine wichtige Rolle bei alledem spielt der patriotisch durchtränkte Nimbus rund um die Figur James Bowie. Statt den Tatsachen nachzuspüren, erstarrt man in Ehrfurcht vor dem Mythos, der sich zu dieser Person und ihrem Messer gebildet hat. Dass da sachlich begründete Zweifel am Gehalt so mancher Anekdote wenig willkommen sind, liegt auf der Hand. Zudem verkaufen sich Mythen gedruckt besser als die Wahrheit – viele Leute *wollen* lieber romantisch-abenteuerliche Legenden hören, als sich mit der meist sehr viel nüchterneren Realität befassen. US-Forscher William C. Davis führt in dem akribisch recherchierten Buch »Three Roads to the Alamo« aus: *»Über keine Episode von James Bowies enorm mythologisiertem Leben wurde in den letzten anderthalb Jahrhunderten mehr Unfug geschrieben als über James Bowie und das Bowie-Messer. In dieser Studie wird keine Anstrengung unternommen, sich mit der Geschichte des Messers zu befassen, einfach deswegen, weil seine Beziehung zum Leben von James Bowie von allenfalls nebensächlicher Bedeutung ist. Weder entwarf James Bowie es, noch baute er es.«*

Letzteres jedenfalls steht zweifelsfrei fest – um vorzugreifen: Zumindest das Design des allerersten Bowie-Knife beruht auf Entwürfen von Rezin P. Bowie, dem Bruder von James. Bleibt zu klären, ob man weiß, wie dieses Original ausgesehen hat. Augenzeugenberichte, Konstruktionszeichnungen oder zeitgenössische, möglicherweise detaillierte Beschreibungen? Antwort: *Nada*. Bowie selber hinterließ nur wenig Schriftliches und schrieb nichts über sein Messer. Kein Sterbenswort – auch dies ein Beleg für William Davis' These, das gute Stück habe in seinem Leben nur eine untergeordnete Rolle gespielt. Auch lässt es sich vor dem eingangs erwähnten Gemetzel auf der Sandbank im Mississippi nicht in seinem Besitz nachweisen. Die unmittelbar danach verfassten Briefen und Zeugnisse von Teilnehmern und Augenzeugen erwähnen nur mit einem Wort »das große Messer« oder »das Schlachtermesser« von James Bowie – keine Rede davon, dass es sich hier um ein

Die von der US-Firma Franklin Mint erstellte Replika des Moore-Bowie mit der für das Vorbild typischen Sägezahnung im Klingenrücken, der eckigen Griffzwinge, den C-förmig nach vorn gekrümmten Parierstangen-Enden und dem Schriftzug »J. BOWIE« in der Klinge.

besonderes oder gar berühmtes Messer gehandelt hätte. In späteren Jahren erwähnten Bowies Gefährten oder Feinde zwar das gute Stück, machten sich aber bei der Beschreibung keine Mühe.

Und die übrigen Mitglieder der Bowie-Familie? Da liegen mehrere Dokumente vor. Als zeitgenössische Berichte aus erster Familienhand kommt aber nur zweierlei in Frage. Zum einen ein Brief von Rezin P. Bowie, zum anderen ein auf einem Interview mit John Bowie beruhender Zeitungsartikel. Alle anderen schriftlichen Erzeugnisse der Bowie-Familie entstanden weit später und stammen aus dritter oder vierter Hand – von Verwandten, die ihren berühmten Onkel nicht mehr persönlich kannten. Zudem hatte sich da der Nimbus »Bowie-Messer« schon fest in den Köpfen etabliert. Dementsprechend gefärbt fielen die Berichte aus. Daher sind alle im Folgenden erwähnten Passagen zu den wunderbaren, ja magischen Eigenschaften des verwendeten Klingenmaterials nicht bloß mit einem Korn, sondern gleich mit einem ganzen Fass Salz zu nehmen. Denn sie lassen sich schlicht nicht belegen.

Das früheste Zeugnis aus Jim Bowies Umfeld stammt von seinem Bruder Rezin; er veröffentlichte es 1838 als Leserbrief. Darin wehrte er sich vehement gegen das seit Jims Tod grassierende Gerücht, er und sein Bruder seien notorische Messer-Duellanten gewesen. Rezin Bowie beschrieb darin auch das berühmt-berüchtigte *Knife*, dessen Ruf sich gerade in alle Welt zu verbreiten begann: *»Das erste Bowie-Messer wurde von mir im Kirchensprengel von Avoyelles in diesem Staat als Jagdmesser gebaut und über Jahre hinweg ausschließlich zu diesem Zweck verwendet. Die Länge des Messers betrug 9 1/4 Zoll [zirka 23,5 cm, d. Verf.*], seine Breite anderthalb Zoll [zirka 38 mm], es*

* Ein Zoll oder Inch entspricht 25,4 Millimetern.

Das Ur-Bowie

Oben: Ein möglicher Urahn des heutigen Bowie war der Spanische Dolch mit Dreikant-Klinge. In der Mitte eine auf Entwürfen von US-Experten basierende Bowie-Version, wie sie der Schmied Jesse Cliffe gebaut haben könnte. Unten eine der Versionen, wie sie Rezin Bowie zu Präsentzwecken vor allem bei Daniel Searles bauen ließ. Zeichnung: Verfasser

besaß nur eine Schneide und eine nicht gekrümmte Klinge. (...) Oberst Bowie wurde von einem Individuum, mit dem er uneinig war, angeschossen, und ich dachte, dass möglicherweise ein zweiter Anschlag derselben Person ihn sein Leben kosten würde. Ich gab ihm das Messer, um es, falls es die Lage erfordern würde, als Verteidigungswaffe zu benutzen.«

Damit bezieht sich Rezin Bowie natürlich auf die Vorgeschichte des Sandbank-Kampfes (s.S.61 ff.). Und beim genannten »Individuum« handelt es sich um Major Norris Wright, James Bowies Hauptgegner bei dieser Affäre. Doch mehr als diese dürren Worte widmete Rezin dem ursprünglichen Bowie-Messer nicht. Die einzigen verwertbaren Angaben beziehen sich auf Maße und Form der Klinge. Doch deren Beschreibung macht stutzen: Rezin schildert eine Klinge, welche ungefähr an ein großes Schlachtmesser oder an einen Dolch erinnert. Ausdrücklich verweist er darauf, dass die Klinge nicht gekrümmt oder geschwungen sei; im Originaltext heißt das: *»Blade not curved«*. Damit bezieht sich Rezin auf eine andere veröffentlichte Beschreibung. In der wird Jim Bowie nämlich ein Messer mit zwölf *Inches* langer Klinge und Entenschnabelspitze zugeschrieben. Doch genau dagegen verwahrt sich Rezins Darstellung.

Dagegen lesen sich in der Darstellung von Jims Bruder John die Ursprünge des Ur-Bowie anders. Dennnach fallen sie in die Zeit um 1818, in der sich die Bowie-Brüder als Sklavenschmuggler betätigten: *»Er hatte ein Jagdmesser, nach seinen Ideen gefertigt von einem gewöhnlichen Schmied namens Snowden. In späteren Jahren wurde dieses Messer berühmt dank einiger sehr tragischer Begebenheiten (...) «* Wegen dieser Beschreibung raufen sich die Fans die Haare – noch spartanisch-knapper kann man das nicht formulieren. Das einzige, das an dieser Passage auffällt, ist, dass sie den Ausführungen von Rezin Bowie eindeutig zu widersprechen scheint. Wann und von wem also erhielt nun James Bowie sein Messer? Schon in seiner dunklen Sklavenhändler-Zeit oder doch erst gut zehn Jahre später? Von seinem Bruder oder dem Schmied Snowden, dessen Vorname wahrscheinlich Lovel lautete? Doch lässt sich das leicht auflösen – wenn man davon ausgeht, dass Rezin und John beide die Wahrheit erzählt haben. Nirgends steht geschrieben, dass Jim Bowie nur *ein* Messer hatte. Dies aber führt zu der einzig logischen Erklärung: Er besaß mehrere.

Wie das Snowden-Messer ausgesehen hat, darüber lässt sich nur spekulieren. Dagegen kann man auf das Muster von Rezin P. Bowie und seine Entstehungsgeschichte eher Rückschlüsse ziehen. Den Familienunterlagen zufolge entstand dieses Messer schon in der Zeit des Amerikanisch-Britischen Krieges von 1812-14. Und wie oben bereits angedeutet, sah es wohl tatsächlich aus wie eine Kreuzung von Dolch und Schlachtermesser. Dazu heißt es in dem 1916 verfassten Aufsatz von Rezins Verwandter Lucy Leigh Bowie: »*1827 war das Bowie-Messer keine neue Erfindung. Es war für Rezin P. Bowie hergestellt worden, ehe er seines Vaters Haus in Opelousas verließ. Er war einmal attackiert worden, als er sich anschickte, sein Jagdmesser in den Kopf eines Ochsen zu stoßen, doch eine plötzliche Bewegung des tobenden Tieres trieb das Messer zurück in seine Hand, welche gegen das Horn gepresst wurde, so dass sich die Hand schwer verletzte und der Daumen beinahe abgetrennt wurde. Das wäre nicht passiert, hätte das Messer einen Handschutz besessen. Deswegen ließ sich Rezin nach seinen Vorstellungen aus einer alten Feile ein neues* [Messer] *von Jesse Cliffe, einem weißen Schmied auf seiner Plantage, bauen. Dieses Messer hatte eine gerade Klinge, neuneinviertel Inches lang und anderthalb Inches breit, mit einer einzigen, bis zum Handschutz reichenden Schneide. Rezin benutzte es bei seinen Jagden und fand den Stahl von wunderbarer Qualität, und die Form machte es* [das Messer, d. Verf.] *weit zuverlässiger zu Verteidigungszwecken als den Stockdegen oder den Spanischen Dolch, beides zu jener Zeit in allgemeinem Gebrauch und beides später durch das Bowie-Messer ersetzt.*«

Diese Geschichte widerspricht Rezins Darstellung so gut wie nicht, sieht man einmal davon ab, dass Rezin das Messer nicht selber anfertigte, sondern nach seinen Wünschen von dem Schmied Cliffe (je nach Quelle auch Clifft oder Clift geschrieben) bauen ließ. Gleichgültig, wer von beiden nun tatsächlich die Esse befeuerte und den Hammer schwang – ein kunstvoll verziertes Prachtstück wird es nicht gewesen sein, eher ein schlichtes Messer mit simplem aufgenieteten Holzgriff sowie einer derb geschliffenen Klinge. Das passt zum Charakter eines Schlachtermessers. Doch gemäß der gerade zitierten Beschreibung (und der Form der später gebauten Messer aus Rezins Besitz) ähnelte es auch einem Spanischen Dolch. Darunter verstand man im spanisch und französisch geprägten Süden der heutigen USA ein gut unterarmlanges, in einer reich mit Messing- oder Münzensilberblech beschlagenen Scheide geführtes Messer, bei dem der Griff auf einer Linie mit dem geraden Klingenrücken lag. Dessen vordere Partei zeigte bei einigen erhaltenen Stücken die Andeutung einer Rückenschneide. Die Schneide verlief ebenfalls gerade oder allenfalls ganz leicht nach unten ausgewölbt zu Spitze hin. Dadurch wirkte die Klinge eines *Spanish dagger* von der Seite her gesehen wie ein ungleichmäßiges Dreieck. Und genau so lässt sich Rezins Beschreibung der nicht geschweiften oder gekrümmten Klinge auch interpretieren.

Die Klingen der *Spanish daggers* waren mittels Feuerschweißen an den Steckangeln der aus gedrechseltem Holz gefertigten Griffe befestigt. Dieser Übergangsbereich war oft kunstvoll ausgeführt; die Angelansätze tordiert und die Fehlschärfe gelegentlich per derbem Flachstichornament graviert. Der besondere »Gag« dieser Messer aber bestand in ihren »*Spanish notches*«, ein Durchbruch an der Hinterkante der Schneide. Laut Bowie-Kenner William Williamson dienten diese Kerben nicht nur zur Zierde, sondern auch zum Arbeiten. Demzufolge hätten die Fischer und Seeleute des alten Südens diese Bohrungen als nutzvolles Utensil beim Arbeiten mit – respektive beim Reparieren von – Leinen und Netzen benutzt. Eine These, die sich vom Autor nicht überprüfen ließ, ihm aber ebenso unwahrscheinlich vorkommt wie die in der US-Literatur immer wieder zu lesende Behauptung, dass es sich da um die Allzweck-Messer der nordamerikanischen Karibik gehandelt habe. Die Form des Griffes taugt für präzise Schnitte überhaupt nicht und die zierliche Angel-Klingen-Verbindung wirkt zu instabil für harte Hieb- und Hackarbeiten. Nein, von der ganzen Ausführung her waren diese Geräte vor allem zum Kampf und zur Vervollständigung der Tracht bestimmt – wie die Masse der Dolche seit ihrer Erfindung.

Vorausgesetzt, dass die Spanischen Dolche des alten Südens tatsächlich so weit verbreitet waren, dann ist es sehr wahrscheinlich, dass sich Rezin Bowie beim Design seines Messers daran orientierte. Dazu passt auch, dass seinem Muster wie dem Gros der kolonialspanischen Dolche ursprünglich ein Handschutz fehlte. Gerade um die Einführung dieses Elements ranken sich viele Geschichten, jede davon klingt abenteuerlich. Die bekannteste davon wurde in dem Zitat aus Lucy Leigh Bowies Bericht schon angedeutet. Demzufolge verletzte sich Rezin, als er sein Messer in den Nacken eines Rindes stoßen wollte.

Andere Zeugnisse bestätigen, dass sich Rezin dieser Art verletzte und dann ein verbessertes Messer in Auftrag gab. Und laut den Ausführungen seines Urenkels Dr. J. Moore Soniat du Fosset skizzierte er das Messer auf einem Blatt Papier, beschaffte sich »*eine große Feile von bester Qualität*« und ließ dann von Cliffe ein Schneidgerät bauen. Demnach war er sehr zufrieden mit dem Ergebnis. Er schloss das Messer stets in seinem Schreibtisch ein, wenn er es nicht brauchte. Erst als Jim Bowie anno 1827 im Vorfeld der Sandbank-Affäre mit Major Wright handgemein wurde und seine Pistole dabei nicht losging, öffnete sein Bruder den Schreibtisch und übergab laut du Fossets Bericht Jim das geliebte Messer mit den Worten: »*Hier, James, nimm Old Bowie. Damit gibt es niemals Zündversager.*« Nach dem Kampf auf der Sandbank ging das Messer gemäß dieser Notizen wieder zurück an seinen ursprünglichen Eigentümer. Und Rezins Familie hielt das Teil jahrzehntelang in Ehren. Bis zu jenem Tag, an dem es einer der Enkel zum Angeln mitnahm und es beim Kentern seines Bootes im Bayou Pierre auf Nimmerwiedersehen versenkte [sic]. Du Fosset: »*Selbst jetzt liegt es auf dem Grunde des Stromes. Die silberne Spitze der Scheide ist immer noch im Besitz der Nachfahren, welche in New Orleans leben.*«

Wenn das stimmt, dann beging Jim Bowie sein letztes Stündlein ohne den Ahnvater aller *Bowie Knives*. Folgerichtig muss er sich nach dem Duell auf der Sandbank Ersatz besorgt haben, da er allem Anschein nach auch in den noch verbleibenden neun Jahren bis zum Fall des Alamo große Jagd- und Kampfmesser führte. Aber der eigentliche Messermann der Familie Bowie war sein Bruder Rezin. Er ließ nach seinem Grundentwurf mehrere Exemplare bauen, die sich fast alle mehr oder weniger stark ähneln. Einige davon liegen in Museen von Louisiana, Texas und Mississippi. Bowie-Fachmann William R. Williamson merkte dazu an: »*Rezin überreichte Freunden verschiedene Bowies, welche sein originales Messer-Design und dessen Dimensionen widerspiegelten.*«

Darauf ging Lucy Leigh Bowie ausführlich ein: »*Das Sandbank-Duell lieferte Gesprächsstoff, und solche Messer wurden Mode. Zuerst wurden sie genauso gefertigt wie das Original, aber allem Anschein nach waren sie nicht in jedem Punkt zufriedenstellend, und einige schöne Stücke wurden von einem Messerschmied aus Louisiana gebaut, von Searles aus Baton Rouge, der eine wundervoll feine Klinge erzeugte. Für Rezin Bowie wurde es zu einer regelrechten Angewohnheit, diese Messer für seine Freunde anfertigen zu lassen. Wir kennen vier Originale: Eins wurde von ihm dem Gouverneur E.D. White von Louisiana präsentiert (…) und es ist immer noch im Besitz der Familie. Ein anderes ging an Leutnant H.W. Fowler, U.S. Dragoons**, und ist heute im Besitz von Oberst Washington Bowie junior aus Baltimore. Ein Drittes wurde Edwin Forrest, dem Schauspieler, überreicht, und es war dem Hörensagen nach in der Booth-Sammlung im Player's Club von New York; aber wenn es jemals dort gewesen sein sollte, so hat sich jede Spur davon verloren. Ein Viertes wurde an einen Herrn Stafford aus Alexandria, Louisiana gegeben, und es befindet sich immer noch im Besitz seiner Nachfahren. Dazu schreibt Herr W. M. Stafford aus Galveston in Texas: ‚Ich führte das Messer über Jahre hinweg und habe viele Male einen silbernen Quarter [gemeint ist eine Vierteldollarmünze, d.Verf.] entzweigeschnitten, und bis zum heutigen Tag ist nicht eine Scharte in der Klinge. Es besteht aus bestem Stahl und beim Ausführen eines Stoßes oder Hiebes hat man den Eindruck, als würde das Gewicht zur Spitze gehen.' In den Familienpapieren herrscht übereinstimmend die Überzeugung vor, dass Oberst James Bowie immer das originale Messer mit sich führte, aber es erscheint nicht glaubhaft, dass Männer, die so sehr auf ihre Kleidung und ihr persönliches Erscheinungsbild achteten wie es die Bowie-Brüder taten, eine derart rohe Waffe, wie es dieses [Messer] gewesen sein muss, als dauernden Bestandteil ihrer Ausrüstung mit sich führten. Wahrscheinlich gaben sie, kaum dass man seine Tugenden festgestellt hatte, das Messer in die Hände eines Messerschmiedes, um es auf das hohe Niveau ihrer anderen Ausrüstungsteile zu heben. Und daher war es eine in hohem Maße perfektionierte Waffe, als es von Rezin Bowie an James Bowie übergeben wurde. Und man kann vertrauensvoll davon ausgehen, dass es sich bei den von Oberst Rezin Bowie an seine Freunde weitergereichten Messern um exakte Nachbildungen des ersten, seinem Bruder geschenkten Musters handelte. Man nimmt an, dass das eine tatsächlich von Oberst Bowie benutzte [Messer] das ist, welches sich nun im Besitz von Oberst Washington Bowie junior befindet. Er schreibt: »Das Messer, welches ich habe, ist Handwerkskunst in Perfektion, und während möglicherweise eine Feile wegen des darin enthaltenen reinen, hochvergüteten Stahls benutzt wurde, bestehen Handschutz, Knauf und Scheide aus purem Silber, und der Griff ist mit feinen Silbernägeln beschlagen. Am Rücken der Klinge nahe dem Handschutz ist ein Messingplättchen eingelassen mit dem Namen: Searles-Baton Rouge. Es zeigt die Inschrift: R.P. Bowie to H.W.Fowler, U.S.D.´ (…).*«

---

* *U.S. Dragoons* = Vereinigte-Staaten-Dragoner, also als berittene Infanteristen oder Schützen eingesetzte Soldaten, für die das Pferd nur als Transport- und nicht als Kampfmittel diente. Das erste der insgesamt drei US-Regimenter wurde 1833 aufgestellt, 1861 wurden sie bei einer Armee-Reform alle von der US-Kavallerie übernommen. Die Abkürzung der Verbände lautete U.S.D.

Stimmen zum Bowie: Horst Eckstein

Der Grafikdesigner und Illustrator Horst Eckstein ist ein bekannter Waffen-Fachautor und mit Leib und Seele Western-Hobbyist.

»Western ohne Bowie – das ist wie Old Shatterhand ohne Winnetou. Wer, wie fast alle Westernfans, seine ersten Erfahrungen mit dem Wilden Westen durch die unter der Bettdecke gelesenen Karl-May-Bücher gemacht hat, der weiß, wie wichtig damals in den finsteren und blutigen Gründen ein Bowiemesser war. Und es musste ein Bowie sein, sonst hätte es nicht all das vollbringen können, was von ihm verlangt wurde. Von der lebensrettenden Waffe über das Operationsskalpell, den Dietrich oder den Lötkolben bis hin zum Dosenöffner war ein Bowie immer das richtige Instrument. Diese Sage übernahmen dann auch Hollywood und Cinecitta und damit die Gemeinde der eingefleischten Western-Hobbyisten, die den amerikanischen Westen bis heute nachleben und -stellen. Und dazu gehöre seit vielen, vielen Wintern auch ich. Und ich sage euch, es gibt keinen ‚Trapper' oder ‚Cowboy', der noch nie ein Bowiemesser am Gürtel getragen hätte. Wer einmal ein großes Treffen mit Dutzenden von Händlern besucht hat, der weiß, wie viele Bowie- oder Bowie-ähnliche Messer dort angeboten werden. Selbst wenn es kein Bowie ist, dann heißt es wenigstens so. Ein Bowie gehört, wie man sieht, also zur Grundausrüstung eines ernsthaften Westernhobbyisten! Und genauso sollte in Zukunft auch dieses Buch zur Grundausrüstung gehören, denn bisher war die Parole: ‚Denn sie wissen nicht, was sie tun!' Der Trend im Westernhobby geht immer mehr zur authentischen Darstellung, weg vom Leinwand-Idol und vom *Gunfighter-*

Horst Eckstein in einer Uniform, wie sie US-Kavalleristen 1916 beim Feldzug gegen den mexikanischen Revolutionär Pancho Villa trugen.

Image. Um historisch korrekt einkaufen oder herstellen zu können, bedarf es viel Literatur. Ein Bowie-Buch gab es bisher nicht auf dem deutschen Markt. Matthias Recktenwald, bekannt als Messer- und Westernspezialist der Zeitschrift VISIER, schließt mit seinem Buch diese Lücke. Ich kann es meinen Hobbyfreunden nur ans Herz legen! Hugh.«

(Der Verfasser dankt für die Empfehlung, der er sich völlig unbescheiden nur anschließen kann).

Das Fowler-Bowie

Dank der drei Buchstaben »U.S.D.« lässt sich dieses Messer zeitlich präzise einordnen. Im Jahr 1800 geboren, diente Henry Waller Fowler elf Jahre lang im *US Marine Corps*, eher er 1836 ins Zweite US-Dragoner-Regiment wechselte. Das aber kämpfte nicht zu Pferd im Westen, sondern unberitten in den Sümpfen Floridas gegen die Seminolen-Indianer unter Häuptlingen wie Osceola; die Perkussions-Revolvergewehre von Samuel Colt erlebten hier übrigens ein von der Fachwelt kaum beachtetes Debüt. Doch das schwülheiße Klima forderte seinen Tribut: Fowlers Gesundheit litt derart, dass er 1841 den Dienst quittieren musste. Danach betätigte er sich als Sheriff von Baton Rouge, ehe er 1848 starb. Und da Rezin Bowie bereits anno 1841 verschied, muss das Messer innerhalb der fünf Jahre zwischen 1836 und 1841 überreicht worden sein. Auch der Hersteller lässt sich festmachen, da sich derselbe mittels einer kleinen, in den Klingenrücken eingelegten Goldplakette verewigte: »Searles. BATON=ROUGE.LA« steht da. Gemeint ist Daniel Searles, ein aus Maryland gebürtigen Messer- und Waffenschmied.

Was Miss Bowie nicht anführte und was sie noch nicht wissen konnte: Washington Bowie entdeckte das alte Messer bei der Nachlassversteigerung eines Sammlers namens Dr. Crim und erwarb es, da er es für die Familie sichern wollte. Laut den dazu gehörenden Unterlagen hatte Dr. Crim den Werdegang dieses Stücks so sorgfältig wie möglich recherchiert. Demnach wäre es beim Sturm des Alamo von der Indianer-Frau versteckt worden, die unseren zu dieser Zeit schwerkranken Helden gepflegt hatte. Die Indianerin gab laut Crims Notizen das Messer an Rezin Bowie zurück, der es dann dem Dragoneroffizier Fowler überreichte. Letzteres ist unstrittig – aber die Anekdote mit der Indianerin ist ein schönes Beispiel für die Mythen, welche sich um das Bowie-Messer ranken. Neuesten Erkenntnissen zufolge wurde Jim Bowie im Alamo von einer Adoptivschwester seiner einige Jahre zuvor verstorbenen Frau versorgt. Ob diese Pflegerin indianisches Blut in den Adern hatte, ist freilich ungeklärt. Nach Washington Bowies Tod vermachte dessen Sohn, Oberstleutnant Richard T. Bowie, dieses als »Fowler-Bowie« bekannte Messer dem Alamo-Museum in San Antonio, Texas. William R. Williamson: »*Im März 1951 akzeptierten Fräulein Bennie Campbell und Fräulein Ivy P. Beck im Namen der Daughters of the Republic of Texas* [einer ursprünglich von Frauen gegründeten und geleiteten Historikervereinigung, ähnlich den Daughters of the American Revolution, d. Verf.] *das Geschenk des Bowie-Messers, um es im Alamo auszustellen.*« Dort liegt es heute noch – jährlich paradieren gut anderthalb Millionen Besucher daran vorbei.

Das Messer weist eine gerade Klinge von neuneinviertel Zoll Länge und anderthalb Zoll Breite auf (knapp 23,5 cm beziehungsweise 4 cm). Das Futteral besteht aus einem lederbespannten Holzkorpus, dessen Seitenkanten durch dünne U-Schienen verstärkt wurden. An Ort und Mund finden sich aus Münzensilber gefertigte Bleche. Das Mundblech trägt den in englischer Schreibschrift eingravierten Widmungsschriftzug. Oben am Rücken des Etuis sitzt, ganz wie bei einer Säbelscheide, eine Öse mit einem beweglichen Tragering, an dem sich ein Trageriemen, eine Fangschnur oder ein Karabinerhaken befestigen ließ. Auch dies ein hübsches Beispiel dafür, dass man solche Messer seinerzeit völlig anders trug, als einen das Hollywood-Filme glauben machen wollen. Möglicherweise hing das Etui nämlich so am Gurt, wie man es von Marinedolchen des 20. Jahrhunderts kennt.

Der Griff bildet ein kunsthandwerkliches Meisterwerk. Er besteht aus einer Steckangel, die ein im Querschnitt spindelförmiges Holzelement trägt. Es hat vier erhabene, ovale Seitenflächen mit einer kunstvoll und akkurat eingeschnittenen Kreuzschraffur. In jeder der durch die Schnitte entstandenen Rauten wurde in geduldzehrender Feinarbeit ein hauchfeiner Silbernagel gesetzt. Die Terzseite des Griffes erhielt zudem eine kleine, ovale Silberplakette. Das rückwärtige Griffende wurde mit einer silbernen Abschlusskappe bestückt. Via Rollprägung versah man dieses Käppchen mit mehreren rundumlaufenden Mini-Ornamentlinien. Und vorn am Griff findet sich eine konische Zwinge mit gleichem Zierrat. Die aufwändigen Silberarbeiten deuten gemäß der Untersuchungen diverser Bowie-Anhänger sowie der Lokalhistoriker von Baton Rouge aber darauf hin, dass Searles dafür einen Fachmann anheuerte. Als Top-Kandidat gilt der für seine meisterlichen Stücke bekannte Silberschmied Captain Rees Fitzpatrick (mehr im Hersteller-Verzeichnis auf Seite 196), der bis 1840 in Baton Rouge ansässig war und danach seinen Laden verkaufte.

Dieses Messer diente als Vorlage für die Replika der italienischen Firma Davide Pedersoli. Sie wurde in Deutschland vom Langenzenner Western-Waffen-Spezialisten Neumann und in den USA von Dixie Gun Works vertrieben. Damit das mit einer Klinge aus rostträgem Stahl bestückte Messer bezahlbar blieb, stattete die Firma Pedersoli ihr Bowie nicht mit Silber-, sondern Neusilberbeschlägen aus. Zudem fehlten dem Ebenholz-Griff die Kreuzschraffuren mit den Silberstiften. Trotzdem hat diese Replika in Westernkreisen zahlreiche Anhänger gefunden, zumal der Hersteller neben der standardmäßig gelieferten Lederscheide auf Wunsch auch eine Kopie des Originaletuis lieferte – jedoch ohne Holzkorpus und seitliche Versteifungen.

Allerdings handelte es sich bei dem Fowler-Bowie nicht um die einzigen Bowies aus dem Hause Searles. Die Fachwelt kennt noch einige andere Exemplare. Das wäre zum einen das »Fergus Gardere Knife«, das sich, abgesehen von seinen Goldauflagen, im Aufbau so gut wie nicht vom Fowler-Bowie unterscheidet. Halt, da ist doch noch ein abweichendes Detail: Vor der Parierstange auf dem Ricasso findet sich eine halbkugelige Verdickung auf der Klinge. Allem Anschein nach soll dieser Knubbel die Bruchgefahr am Übergang zur Angel vermindern. Jedenfalls musste Searles deswegen dem Scheidenmund entsprechend ausformen, damit das Messer sich überhaupt versorgen ließ. Bei diesem ebenfalls von Rezin georderten Stück arbeitete Searles im Unterschied zu dem Fowler-Messer nachweislich mit Rees Fitzpatrick zusammen: »SEARLES & F. PATRICK« steht senkrecht auf dem Ortblech der Scheide. Das Etui unterscheidet sich von der Fowler-Scheide dadurch, dass es zwei statt nur einem Trageringe aufweist. Der Empfänger Fergus Gardere war ein Pflanzer in der Nähe von Baton Rouge in Louisiana. Dieses Messer kam vor einigen Jahren bei dem Auktionshaus des Kaliforniers Greg Martin, einem bekannten Antikwaffenspezialisten, unter den Hammer. Zu dem Paket gehörten noch zwei einschüssige Pistolen von Daniel Searles, die über Messingläufe, in Silber ausgeführte siebenzackige Sterne und aus dem gleichen Material gefertigte Drahteinlagen verfügten und im Lauf der Zeit von Steinschloss- auf Perkussionszündung aptiert worden waren.

Das Searles-Bowie Numero drei heißt in der Fachwelt »Stafford Bowie«. Und wie es die Legende will, handelt es sich dabei um das Stück, das Rezin eigentlich für sich selber

Die moderne Variante dieser auf Rezin Bowies Entwürfen beruhenden Muster stammt von der italienischen Firma Pedersoli und wurde laut Auskunft von Pierangelo Pedersoli Mitte der 1990er-Jahre eingeführt; die Stückzahlen lagen im Bereich von 3000 bis 4000. Anders als die Originale kamen sie mit Klingen aus rostträgem Stahl und ohne die aufwändige Kreuzschraffur sowie die in mühevoller Kleinarbeit eingelegten Silberstifte.

und nicht als Präsent für einen Freund gedacht hatte. Doch es kam anders. Anno 1838 befand er sich zusammen mit einem Mann namens Josiah Seth Stafford auf einer Tour durch Texas, als Letzterer erkrankte und nicht mehr weiter konnte. Daraufhin ließ Rezin sein Messer bei Stafford, auf dass der sich schützen konnte (wenn es stimmt, ist das ein bezeichnendes Detail: Anscheinend ritt nicht jeder Pionier bis an die Zähne bewaffnet durchs Land …). Jedenfalls erhielt Rezin sein Messer nicht wieder zurück – warum, ließ sich nicht klären. Das Messer mit den Initialen »R.P.B.« in der Gravurplatte des Griffes gehört heute zu den heiligsten Besitztümern von Staffords Nachfahren.

Die Schively-Bowies

Doch allem Anschein nach umfasste dieses Trio nicht das erste Messer, das Rezin nach seinen Entwürfen von einem professionellen Messerschmied anfertigen ließ. Wahrscheinlich stammte eines der ersten Stücke aus der Werkstatt des Messerschmiedes und Instrumentenbauers Henry Schively in Philadelphia. Nun liegt diese Stadt in Pennsylvanien und damit sehr weit weg von Louisiana. Wie also verfiel Rezin Bowie ausgerechnet auf Schively? Nun, zu Beginn der 1830er-Jahre ereilte ein für den Bowie-Clan typisches Leiden den Pflanzer: Seine Sehkraft begann sich derart zu verschlechtern, dass er die Hilfe eines Spezialisten benötigte. Nachweislich fuhr er um 1833 dorthin, möglicherweise auch schon vorher – darauf deutet ein Messer hin, das spätestens im Jahr 1831 entstanden sein muss.

Jedenfalls ließ er in Philadelphia ein Messer nach seinen Entwürfen bauen: Es besaß eine gerade Rückenklinge von zehneinviertel Zoll Länge (knapp 32 cm), in deren abgewandter Seite sich die Markierung »SCHIVELY/PHILAD.« findet. Die handschutzlose Klinge war derb geschliffen. Es gab keine Mittelgrate oder Hohlkehlen, so dass das Blatt im

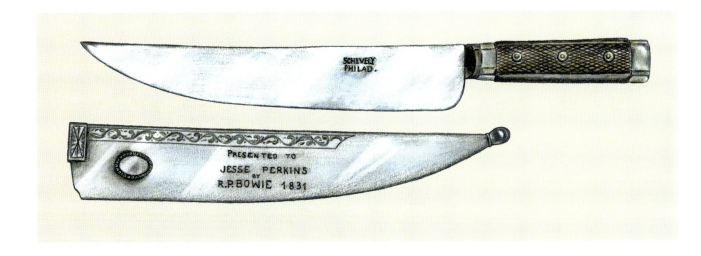

Das Schively-Perkins-Bowie. Zeichnung: Verfasser

Querschnitt keilförmig wirkt. Der Schliff zog sich von der Spitze bis nach hinten durch. Um dort die Verletzungsgefahr zu vermindern, hatte Schively die Hinterkante der Schneide bogenförmig gebrochen und abgestumpft. Der Griff des Messers zeigt sich im Querschnitt achteckig, wobei die mit einer englischen Fischhaut versehenen Seitenpartien breiter ausfallen als die Flächen an Rücken und Bauch des Griffes. Schively fertigte die Schalen aus zwei Ebenholzstücken, die er mit drei Nieten an der Angel befestigte. Vorn legte er zwecks zusätzlicher Stabilisierung ein Silberband um die Angel und die Schalen, hinten montierte er einen ebenfalls aus Silber gefertigten und verstifteten Knauf, wiederum aus Silber. Dessen Kappe trägt als Hinweis auf den Käufer Rezin Pleasant Bowie die eingravierten Initialen »R.P.B.« Zum Messer gehört eine komplett aus Münzensilber gefertigte Blechscheide. Ihre Flachseiten tragen unmittelbar unter dem Rücken eine sorgfältige Rankenornament-Gravur, deren Bestandteile die Amerikaner als *c-scroll*, also sinngemäß als C-förmige Arabeske, bezeichnen. Oben am Mund ist das ansonsten flache Etui zur Aufnahme der unteren Griffpartie rechteckig erweitert. Diese erhabene Partie trägt eine Gravur in Form eines strichförmigen Andreaskreuzes. Das Etui verfügt über einen Gurthaken mit ovaler Platte, deren Kanten eine filigrane Rändelung aufweisen. Unten am Ort sitzt ein knopfförmiger Abschluss. Er verleiht der Scheidenspitze mehr Stabilität. Und außerdem findet sich auf dem Futteral die vierzeilige Gravur: »PRESENTED TO / JESSE PERKINS / BY / R.P.BOWIE 1831«.

Gemäß derzeitigem Wissensstand ist es zweifelsfrei keine Fälschung. Daher handelt es sich um das *nachweislich* älteste Kampfmesser aus dem Umfeld der Bowie-Familie überhaupt. Dafür spricht auch, dass dem guten Stück ein Handschutz fehlt. Dieses Element taucht erst bei den späteren Varianten à la Searles auf. Von diesem Messer ausgehend lässt sich somit wohl am treffendsten vermuten, wie das Ur-Bowie aussah. Bei dem Beschenkten handelte es sich um einen Oberst Jesse Perkins, der zuerst in Natchez und später in Jackson am Mississippi residierte. Dieses Schively-Bowie tauchte erst in den 1970er-Jahren wieder aus dem Nebel der Geschichte auf.

Und dabei half es auch, ein anderes Mysterium zu klären. Dabei geht es um jenen berühmten namenlosen Messerschmied aus Philadelphia, der laut Lucy Leigh Bowie von Rezin den Auftrag erhielt, seinen Entwurf in perfekter Form auszuführen und demnach als erster die zweischneidige Klinge einführte. Da Miss Bowie anno 1916 noch nichts von der Existenz dieses Messer wusste, spekulierte die Fachwelt lange, um wen es sich bei diesem *»Philadelphia cutler«* gehandelt haben könnte. Lange Jahre hieß es, sie meine damit den ominösen James Black (dazu mehr weiter unten) aus Washington in Arkansas. Denn der wollte in Philadelphia sein Können erworben haben. Mitglieder des in Maryland ansässigen Zweiges der Bowie-Familie hingegen präsentierten lange Jahre ein mit Hirschhorn-Griffschalen und Acht-Zoll-Klinge bestücktes Messer von Henry Huber, dessen in Philadelphias Ortsteil Germantown ansässige Firma schon zu Beginn der 1830er-Jahre Bowies feil bot. Möglicherweise ließ Rezin auch dort ein Messer bauen, doch ein entsprechend signiertes Stück fehlt. Aber Huber baute als einer der ersten US-Hersteller Messer mit entenschnabelförmigen Klingen – vielleicht doch ein Indiz? Der US-Forscher James Batson glaubt, dass Lucy Leigh Bowie mit ihrer unklaren Beschreibung auf Huber anspielte.

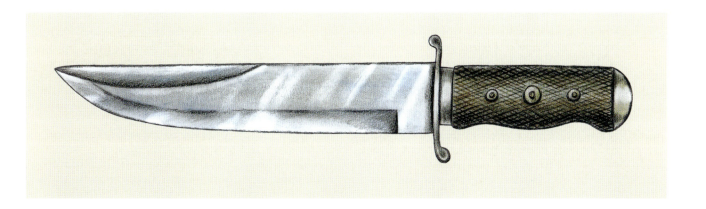

Das Schively-Crockett-Bowie. Zeichnung: Verfasser

Das Schively-Perkins-Messer liegt im State Historical Museum von Jackson in Mississippi, der Einrichtung gestiftet von Thomas Gale, dem Enkel von Jesse Perkins. Und das trug dem Stück auch seinen zweiten Namen ein: »Mississippi State Historical Museum Knife«. (In diesem Gebäude befinden sich übrigens auch zwei prächtige Ehrensäbel, welche der erwähnte Rees Fitzpatrick verziert hat.) Allerdings befindet sich das Messer nicht immer in der Ausstellung, sondern nur anlässlich besonderer Veranstaltungen. Doch handelt es sich bei dem Perkins-*Knife* wahrscheinlich nicht um das einzige Bowie-Messer aus der Werkstatt von Schively. Denn der begann nach Erledigung dieses Auftrages, nach eigenen Ideen verbesserte Bowie-Messer in kleinen Stückzahlen herzustellen. Typischerweise kamen diese Messer mit einer symmetrischen Speerspitzen-Klinge. Dabei war origineller Weise der Ortbereich auf der zugewandten Terzseite leicht angeschliffen, die andere Seite dagegen nicht.

Eins dieser Messer mit der ungewöhnlich beschliffenen Klinge tauchte Mitte der 1970er-Jahre als Resultat intensiver Recherchen von William R. Williamson auf. Ein Zweites, aber ohne Herstellerzeichen, fand sich in der Stadtbibliothek von Bedford in Massachusetts. Hier seine Maße: Länge fünfzehneinhalb *Inches* (knapp 40 cm), Klingenlänge zehneinhalb Zoll (knapp 27 cm), Klingenbreite eindreiviertel Zoll (knapp 4,5 cm) – also ein nachgerade riesiges Gerät. Typisch für frühe amerikanische Bowie-Messer aus Pennsylvanien, Massachusetts und Maryland wartet dieses Muster mit einer S-förmigen Parierstange auf. Als Material dafür diente Deutsches Silber (= Neusilber oder Nickelsilber). Die Griffschalen bestehen aus Büffelhorn – in einem Stück belassen und von hinten über die komplett verdeckt Angel (*hidden tang*) geschoben. An der Bauchseite weist das Hornstück zwei muldenförmige Vertiefungen auf. Oben und unten ziehen sich von hinten nach vorn je zwei parallel eingeschnittene Linien durch den grünlichen Werkstoff. Dadurch entsteht der Eindruck, man habe ein Messer mit aufgelegten Schalen vor sich, bei deren Angel man Rücken und Bauchseite mit einzelnen Hornstücken abgedeckt habe. Das Hornstück wurde mittels dreier Nieten aus Deutschem Silber fixiert, seine Hinter- und Vorderkanten durch je ein Abschlussstück aus dem gleichen Werkstoff geschützt.

Zum Messer gehörte eine Scheide mit Ort- und Mundblech sowie seitlichen Kanten-Verstärkungen aus Deutschem Silber. In das Mundstück eingeritzt steht »Crockett 1830«. Und tatsächlich deutet alles darauf hin, dass dieses Messer einmal David Crockett gehört hat. Denn der US-Politiker erhielt es im Zuge einer Wahlkampagne als Geschenk – wie es eine Facette der Legende will, von James Bowie persönlich. Ein solches Präsent würde die zwei bekanntesten Helden des Alamo noch fester aneinander knüpfen. Aber es fehlt jeder Beleg dafür, dass einer der Bowie-Brüder je eines dieser verbesserten Schively-Modelle erhalten hat (auch wenn einiges dafür spricht, dass Rezin Bowie von Schivelys Entwürfen gewusst hat). Außerdem ließ sich nicht nachweisen, dass Bowie und Crockett einander vor ihren letzten Tagen im Alamo je persönlich getroffen haben. Hinzu kommt, dass Letzterer erst einmal nur Tennessee repräsentierte und sich erst Jahre später für Texas zu interessieren begann. Warum also hätte ein in Arkansas, Louisiana und Texas engagierter Jim Bowie einem ihm völlig Fremden solch ein kostspieliges Geschenk machen sollen?

Wer es trotzdem glauben will, für den gibt es hier noch ein Indiz. Als das Messer vor drei Jahrzehnten der Bibliothek überreicht wurde, befand sich dabei auch ein vergilbter Zettel mit folgenden Anmerkungen in englischer Schreibschrift: »*Das ist ein Bowie-Messer. Überreicht an Davy Crocket von Bowie. Davy Crocket überreichte es Henry Clay. Henry Clay überreichte es meinem Vater. Mein Großvater Watkins und Henry Clay waren*

Die Schively-Bowies

Halbbrüder. Bowie und Crocket wurden beide von Mexikanern im Alamo, San Antonio, Texas, getötet – Davy Crocket schnitt 1830 seinen Namen in die Hülle. Tom Watkins.« Bei besagtem Henry Clay handelte es sich um einen bekannten Politikerkollegen von Crockett; Clay trug den Beinamen »*The Great Pacifier*«, also der große Friedensstifter.

Das Messer kam 1972 über einen Nachfahren von Watkins in die Bibliothek von Bedford, befand sich also bis zu diesem Zeitpunkt in Familienbesitz. Es spricht einiges dafür, dass das Messer echt ist und zumindest kurzfristig Crockett gehörte. Zum Ersten folgen Messer und Scheide exakt dem Baustil Henry Schivelys. Zum Zweiten hätte ein Fälscher sicher darauf geachtet, den im Scheidenbeschlag kaum sichtbar eingeritzten Namen von Crockett deutlicher hervorzuheben. Mit aller gebotenen Vorsicht lässt sich festhalten: Rezin P. Bowie ließ sich wahrscheinlich erstmals von Henry Schively eine edle Version des Ur-Bowie bauen. Daraufhin entwickelte dieser Messerschmied eine Kleinstserie von verbesserten Bowie-Messern. Eins aus dieser Reihe ging als Geschenk an Crockett. Damit bilden Henry Schively und seine Messer ein Bindeglied zwischen den beiden Bowie-Brüdern und Crockett.

Das Forrest-Bowie

Im Januar 1997 erwarb ein nicht namentlich genannter Käufer bei einer Auktion des kalifornischen Auktionshauses Butterfield & Butterfield (heute Butterfields) ein Messer für stolze 145.500 US-Dollar. Natürlich klebte da eine weitere Bowie-Legende dran. Dieses Messer gehörte einst Edwin Forrest (1806–1872), dem ersten großen amerikanischen Bühnen-Schauspieler. Sein Repertoire umfasste klassische Rollen ebenso wie das, was man damals unter *Action* verstand. Dazu gehörte die Darstellung des fiktiven Indianerhäuptlings Metamora, dem Markenzeichen Forrests. Er bestieg als Vierzehnjähriger eine Bühne in New York, sechs Jahre später lag ihm die Stadt zu Füßen. Danach ging er auf Tournee. Überall, wo er gastierte, löste er ähnliche Massenhysterien aus, wie man sie von modernen Popstars kennt. Forrest gastierte als junger Mann auch in New Orleans und hat dabei laut eigenem Bekunden die Bekanntschaft von James Bowie gemacht. Begeistert von der Schauspielkunst des jungen Thespis-Jüngers soll Bowie ihm nach dem Sandbank-Kampf seine berühmte Waffe als Geschenk übersandt haben – begleitet von einem Brief, in dem er trocken anmerkte, dies sei das Messer, weswegen sich die Zeitungen so aufregten. Forrest hütete dieses Exemplar wie seinen Augapfel und setzte es mit anderen Waffen in eine riesige Hängevitrine. Forrest sammelte edle, berühmte Waffen: Neben den Degen und Säbeln von Königen und Generälen besaß er ein Paar Duellpistolen und eine silberbeschlagene Jagdbüchse von Henry Deringer, dem Erfinder der gleichnamigen Taschenpistole. Und natürlich spendierte er in seiner Vitrine auch den Waffen Metamoras einen Ehrenplatz – einer Steinschlossmuskete M 1798 und einem schwertartigen Messer mit ungefügem Horngriff.

Ganz so groß fiel das Bowie nicht aus. Es zeigt eine unmarkierte Klinge von zwölfdreiviertel *Inches* Länge (gute 32 cm) mit ganz schwach angedeuteter, aber nicht geschärfter Entenschnabelspitze. Insgesamt wirkt das Blatt mit seiner bauchigen Ortpartie eher wie eine große *Drop-Point-*Klinge. Der Griffrücken liegt mit dem Klingenrücken auf gleicher Höhe. Wie beim Schively-Perkins-Bowie fehlt ein Handschutz, außerdem ist auch hier die Hinterkante der Schneide bogenförmig abgerundet. Klinge und Angel sind durchgeschmiedet. Letztere gehört zum Typ *taper tang*. Das heißt, dass sich ihre Flachseiten zum Griffende hin verjüngen. Das Messer trägt zwei mit drei Nieten aus Deutschem Silber fixierte Schalen aus Rosenholz. Ihre Seitenflächen weisen eine recht derbe, aber sehr akkurat von Hand geschnittene Fischhaut auf. Zu dem Messer gehört ein schlichtes, schmuck- und markenloses Futteral mit einem Korpus aus schwarz lackiertem Leder, das eine Gurtschlaufe sowie Ort- und Mundbeschläge aus Neusilber aufweist.

Einer von Forrests Biografen, der berühmte US-Romancier Horatio Alger, beschrieb das Messer so: »*Sein bevorzugtes Messer (…) präsentierte er [Bowie] als Pfand seiner Zuneigung zu Forrest, der es sorgsam inmitten seiner angesammelten Andenken verwahrte. Es war ein langes und hässliches Ding, dessen bloßer Anblick ein Gespinst fürchterlicher Gedanken heraufbeschwor; schlicht und billig für echte Arbeit, äußerst schmucklos, aber die Klinge hervorragend gehärtet und so nicht zu verbiegen oder leicht zu brechen, und der Griff mittels stählerner Drähte griffelt, damit er nicht rutschen möge, wenn die Hand blutig wird.*« Dieser ausdrucksstarken Beschreibung lässt sich nur hinzufügen, dass die Fischhaut eindeutig eingeschnitten und nicht aufgeprägt wurde. Das zeigen die auch noch nach 170 Jahren sichtbaren Messerspuren am Knauf. US-Fachmann Bernard Levine ergänzt: »*Es ist ein großes einfaches Messer, in der Form ähnlich einem Häutemesser aus dem Indianerhandel, nur größer und stärker. Die Griffschalen sind fischhautverschnitten und gesichert durch drei große Nieten mit silbernen Unterlegscheiben. Obwohl seine Scheide silberbeschlagen ist, wirkt das Messer nicht wie von professioneller Hand gefertigt. Das passt zu den Stories der Bowie-Familie über seine Entstehung, auch wenn seine Proportionen nicht mit den Dimensionen übereinstimmen, an die sich Rezin Bowie viel später erinnerte.*«

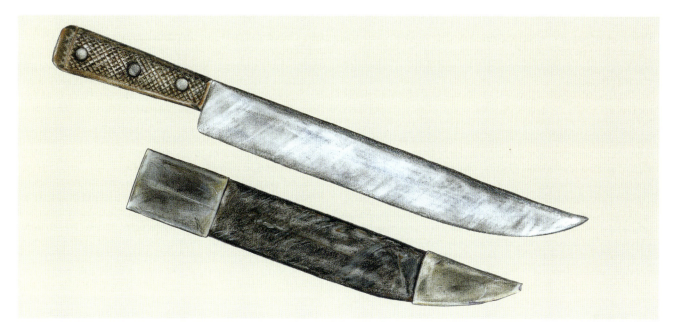

Das Forrest-Bowie. Zeichnung: Verfasser

Das Messer kam erst 1988 wieder ans Licht der Öffentlichkeit. Dass es solange verborgen blieb, geht auf eine Kette unglücklicher Zufälle zurück. Als der Schauspieler 1872 verstarb, blieb das Messer in der Vitrine der sechzehntausend Quadratmeter großen Forrest-Villa in Philadelphia. Schon einen Monat später sorgte ein Schaden am Kamin für einen Brand, der einen Großteil von Forrests legendärer Bibliothek vernichtete. Danach hieß es, seine weltberühmte Waffensammlung sei ein Raub der Flammen geworden. Diese Auskunft erhielt auch Bowie-Experte William R. Williamson, als er in den 1960er-Jahren nach dem Forrest-Bowie fahndete. Doch hatte die große Vitrine mit dem Bowie-Messer den Brand überlebt, weil sie in einem anderen Flügel des Hauses hing. Als Folge davon gerieten diese Waffen in Vergessenheit, obwohl 116 Jahre lang tagtäglich Menschen daran vorbeiliefen. Nach Forrests Tod diente das Haus gemäß seiner Verfügung als Altersruhesitz für ehemalige Schauspieler. 1988 musste das Edwin-Forrest-Heim seine Pforten schließen. Die Erben planten, die Vitrine zu verkaufen. Jetzt wurde unter Aufsicht von William Stapp, einem Spezialisten des Washingtoner Smithsonian-Instituts, die versiegelte Vitrine geöffnet. Stapp: *»Sie war intakt, sie wurde nie geöffnet, soweit ich das beurteilen kann.«*

Erneuter Auftritt von Williamson. Er erfuhr, dass das Forrest-Bowie all die Jahre unbeachtet in der Vitrine gehangen hatte. Sporenstreichs erwarb er 1989 den Kasten, einige von Forrests Waffen und natürlich das Bowie, das er 1992 bei der weltgrößten Messerbörse, der »Blade Show« von Atlanta in Georgia, erstmals ausstellte. Doch konnte sich die Öffentlichkeit nicht lange an dem guten Stück erfreuen. Nach Williamsons Tod kam seine riesige, unschätzbare Bowie-Kollektion unter den Hammer. Jetzt weidet sich wieder irgendein reicher Nabob allein an dem guten Stück; die Fans hingegen schauen in die Röhre.

Bleibt nur zu klären: Ist es echt? Williamson ging davon aus – immerhin galt er als einer der wohl wichtigsten Bowie-Messer-Fachleute weltweit. Auch der mit ihm befreundete US-Messerpapst Bernard Levine hielt es für authentisch. Doch zwei Anmerkungen seien gestattet. Mitglieder der Bowie-Familie erklärten, dass das Messer nach dem Sandbank-Kampf wieder an Rezin Bowie zurückgegangen sei. Das aber würde eine Schenkung an Forrest erst mal ausschließen. Und zum Zweiten entsprechen die Abmessungen (wie von Levine angemerkt) einfach nicht Rezins Ausführungen. Warum sollte der sich ausgerechnet in dem Punkt irren, als er das allererste Bowie 1838 in seinem Leserbrief beschrieb? Immerhin ließ er ja mehrere Messer nach seinen Entwürfen bauen, deren Klingenlänge weit mehr zu seinen Angaben passt. Zum Dritten machten US-Forscher wie William C. Davis darauf aufmerksam, dass sich keine Belege für ein Geschenk von Bowie an Forrest gefunden haben. Kritiker der Geschichte glauben daher, dass Edwin Forrest diese Geschichte aus Geltungsdrang selber in die Welt gesetzt und sich einfach ein dazu passendes Messer beschafft hat. Doch bis zur Klärung dieser Widersprüche bleibt das Schively-Perkins-Messer von 1831 das älteste Bowie der Welt, während das Forrest-*Knife* zumindest als heißester Anwärter für den Titel »Ur-Bowie« einzustufen ist.

Was nicht heißt, dass es nicht noch andere Konkurrenten gäbe. Doch die hängen alle mehr oder weniger lose mit dem Schicksal des blinden Schmiedes James Black aus Washington im US-Bundesstaat Arkansas zusammen. Der steht dank verklärender Darstellungen, allen voran aus der Feder seines Freundes Daniel Webster Jones und des Fachautors Raymond Thorp, weithin im Ruf, der eigentliche Erfinder des Bowie-Messers zu sein. William C. Davis merkt dazu an, dass dieser Schmied auf keinen Fall das Bowie erfunden habe, dass er aber selber diese Gerüchte in Umlauf brachte. Freilich liegt Blacks Werdegang weitgehend im Dunkeln, auch lassen sich keine Verbindungen zur Bowie-Familie belegen. Und bislang tauchte noch kein Muster auf, das sich ihm zweifelsfrei zuordnen ließe. Eine Darstellung zum Thema Bowie wäre aber ohne einen Blick auf die in Frage kommenden Aspiranten unvollständig.

Das Moore-Bowie

Dessen Geschichte beginnt im Jahr 1890 in Texas. Da kam eines Tages ein alter Mexikaner aus der Region um Wichita Falls zu dem Polizisten James Moore, um eine Schuld von fünf Dollar zu begleichen. Weil der *viejo* das Geld aber nicht parat hatte, bot er dem Sternträger statt dessen ein schweres Kampfmesser an. Gratis dazu gab es diese *Story*: Als blutjunger Bursche habe er 1836 in der Armee von Generalissimo Santa Anna an der Belagerung des Alamo teilgenommen. Er behauptete, das Messer einen Tag nach dem erfolgreichen mexikanischen Sturm gefunden zu haben, in der Nähe eines jener Feuerstöße, auf denen die Leichen der Texaner verbrannten. Er nahm das Messer an sich und benutzte es im Lauf seines Lebens, das er als *vaquero* und Rancharbeiter verbrachte.

Und dieses Teil bietet alles, was der Laie so bei einem Bowie erwartet: eine starke Klinge in Hechtform, eine riesengroße, klotzige Parierstange und dazu ein derb und martialisch anmutendes Äußeres ohne jeden zusätzlichen Schnickschnack. Der Messerdolch misst insgesamt dreizehneinviertel US-Zoll, also etwas mehr als 33,5 cm, wobei achteinviertel *Inches* (knapp 21 cm) auf die Klinge entfallen. Deren Breite beträgt einen und fünf Achtel Zoll, also 41 mm. Die Klinge weist eine nahezu gerade verlaufende Pandurenspitze von zirka 7,5 cm Länge auf. Der dahinter ansetzende Rücken des Blattes zeigt eine Reihe feiner Zähne, wovon zirka 14 auf einem Zoll Platz finden. Allem Anschein nach wurde das Messer aus einem Stück Stahl von einem Viertel Zoll Dicke (etwas über 6 mm) gefertigt und zwar mittels Schmieden und nicht durch Feilen oder Schleifen. Die spindelförmige Griffbeschalung besteht aus Eichenholz, das Knaufkäppchen und die achteckige Zwinge vorn

Linke u. rechte Seite: Vorbildgerecht verfügt das Franklin-Mint-Messer über die Sägezahnung im Klingenrücken, über die wuchtige Parierstange und über den ominösen Schriftzug »J. BOWIE« – ob das Original tatsächlich unserem Messermann gehört hat?

am Griff aus plattiertem Blech. Das aus Eisen gefertigte, C-förmige Parierelement des Messers besitzt zwei hängende Stangen, ganz wie bei mittelalterlichen Dolchen. Jedes Stangenende bildet zudem einen nach innen zeigenden Haken.

Alle Elemente verweisen eindeutig darauf, dass es sich hier um ein Kampfmesser handelt. Der spindelförmige Griff erlaubt blitzschnelle Stellungswechsel in der Hand, die abgeflachten Partien der Zwinge bieten Daumen und Zeigefinger die dazu nötige Anlagefläche. Die Zahnung des Klingenrückens diente dazu, den Stoß der gegnerischen Klinge abzulenken und zu schwächen. Und mit den Haken der Parierstange konnte man das Blatt des Feindes fangen. Dann brauchte es bloß ein gutes Reaktionsvermögen und ein trainiertes Handgelenk, um die Klinge vom eigenen Körper wegzudrehen und den Gegner im günstigsten Fall zu entwaffnen. Alles in allem eine durchdachte Waffe, für einen Messerkampf viel praktischer als die Entwürfe von Rezin Bowie, Daniel Searles oder Henry Schively, ganz zu schweigen von den zum Teil völlig überkandidelten Stücken, welche später aus England folgen sollten. Allein deswegen schon gebührt dem Moore-Bowie ein besonderer Platz in der Bowie-Historie. Doch was die Fachgemeinde schließlich besonders fesselte, das waren zwei äußerst grob in die Klinge geritzte Schriftzüge. Zum einen »J. BOWIE« – eine Modellbezeichnung oder der Name des ursprünglichen Besitzers? Zum anderen die beiden ominösen Initialen »JB« – stehen die nun für James Bowie oder doch für James Black, den Schmied aus Arkansas?

»*Fälschung, ganz klar*«, lautet die Meinung der Zweifler. Sie verweisen darauf, dass das Messer erstmals 1975 seitens der Moore-Familie einem Experten vorgelegt wurde. Auch gilt vielen der einzigartige, unverwechselbare Stil dieses Stücks als Beleg für ein *fake* (Fälschung). Denn das Messer sieht aus wie die stahlgewordene Wunschvorstellung jedes Bowie-Enthusiasten. Aber genau die hat mit den realen Mustern dieser Messerfamilie nun in den allermeisten Fällen nichts zu tun. Doch gibt es auch renommierte US-Fachleute, die das Moore-Bowie nicht in Bausch und Bogen verbannen. Kampfmesserspezialist William P. Bagwell aus Arkansas etwa machte darauf aufmerksam, dass das Messer mit einem Parierelement aus Eisen aufwartet. Und das sei genau das Material, mit dem um 1830 ein Schmied der Westgrenze gewöhnlich gearbeitet hätte – nicht aber mit Stahl, Messing oder Neusilber, alles Materialien, welche es seinerzeit nur in den Industriestädten im Überfluss gegeben habe. Hier liegt auch der Grund, warum so viele ausgediente, stumpfe Feilen und Wagenfedern zu Messerklingen umgeschmiedet wurden: Stahl war schlicht zu schade, um ihn wegzuwerfen.

Auch die gesamte Bauweise des Messers weist darauf hin, dass hier ein Handwerker des Wilden Westens mit wenig und noch dazu primitivem Werkzeug gearbeitet hat. Bagwell unterzog außerdem das Messer einem Test mit Zitronensäure, woraufsich Linien auf dem Klingenstahl abzuzeichnen begannen. Möglicherweise handelt es sich da um Damaststahl, dessen Fertigungsmethode der Schmied James Black angeblich beherrscht hat (falls überhaupt, dann war er sicher nicht der einzige, wie die Legende behauptet – dazu auf Seite 139 ff. mehr.) Bagwell äußerte in einigen Interviews, er sei sich zu 95 Prozent sicher, hier ein von Black für Jim Bowie gefertigtes Messer vor sich zu haben. Der Fachautor R.B. Hughes ergänzte dies durch den

Hinweis darauf, dass es sich bei der Moore-Familie nicht um Bowie-Kenner oder -Sammler handele. Denn als James Moores Nachfahre Bart sich mit dem Messer an ihn und andere Experten wandte, ging es ihm nicht ums liebe Geld, sondern nur darum, mehr über ein altes, liebgewonnenes Familienerbstück zu erfahren. Daher hielt auch Hughes das Stück für echt.

Für die Betreuer des historischen Parks rund um die wiedererrichtete Schmiede von James Black in Arkansas steht seit Jahren fest, dass es sich hier um eins der verschollenen Muster aus der Werkstatt dieses Mannes handelte. Der Parkhistoriker Don Montgomery verwies schon in den 1980er-Jahren auf zwei Einzelheiten des Griffs: Die Knaufabdeckung und die Zwinge seien aufwendig gearbeitet, was auf einen Spezialisten hindeute. Von den noch erhaltenen Resten ihrer Beschichtung führt seiner Meinung nach ein direkter Weg zu den Verfahren, durch die man im 19. Jahrhundert Braten- und Tortenbleche veredelt hat. Und in dieser Arbeit sei James Black in Philadelphia gründlich ausgebildet worden, ehe er nach Westen gezogen sei. Doch wie oben schon angemerkt: Hughes, Bagwell und Montgomery führen triftige Gründe für ihre Vermutungen an – beweisen konnte diese Theorien aber noch niemand. Und daran hat sich bis heute nichts geändert.

Bleibt noch eine Anekdote. 1982 schickte man das Moore-Bowie nach Japan. Hier fertigte man im Auftrag der US-Firma Franklin Mint Kopien, die sich vor allem durch ihre Hochglanzpolitur, die eisernen Griffelemente und die Klinge aus rostträgem Stahl vom Original unterschieden. Kaum jedoch lief der Versicherungsschutz aus, als das alte Messer plötzlich verschwand. Die Moore-Familie setzte alles daran, es wieder zurück zu bekommen, und schaltete schließlich das FBI ein. Genau wie Bart Moore war auch die Bundespolizei der Ansicht, dass es sich bei diesem einzigartigen Exemplar um ein wichtiges Stück des nationalen Erbes der Vereinigten Staaten handele. Und so kam es, dass zwei Wochen später ein FBI-Mann Bart Moore das Messer zurückgeben konnte. Der erfuhr zwar, dass das gute Stück jetzt von der Behörde registriert sei, aber nicht, auf welchen Wegen man es aufgetrieben hatte. Heute befindet sich das Messer als Leihgabe im Arkansas Territorial Restoration Museum von Little Rock.

Das Musso-Bowie

Diese Geschichte beginnt damit, dass ein Waffensammler zu Beginn der 1980er-Jahre ein neues Reinigungsmittel an seinen Vorderladern ausprobierte. Dabei überlegte er, was wohl passieren würde, wenn er damit ein altes, völlig dreck- und rostverkrustetes Bowie-Messer aus seinem Besitz säubern würde. Gedacht, getan. Und so brachte dieses »*gun cleaning solvent*« hervor, was vorher noch niemandem aufgefallen war: Auf der Parierstange standen die Initialen »JB«, dazu gab es noch einige sechszackige Sternmotive. Und wie schon beim Moore-Bowie löste das eine regelrechte Lawine an Fragen aus: Handelte es sich dabei ebenfalls um ein Messer aus der Werkstatt von James Black und dem Besitz von Jim Bowie? Oder reihte es sich unter die vielen Fälschungen, die im Lauf der Jahre aufgetaucht waren?

Der Sammler heißt Joe Musso und ist in Hollywood eine nicht unwichtige Persönlichkeit. Er leitete jahrelang die Vereinigung der »*matte artists*«; also jener Künstler, die Szenen- und Landschaftshintergründe malen, die bei einigen Filmtricktechniken benötigt werden. Bowie-Experten kennen ihn als den Mann, der mehr als jeder andere über die Filmgeschichte zum Thema Jim Bowie weiß. Er besitzt etwa die Requisiten-Messer, die für den berühmten Film *The Iron Mistress* mit Alan Ladd angefertigt wurden und welche die bis heute andauernde Begeisterung für diese Messerfamilie auslösten. Musso hatte sein altes Messer schon vor seinem Reinigungsversuch im Kreis von Bekannten und Interessenten herumgezeigt Darunter befand sich auch John Wayne, der sich seit seinem Alamo-Film für alles interessierte, was mit diesem Thema zusammenhing – so auch für dieses gut unteramlange Stück mit der deutlich ausgeprägten Hechtklinge, der S-förmigen Messing-Parierstange und dem asymmetrischen Holzgriff mit der Messingzwinge.

Der Pfiff dieses Exemplars besteht in der Messingeinfassung des Klingenrückens. Dabei handelt es sich um den so genannten *fighting guard*: Blockte man mit dem stumpfen Rücken die gegnerische Klinge ab, so konnte sich deren Schneide theoretisch im weichen Messing festfressen. Dies sollte die Chance erhöhen, den Feind zu entwaffnen. Ob das freilich jemals jemand ausprobiert hat, ist zweifelhaft. Sonst hätte sich dieses Element ja weithin durchgesetzt. Weswegen es nach Meinung vieler Fachleute auch kein authentisches Detail sein kann. Demnach wird die Echtheit dieser *brass strip*-Bowies oft bezweifelt.

Jedenfalls entschloss sich Musso, das Messer einem seinerzeit sehr bekannten parapsychologischen Medium vorzulegen, dem Holländer Pieter van der Hurk, berühmt unter dem Namen Peter Hurkos. Der war im Jahr 1941 von einer Leiter gefallen und entwickelte danach ein besonderes Talent: Angeblich könne er mit seinem Geist die Zeit durchdringen und mittels Befühlen von Relikten etwas zu der daran hängenden Geschichte erzählen. Jedenfalls landete Hurkos Mitte der 1950er-Jahre in den USA, wo er bald als »der parapsychologische Detektiv« bekannt wurde. Die Polizei schaltete ihn bei diversen Schwerverbrechen ein, bei denen sie nicht mehr weiter wusste. Joe Musso war von Hurkos' Talent überzeugt. Und da das Medium sich auf

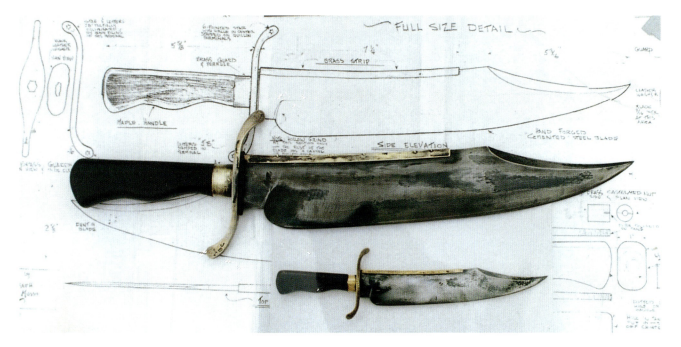

Messermacher Joe Keeslar aus Kentucky fertigte diesen absolut originalgetreuen Nachbau des Musso-Bowie mit der S-förmigen Messing-Parierstange und der als »*fighting guard*« bekannten Messingeinfassung des Klingenrückens, welche die gegnerische Klinge im Zweikampf fangen sollte. Sammlung D. Pohl, mit freundlicher Genehmigung von J. Keeslar

seine alten Tage in Los Angeles niedergelassen hatte, legte er ihm das Messer vor, laut Mussos Erzählung in einer verschlossenen Tüte.

Der Autor dieser Zeilen hingegen glaubt nicht an solche übersinnlichen Wahrnehmungen. Damit sieht er sich in bester Gesellschaft mit all jenen polizeilichen und wissenschaftlichen Skeptikern, die in Hurkos nichts weiter als einen äußerst erfolgreichen Scharlatan sahen. Demnach fütterte er Musso mit einer Reihe von Details zu dem Messer, welche sich durch nichts wissenschaftlich überprüfen ließen – etwa, dass Bowie in Texas bevorzugt einen Hirschleder-Jagdrock getragen habe, dass auf seinen Stiefelstulpen sechszackige Sterne als Rangabzeichen prangten und dass er stets drei Messer getragen habe, zwei am Gurt, eines im Stiefel. Und er habe keine Feuerwaffen gemocht, sondern sei stets wie ein römischer Gladiator ins Gefecht gestürmt, in jeder Hand ein Messer, eins zum Abwehren und Blocken, das andere zum Hauen und Stechen. Allein das spricht schon Bände für die Glaubwürdigkeit des Parapsychologen. Solch ein geschildertes Verhalten macht sich prima in einem Groschenroman, passte aber nicht zur Realität. Wie an anderer Stelle ausgeführt, hat Bowie nachweislich nur einmal seine Händel mit einem Messer ausgetragen.

Wie sehr Hurkos hier die Gutgläubigkeit eines Fans ausnutzte, zeigt die folgende Episode: Nach Bowies Tod sei das Messer über einen Mexikaner namens Alphonso Roberto schließlich in den Besitz eines Deutsch-Texaners namens Hans Fisher gegangen. Danach fand Musso heraus, dass es während der 1840er-Jahre in Texas einen Mann namens Henry Fisher gegeben habe. Und der habe im »Verein zum Schutze deutscher Einwanderer in Texas« eine wichtige Rolle gespielt. Da bestätigte das Medium, dass es sich um diesen Mann gehandelt habe. Der Witz daran: Der *empresario* (Landmakler) Henry Francis Fisher spielte tatsächlich bei der katastrophal verlaufenen Ansiedlungsaktion des so genannten *Adelsvereins* eine wichtige, ja fast schon kriminelle Rolle. Fisher war jedoch kein Deutscher, sondern ein Engländer, den es aufgrund seiner Familiengeschichte nach Deutschland verschlagen hatte. Gäbe es also übersinnliche Kräfte, dann hätte Hurkos dieser Umstand auffallen müssen. So aber beweist die Sache nur, dass er Joe Musso mit viel fantasievollen Erfindungen garniertes Halbwissen vorsetzte, das er sich vorab angelesen hatte.

Aber Musso verließ sich nicht nur auf eine Untersuchung, sondern legte das Messer noch den Wissenschaftlern der Truesdail-Laboratorien in Los Angeles vor, die es mit allen in der Archäologie gängigen Methoden zur Alters-

Das Musso-Bowie

Knifemaker-Legende Joe Keeslar mit dem Musso-Bowie, rechts steht der renommierte Bowie-Experte Joe Musso. Und der Mann hinten auf dem Gemälde ist James Bowie.
Sammlung D. Pohl, mit freundlicher Genehmigung von J. Keeslar

bestimmung untersuchten. Der auf den 23. November 1981 datierte Bericht der Wissenschaftler bestätigt, dass das Messer um 1830 entstand und keine künstlichen Alterungsspuren aufweist. Das betrifft auch die Messingparierstange, die demzufolge nicht später montiert wurde. Auch seien die Initialen »JB« gegossen und nicht nachträglich von Hand eingestempelt oder eingeschlagen worden. Die Klinge wurde wiederum von Hand geschmiedet, erhitzt in einem mit Holzkohle befeuerten Ofen, in einem Zementierungsprozess unter Verwendung von Erzen mit niedrigen Anteilen an Schwefel und Phosphor, ähnlich wie bei der Herstellung alter Damast- und Wootz-Stähle. Ein knapp zwei Zentimeter oberhalb der Schneide durchgeführter Rockwell-Härtetest erbrachte einen Werk von 46 HRC – gemessen an modernen Serienmessern mit einer durchschnittlichen Härte von 55 bis 58 HRC ist das sehr weich.

Aus alldem zog Musso keine übereilten Schlüsse. So sagte er vor einigen Jahren in einem US-Interview: *»Wissenschaftlich gesehen habe ich ein 150 Jahre altes Bowie-Messer mit einem Messingstreifen, das einem amerikanischen Offizier mit den Initialen `JB´ gehörte.«*. Ein ähnlich gestyltes Messer findet sich in den anno 1855 veröffentlichten Memoiren von Samuel Houston, dem ersten Präsidenten von Texas. Freilich ist Musso schon davon überzeugt, dass das Messer aus dem Privatbesitz von Jim Bowie stammt. Seitdem etablierte sich das Musso-Bowie noch auf eine andere Art und Weise in der Szene: Der Messermacher Joe Keeslar aus Kentucky baute es in Zusammenarbeit mit Musso so originalgetreu wie möglich nach, als der einen Lehrfilm für das Alamo-Museum in San Antonio betreute. Seitdem haben auch andere US-Messermacher Repliken davon angefertigt. Und eine verkleinerte Version davon spielte in dem Alamo-Film *»Two for Texas«* mit Peter Coyote, Tom Skerritt und Kris Kristofferson mit.

Die James Black-Debatte

Neben dem Musso- und dem Moore-Bowie gibt es noch einige Messer, welche die Fachwelt mehr oder weniger gut begründet Herrn Black zuschreibt. Das Hauptverdienst gebührt seriösen Forschern wie dem Ex-Raketenkonstrukteur James Batson aus Alabama. Auf diese Stücke sei jetzt eingegangen – aber vorher noch dies. Denn in einem Punkt müssen sich alle kritischen Zweifler der Person Blacks und damit auch des Nationalstolzes von Arkansas geschlagen geben: Es gibt einen äußerst triftigen Grund dafür, warum sich ihm keines dieser Stücke völlig zweifelsfrei zuordnen lässt. Dazu führte Fachautor J.R. »Jack« Edmondson anno 2000 in der US-Zeitschrift *»Blade«* aus: *»Die meisten Schmiede aus der Zeit von Black besaßen keinen Stempel mit ihrem Namenszug. Selbst der erfolgreiche Büchsenmacher und Schneidwarenhersteller Rees Fitzpatrick markierte allem Anschein nach keines der Bowies, die er in Natchez, Mississippi angefertigt hat.«*

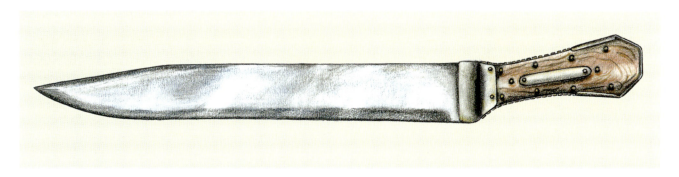

Das angeblich von Black gebaute Bowie mit dem typischen abgewinkelten Griff und der von beiden Flachseiten bandartig angelegten Abdeckung des vorderen Griffansatzes.
Zeichnung: Verfasser

Edmondson fasste in dem Text nicht nur die gesamte Black-Diskussion zusammen, sondern bot auch einen Überblick zu jenen vier Messern, die sich noch am ehesten James Black zurechnen lassen. Diese Messer gleichen sich alle durch ihre Form: Es handelt sich um Bowies jenes Typs, welche komplett ohne Parierstange oder Handschutz aufwarten. Ihr aus eigens ausgesuchtem Walnusswurzelholz gefertigter Griff fällt unter die Art, welche die Fachleute als *coffin shape* katalogisiert haben, also als sargförmig.

Weitere Charakteristika bilden die als Abdeckung über die hinteren Griffkanten gelegten und sorgsam angepassten Metallblechstreifen. Typisch auch eine mehr oder weniger *Drop-point*-förmige Klinge, deren Rückenpartie in der Ortpartie beiderseits leicht abgeschrägt ist. Außerdem findet sich bei mindestens zwei der Messer am Übergang von Griff zu Klingenblatt ein ungewöhnliches Detail. Dabei handelt es sich um jeweils zwei stufenförmig gebogene Silberblech-Stücke. Sie bedecken den Ansatz der beiden Griffschalen und je ein kurzes Stück der unmittelbar davor liegenden Klingenblattseiten. Diese Sandwich-artige, im Querschnitt keilförmige Partie erfüllte mehrere Funktionen. Zum Ersten sorgte sie dafür, dass das Messer klapperfrei in der Scheide saß. Zum Zweiten schützte sie die Frontpartien der Holzschalen. Die Beschläge an Griff-Anfang und -Ende sowie die Griffnieten bestanden aus massivem Silber. Dabei ragten die Nietköpfe eines Modells halbkugelig in die Höhe – heutige Klappmesserfans kennen so etwas vom Buck 110. Edmondson beurteilte diese aufwändigen Metallarbeiten bei einem der fraglichen Stücke so: *»Wer immer das Messer gemacht hat, der wusste, wie man mit Silber arbeitet.«* Also doch James Black, angeblich ja ein Fachmann auf diesem Gebiet? Genau das ist nicht zu beweisen, steht jedoch laut Edmondson zu vermuten. Und er kann anhand der Inschriften eines dieser Messer belegen, dass ein Mitglied des Bowie-Clans es zumindest einmal in den Händen gehabt hat.

Allem Anschein nach ließ man dieses zierliche, kaum fahrtenmessergroße Messer für einen Freund schmieden. Ein Teil der in die Klinge gravierten Inschrift lautet: »MADE AND PRESENTED TO / HIS FRIEND CAPT. THOS. TUNSTALL / BY COL. BOWIE. WHITE RIVER, ARKANSAW TER. / NEAR BATISVILLE. – 1833«. Also hat Oberst Bowie dieses Messer als Geschenk für seinen Freund, einen Hauptmann Thomas Tunstall anfertigen lassen und es ihm 1833 im damaligen Arkansas-Territorium* überreicht.

Tunstall freilich behielt es nicht lange, sondern reichte es bald darauf weiter. Auch das findet sich auf dem guten Stück dokumentiert: »Sheldon I. Kellogg – FROM HIS FRIEND – Thomas Tunstall Nov. 1834«.

Besagter Kellogg lieferte auch gleich per Tagebucheintrag den Vermerk, von welchem der vielen Bowie-Brüder dieses Messer ursprünglich stammte: *»Die ganze Familie – Schwarze und Weiße – versammelte sich nahe beim Wagen, um noch ein letztes Wort zu wechseln, um Hände zu schütteln und um mir ein ermutigendes ‚Lebewohl' zu wünschen. Im letzten Moment fragte mich Tunstall, ob ich meine Pistolen bei mir hätte. Ich erzählte ihm, dass ich in jeder Hosentasche eine stecken hätte. ‚Lass mich mal danach sehen.' So zeigte ich ihm eine. ‚Die zählen nicht – nicht im mindesten. Du könntest den ganzen Tag mit dem Ding da auf mich schießen und würdest mich nicht verletzen. Wart' einen Moment.' Er ging zurück in das Haus und kam ungefähr einen Moment später wieder zurück, mit einem beeindruckenden Messer in der Hand. Dabei sagte er: ‚Da ist etwas, das nicht danebenschießt – keine Zufallstreffer oder so etwas.' Er zog das Messer aus seiner Scheide und sagte, während er es vor den bewundernden Augen von Schwarz und Weiß hin- und herschwang:*

---

* *Arkansaw*, sprich ungefähr »Arkensoh«, ist die alte Grenzer-Bezeichnung der Region. Noch heute sprechen viele Amerikaner den Namen von Bill Clintons Heimatstaat nur so aus.

Die James Black-Debatte

‚Hier, dieses Messer wurde eigens für mich von Resin [sic – d. Verf.] Bowie gemacht. Erstklassiges Material, wie Du noch merken wirst. Nimm das von mir, verbunden mit meinen besten Wünschen für eine sichere Heimkehr nach Cincinnati.'«

Was hat das nun mit Black zu tun? Nun, Edmondson verweist darauf, dass zeitgenössischen Augenzeugen-Berichten zufolge James Black für Rezin Bowie ein Messer geschmiedet hat. Edmondson vermutet, dass es sich bei dem so genannten *Tunstall-Bowie* um eben dieses Messer handelt. Dazu liefert er folgende Hintergrund-Information: In Cincinnati fertigten zwei Messermacher namens Marks und Rees (Letzterer nicht zu verwechseln mit oben genanntem Rees Fitzpatrick) schon in den späten 1830er-Jahren Messer, die dem von Kellogg mitgeführten Muster verblüffend ähnlich sahen: Sie hatten sargförmige Griffe ohne Parierelement, aber eine Blechabdeckung am Knauf. Und als wenige Jahre später Bowie im Alamo gestorben und das Bowie-Messer-Fieber seinen ersten Höhepunkt erreicht hatte, da kamen aus Sheffield Bowies in der gleichen Form. Allerdings fielen die weit schlichter aus als etwa das Tunstall-Exemplar: Neusilberbeschläge, plan verschliffene Nieten und viel schlichter gemasertes Holz. Eins dieser allem Anschein nach noch in den 1830er-Jahren gebauten englischen Exemplare trägt den geätzten Schriftzug »Arkansas Toothpick« (Arkansas-Zahnstocher) – bisher tauchte noch kein älteres Muster mit diesem Begriff auf der Klinge auf.

Zu all dem bietet Edmondson folgende sinnvolle Erklärung: Rezin Bowie ließ sich dieses Messer von Black bauen, um es Tunstall zu schenken. Der wiederum beglückte damit seinen Freund Sheldon Kellogg, als der nach einem Besuch auf seinem Anwesen heimkehrte – nach Cincinnati in Ohio. Und eben dort, so argumentiert Edmondson durchaus einleuchtend, habe dieses Messer für Aufsehen gesorgt: »*Konnte es nach seiner Reise flussaufwärts, nach Cincinnati, den Prototyp gebildet haben für die Messer mit den sargförmigen Knäufen von Marks und Rees*« und – so sei ergänzt – für die entsprechenden Serienstücke aus Sheffield?

All das steht und fällt aber damit, dass dieser unverkennbare Messerstil seinen Ursprung tatsächlich in Arkansas hat. Aber genau dafür führt Edmondson weitere passende Indizien an. Die ersten bilden die drei anderen zur Diskussion stehenden Messer. Das erste davon kennen die Fachleute unter der Bezeichnung »Carrigan-Bowie«, so benannt nach der Familie, die es jahrzehntelang in ihrem Besitz hatte. Um es kurz zu machen: Rein fertigungstechnisch sieht es dem »Tunstall-Kellogg-Bowie« so ähnlich wie ein Bruder dem anderen. Dieses Messer wurde bereits seit 1919 mehrfach in mehreren Zeitungsartikeln vorgestellt. 1936 teilte ein Steven Carrigan Junior mit, dass dieses Messer ursprünglich von James Black dem Gouverneur Augustus H. Garland geschenkt worden sei. Garland habe das Messer Carrigans Großvater geschenkt, einem Politiker namens James Kimbrough Jones, der von 1885 bis 1903 dem US-Senat angehört hatte und aus Washington in Arkansas stammte.

Die beiden anderen Sarggriff-Bowies stammten aus der Kollektion des berühmten US-Sammlers Berryman, die bei Butterfield & Butterfield vor einigen Jahren unter den Hammer kam. Eins davon hat eine neuneinachtel *Inches*, also gut 22 cm lange Klinge mit Mittelspitze. Auf dem Silberband am Knauf finden sich die eingeritzten Buchstaben »RP« – das verweist Edmondson und anderen Spezialisten zufolge auf Rezin Bowie, dessen zweiter Vorname ja Pleasant lautete.

Aber das zweite Berryman-Bowie ist vielen US-Fans zufolge noch wichtiger: Erstens findet sich an den Schmalseiten des Griffes ein aufwendig gemachtes *Filework* – per Feile entstand hier das Muster eines Seiles. Das sah dekorativ aus und verlieh zudem der Hand sicheren Halt. Zweitens misst die Klinge stolze dreizehneinhalb *Inches* (über 34 cm), also ein wahrhaft kampfmessertypisches Maß. Zum Dritten ist der Griff zum Klingenrücken hin abgewinkelt. Dazu führte der Katalogtext von Butterfield & Butterfield aus: »*Wenn das Messer mit der Schneide nach oben gehalten wird, dann liegen der Griff und die Klinge auf einer Linie – eine Technik, welche von frühen Messerkämpfern angewandt wurde.*« Außerdem hat solch eine Griffkonstruktion noch einen praktischen Nutzen. Man kann beim Schneiden so mehr Druck ausüben. Edmondson: »*Das faszinierendste Element dieses Bowie ist aber der Schriftzug auf dem linken Widmungsplättchen. Er lautet ‚BOWIE. No. 1' Niemand bestreitet die Authentizität oder das Alter dieser Ätzung. Aber anscheinend will niemand über seine Bedeutung nachdenken, vor allem, wenn das Messer tatsächlich von James Black angefertigt sein sollte.*« Dafür bietet er weitere Indizien. Bei dem ersten handelt es sich um eine Lithographie aus der Mitte des 19. Jahrhunderts. Sie zeigt einen Cherokee-Häuptling namens Tah-chee, dessen Familie damals am Red River jagte und siedelte – nur wenige Meilen von Blacks Schmiede in Washington entfernt. Besagter Tah-chee trägt auf der Lithographie nun die für seinen zivilisierten Stamm weit verbreitete Kleidungsmischung aus »weißen« und »roten« Elementen: Auf dem Kopf einen mit wallenden Federn bestückten Turban aus gefranstem Tuch, um die Schultern ein grünes Stoffjagdhemd, aber darunter ein Hemd mit Weste, Krawatte und Vatermörderkragen. Und in seiner lässig zusammengeknoteten Schärpe steckt ein Bowie-Messer mit einem sargförmigen Griff ohne Parierstange. Edmondson: »*Möglicherweise nahm Tah-chees Messer seinen Anfang in Sheffield oder New York, doch erscheint es weit logischer, dass es*

James Black

Fragt man bei Messerfans im Zusammenhang mit der Erfindung des Bowie-*Knife* nach dem »Hauptverdächtigen«, dann fällt der Name James Black. Er soll für Bowie ein edles, ausgereiftes Kampfmesser gebaut haben und dann davon reichlich Kopien, alle mit Klingen aus Damaststahl. Doch ist Blacks Leben so von Legenden überwuchert wie das von Bowie. Es heißt, er habe den Damaststahl erfunden (hat er sicher nicht) und geheimnisvolle Zusätze in den Stahl von Jim Bowies Messer gemischt, darunter ein Stück von einem Meteoriten. Durch den Brocken aus dem All habe der Urahn aller Bowie-Messer böse Kräfte erhalten, so Raymond Thorp und Paul I. Wellman in ihren Büchern und Hollywood in dem Film »*Im Banne des Teufels*« – eben diese Mythen lösten ja die bis heute dauernde Bowie-Mania aus.

Alles erfunden. Ja, es ist unbewiesen, ob Black überhaupt ein Bowie gebaut hat. Es gibt kein Messer, das zweifelsfrei von ihm stammt. Mit Ben Palmer aus Maryland begann 1957 erstmals jemand öffentlich an Blacks Nimbus als Super-Messermacher zu zweifeln. Palmers Report löste eine Diskussion aus, welche noch läuft – 2000 führte eine Serie der US-Zeitschrift »*Blade*« neue Argumente pro Black ins Feld. Inzwischen fand sich ein Artikel aus der Regionalzeitung »*Washington Telegraph*« von 1841, der Black als Erfinder des Bowie-Messers bezeichnet. Doch auch das bildet keinen Beweis, sondern beruht auf einer örtlichen Legende, so die Skeptiker. Fraglos entwarf Black nicht das Ur-Bowie, da er Jim Bowie (falls überhaupt) frühestens 1829 begegnet sein kann – also zwei Jahre nach dem Kampf auf der Sandbank, bei dem der Messermann den Ahnherren aller Bowie-Messer eingesetzt hat.

Blacks Herkunft liegt im Dunkeln. Auf familiengenealogischen Internet-Seiten (etwa *www.familytreemaker.com*) finden sich knappe Einträge wie: »*James Black, geboren 1800, entweder in New Jersey oder in Pennsylvania, gestorben am 22. Juni 1872, Gattin: Ann B. Shaw, Heirat am 29. Juni 1828 in Washington, Arkansas.*«

Vielleicht absolvierte er in Philadelphia eine Ausbildung zum Silberschmied und Kunsthandwerker, vielleicht war er nur ein ganz normaler Schmied. Um 1824 ließ er sich in Washington, Arkansas nieder, wo er bei dem Schmied William Shaw anheuerte und dessen Tochter heiratete. Ende der 1830er-Jahre erblindete der inzwischen verwitwete Black aus ungeklärter Ursache. Nach einer Odyssee von Arzt zu Arzt kam er schließlich bis zu seinem Lebensende bei der Familie von Doktor Isaac Jones in Pflege. Dessen Sohn David W. Jones, später Gouverneur von Arkansas, legte mit seinem Aufsatz von 1903 über den von ihm verehrten blinden Schmied die Grundlage für den Black-Bowie-Mythos und das Geheimnis des Black'schen Superstahls. Und heute bringt man James Black in Arkansas ähnliche Gefühle entgegen wie in Texas den Helden vom Alamo.

aus Washington in Arkansas kam, nur wenige Meilen entfernt von Tah-chees Dorf am Red River.«

Edmondsons nächstes Indiz ist ein Lichtbild, das sich heute im Arkansas Territorial Restoration Museum von Little Rock befindet. Es zeigt zwei junge Männer, gekleidet in Sonntagsanzüge, ganz im Stil der Mode der 1840er-Jahre. Beide sitzen frontal zur Kamera, jeder hält mit der Rechten eine mehrläufige Pistole des Typs »Pepperbox« und mit der Linken ein kurzes Messer mit – man ahnt es schon – jeweils klar erkennbarem *Coffinstyle*-Griff mit deutlich zu sehenden, halbkugeligen Griffnieten. Kaum ein Bild aus Arkansas ist so umstritten wie dieses. Lange Jahre hieß es, es zeige James Black und seinen Freund Jacob Buzzard. Doch konnten sich die Regionalhistoriker und Fachautoren bislang nie so recht verständigen, welcher nun welcher sei – der rechte oder doch der linke? Sicher ist nur eines: Das Bild stammt definitiv aus Arkansas, da es sich über Generationen hinweg ununterbrochen im Besitz der Buzzard-Familie befand. Und von dort wiederum gibt es einen ebenso definitiven Kontakt zu James Black – die beiden Brüder Jacob und John Buzzard waren nachweislich mit ihm befreundet.

Bleibt noch die Frage, von wann das Bild stammt. Eine Fotografie in unserem Sinne ist es nicht. Die Kunst, Bildnisse auf Spezialpapier respektive Zelluloid zu fixieren, war in den 1840er-Jahren noch nicht ausgereift. Dagegen hatte man bereits Erfahrung mit dem wichtigsten Vorläufer der modernen Fotografie, der Daguerreotypie. In dem Begriff steckt der Namen des Franzosen Louis J. M. Daguerre. Dieser Maler bannte bereits in den 1830er-Jahren erstmals auf chemischem Weg Dinge auf die berühmte Platte. Allgemein gilt der 19. August 1839 als Geburtstag der Fotografie, weil Daguerre da seine geheimnisumwobenen Experimente erstmals den Mitgliedern der Akademie der Wissenschaften und der Schönen Künste in Paris vorstellte. Seine Bildträger bestanden aus mit Silber beschichteten

Kupferplatten. Die Idee, sich auf diese Art und Weise portraitieren zu lassen, verbreitete sich innerhalb eines Jahrzehnts rasend schnell – so wie heute das Internet. Schon bald machten sich vor allem in den USA die Vorläufer des modernen Bildjournalisten oder Dokumentarfilmers auf den Weg und stießen bis in die entlegensten Ecken vor. Es gibt Aufnahmen aus den frühen 1840er-Jahren, die Mexikaner und Texaner zeigen. Und als 1846 der Amerikanisch-Mexikanische Krieg ausbrach, schlossen sich auch einige abenteuerlustige Daguerreotypisten den US-Truppen an.

All das beweist, dass das Bild aus der Buzzard-Familie durchaus aus jener Zeit stammen könnte, wenn es denn überhaupt eine Daguerreotypie ist. Das wiederum nehmen der Fachliteratur zufolge die meisten Experten an – mit einer Ausnahme: Der auf Fotografie-Geschichte spezialisierte Amerikaner Jack Naylor meinte, dass es sich da um eine Ambrotypie handele – hier dient statt Silber Glas als Trägermaterial. Dieses Verfahren wurde aber wohl erst nach 1850 erfunden. Nun, das sollte sich ja leicht überprüfen lassen. Doch genau das hat man bislang noch nicht geregelt bekommen. Statt dessen geht man einfach davon aus, dass sich wohl um 1842 ein auf Daguerreotypien spezialisierter Lichtbildner nach Washington verirrt habe.

Der Historiker William C. Davis merkt dazu an: *»Unglücklicherweise ist das alles Wunschdenken. Zuerst einmal – da die Fotografie im Original nicht überprüft wurde – trägt sie in der Reproduktion keines der Erkennungsmerkmale einer Daguerreotypie aus den 1840er-Jahren, sondern sieht viel eher aus wie eine Ambrotypie, ein Prozeß, der nicht vor 1855 in Gebrauch kam. Außerdem handelt es sich bei der Kleidung der beiden abgebildeten Männer nicht um solche aus den 1840er-Jahren, wohl aber um welche aus der Mitte der 1850er-Jahre und später, man trug sie auch noch in 1860er-Jahren. Dann ist das Problem von Black selber. Er war anno 1800 geboren und der 1841 (...) erschienene Artikel zu seiner Person führt aus, dass er zu diesem Zeitpunkt seit mehreren Jahren erblindet sei. Männer wie Garland und Jones, die ihn als 41-jährigen kannten, erinnern sich an ihn als den ‚alten Mann', der daraus unausweichliche Schluss lautet, dass er älter aussah, als er es tatsächlich war. Dagegen besitzt der auf der Fotografie als Black identifizierte Mann ein so frisches, jungenhaftes Gesicht, dass er kaum älter als 24 oder 25 gewesen sein kann (...) Und der Mann auf dem Foto hat klare, nicht umschattete Augen, welche ganz eindeutig in die Kamera geblickt haben, als die ihn fotografierte.«*

Davis zufolge handelt es sich um das Portrait zweier junger Männer, die einer am Vorabend des US-Bürgerkriegs üblichen Mode folgten und sich mit ihren Waffen ablichten ließen.

Aber die genaue Datierung des Fotos spielt Edmondson zufolge nur eine untergeordnete Rolle. Mit größter Wahrscheinlichkeit zeigt das Bild zwei Männer aus Blacks näherem Umfeld. Und, so argumentieren Edmondson und andere Fachleute, woher sollten die auf dem Lichtbild zu sehenden Messer stammen, wenn nicht von diesem Schmied? Jedenfalls zieht Edmondson dieses Fazit: *»Andere Skeptiker verweisen darauf, dass keine beweiskräftigen Dokumente existieren, der zufolge Black jemals ein Messer für James Bowie gefertigt hätte. Mehr noch argumentieren sie, es existiere kein konkreter Beweis, dass Black überhaupt Messer gebaut hätte. Die Black-Geschichte, so behaupten sie, basiere auf Indizienbeweisen. (...) Nichtsdestoweniger, da sind auch die Bilder und die Messer selber. Es sind Indizienbeweise – aber sicher eine ganze Menge davon.«*

Auch der Historiker Davis will nicht ausschließen, dass Black Messer im Bowie-Stil geschmiedet hat, möglicherweise sogar eines davon im Auftrag von James. Doch mit der Vorsicht des professionellen Geschichtswissenschaftler merkt er an, dass dies alles nicht zu beweisen ist. Um in der Sprache der Juristen zu bleiben: Der Fall Black ist also nicht geklärt – allein schon wegen einer wichtigen Ungereimtheit: Sowohl die vier *Coffingrip*-Bowies wie auch die im Vergleich dazu völlig anders gebauten Moore- und Musso-Spielarten sollen vom gleichen Schmied stammen. In den Augen vieler Fachleute schlichtweg ein Ding der Unmöglichkeit; ihrer Meinung nach waren hier mindestens drei verschiedene Meister am Werk.

Das Seguin-Bowie

Bleibt noch eine Frage: All die bislang besprochenen Messer der Ur-Bowie-Familie stammen ursprünglich aus Arkansas, Louisiana oder dem Osten der USA – und keines aus Texas? Oh doch, natürlich! Allerdings ist von den in Frage kommenden Mustern nur noch eines erhalten, nämlich das Seguin-Bowie. Es hängt heute in einem Museum, der »Texas Ranger Hall of Fame« in Waco. Das Messer gehörte Bowies Freund Juan Seguin, einem *tejano*, der sich im Texanischen Unabhängigkeitskrieg auf die Seite der Aufständischen schlug, ursprünglich zur Besatzung des Alamo gehörte, in der Texas-Armee als Oberst diente und anno 1837 schließlich für die Bestattung der Alamo-Verteidiger sorgte. Um dieses Messer rankt sich eine ganz besondere Legende. Demnach gehörte dieses Muster eigentlich nicht Seguin, sondern James Bowie. Und als der während der Alamo-Belagerung krank darniederlag, soll er Seguin in einer Todesvorahnung sein Messer anvertraut haben. Der Freund brachte es aus der Garnison in Sicherheit. Natürlich fehlt dafür jeder Beleg, aber der Autor

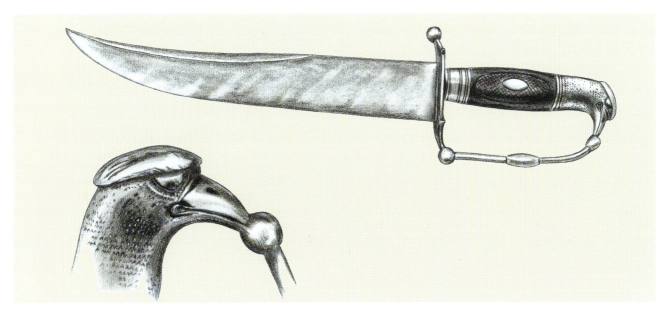

Das Seguin-Bowie mit der Griffbügel-Parierstange und dem kunstvoll ausgeformten Vogelkopf-Knauf. Zeichnung: Verfasser

konnte dieser tollen Geschichte einfach nicht widerstehen – man stelle sich vor …

Jedenfalls handelt es sich bei dem Seguin-Messer sicher um das ungewöhnlichste Bowie überhaupt. Zum einen besitzt es eine zirka neun Zoll lange Klinge, deren Entenschnabel sich fast über zwei Drittel des Klingenrückens erstreckt – ein in der Form einzigartiges Detail bei dieser Messergruppe. Zum anderen wartet der exzellent gestaltete Spindelgriff mit einer guillochierten Zwinge und einem detailreich in Silber gearbeiteten Adlerkopf-Knauf sowie einer kunstvoll gearbeiteten Griffbügelparierstange auf, die insgesamt vier kugelförmige Verdickungen aufweist. Hier liegt auch der Grund dafür, warum viele Fachleute beim Anblick dieses Messers sofort an Jim Bowie denken. Denn von dem gibt es ja bekanntlich nur ein einziges Portrait. Und da sieht man in seiner rechten Faust ebenfalls das kunstvoll gearbeitete Gefäß eines (Miliz-)Säbels – oder eben eines großen Messers.

Ach ja: Dass das Messer zumindest zu einem späteren Zeitpunkt Oberst Seguin gehörte, steht zweifelsfrei fest, weil er seinen Namen in Schreibschrift oben auf den Handschutz gravieren ließ. Der Hersteller dieses wundervollen Stücks ist leider unbekannt; die Griff-Form deutet allerdings auf einen Spanier oder einen Mexikaner hin. Denn in der Kunst dieses Landes spielen Adler- und Vogelkopf-Darstellungen von jeher eine große Rolle. Auch blieb bislang ungeklärt, ob es sich bei dem Seguin-Messer ursprünglich um einen Säbel gehandelt hat, dessen Klinge irgendwann zurechtgestutzt und umgeschliffen wurde.

Als Ergebnis der Diskussion zum Ur-Bowie lassen sich folgende vier Punkte festhalten.
1. Die Fachwelt hält derzeit das schlichte Forrest-Bowie für das erste Bowie-*Knife* überhaupt. Das überprüfbar älteste Stück hingegen ist das als Schively-Perkins-Bowie bekannte Muster. Als Erfinder des Designs gilt Rezin Pleasant Bowie. Es ist aber fraglich, ob er das Messer auch mit eigenen Händen gebaut hat oder ob er es schmieden ließ. Falls Letzteres zutrifft, dann heißt der Hersteller des ersten Bowie-Messers entweder Lovel H. Snowden oder Jesse Cliffe.
2. Rezin, nicht James Bowie, war der Messerfan und die treibende Kraft hinter dem Ur-Bowie. Das beweisen auch die als Präsente verschenkten Messer, die er auf Basis seines ursprünglichen Konzepts bei Spezialisten wie Searles und Schively bauen ließ.
3. Wahrscheinlich besaß James Bowie außer dem Forrest-Bowie noch weitere Kampfmesser. Welche der vorgestellten Stücke aus dem frühen 19. Jahrhundert dazu zählten, lässt sich nicht belegen.
4. Die heute als Bowie-typisch anerkannte Form mit Parierstange und Entenschnabelklinge geht nicht auf den Bowie-Clan zurück. Rezin macht unmissverständlich klar, dass diese Verbesserungen professionellen Messerschmieden zuzuschreiben sind. Hier sind vor allem Henry Schively und Henry Huber (S. 195) zu nennen.

James Bowie

Herkunft und Jugend

Glaubt man der US-Folklore, dann sind das Messer und der Mann untrennbar miteinander verbunden. Unzählige Anekdoten kursieren über die Duelle von James Bowie: Mal ereignen sie sich auf Flussbänken des Mississippi, in Tabakrauch-geschwängerten Tavernen, auf Flussbooten, in spanischen Gärten, ja sogar auf der Karibikinsel Kuba. Bowie verteidigt geprügelte Sklaven, misshandelte Indianerinnen, schwächliche Priester, grüne Jungs; er ficht für Frauen, deren unbefleckte Ehre durch Schandmäuler in Gefahr gerät. Als Krönung der Heldenkarriere stirbt er im Freiheitskampf gegen die von einem Despoten geführte Übermacht. Doch wie immer bei legendären historischen Figuren fehlte es nicht an Leuten, die am Fundament solcher Denkmäler herumkratzen: Paktierte der Mann nicht mit Piraten? War da nicht etwas mit Sklavenschmuggel, etwas mit unsauberen Landgeschäften im Süden? Und im Alamo, hat er da nicht hauptsächlich unmäßig gesoffen und kaum gekämpft?

Freilich bringt eine solche Schwarz-Weiß-Malerei nicht wirklich neue Erkenntnisse. Zwar versucht die Wissenschaft redlich, die wirklichen Einzelheiten von den erfundenen Details zu trennen. Doch reicht das nicht aus. Wer sich nur auf die Rolle von Bowie bei all seinen legendären Auftritten konzentriert, wird stets ein schiefes Bild dieses Mannes zu sehen bekommen. Es fehlen ja noch all die Tatsachen seines Lebens, die *kein* Bestandteil der Legende sind. Denn der Mann hatte ja seinen persönlichen Charakter mit allen Vor- und Nachzügen sowie seine ureigenen Interessen, Pläne und Ziele, kurz: sein Leben. Die Ergänzung »ganz normal« verkneifen wir uns, das war es eben nicht.

Wie schwer die Klärung einfachster Details fällt, zeigt schon Bowies Geburt. In seinem äußerst umstrittenen Buch *»Bowie Knife«* von 1949 trug Raymond Thorp die Angaben zu jener Zeit und jenem Platz zusammen, wo Baby-Bowie nach dem üblichen Klaps auf den Hintern die Welt mit einem kräftigen Krähen begrüßt haben soll. Thorp fand als Geburtsjahr die Angaben 1790, 1795 und 1796, als Geburtsort die heutigen Staaten Tennessee, Georgia und Kentucky.

Inzwischen haben die Forscher dieses Eckdatum anhand der Unterlagen des Bowie-Clan ermittelt. In dem Punkt hätte nie Unklarheit zu herrschen brauchen: Ein Bericht von James Bowies älterem Bruder John Bowie stellt klar, dass unser Mann im Frühjahr 1796 als Sohn von Rezin (auch Reason) und Elve Bowie, geborene Elve ap Catesby-Jones,

James Bowie. Die Zeichnung entstand nach einem Gemälde, das die Bowie-Familie erstmals Ende der 1880er-Jahre der Öffentlichkeit vorstellte. Einige Forscher zweifeln daran, ob es sich wirklich um James Bowie handelt.

Der Sturm auf den Alamo. Nach Originalzeichnung handkoloriert vom Verfasser.

zur Welt kam. Unser Held stammte mütterlicherseits von Walisern, väterlicherseits von Schotten ab.

Er war das achte von insgesamt zehn Kindern. Übrigens: Die Gelehrten streiten, wie der jüngste Bruder von Jim Bowie hieß. Jedenfalls dürfte der in Frage kommende Name des Nesthäkchens die Freunde moderner Popmusik erfreuen – David Bowie.*

---

* Wobei der durch Aufnahmen wie »Ziggy Stardust« bekannte Brite auch ein Faible für unser Thema hat: 1947 in der Nähe von London geboren, heißt der blonde Sänger mit dem zweifarbigen Augenpaar bürgerlich David Robert Jones: Seinen Künstlernamen wählte er nach dem Bowie-Messer.

Jims Brüder John (*1785), Rezin Pleasant (*1793) und Stephen (*1797) beteiligten sich zeitweilig an seinen Abenteuern. Von ihnen sollte Rezin P. Bowie neben James die Geschichte der Bowie-Messer am stärksten beeinflussen. Rezin ist ein untrennbarer Bestandteil ihrer Legende und war außerdem der Lieblingsbruder von James.

Wie bei fast allen Mitgliedern der Bowie-Familie steht auch bei James das genaue Geburtsdatum nicht fest. In seinem Fall wird oft der 10. April genannt, doch schreibt sein Bruder nur »Frühjahr 1796«. Das angegebene Datum ließ sich bislang nicht bestätigen. Hingegen hat man sich auf einen Geburtsort verständigt. Demnach liegt er dort, wo sich heute das Simpson County des US-Bundesstaates Kentucky befindet; der Landkreis trug einst die Bezeichnung Logan. Wissenschaftler glauben, den Geburtsort zirka

Rezin P. Bowie Zeichnung: Verfasser

neun Meilen nordwestlich von Franklin lokalisiert zu haben, nahe der Stelle, wo der damalige Terrapin Creek (heute Spring Creek) die alte Bowie'sche Mühlenstraße kreuzte. Die Behörden Kentuckys haben im Herbst 1994 die Stelle mit einem »*Historical Marker*« gekennzeichnet.

Freilich hielt es die Bowies nie lange an einem Fleck. Papa Rezin erschloss quer durch den Süden Land. Als das Louisiana-Territorium im Jahr 1803 in US-Besitz überging, da hatte sich der große rothaarige Mann samt Brüdern, Frau und Kindern bereits dort niedergelassen. Auch hier zog der Clan mehrfach um. In Louisiana mussten die Bowies bei Null anfangen. Sie bauten Häuser und Stallungen, dann legten sie Mais- und Baumwollfelder an, pflanzten Tabak und brannten Maisschnaps. Ihre Haupteinnahme-Quelle bildete der Holzhandel. Dazu fällten die Männer Bäume, sägten Bretter und Balken zu und bauten Boote und Flöße. Die wurden von Schiffern flussabwärts gebracht, am Zielort wieder zerlegt und als Nutzholz verkauft.

Dies beleuchtet Jung-Bowies Familienverhältnisse. Der Folklore zum Trotz wuchs er nicht als Sohn eines reichen Pflanzers mit riesiger Plantage, weißgetünchtem Herrenhaus und parkähnlichen Anlagen heran, sondern als Kind eines typischen Pioniers. Von klein auf war sein Leben bestimmt von knochenharter Plackerei. Schon als Halbwüchsiger war ihm der Umgang mit Fällaxt und Schrotsäge bestens vertraut. Sein Vaterhaus war eine schindelgedeckte Blockhütte mit einem aus Flechtwerk und Lehm aufgemauerten Kamin. Vor der Tür warteten keine edlen Rosse auf Kies und grünem Rasen, statt dessen gab es einen festgestampften Hof mit Hunden, Hühnern und Schweinen. Natürlich besaßen die Bowies wie viele andere Pionierfarmer auch Sklaven – doch selten mehr als eine Handvoll. Selbst die kaufte oder mietete man erst, wenn man sie wirklich benötigte. Wie im armen ländlichen Süden üblich, entwickelten sich da auch familiäre Beziehungen. So hatte James Bowie einen um sechs Jahre älteren, farbigen Cousin gleichen Namens, den sein unverheirateter Onkel Rhesa mit einer Sklavin gezeugt hatte. Dem schwarzen James blieb dieses Los erspart. Sein Vater erkannte ihn an und ließ ihn frei. Damit war der Mann in den Clan der Bowies aufgenommen.

Trotz aller Schinderei fanden Bowies Eltern Zeit, die Kinder im Lesen und Schreiben zu unterrichten. Ob man freilich die Jungs von einem französischen Hauslehrer in der spanischen und französischen Sprache, in Dichtkunst und Literatur sowie der Kunst des Fechtens unterrichten ließ, bleibt Detail der Legende und lässt sich nicht belegen. Ihre Kenntnisse in beiden Sprachen erwarben die Jungen wahrscheinlich durch den Umgang mit den in Louisiana ansässigen *creoles* und *cajuns*, also den im Land geborenen Nachfahren spanischer und französischer Einwanderer. Als Söhne einer Grenzerfamilie lernten sie natürlich auch den Umgang mit Gewehren und Messern aus dem Effeff. Für die Feinheiten einer Fechtausbildung dürfte aber ein außerhalb großer Städte wie New Orleans ansässiger Kleinfarmer weder Geld noch Verwendung gehabt haben.

Jim und Rezin liebten Fischfang und Jagd. Sie ritten gern mit ihren Pferden und Hunden auf Tierhetzen, die auch vor Bären nicht halt machten. James entwickelte sich zu einem Meister in dem, was die Hinterwäldler unter Sport verstanden. So verwendete er den regionalen Mären zufolge viel Zeit für seine eigene Methode zur Bärenjagd: Er suchte sich eine krumme, hohle Zypresse, in der er scharfgeschliffene, eiserne Widerhaken anbrachte. Dann bugsierte er vorsichtig einen Batzen Wildhonig in das Innere des Stammes. Dessen Geruch zog natürlich die Bären an. Steckte Meister Petz seinen Kopf in den Baum, verhakte sich sein Pelz prompt in den Haken. Das Tier konnte weder vor noch zurück und wurde so zur leichten Beute.

Dann fing James Bowie in den Wäldern Rotwild und Wildpferde mit dem Lasso. Glaubt man den Histörchen, dann machten die Bowie-Brüder auch bloß mit Wurfseil

Autorenkollege und »Bowieaner« Dietmar Pohl an der Gedenktafel, die in Kentucky auf den Geburtsort von James Bowie hinweist. Foto: Dietmar Pohl

und Messern bewaffnet Jagd auf vereinzelte verwilderte Rinder, auch soll sich Jim auf haarsträubende Wetten eingelassen haben – Alligatoren mit der Schlinge zu fangen und mit ihnen zu ringen.

Da erstaunt es nicht, dass der junge James Bowie alles andere als ein Schwächling war. Zirka 1,80 m groß und mindestens 80 kg schwer, muss er in seiner Zeit als ziemlicher Brocken gegolten haben. Auch sonst schlug sich bei »Big Jim« Bowie das Erbe seiner schottischen Vorfahren nieder: Seine Haare waren sandfarben mit einem Stich ins Rötliche, seine blauen Augen lagen tief in ihren Höhlen, was ihnen den historischen Beschreibungen zufolge einen durchdringenden Blick verlieh – noch verstärkt dadurch, dass er sein Gegenüber beim Sprechen frank und frei anzuschauen pflegte. Sein Bruder John beschrieb ihn so: »*Alles in allem war er eine männliche, gut aussehende Persönlichkeit, die von vielen Mitgliedern des schönen Geschlechts als anziehend bezeichnet wurde.*«

Da war Bowie bei den seltenen Festen der Grenzer gern gesehen. Er bemühte sich um sein Fortkommen und suchte die Gesellschaft »*der besseren Klasse der Leute*«, so sein Bruder John. Keineswegs schüchtern, parlierte er in drei Sprachen und trat mit gewinnendem Charme auf. Er besaß einen unübersehbaren Hang zur Schlitzohrigkeit und stellte sein Licht nicht unter, sondern oben auf den Scheffel. Trotz seines mitunter großsprecherischen Gehabes galt er als hilfsbereit und als angenehmer Gesellschafter, der auch den für Gentlemen typischen Zeitvertreib, also das Spiel, schätzte. Und da im Süden seinerzeit selbst disziplinierte Männer und Frauen viel Alkohol vertilgten (Wasser war aus Angst vor Fieber zum Trinken weithin tabu), dürfte auch Bowie schon früh ein wackerer Zecher gewesen sein.

Doch schaute er zu tief in den Krug, zeigten sich weniger angenehme Charakterzüge. Neigte er schon nüchtern zur Aufschneiderei, so wurde er im Suff zum Krakeeler. Noch schlimmer war seine Wut. Sein älterer Bruder schreibt: »*Die Anzeichen seines Zornes waren schrecklich und endeten häufig in mancher tragischen Szene.*« Man durfte ihm nicht querkommen. Er ertrug keine Beleidigungen, gleichgültig, ob echt oder eingebildet. Wenn er in Rage war, musste er seinen Ärger gegenüber dem jeweiligen Feind Luft machen und ging auch Prügeleien nicht aus dem Weg. Im Verein mit seiner athletischen Statur und seinem selbstsicheren, ja einschüchternden Auftreten trug ihm das den Ruf eines Mannes ein, dem man in Streitsituationen unbedingt aus dem Weg gehen sollte. William C. Davis: »*Was Beobachter als Furchtlosigkeit ansahen, das entsprang wenigstens ebenso der Tatsache, dass er seine eigene Sicherheit völlig vergaß, wenn ihn die Wut in ihrem Griff hatte. Bald genoss er den Ruf eines Mannes, den man sowohl zu respektieren wie auch zu fürchten hatte.*«

Zuerst aber stand Bowie der Welt so gegenüber, wie es sein Bruder John 1852 dargestellt hat: »*Er war jung, stolz, arm und ehrgeizig, ohne jede Beziehung zu einer reichen Familie oder einflussreichen Freunden, welche ihm im Lebenskampf zu Hilfe kommen konnten.*«

Der Sklavenhändler

Jim Bowie bekam seinen ersten Eindruck von der großen weiten Welt, als er mit seinem Bruder Rezin im Englisch-Amerikanischen Krieg (1812–1814) ins Feld rückte. Freilich kam ihr Milizverband zu spät für irgendeine kriegerische Handlung. Jedenfalls nutzte Bowie das Entlassungsgeld, um sich mit einer kleinen Farm auf eigene Füße zu stellen. Doch 1819 geriet er nach einem Hurrikan in Geldnot. Da schloss er sich mit seinem Bruder Rezin einem mit viel öffentlichem Tamtam organisierten, privat finanzierten Zug nach Texas an, um es vom spanischen Mexiko loszulösen. Dies war seinerzeit nicht das einzige Unternehmen dieser Art. Als Folge sah man in den Staaten wie in Mexiko alle nach Texas strömenden Männer als räuberische Glücksritter an. Die nannte man wie einst die Piraten der Karibik *Filibusters*, abgeleitet vom holländischen *Vrijbuiter*, zu deutsch Freibeuter. Bei dem erfolglos verlaufenden Zug erhielt der blutjunge James Bowie das Entrée in einen völlig anderen, aber sehr lukrativen Geschäftszweig: Sklavenhandel.

Denn seit 1808 war die Einfuhr von Sklaven in die USA verboten. Als Folge stiegen die Preise an. Bald zahlten Plantagenbesitzer 800 bis 1000 Dollar für einen kräftigen schwarzen Mann, für den die Sklavenhändler in Afrika allenfalls umgerechnet 20 Dollar hingeblättert hatten. Das Schmuggeln wurde ungeheuer profitabel. Zwei der wichtigsten Hauptakteure in dem finsteren Geschäft hießen Pierre und Jean Laffite (oft auch »Lafitte« geschrieben). Als die Bowies 1819 bei dem als »Long-Expedition« bekannten Eroberungszug nach Texas teilnahmen, da hatten sich die Laffites bereits seit ein, zwei Jahren rund um die entlegene texanische Galveston-Bucht festgesetzt. Sie richteten einen Sklavenmarkt ein und überließen den Käufern alle weiteren Risiken. Aber nicht jeder Pflanzer wollte die mit dem Schmuggel verbundene Gefahr tragen – immerhin stand darauf die Todesstrafe, zumindest laut Gesetz. Man brauchte also Männer, die den gefährlichen Teil abwickelten. Hier kamen ab 1819 die Bowies ins Spiel. James traf im Verlauf der Long-Expedition auf Jean Lafitte, freundete sich mit ihm an und handelte schließlich die Übernahme eines Trupps Sklaven aus.

Dann reisten Rezin und James nach Louisiana, machten ihre Brüder John und Stephen mobil, trieben Geld auf und tüftelten eine Schmuggelroute durch das Gebiet der als Menschenfresser gefürchteten Karankawa-Indianer aus. Und sie klärten, wie sie ihre menschliche Konterbande gefahrlos legalisieren konnten. Dazu John Bowie 1852 in einem Interview: *»Erst kauften wir von Lafitte vierzig Neger zum Kurs von einem Dollar per Pfund oder einer Summe von $ 140 für jeden Neger; wir brachten sie auf das Gebiet der Vereinigten Staaten, übergaben sie einem Zoll-Bamten und wurden so zu Denunzianten an uns selber. Das Gesetz zahlte dem Denunzianten die Hälfte vom Wert der Neger, welche vom United States Marshal ausgeschrieben und verkauft wurden. Und wir wurden die Käufer der Neger, nahmen die Hälfte als unsere Belohnung entgegen und übernahmen die vierzig Neger beim Verkauf durch den Marshal, was uns berechtigte, sie innerhalb der Vereinigten Staaten anzubieten.«*

Dazu stellte US-Forscher William C. Davis folgende Rechnung auf: *»Wenn ein Sklave bei der Auktion 1000 $ kostete, bezahlten die Bowies nach Erhalt ihrer Belohnung tatsächlich nur 500 $. Zuzüglich der 140 $, die sie Laffite für den Sklaven bezahlt hatten, hatten sie nun eine Investition von 640 $ getätigt. Aber damit einher ging ein klarer und legaler Besitztitel für den Sklaven. Der Schwarze war somit effektiv »gewaschen« worden und konnte nun überall an jedermann ohne Befürchtungen verkauft werden. Wenn er wieder für 1000 $ wegging, dann hatten sie auf ihre Investition hin einen klaren Profit von 360 $ erzielt, mehr als 50 Prozent.«*

Angesichts weitläufiger Beziehungen stellte es kein Problem dar, einen Marshal und/oder Zollbeamten zu finden, der bei dem ganzen Spiel mittat. Natürlich gab man sich nicht mit einem geglückten Versuch zufrieden. Doch blieben weitere Schmuggeltouren an James hängen, weil er mit seinem ungestümen Temperament der beste Mann dafür war. Darin sind sich ausnahmsweise alle Historiker einig.

Freilich sahen die ergrimmten US-Behörden dem munteren Treiben nicht tatenlos zu. Es kam zu Interventionen auf internationaler Ebene, bis die Laffites die Galveston-Bucht verlassen mussten. Das setzte dem Schmuggel der Bowies ein Ende. Bleibt zu klären, wie viele Fahrten die Brüder durchgeführt haben. Dazu ein Rechenexempel auf Basis einer Angabe von John Bowie: *»Wir betreiben dieses Geschäft so lange, bis wir 65.000 $ gemacht hatten, dann hörten wir damit auf und gaben bald all unsere Erträge aus.«* Legt man einen Gewinn von rund 250 bis 350 Dollar pro geschmuggeltem Sklaven zugrunde, dann kommt man auf eine Gesamtzahl von zirka 180 bis 260 Personen. Wenn die Bowies pro Fahrt um die 40 Afrikaner mitnahmen, dann kommt man auf fünf, allenfalls sechs erfolgreiche Fahrten.

Verweilen wir bei John Bowies Aussage, sie hätten bald alles ausgegeben. Das klingt wie eine unglaubliche Prasserei, da 65.000 Dollar um 1820 ein enormes Vermögen darstellten. Doch die Erklärung fällt leicht. Die Brüder bekamen dieses Geld nicht auf einen Schlag zu Gesicht. Den Süden der USA plagte eine Finanzkrise, so dass kaum jemand viel Bargeld besaß. Man wickelte viele Geschäfte ab, indem man einen Teil in bar oder Naturalien auszahlte und über den Rest Schuldscheine, Noten oder andere Papiere ausschrieb. Tatsächlich blieb den Bowies nur ein Bruchteil der großen Summe. Der einzige, dem Bargeld lachte, war Jean Laffite. Der akzeptierte keine Schuldscheine.

Nach gängigen Moralvorstellungen beteiligten sich die Bowies damit mehrfach an einem Verbrechen. Das sahen auch die später geborenen Mitglieder seiner Familie so. Lucy Leigh Bowie erwähnte in ihrem berühmten Jim-Bowie-Aufsatz von 1916 den Sklavenhandel der Brüder nicht mit einem Sterbenswort. Statt dessen kanzelte sie das zitierte Interview von John Bowie als wertloses Clubgewäsch ab und unterstellte, dass dieses Geschreibsel nicht von ihm stammen könne. Dabei enthält der vehement kritisierte Text nur einen Aspekt, der um 1916 als ehrenrührig hätte gelten können: Die Ausführungen zum illegalen Han-

Jean Laffite

Als Jim Bowie bei Jean Laffite in der texanischen Galveston-Bai Sklaven kaufte, da stießen zwei Männer aufeinander, die heute in der Folklore von Louisiana und Texas einen vorderen Rang einnehmen. Und bei beiden klammerte die Legende die Rolle aus, die ihre älteren Brüder gespielt hatten. Was für Jim Bowie Rezin, das war für Jean Laffite sein Bruder Pierre. Übrigens gibt es, wie so oft in jener Zeit, mehrere Schreibweisen des Familiennamens: Heute geläufig ist die Version »Lafitte«, aber wahrscheinlich richtig die Variante »Laffite«.

Die Herkunft der Laffites liegt im Dunkeln. Jean kam zwischen 1778 und 1780 zur Welt, sein Bruder war vier Jahre älter. Allen von dem Duo gestreuten Legenden zum Trotz handelte es sich bei ihnen nach Meinung des Autors um »cajuns«, also französischstämmige Siedler aus dem Mississippi-Delta. Denn sie kannten diese unwegsame Region wie ihre Hosentasche – etwas, das man nicht nebenher lernen kann. Um 1804 landeten sie in New Orleans. Offiziell als Schmiede arbeitend (das alte Gebäude in der damaligen rue de St. Phillippe steht noch heute), betätigten sie sich inoffiziell wohl als Piraten – ob mit oder ohne den legalen Kaperbrief eines lateinamerikanischen Staates, ist unklar. Spätestens seit 1808 organisierten sie ein ungeheures Schmuggelunternehmen von Luxuswaren und Sklaven. Allem Anschein nach durchzogen die Laffites die Sumpflandschaft mit einem riesigen Kanalsystem. Als Marktplatz dienten die Sümpfe rund um New Orleans, bekannt als »Barataria« (Täuschung, Betrug). Jean Laffite nannte Barataria »die Hintertür von New Orleans«. Hier gab es drei Inseln, welche die Laffites besetzten. Damit glich dieser Wasserdschungel einer uneinnehmbaren Festung.

Doch als 1812 der Britisch-Amerikanische Krieg begann, beendete das US-Militär das bunte Treiben, um die Region gegen einen Einfall der Briten zu sichern. Man beschlagnahmte einen Großteil von Laffites Waren und zerstörte seinen Stützpunkt. Im Spätsommer 1814 suchten britische Seeoffiziere den Piraten auf und boten ihm Geld, wenn er die Rotröcke bei einer Überraschungs-Invasion Louisianas unterstützen würde (dies bildet übrigens den Hintergrund von Charles Sealsfields Abenteuerroman »Der Legitime und der Republikaner«). Da schlugen die Laffites den US-Behörden eine Transaktion vor: Sie wollten ihnen gegen die Briten helfen, dafür aber begnadigt werden und die beschlagnahmten Güter zurückerhalten. Die Laffites erfüllten ihren Teil der Abmachung, stellten Waffen und Männer, die im Januar 1815 mit den US-Truppen unter US-General Andrew Jackson die Briten unter General Ned Packenham in der Schlacht von New Orleans vernichtend schlugen. Doch dann ließ man die Laffites fallen.

Jean Laffite
Nach Originalzeichnung handkoloriert v.V.

Daraufhin bot das Duo seine Dienste den spanischen Behörden an. Beide spielten 1816/17 bei der Errichtung eines in der Galveston Bai gelegenen Freihafens für Korsaren eine große Rolle. Für etwa drei Jahre galt ihre Siedlung mit Laffites berühmtem »Maison Rouge« (also dem Roten Haus) als der Schmuggler-Treff der Karibik, von dem aus teure Luxusgüter und Sklaven in großem Stil in die USA geschleust wurden: Das von Revolutionen geschüttelte Mexiko konnte nicht eingreifen, die Amerikaner durften es nicht. Um 1820 endete das finstere Treiben, als sich die US-Behörden ungeachtet völkerrechtlicher Konsequenzen anschickten, Galveston auszuheben. Die Laffites brannten im Mai 1820 die Anlage nieder und segelten südwärts. Was dann mit ihnen geschah, weiß niemand genau. Wahrscheinlich verlagerten die beiden ihre »Firma« zur Insel Mugeres vor der mexikanischen Halbinsel Yukatan. Wann sie starben – *quien sabe?* Vielleicht verschied Jean zwischen 1825 und 1829 an einem tropischen Fieber irgendwo in Ostmexiko. Weniger nüchtern dagegen schildern die karibischen Legenden Jean Laffites Leben nach dem Weggang aus Texas: Die fraglos fantastischste Mär sieht ihn nach Südamerika segeln und dort mit dem großen Simon Bolivar den Kampf um die Freiheit austragen… vielleicht.

del mit Farbigen, ein sicheres Indiz, wo der wunde Punkt lag. Folgerichtig schönte Lucy Leigh Bowie wie so mancher Familienforscher vor ihr und nach ihr die Lebensläufe ihrer Ahnen.

Das wiederum hätten weder John noch James Bowie verstanden. Beim Durchlesen von Johns Text stellt man fest, dass er unbefangen und frei von jedem Schuldgefühl berichtet hat. Im US-Süden herrschten damals andere Moral- und Geschäftsvorstellungen als heute. In der Bowie-Familie gab es seit drei Generationen Sklaven. In ihrem Umfeld galt die allgemein als *peculiar institution* (eigenartige Einrichtung) bekannte Sklaverei als normal. Daher störte sich kein *southerner* an den Schmuggeleien, deswegen schadete sie dem guten Ruf der *slaver* nicht. Im Gegenteil – ihre waghalsigen Fahrten dürften dem Ruf der Gebrüder Bowie eher genutzt haben. Die Schmuggler standen in höchster Achtung, weil sie ein als störend empfundenes Gesetz ignorierten. Abschließend dies: US-Forscher Virgil E. Baugh merkt an: »*Es ist nicht meine Absicht, über solch eine Beteiligung zu richten, zumindest nicht im Stil der modernen Moralstandards. (…) Eine Verurteilung muss sich auch auf alle jene erstrecken, die Sklaven gekauft und gehalten haben, und nicht nur auf die anderen, die mit dem ungesetzlichen Sklavenhandel in Verbindung standen.*«

Der Spekulant

Einige Jahre später stieg Jim Bowie in ein anderes Geschäft ein, das manche für fast ähnlich so verwerflich halten wie den Sklavenschmuggel: Die Landspekulation. Hintergrund: Als die USA das Louisiana-Territorium (nicht identisch mit dem heutigen US-Bundesstaat) erworben hatten, konnten die Behörden nicht sofort Land vergeben. Die Beamten in Washington und New Orleans mussten erst einen Weg durch das chaotische Akten-Dickicht schlagen, das die Spanier bei ihrer Landvergabepolitik angerichtet und als Erbe hinterlassen hatten. Es wimmelte von herrenlosen, aber gültigen Landtiteln, während so mancher legale Käufer erfuhr, sein Landtitel sei ungültig. So stellte Jim Bowie fest, dass er den Boden seiner kleinen Farm von einem Manne gekauft hatte, der sich den Besitztitel erschlichen hatte. Es hagelte Proteste, eine Prozesslawine rollte an. 1824 autorisierte der US-Kongress die höchsten Gerichte der einzelnen Territorien, diese Ansprüche zu überprüfen. Doch noch immer fehlten Akten. In ihrer Not ließen viele Siedler einige Freunde schwören, sie hätten gesehen, wie ihr Kamerad sein Land gekauft und bezahlt hätte. Andere legten gefälschte Dokumente vor.

Das brachte Bowie auf die Idee, die Nummer im großen Stil durchzuziehen. Mit seinen Brüdern türkte er eine Unmasse von rückdatierten Landtiteln und Quittungen, die ihn als Käufer meist weit abgelegener Ländereien auswiesen. Bowie reichte die Papiere auf den letzten Drücker ein und hoffte, die überforderten Registrare würden sie kommentarlos nach Washington zur Dokumentierung weiterleiten und nie auf die Idee kommen, dass *alle* seine Ansprüche gefälscht sein könnten. William C. Davis: »*Die Kühnheit von Bowie war verblüffend. (…) Alles in allem würde (…) er mehr als 65.000 Acres besitzen, etwas mehr als 100 Quadratmeilen von Louisiana, und alles für keine anderen Unkosten als die Vermessung.*« So wäre er zu einem der größten Landbesitzer des Landes aufgestiegen.

Doch ganz so doof waren die Beamten nicht. Bald fiel ihnen auf, dass die Unterschriften mehrerer Personen von ein- und derselben Hand stammten und dass die Signaturen der zuständigen spanischen Beamten nicht mit den Originalen übereinstimmten. Aber Bowie hatte gleich zweimal Glück: Zum einen traf der aus Louisiana nachgeschickte Warnbrief eines Beamten mit jahrelanger Verspätung in Washington ein. Zum anderen konnte man die Fälscher solcher Landtitel nicht belangen – das Verbrechen war zu neu; es fehlten entsprechende Gesetze. 1824 wurde einer von Bowies größeren Landtiteln kassiert: Man fand heraus, dass die darin verwendete Bezeichnung »Bayou Maçon« auf den Banditen Sam Mason zurückging. Der hatte um 1803 die Region unsicher gemacht. Doch die französischstämmigen Beamten Louisianas schrieben den Namen gemäß ihrer Grammatik mit »ç« und nicht mit »s«. Der Haken an der Sache: Bowies Urkunde zum Bayou Maçon sollte schon von 1788 stammen.

Doch weil mit den übrigen Zertifikaten alles gut zu gehen schien, wiederholten er und wohl auch sein Bruder John das gleiche Verfahren auf dem Gebiet des heutigen Arkansas. Hier schien ihnen das Glück hold. Um 1827 bescheinigte das Höchste Gericht von Arkansas die Rechtmäßigkeit von 126 Gebietsansprüchen, die anscheinend auf alten spanischen Titeln, den so genannten *grants*, beruhten. Den Löwenanteil davon hatten die Bowies eingereicht. Doch scheiterte dieser Fischzug am Misstrauen von Samuel C. Doane, einem hohen US-Justizbeamten. Nachdem er sich jahrelang durch die spanischen Akten gewühlt hatte, berichtigte sich das Gericht anno 1831. Hopewell: »*Die meisten der Ansprüche basierten auf angeblichen Grants, die ein Bernardo Sampeyrac 1789 vom spanischen Gouverneur Louisianas erhalten haben sollte. Das Gericht befand, dass Sampeyrac ein erfundener Name sei und die Grants Fälschungen. Es gab den klaren Beweis, dass die Zeugen der Antragsteller im ersten Prozess [dem von 1827, d. Verf.] bestochen worden seien und die Verkäufe der Bowies und verschiedener anderer Käufer vorgetäuscht.*«

Auch das spricht nicht für Bowie, oder? Doch so einfach ist es nicht. Bowie misstraute wie viele Grenzer Bürokraten und machte in seiner dröhnenden Art kein Geheimnis aus seinem Tun. Viele seiner Käufer wussten, worauf sie sich einließen. Man grinste über Bowies Unverfrorenheit. Natürlich nahm er in Kauf, ahnungslose Personen zu übervorteilen. Doch mit gesundem Menschenverstand ließ sich ausrechnen, dass der junge Mann unmöglich all diese Titel gekauft haben konnte. Als das Oberste Gericht der USA nahezu alle auf angeblichen spanischen Grants basierenden Landtitel amerikanischer Siedler kassierte, platzte die Seifenblase. Die Bowies gerieten dann durch Missernten und eine allgemeine wirtschaftliche Talfahrt in Schwierigkeiten. Und als Jim 1827 auch noch bei dem als »Duell auf der Sandbank« bekannten privatkriegartigen Gemetzel beinahe ums Leben gekommen wäre, da beschloss er, sich in Texas umzutun, damals ein Teil der mexikanischen Provinz Coahuila y Texas. 1830 zog er endgültig um – nach San Antonio de Bexar, vor deren Toren eine alte, zur Festung umgebaute Missionsstation lag: Der Alamo.

Sein Äußeres und sein Charme öffneten ihm die Türen zu den höchsten Kreisen, den Familien der Ruiz, Navarros, Seguins und Veramendis. Don Juan Martin de Veramendi galt als der einflussreichste Politiker von Coahuila y Texas. Und am 25. April 1831 heiratete Bowie dessen Tochter Ursula. Bowie versuchte einiges, um auf die Beine zu kommen. So wollte er mit seinem Schwiegervater eine Spinnerei errichten, doch kam die nie über die Planungsphase hinaus. Natürlich versuchte er, im Handel mit Landzertifikaten Fuß fassen. Er nutzte jede Gelegenheit, sich im Land umzutun, den Boden zu prüfen und Anzeichen für Wasservorkommen sowie Bodenschätze zu notieren. Für seinen praktischen Pioniergeist spricht, dass er schon in den Prärien eine Kornkammer erblickte, als die Ebenen in den Atlanten der Gelehrten noch unter »Große Amerikanische Wüste« liefen. Doch scheiterte er nicht nur wegen seiner Tricksereien oder mangelndem Durchhaltevermögen, sondern auch an unglücklichen Umständen: Seit 1831 mehrten sich die Vorzeichen einer Revolution, 1833 raffte eine Cholera-Epidemie seine Frau und ihre Familie hin.

War Bowie reich? Bei seiner Heirat gab er an, seiner Braut wegen ihrer »*Tugend, Ehre und anderer löblicher Eigenschaften*« eine Mitgift von fünfzehntausend Dollar zu machen. Er musste seinem – durchaus misstrauischen – Schwiegerpapa auflisten, was er alles besaß. Die Historiker nennen Summen zwischen 162.000 und 223.000 Dollar. Doch handelte es sich da bloß um den Nennwert seiner falschen Landtitel und seiner danieder liegenden Farmen. Als er 1828 nach Texas kam, hatte er vielleicht 1000 Dollar in der Tasche. Möglicherweise besaß er bei seiner Heirat 20.000 Dollar in bar. Doch auch dieses Geld rutschte ihm durch die Finger. Der US-Historiker Clifford Hopewell listet anhand eines alten Zeitungsartikels auf, was man nach seinem Tod noch fand: Kleidungsstücke, zum Teil von seiner Frau, einen Koffer, seine Freimaurerschürze, ein paar Bücher, vier Sägen und ein Zertifikat über 640 *Acres* Land. Alles in allem umfasste die Liste 16 Posten. Und die brachten bei einer Auktion gerade mal 99 Dollar und 50 Cents ein: Hoch gepokert – hoch verloren.

Ach ja: Ein oder mehrere große Jagdmesser standen nicht auf der Liste.

Die verlorene San Saba-Mine

Kaum hatte sich Bowie in San Antonio de Bexar niedergelassen, verfolgte er ein Unterfangen, das mehr zu seinem Glücksritter-Charakter passte als etwa eine Spinnerei zu gründen. Er wollte das Silber der sagenumwobenen San Saba-Bergwerke finden.

Deren Geschichte begann in den 1750er-Jahren. Da suchte man in einem Hügel namens *cerro del almagre* nach Silber, während am weit entfernten San Saba-Fluß eine Mission entstand. Doch dann hielten kriegerische Indianer Erzsucher wie Mönche fern. Nach 1800 verlor sich das Wissen um die tatsächlichen Zusammenhänge. Die Leute hielten Cerro del Almagre und San-Saba-Mission für ein- und dasselbe. In den 1820er-Jahren hörte der amerikanische *empresario* (Kolonisator) Stephen Austin von Bergwerken »*im Territorium von Sansava*«. Von Austin entsandte Männer suchten prompt am falschen Platz nach Silber – bei der Mission, nicht am Cerro del Almagre. Bald kursierte unter den *anglos* das Wort von den »*Verlorenen Minen von San Saba*« – vor allem, als dies als Landmarke auf ersten US-Landkarten und Broschüren von – respektive über – Texas auftauchte. Der schlitzohrige Austin wollte damit die Region für Möchtegern-Einwanderer aus den USA attraktiver machen. Bei zweien gelang ihm das sofort: James und Rezin Bowie.

Wer von den beiden um 1829 danach zu suchen begann, ist unklar. Doch wie Austins Trupp suchte man an der San Saba-Mission, ohne zu wissen, dass es dort nie Silber gegeben hatte. Dass einer der Brüder dort war, bezeugt das Journal des Deutschen Dr. Ferdinand Roemer, der 1847 im Türpfosten vom Missionseingang die Inschrift fand: »*Bowie con sua tropa 1829*« (also: Bowie mit seiner Truppe 1829) – womöglich mit dem einzig wahren Bowie-Messer eingekerbt? Im November 1831 brachen die Gebrüder Bowie mit einer neuen Expedition auf. Dazu gehörte ihr Freund Caiaphas Ham, Jim Bowies Spinnerei-Mechaniker Tom McCaslan und Matt Doyle, drei Männer namens David Buchanan, Robert Armstrong und Jesse Coryell sowie zwei Diener mit Namen Charles und Gonzales. Ham und die Bowies verfassten hinterher Berichte über diese weithin diskutierte Tour ins Indianerland. Darauf beruht das Folgende – was davon wahr ist und was geschönt, mag der Leser entscheiden.

Nach einigen Tagen stieß der Bowie-Zug auf zwei Comanchen und einen »gefangenen« Mexikaner, die zu einem kleinen Kriegstrupp gehörten. Ham kannte einen davon, einen Mann namens Isayune. Nach kurzem Palaver ritten beide Gruppen ihrer Wege. Am nächsten Morgen sprengte der Mexikaner ins Camp der *anglos*. Atemlos stieß er hervor, dass die Comanchen auf zirka 120 Caddo-, Tawakoni- und Waco-Krieger gestoßen waren. Die wollten Bowies Männer überfallen. Isayunes Comanchen boten den Weißen an, sich mit ihnen zu treffen und die Angreifer gemeinsam abzuwehren. Die Bowies lehnten das ab. Dazu hätte man ja umkehren müssen. Statt dessen wollten sie zur rund 25 Meilen entfernten San Saba-Ruine reiten und sich dort verschanzen. Doch verirrten sie sich bei zunehmender Dunkelheit. Notgedrungen kampierten sie in einem Eichenwäldchen und schufen sich mit Messern und Beilen im Umkreis ihres Lagers freies Schussfeld. Beim Aufsatteln am nächsten Morgen erblickten sie einen über ihre Spur gebeugten Tawakoni-Fährtenleser, dem mit etwas Abstand die ganze Kriegerschar folgte.

»Indianer!« – der Alarmruf der Grenze erklang. Die Männer errichteten in Windeseile aus Sätteln, Gepäck und Gestrüpp einen Schutzwall. Ihren Verfolgern blieb das nicht verborgen: Sie stürmten unter Kriegsgeschrei heran, wobei mindestens einer einen Skalp hin und her schwang. Da traten Rezin Bowie und David Buchanan ins Freie, um mit den Indianern zu reden. Die Krieger spotteten und feuerten eine Salve ab. Eine Kugel traf Buchanan ins Bein. Mit Müh und Not konnten Rezin und sein herbeeilender Bruder Buchanan in die Deckung schaffen. Im Feuerschutz ihrer Kameraden setzten einige Tawakoni und Caddo dem Trio nach. Doch legte eine Salve der Verteidiger ungefähr die Hälfte von ihnen flach.

Nun kreisten die Indianer die Männer ein, angeleitet von einem knapp 60 m entfernten Reiter mit einem Kopfschmuck aus Büffelhörnern. Als James Bowie ihn erblickte fragte er: »*Wer hat noch geladen?*« Eine Stimme rief: »*Ich*« – Ham. Darauf Bowie: »*Los, bring den Reiter zu Boden!*« Hams Kugel durchschlug das Bein des Anführers und tötete sein Pferd. Als der Verletzte in Deckung humpeln wollte, hatten die anderen Schatzsucher auch fertiggeladen und streckten ihn nieder. Ebenso erging es den Kriegern, welche die Leiche bergen wollten. Daraufhin zwangen die Indianer die Belagerten mit einem Regen von Pfeilen und Musketenschüssen zu Boden, bis sich die besten Schützen der Angreifer gut positioniert hatten. Sie feuerten auf alles, was sich zwischen den Bäumen rührte. Coryell fing sich einen Streifschuss ein, der Mechaniker Doyle einen lebensgefährlichen Treffer in die Brust. Die anderen Weißen versuchten derweil, ihre langläufigen Vorderlader aus unbequemer Rücken- oder Seitenlage zu laden. Ihre Schussfolge stockte. Jetzt tauchte für einen Moment ein anderer, ebenfalls berittener Anführer bei den Indianern auf, wohlweislich weiter entfernt als sein Vorgänger. Das nützte ihm nichts: Der Sklave Charles sah das Gewehr des verletzten Buchanan – noch geladen. Es Jim Bowie zu reichen war die Tat eines Augenblicks. Im zweiten flog die *longrifle* an Bowies Wange, der Daumen spannte den Hahn, der Zeigefinger stach das hintere Abzugszüngel ein, die Fingerkuppe glitt behutsam auf das vordere und gab Feuer. Einen Moment später fiel der zweite indianische Kommandeur vom Pferd, sofort von einigen Kriegern in Deckung gezerrt.

Nun entdeckte der Mechaniker McCaslan die Verletzung seines Partners Doyle. Entsetzt fuhr er hoch und brüllte: »*Wo ist der Indianer, der Doyle niedergeschossen hat?*« Prompt richtete sich ein Caddo aus dem Gras auf und tötete McCaslan mit einem hingestreuten Schuss. Armstrong sah das Aufblitzen und den Pulverrauch, schrie: »*Der verdammte Indianer schießt auf McCaslan*« und wollte auf den Caddo anlegen. Da erhob sich wenige Schritt vor ihm ein anderer Indianer, gab Feuer – und traf nur Armstrongs Gewehrkolben. Erschrocken zogen sich die Silbersucher samt Pferden und Baggage unter ständigem Beschuss in ein Dickicht zurück, wo es mehr Deckung gab. Eilends verschanzten sie sich und feuerten in den nächsten Stunden ihrerseits auf alles, das sich bewegte. Da es sich um erfahrene Jäger handelte, fielen ihren Kugeln nicht wenige Krieger zum Opfer.

Plötzlich stieg Rauchgeruch in die Nasen der Weißen und ihrer Diener. Kriegsgeschrei ertönte: Die Indianer hatten die Prärie angezündet. Doch trieb der Wind die Flammen vorbei. Einige Stunden später pirschte sich ein Krieger heran. Erfolgreich legte er ein neues Feuer, ehe ihn Armstrong niederschießen konnte. Eine drei Meter hohe Flammenwand raste heran. Die Männer glaubten, ihr letztes Stündlein hätte geschlagen. Ganz fix stellten sie sich rund um die Verwundeten auf, mit der Absicht, alle Gewehre, Flinten und Pistolen abzufeuern und dann zu den Messern und Tomahawks zu greifen, sollten die Indianer im Schutz des flammenden Infernos angreifen. Dann brauste das Feuer durch den Eichenhain. Umhüllt von roter Glut, schlugen die Männer mit Decken und Büffelroben nach den Flammen. Einige Pferde rissen sich los und rannten weg. Dann war es vorbei. Alle lebten – doch griff niemand an. Es wurde dunkel. Ab und zu krachten in der Ferne Schüsse. Rezin Bowie vermutete später, dass die Indianer damit die Leiden ihrer tödlich Verwundeten beendeten.

Die Nach verging ruhig. Beim Morgengrauen stellten die verblüfften Schatzjäger fest, dass die Indianer abzogen. Der Überfall hatte sie mehrere Dutzend Tote gekostet: Schlechte Medizin. Nach Stunden wagten sich die Weißen ins Freie

– alle mindestens von einer Kugel oder einem Pfeil gestreift und aus Schürf- und Kratzwunden blutend, mit Dornen gespickt, von Brandblasen übersät, Haare, Bärte und Augenbrauen abgesengt. Ihre Bilanz: ein Toter (McCaslan), drei Schwerverwundete (Coryell, Doyle und Buchanan) sowie fünf erschossene Packtiere. Die Männer warteten acht Tage, ehe sie sich auf den Rückweg nach San Antonio machten – sie wollten nicht noch in einen Hinterhalt geraten. Nach mehreren Nachtmärschen erreichten sie die Stadt. Dort herrschte freudige Überraschung. Hatte doch Isayune die Nachricht vom Überfall bereits verbreitet. Jeder hielt die Silbersucher für tot. Die Tatsache, dass der von ihm geführte Trupp einer mehr als zehnfachen Übermacht stand gehalten hatte, half Jim Bowies Renommee auf die Sprünge. Nun galt er als geborener Anführer.

Ham sowie Jim und Rezin Bowie schrieben je einen Bericht über die Affäre. Doch nur Rezins Text wurde veröffentlicht: »An Indian Battle«, ein Indianerkampf, lautete der schlichte Titel in der Familienzeitschrift »Atkinson's Saturday Evening Post and Bulletin« vom 17. August 1833. Fans sollten wissen, dass der Artikel weithin nachgedruckt wurde – oft verkürzt und voller Druckfehler. Auch fehlt es nicht an den üblichen Folklore-Anekdoten: In der Story des Texaners A.J. Sowell mutiert Bowies Sklave Charles zu »Sam«, den sein Herr im feindlichen Feuer feigerweise zum Wasserholen geschickt haben soll. Das Thema harrt einer gründlichen Aufarbeitung. Es handelte sich ja um das Ereignis, welches Jim Bowies Ruf als Kämpfer untermauerte und die Nachfrage nach Bowie-Messern ankurbelte.

Und San Saba? Dazu merkte Tim Haycock im Buch »Verschollene Schätze der Welt« an: »Wir haben keine seriöse Quelle für die Existenz dieser Mine, und der einzige Grund für die Aufnahme der Geschichte in dieses Buch ist die schiere Unverwüstlichkeit der Legende.« Jahrzehntelang suchten Männer – oft um den Preis ihres Lebens – das Bergwerk, das den Beinamen »Lost Bowie's Mine« erhielt. Als Kerngebiet der angeblichen Minen gilt die Region um den Ort Menard südwestlich von San Angelo. Natürlich gibt es dort kein Silber, das suchten die Spanier ja am Cerro del Almagre. Dort stießen schon 1842 zwei Texaner auf einen alten Minenschacht. Aber erst um 1900 erkannte man, dass es sich hier um den Auslöser der San-Saba-Legende handelte. Eine offizielle Untersuchung zeigte, dass sich auch dort kein Erzabbau lohnte. Aber das ließ die letzten Romantiker, Schatzjäger und Glücksritter bis heute nicht zweifeln. Wer selber forschen will, suche die Riley Mountains im Llano County auf, zwischen dem State Highway 16 und dem US-Highway 71 in südöstlicher Richtung. Was schrieb der texanische Autor Elmer Kelton 1971 in seinem Roman »Bowie's Mine« zu all diesen Glücksrittern? »Buchstäblich Hunderte von Abenteurern haben in den letzten anderthalb Jahrhunderten nach dem Bowie-Bergwerk gesucht. Wenn jemand es je gefunden hat, so verlor er es wieder. Es bleibt offen, ob es überhaupt jemals existiert hat. Das aber ist nicht weiter wichtig. Das Abenteuer besteht in der Suche, nicht im Finden.«

Bowie und der texanische Unabhängigkeitskrieg

1832 bekam es Jim Bowie wieder mit den Tawakoni zu tun: Er führte in offiziellem Auftrag eine Strafexpedition durch – sein nachweisbar erster militärischer Einsatz in Texas. Der verlief fruchtlos, weil die Tawakoni bereits großenteils von den Cherokee vertrieben worden waren. Man führt dies gern dafür an, dass Jim Bowie einer der ersten *Texas Rangers* gewesen sei – jener Reiter-Truppe, welche die Grenze des Landes sicherte und militärische wie polizeiliche Aufgaben wahrnahm. All das passt auf die Bowie-Strafexpedition. Doch war der Messermann weder der erste *Ranger* noch handelte es sich da um die erste Aktion dieser Truppe. Denn deren Anfänge reichen bis zum Beginn der 1820er-Jahre zurück.

Doch viel schlimmer als im Indianerland gärte es im Herzen von Mexiko. Seit 1810 jagte in dem von Spanien regierten Vizekönigreich eine Revolte die nächste. 1821 erfocht Oberst Agustin Iturbide die Unabhängigkeit von Spanien. Damit entstand ein neuer Machblock in Amerika. Denn die Nordgrenze Mexikos lag damals nicht am Rio Grande – man beanspruchte ein Gebiet, das den Boden der heutigen US-Bundesstaaten Arizona, Colorado, Kalifornien, Kansas, Idaho, Montana, Nebraska, New Mexico, Nevada, Oklahoma, Wyoming, Utah sowie Nord- und Süd-Dakota umfasste. Zwar gründete Iturbide eine Republik, doch knapp ein Jahr später krönte er sich zum Kaiser. David Th. Schiller beschrieb die katastrophalen politischen Folgen in der Zeitschrift VISIER so: »*Zwischen 1821 und 1854 gab es in Mexiko nicht weniger als 34 Regierungen mit fünf unterschiedlichen Verfassungen, darunter ein Kaiserreich und je zwei Bundes- und Zentralregimes sowie diverse Diktaturen.*«

Dieses Chaos bildete die Hauptursache für die Texas-Revolution. Eins der Regimes höhlte um 1830 jene liberaldemokratische Verfassung von 1824 aus, die einen wichtigen Anreiz für den Zuzug freiheitlich gesonnener US-Pioniere nach Mexiko bildete. Nun wurden die Einwanderung beschnitten und neue Zölle erhoben. Zudem kamen die Anglo-Mexikaner nicht mit der starren und langsamen mexikanischen Zentral-Verwaltung klar. Einerseits dies – andererseits trugen auch die Einwanderer einiges zum Konflikt bei. Die eigenbrötlerischen und kampflustigen Neu-Texaner ignorierten die Eigenheiten und Gesetze ihrer neuen Heimat. Ja, anders als die Bowie-Brüder machte man sich kaum die Mühe, Spanisch zu lernen. Schließlich kam es zu Zusammenstößen mit mexikanischen Soldaten. Dabei schaffte Bowie das Kunststück, mit rund 20 Mann einen zehnmal so starken Verband hochzunehmen.

Um 1832 traute die Masse der Texaner einem ehemaligen Günstling Iturbides zu, die Verfassung wieder zu erneuern: Antonio Lopez de Santa Anna. Nach seiner Amtsübernahme erwartete ganz Mexiko die Rückkehr zur Verfassung von 1824. Abgeordnete der Texaner bündelten bei einer »convention« ihre Forderungen und schickten den wichtigsten Mann von Texas damit in die Hauptstadt: Stephen Austin. Als »empresario«, als staatlich lizenzierter Landmakler und Kolonisator, war ihm und seinem verstorbenen Vater Moses in wenigen Jahren das gelungen, woran seine mexikanischen Vorgänger über Jahrzehnte gescheitert waren: In Texas dauerhafte Kolonien zu schaffen. Aber Santa Anna entpuppte sich als Wolf im Schafspelz, riss alle Macht an sich und zentralisierte das aus Bundesstaaten zusammengesetzte Land noch stärker als vorher. Widerstand wurde brutal erstickt. Der ahnungslose Austin landete ohne Verfahren im Gefängnis, mit einer Anklage wegen Hochverrats am Hals.

All das versetzte auch das Parlament des Staates Coahuila y Texas in Unruhe. 1834 stellte man fest, dass man keine Mittel besaß, um sich gegen Santa Annas *Centralista*-Regime zu wehren. Zweifelsohne von interessierter Seite gut geschmiert, lockerte das Parlament nun eigenmächtig die Einwanderungsbestimmungen, um durch Landvergabe Geld in die Kassen zu spülen. Man schuf Kommissionen, um die Parzellierung der *grants* sowie die Verkäufe der Grundstücke zu kanalisieren und zu beschleunigen. Bowie erhielt die Erlaubnis, für einen *grant* als Makler aufzutreten. Er handelte als Bezahlung den Anspruch auf einen eigenen *grant* aus, verkehrsgünstig bei Nagocdoches in Osttexas gelegen.

Der Verkauf der Einzelgrundstücke stieß auf Widerstand. Texanische Zeitungen wetterten gegen die *»ungerechten und offensichtlich fragwürdigen Landansprüche«* von Bowie und Konsorten. Überall in den neuen *grants* lebten – zum Teil seit Jahren – wilde Siedler *(squatter)*, die auf das alte Recht des *tomahawk improvement* vertrauten, nämlich durch den Beleg ihrer Arbeit im Nachhinein einen legalen Besitztitel zu erhalten. Mancher ärgerte sich auch, dass einige Landspekulanten zu günstigstem Kurs eigenen Besitz erwarben. Aber Santa Anna annullierte im Mai 1835 die Land-*Grants*. So bekam er das Parlament von Coahuila y Texas unter Kontrolle, spaltete Texas und blockierte die Einwanderung weiterer Amerikaner. Bowie wurde mit anderen inhaftiert, konnte aber fliehen. In Texas berichtete er, was er unterwegs gesehen hatte – dass Santa Anna für einen Kriegszug nach Norden rüstete und überall Garnisonen ausbaute. Der Despot wollte weitere Aufstände verhindern; er hatte bereits in dem zentralmexikanischen Staat Zacatecas eine Revolte brutal niedergeschlagen. Andere Flüchtlinge bestätigten Bowies Angaben.

Der rief nun dazu auf, gegen Santa Anna mobil zu machen und seine Truppen zu verjagen. Er galt als ein Anführer der *war party*. Doch setzten viele diese Kriegspartei mit den Landspekulanten gleich. Man warf Bowie vor, er schüre eine Revolte gegen Santa Anna nur, weil dann seine Landtitel leichter zu legalisieren seien. Als Folge verkannten viele Texaner die Gefahr, die von dem immer diktatorischer auftretenden Santa Anna ausging und ignorierten monatelang die Anzeichen für eine Invasion. Die Stimmung schlug erst um, als Austin im September 1835 zurückkehrte. Und der rief jetzt zu den Waffen.

Am 2. Oktober begann in der Stadt Gonzales die eigentliche Revolution: Da weigerten sich texanische Siedler, eine alte Kanone herauszurücken. Statt dessen entfalteten sie eine selbstgebastelte Flagge mit der primitiven Zeichnung eines Kanonenrohrs und der frechen Aufschrift *»Come and take it«* (Kommt und holt sie euch). Der mexikanische Oberst Domingo de Ugartechea entsandte Truppen, die Texaner schossen, und von da ab befand sich nach Zacatecas der zweite mexikanische Staat in Aufruhr. Fraglos hätten die letzten Skeptiker sofort Gewehr und Pulverhorn vom Haken genommen, hätten sie erfahren, dass Santa Anna schon am 3. Oktober alle Parlamente der mexikanischen Staaten auflöste und General de Cos folgende Aufträge bezüglich Texas erteilte: Die Unruhen niederzuschlagen, Steuern und Zölle einzutreiben, alle nach 1830 ins Land geströmten Fremden zu verjagen, die Texaner zu entwaffnen und alle Rebellen zu verhaften. Doch reichte vielen Texanern, dass der ehedem diplomatische Austin nun für Kampf votierte. Überall entbrannten Scharmützel mit den in Texas stationierten mexikanischen Einheiten. Dabei zeichnete sich der als Anführer einer Milizeinheit ehrenhalber mit dem Titel »Oberst« belegte Bowie mehrfach aus.

Dann betraute ihn sein Freund Sam Houston mit einer neuen Aufgabe: Am 19. Januar 1836 traf Bowie mit seinen Freiwilligen in San Antonio de Bexar ein. Er sollte alles brauchbare Material wegschaffen und die Festungsanlagen rund um die alte Mission Alamo zerstören. Houston dachte, dass diese Garnison nicht lange zu halten war und wollte die Feste geschleift sehen, damit sich der Feind nicht festsetzen konnte. Oberst James C. Neill, Kommandeur des Alamo (übrigens der Mann, dessen Kanonenschuss in Gonzales die Revolution gestartet hatte), beklagte, dass man die Festung fast völlig von Waffen und Kanonen entblößt hätte, dass seine seit langem nicht mehr besoldeten Männer Hunger litten und nach Hause gehen wollten. Freilich sah die Lage nicht gar so schlimm aus: In der Garnison

General Santa Anna

Geboren als Antonio Lopez de Santa Anna Perez (1794–1876), machte kein Politiker Mexikos eine solche opportunistische Wendehals-Karriere durch wie der große dünne Mann mit dem pechschwarzen Haar und dem stechenden Blick, der sich selber für den »Napoleon des Westens« hielt und sich dementsprechend kleidete; der opiumsüchtig war, Unsummen beim Hahnenkampf verwettete und seine hohe Position rücksichtslos zur Schürzenjagd ausnutzte. Glaubt man der Legende, dann wusste das auch der Gegner: Demnach lenkte ihn im Auftrag Sam Houstons eine im Volkslied »The Yellow Rose of Texas« verewigte junge Mulattin namens Emily Morgan von seinen militärischen Pflichten ab, als Sam Houston in der Texas-Revolution bei San Jacinto seinen alles entscheidenden Überraschungsangriff startete. Santa Anna litt an Selbstüberschätzung: Als er 1838 im »Backwarenkrieg« gegen die Franzosen ein Bein verlor, ließ er es per Staatsbegräbnis beerdigen. Und dann ist da noch eine andere Legende: Als sich Santa Anna Mitte der 1860er-Jahre in den USA aufhielt, soll ihn sein Sekretär James Adams mehrfach dabei beobachtet haben, wie er auf kleinen Stücken *Chicle* herumkaute, also auf geronnenem Milchsaft des Sapotill-Baumes. Zwar kannten die Amis damals schon den Brauch des Gummi-Kauens, doch kam Adams durch Santa Anna als Erster auf die Idee, das Zeug zu süßen und die Streifen als *Chiclets* zu verkaufen. Jedenfalls wurde Adams durch diese Kaugummi-Urform reich.

Der »*criollo*« (Kreole, also nicht im Mutterland geborener Sohn spanischer Eltern) Santa Anna diente zuerst als Kadett, ehe er sich in der Mexikanischen Revolution (1810-1821) auf der Seite der Royalisten, also der Königstreuen, schlug. 1821 gehörte er zu den Kräften, die für eine Loslösung von Spanien und die Ausrufung von Agustin Iturbide zum mexikanischen Imperator plädierten. Monate später stand Santa Anna an der Spitze einer republikanischen Fraktion: Er schickte Iturbide ins Exil und rief die Republik Mexiko aus. 1824 war er einer der Gründerväter der in aller Welt begeistert gefeierten liberal-demokratischen Verfassung des Landes. Danach dominierte er die mexikanische Politik für drei Jahrzehnte, entweder als Präsident (1833–1835, 1841–1844, 1847, 1853–1855) oder als Drahtzieher hinter den Kulissen. Nachdem sein Vorgänger Anastacio Bustamante schon an der liberalen Verfassung von 1824 herumgebastelt hatte, hebelte Santa Anna sie mit Beginn seiner ersten Präsidentschaft nahezu völlig aus und schwang sich zum Diktaktor auf. Die folgenden Unruhen im Staat Zacatecas ließ er unglaublich brutal niederschlagen. Und als ein Schiff mit amerikanischen Freiheitskämpfern zur Unterstützung mexikani-

General Santa Anna
Nach Originalzeichnung handkoloriert v.V.

scher Rebellen nach Vera Cruz segelte, wurde das Gros der Truppe erschossen. Daraufhin folgte das Gesetz vom Dezember 1835. Demnach waren ins Land vorstoßende Ausländer, welche die Waffen gegen Mexiko (sprich: die von Santa Anna gelenkten Marionetten der Zentralregierung) erhoben, als »Piraten« einzustufen und zu erschießen. Das war die rechtliche Grundlage, auf der Santa Anna beim Sturm auf den Alamo kein Pardon zu gewähren brauchte, aufgrund dessen er Überlebende (darunter möglicherweise David Crockett) umbringen ließ und dank dessen er das Massaker von Goliad anordnen konnte. Doch sein Heerzug nach Norden bewies, dass Santa Anna sehr wohl das Zeug zum herausragenden Feldherrn besaß. Obwohl die meist mangelhaft bewaffneten und ausgerüsteten Soldaten aus ganz Mexiko zusammengekratzt worden waren, obwohl sie unterwegs zweimal schutzlos dem »*Blue Norther*«, dem gefürchteten Blaueis-Regensturm der texanischen Prärien, ausgesetzt waren und auch unter den Angriffen von Comanchen zu leiden hatten, schaffte es die Armee binnen kürzester Frist bis nach San Antonio – vier bis sechs Wochen schneller, als die aufständischen Texaner angenommen hatten.

Nach seiner Niederlage bei San Jacinto ging es mit Santa Annas Karriere weiter auf und ab, obwohl er jahrelang als scheinbar Entmachteter auch hinter den Kulissen den Ton angab. Doch 1855 hatten die Mexikaner erst mal genug. Sie verbannten ihn nach Nassau auf den Bahamas ins Exil, erlaubten ihm aber kurz vor seinem Tod die Rückkehr auf seine Hacienda.

Samuel Paul Houston

Als einen der größten Giganten der US-Geschichte hat ihn ein Historiker bezeichnet, und tatsächlich kann der gebürtige Virginier Samuel Paul Houston (1793–1863) mit Superlativen aufwarten. Als einziger US-Politiker bekleidete er in zwei Staaten das Gouverneursamt. Körperlich gehörte der knapp 1,90 m lange, blauäugige Hüne mit dem markanten Kinn und dem schütteren blonden Haar auch zu den auffälligen Personen seiner Zeit – zumal er sich gern auffällig kleidete, mit Anleihen bei indianischer, mexikanischer und arabischer Tracht. Als Präsident von Texas pflegte er politische Besucher aus der Alten Welt schon mal hinter seinem Blockhaus beim Rasieren zu empfangen und sie durch Zitate aus Homers Ilias zu verwirren. Mit 47 Jahren heiratete er eine 21-jährige Frau, die ihm noch acht Kinder gebar – Hollywood, wo bleibt der Film?

Kaum kam er 1807 mit der Mutter sowie acht Geschwistern nach Tennessee, als er schon Reißaus nahm – zu den Cherokee-Indianern. Die nannten ihn *»Coloneh«*, also »Rabe«. Ab 1812 kämpfte er gegen Briten und Creek-Indianer, er focht als Indianeragent für die Cherokee, studierte Jura und brachte es 1827 zum Gouverneur von Tennessee. Doch trat er 1829 zurück, als ihn direkt nach seiner ersten Hochzeit die Braut verließ. Er zog nach Westen zu den mittlerweile zwangsumgesiedelten Cherokee. Frustriert schaute er tief ins Glas. Der Legende zufolge traf er auf Jim Bowie, der ihn auf Texas aufmerksam machte. Bei den Cherokee trank er so viel, dass sie ihn *»Big Drunk«* nannten, also Großer Säufer. Aber er erkannte auch die Schandtaten korrupter Indianeragenten und zog daraufhin mit Cherokee-Delegationen nach Washington. Es kam zum Eklat, als er einen politischen Gegner mit seinem Hickorystock verdrosch. Es folgte eine Verhandlung vor dem US-Kongress. Als Vorbereitung gab sich Houston am Vorabend die Kante. Über den nächsten Morgen schrieb er: *»Ich trank eine Tasse Kaffee, aber sie blieb nicht unten. Ungefähr eine Stunde später trank ich noch eine, und die blieb unten, und ich sagte: Ich bin in Ordnung.«* Dann hielt er aus dem Stegreif eine flammende, mit Versen gewürzten Verteidigungsrede. Damit brachte er das Haus zum Toben und sich selber wieder ins Licht der Öffentlichkeit. Als Folge betraute ihn US-Präsident Jackson damit, in Texas mit jenen Indianern zu verhandeln, die mit Raubzügen die US-Westgrenze in Atem hielten.

Er kam um 1833 in Texas an und feilte an seinem *Comeback*. Schnell erkannte er, wie die Zeichen standen, konnte aber die Hitzköpfe nicht stoppen. Als Houston und die anderen Mitglieder der verfassunggebenden Versammlung von der Alamo-Belagerung hörten, wollten einige sofort den Eingeschlossenen zu Hilfe eilen. Houston verhinderte das mit dem Argument, dass jetzt zuerst die staatlichen Angelegenheiten von Texas zu regeln seien – etwas, das ihm den Vorwurf der Feigheit eingebracht hat. Doch Houston sah klar: Niemand kannte die Lage im Alamo genau. Tatsächlich war das Fort bereits gefallen, als die Politiker die Nachricht erhielten. Nun gab man alle Gedanken an einen halbautonomen mexikanischen Staat auf: Am 2. März 1836 erklärte die verfassunggebende Versammlung die Unabhängigkeit des Landes. Das Problem bestand nur darin, dass die texanische Armee den Mexikanern nicht gewachsen war. Also ließ der mittlerweile zum Oberbefehlshaber beförderte Houston die Truppen vor Santa Anna nach Osten zurückweichen und sich verstärken. Er wollte Santa Anna stellen, wenn die texanischen Verbände bereit dazu waren. Am Morgen des 21. April 1836 besiegte seine zerlumpte Armee die Mexikaner in einem Überraschungsangriff bei San Jacinto. Drei Monate später war er Präsident der Republik Texas. Er bekleidete das Amt zweimal, 1836-1838 und 1842-1844. Nach der Aufnahme von Texas in die USA landete Houston im US-Senat, ehe er 1859 Gouverneur des Staates wurde. Da warf schon der Bürgerkrieg seine Schatten voraus. Texas war nun voller Parteigänger des Südens. Als Houston 1861 sich weigerte, der Loslösung von der Union zuzustimmen, musste er seinen Hut nehmen. Er starb zwei Jahre später. Eins seiner letzten Worte war: »Texas.«

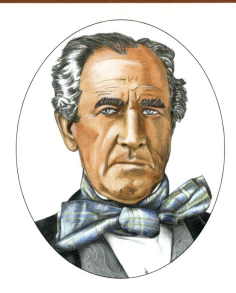

Samuel P. Houston
Zeichnung: Verfasser

William Barret Travis

Wie Davy Crockett und Jim Bowie ist er untrennbar mit den Legenden um die Belagerung des Alamo verbunden: William Barret Travis. Ihn zeichnet die volkstümliche Überlieferung als den Mann, dessen Charisma und dessen Freiheitsidealen die Verteidiger der alten Klosterfestung in den Tod folgten. Doch konzentrierte sich das Interesse lange nur auf die letzten 13 Tage seines Lebens, während der Rest ignoriert wurde. Das fängt bei seinem Äußeren an: Romane und Kinofilme zeigen ihn gern als dunkelhaarigen, gertenschlanken Offizier, der auf jede Formalie achtet und seine Männer mit preußischer Disziplin führt. Doch war Travis kein Berufssoldat, sondern Anwalt und Journalist. Und mit seiner für damalige Verhältnisse hohen und kräftigen Athletenstatur sowie seinem »prächtigen Sachsengesicht« (so die Beschreibung eines Freundes) galt der rotblonde und blauäugige Travis als ähnlicher Brocken wie Jim Bowie.

Er kam im August 1809 als erstes der insgesamt elf Kinder von Mark und Jemima Travis in South Carolina zur Welt, doch zog die Familie acht oder neun Jahre später nach Alabama um. Unter dem Spitznamen »Buck« bekannt, erhielt Travis eine exzellente Schulbildung, an deren Ende er jüngere Schüler unterrichtete, darunter seine spätere Frau Rosanna Cato. Dann ließ er sich bei dem bekannten Anwalt James Dellet aus Claiborne zum Juristen ausbilden. 1828 heiratete er Rosanna Cato, im nächsten Jahr kam sein Sohn Charles Edward zur Welt. Der ehrgeizige Travis wollte mit allen Mitteln Erfolg erzielen, unter anderem gab er die Zeitung »Claiborne Herald« heraus. Doch um 1831 verschwand er, während seine Frau mit dem Jungen und dem zweiten, ungeborenen Kind zurückblieb. All seine Geschäfte waren gescheitert, er war zahlungsunfähig, seine Ehe lag in Trümmern. Den Rest gab ihm eine Gerichtsverhandlung, in der ihn ausgerechnet sein ehemaliger Mentor Dellet vorführte. Travis floh, weil er als gesellschaftlich ruiniert galt. In den restlichen fünf Jahre seines Lebens kannte er nur ein Ziel: Er wollte durch einen großen Erfolg, egal welcher Art, sein Renommee und sein angeschlagenes Selbstbewusstsein wieder herstellen. Vielleicht erklärt sich aus all diesen frustrierenden Erfahrungen auch ein bizarres Detail seiner Vita: Nach seiner Flucht betätigte sich Travis als Schürzenjäger und führte ein Tagebuch, in dem er detailliert seine amourösen Abenteuer samt deren venerischen Nachwirkungen beschrieb.

Er strandete 1831 illegal in Texas, verschaffte sich Land, lernte Spanisch und gründete eine Anwaltskanzlei, welche bald recht gut lief. Geprägt von dem uramerikanischen Grundsatz, dass eine freiheitlich-demokratische

William B. Travis
Zeichnung: Verfasser

Politik das individuelle Fortkommen besser als jede andere Staatsform ermöglicht, stieß sich Travis aber an den einengenden Vorschriften seiner neuen Heimat und stemmte sich gegen das 1830 erlassene Verbot der Einwanderung von Amerikanern nach Texas. 1832 trat Travis mit anderen Feuerköpfen die »*Anahuac Disturbances*« (Störungen von Anahuac), los – eines der ersten Vorzeichen der Texas-Revolution von 1835/36. Ende 1835 erhielt er den regulären Rang eines Oberstleutnants und stieg zum Chef der texanischen Rekrutierungsbehörde auf. Im Januar 1836 wurde er nach San Antonio in den Alamo abkommandiert, um die dort stationierten Verbände unter Oberst James C. Neill zu verstärken. Dort traf er James Bowie, mit dem er sich nach Neills Abreise heftig über die Führung stritt. Nach Bowies Erkrankung blieb das Kommando an Travis hängen. Als Santa Annas Verbände eintrafen, forderte er durch eine Flut von Briefen und Flugblättern unentwegt Verstärkungen an. Sein berühmtes Schreiben mit dem Titel »An das Volk von Texas und alle Amerikaner in der Welt« mobilisierte in den USA all jene Freiwilligen, mit deren Hilfe sich Texas schließlich von Mexiko lösen sollte. Doch da war Travis wie der Rest der Alamo-Besatzung bereits tot: Durch den Kopf geschossen, fiel er beim Sturm der Mexikaner als einer der Ersten – gerade einmal 26 Jahre alt.

Travis ist übrigens die einzige für das Leben von Bowie wichtige Persönlichkeit, der man kein Kampfmesser im Bowie-Stil zuschreibt – noch nicht.

standen mehr Kanonen, als Männer zu ihrer Bedienung vorhanden waren. Insgesamt gesehen handelte es sich um die größte Ansammlung von Artillerie westlich des Mississippi. Im Arsenal lagerten außerdem Hunderte britischer Steinschloß-Musketen des Typs *Service Land Pattern*, im Soldatenjargon »*Brown Bess*« (Braune Liesel) genannt; dazu ungefähr 16.000 Papierpatronen.

Bald erkannte Bowie, dass sich Houstons Plan nicht durchführen ließ. Es fehlten Zugtiere, um wie verlangt Kanonen, Schusswaffen und Munition fortzuschaffen. Auch konnte Bowie die Anlage nicht allein auf Houstons Befehl hin schleifen, sondern erst, wenn die provisorische Regierung der Aufständischen das erlaubt hatte. Doch die frisch ernannten Volksvertreter von Texas lagen sich wegen Finanz- und Kompetenzfragen in der Wolle und ließen wichtige militärische Belange außer acht. Neill und Bowie bombardierten die Politiker mit Briefen nach einer Entscheidung. Als die nicht kam, begannen sie die Festung zu verstärken. Stets von weit nach Süden vorgeschobenen Meldern halbwegs über die Aktionen des Feindes informiert, kamen Neill und Bowie zu dem Schluss, dass Santa Annas Armee zumindest teilweise über jenen Weg nach Nordosten ziehen würde, den der Alamo blockierte.

Danach ging es Schlag auf Schlag:
- Am 3. Januar 1836 trifft Oberstleutnant William Barett Travis mit 30 Soldaten ein. Die Alamo-Besatzung wählt zwei Mann, die als Vertreter der Festung zur *convention* nach Washington-at-the-Brazos gehen und bei der geplanten Abstimmung über das Schicksal von Texas für eine Loslösung von Mexiko stimmen sollen.
- Am 8. Januar kommt der Tennesseer David Crockett mit zwölf Begleitern. Nun liegen um die 150 wehrfähige Männer in der Garnison.
- Am 11. Februar verlässt Neill wegen einer Familienangelegenheit die Festung. Er ernennt Travis zum Stellvertreter. Daraufhin gibt es Krach. Die meisten Männer sind Freiwillige und möchten ihren Befehlshaber selber wählen. Es ist klar, wen sie wollen: Bowie.
- Am 12. Februar findet die Wahl statt und mündet in ein mehrtägiges Massenbesäufnis. Bowie will einen Pferdedieb befreien, obwohl er selbst in der Jury gesessen hat, die den Mann verurteilt hat. Als sich Bowies alter Freund Erasmo Seguin weigert, den Dieb freizugeben, lässt Bowie seine Freiwilligen durch San Antonio paradieren, »*in einer tumultartigen und unordentlichen Weise, Bowie selber und viele von seinen Männern betrunken – wie es der Fall war, seitdem er sein Kommando erhalten hatte*«, so ein Augenzeuge. Als Nächstes verlangt Bowie die Freilassung aller Gefangenen, darunter eines Meuterers. Unterstützt von Crockett schreibt Travis eine scharfe Protestnote an den

David Crockett
Zeichnung: Verfasser

Gouverneur und teilt mit, dass sich eine große Truppe von Mexikanern *en route* nach Bexar befinde.
- Am 14. Februar kommt Bowie wieder klar, entschuldigt sich und bietet Travis an, das Kommando mit ihm zu teilen. Travis fordert in einem seiner vielen Schreiben an die Politiker dazu auf, Entsatz zum Alamo zu schicken. In den nächsten Tagen verdichten sich die Hinweise darauf, dass die Mexikaner zuerst nach San Antonio ziehen wollen.
- Am 20. Februar heißt es, General Joaquin Ramirez y Sesma presche mit 1500 Kavalleristen nordwärts, um San Antonio per Überraschungsangriff zu nehmen. Niemand weiß Genaueres. Travis und Bowie beschließen, im Alamo zu bleiben und nicht abzurücken.
- Am 23. Februar erreicht Ramirez y Sesma den Alamo – die Belagerung der Festung beginnt. Travis und Bowie lassen die Fahne von Coahuila y Texas aufziehen, die mexikanische Trikolore mit zwei Sternen im mittleren Feld. Die Mexikaner hissen in der Kathedrale der Stadt

Davy Crockett

Als Santa Anna nach dem Sturmangriff auf den Alamo die toten texanischen Verteidiger aufstapeln und anzünden ließ, verbrannte auch die Leiche eines der berühmtesten Männer Amerikas: David »Davy« Crockett. Hier die Eckdaten seines Lebens zum Zeitpunkt seines Todes. Alter: 49 Jahre. Familienstand: Witwer, in zweiter Ehe verheiratet, Vater dreier Kinder. Berufe: Farmer, Waldläufer, Indianerkämpfer, Buchautor, Politiker. Äußere Kennzeichen: Blaue Augen, schulterlanges graumeliertes Haar, mittelgroß mit leichtem Bauchansatz. Gesundheitszustand: Periodische Malaria-Attacken.

Am 17. August 1786 in Tennessee geboren, entwickelte sich der Spross einer Hinterwäldler-Familie zu einem erstklassigen Jäger und Geschichtenerzähler; als Farmer taugte er nichts. 1813 kämpfte er im Creek-Krieg, danach begann er eher zufällig eine politische Karriere. Die Leute wählten ihn, weil er sagte was er dachte. 1827 zog er für die erste von drei Wahlperioden in den US-Kongress, wo er auffiel wie ein bunter Hund. Kurzfristig gar als Kandidat für das Amt des US-Präsidenten gehandelt, verlor er infolge politischer Ränkünen 1835 sein Mandat. Völlig pleite ging er mit Freunden auf einen Jagdausflug nach Texas, wo gerade die Revolution begann. Er plante keinen politischen Neuanfang, hielt sich aber alles offen. Crockett kam, blieb und klopfte wie gewohnt Sprüche. Mal wollte er die Soldaten Santa Annas »aus Texas hinausgrinsen«, mal »Santa Annas Kopf als Uhranhänger tragen.« Viele Texaner sahen in ihm einen kommenden Mann. Sein Trupp gründete den irregulären Verband der *Tennessee Mounted Volunteers* (Berittene Freiwillige aus Tennessee) mit Crockett als *Colonel* (Oberst). Ohne offiziellen Auftrag zottelte man los. Anfang Februar erreichte man San Antonio de Bexar und den Alamo, wo Jim Bowie, »Buck« Travis und ihre Männer Crockett begeistert feierten.

Crockett fungierte bei der Belagerung nicht als Offizier, sondern verkündete, als »hochrangiger Soldat« zu dienen. Im Alamo galt er als Stimmungskanone und unterhielt die Verteidiger mit dem Geschrammel seiner Fiedel. Und er kämpfte: Er stoppte einen Versuch der Mexikaner, eine Artillerie-Stellung zu errichten, indem er auf gut 200 Schritt Distanz einen *soldado* erschoss. Als Santa Anna einige Batterien überprüfte, pfiffen ihm Crocketts Kugeln um die Ohren. Die Diskussion zu Crocketts Tod fasst William C. Davis zusammen: »*Er mag beim Kampf um die Palisade gestorben sein oder in der Redoute des westlichen Walls oder draußen im Chaparral. Oder er wurde brutal exekutiert, nachdem man ihn entwaffnet hatte. Wir wissen es einfach nicht, und – so unbefriedigend wie es ist für alle, die unbedingt eine endgültige Antwort haben wollen – wir werden es wahrscheinlich nie erfahren.*«

Hollywood ließ Davys Ende meist offen oder verzichtete wie John Wayne in »The Alamo« auf eine der in Frage kommenden Versionen. Hier stirbt Crockett einen frei erfundenen Tod, indem er sich mit dem Pulvermagazin in die Luft jagt.

Sei es, wie es war – posthum avancierte Crockett zu einem Popstar des 19. Jahrhunderts. Es erschien eine Flut von Büchern, darunter auch angebliche Biografien aus seiner eigenen Feder. Bis in die 1850er-Jahre beschrieben 55 mit derben Holzschnitten bebilderte Ausgaben des Jahrbuchs »Crockett Almanack« angebliche Abenteuer ihres Titelhelden – haarsträubend, blutrünstig und fantastisch. Er watet da auf Stelzen durch den Mississippi oder reitet auf seinem Lieblingsbären »*Death Hug*« (deutsch: Tödliche Umarmung) messer- und büchsenschwingend einen Wasserfall hinab. Und für seine erfundene Teilnahme an der Schlacht von New Orleans setzten ihn die Zeichner gar auf einen ungeheuren Alligator, auf dessen Rücken sich Munitionskisten stapeln, während auf dem Nacken des Tiers eine Kanone mit Schwenklafette sitzt.

Niemanden interessierte es mehr, dass Davy Crockett im Alamo nur eine nachgeordnete Rolle gespielt hatte. Nein, er musste der Hauptakteur gewesen sein. Allen wissenschaftlichen Erkenntnissen zum Trotz gilt er als bekanntester Heros der Texas-Revolution, obwohl er sich bloß ein Vierteljahr dort aufgehalten hat.

Viele Amerikaner können sich sein Ende nur so vorstellen: Gekleidet in Hirschlederkluft und Waschbärmütze, schwingt er im Kampf das zerbrochene oder leergeschossene Gewehr gegen die heranstürmenden Feinde. Die wiederum können diesen Supermann nur zu Fall bringen, indem sie ihn – möglichst von hinten – mit Bajonetten, Lanzen und Säbeln durchbohren, am besten gleich mit mehreren.

Angesichts der Strahlkraft dieser Legende bleibt für die Wahrheit nur der Schatten übrig.

---

eine blutrote Fahne als Zeichen, dass kein Pardon gegeben werde. Es fallen Kanonenschüsse. Bowie hört ein Trompetensignal. Im Glauben, es handele sich um den Aufruf zu einem Treffen, schickt er einen Kurier zu den Gegnern. Die weigern sich »*mit rebellischen Ausländern*« zu diskutieren: »*Für die gibt es, wenn sie ihr Leben zu retten wünschen, keine andere Zuflucht, als sich selbst unverzüglich der Höchsten Regierung zur*

Verfügung zu stellen.« Travis erhält dieselbe Auskunft. Als Signal der offiziellen Kapitulations-Ablehnung feuert er einen Kanonenschuss ab. Travis lässt eine Meldung nach der anderen aus der Festung schmuggeln, um Entsatz anzufordern. In den Folgenächten verlassen öfters kleine Trupps das Fort und betreiben bei den Befestigungen der Belagerer Sabotage.

– Am 1. März schleichen sich 32 Freiwillige aus Gonzales durch die Linien der Mexikaner in den Alamo. Dies verstärkt die Verteidiger auf zirka 188 Mann (in dem Punkt schwanken die Angaben der Gelehrten heftig).
– Am 6. März stürmen die Mexikaner in der Morgendämmerung das Fort und töten nach kurzem, heftigem Widerstand alle männlichen Verteidiger – das Ende der Belagerung.

Immer wieder heißt es, der Alamo-Kampf sei unsinnig und strategisch nutzlos gewesen. Santa Anna hätte die Festung ja nur zu umgehen brauchen. Das ist schlicht Unsinn: Wie alte Landkarten zeigen, bündeln sich vor San Antonio einige der wichtigsten Straßen von Texas zum berühmten *camino real* (Königsstraße), einer der Hauptrouten ins Hinterland. Und mit dem *Bahia Trace* führte die andere Überland-Verkehrsverbindung an dem nahe La Bahia gelegenen Goliad vorbei, seinerzeit gehalten von Truppen unter James Walker Fannin, die einige Tage später massakriert werden sollten. Santa Anna hätte den Tross seiner Armee kaum am Alamo vorbeilotsen können. Strategisch gesehen entschied Bowie richtig, als er die Festung verstärkte, statt sie zu schleifen. Weder ihm noch Travis ist ihr Verhalten als Schuld anzurechnen – der Vorwurf trifft die politisch wie militärisch für Texas Verantwortlichen. Die sorgten nicht für Entsatz, als die Möglichkeit dazu bestand.

Außerdem hätte Santa Anna San Antonio de Bexar so oder so genommen. Der Besitz dieser Stadt galt als Symbol dafür, wer in Texas den Ton angab. Dann wurden die Texaner vom Anmarsch des Gegners überrascht. Sie hatten nicht damit gerechnet, dass die mexikanischen Truppen trotz des Winters so schnell nach Norden vorstoßen konnten: Eine militärische Meisterleistung, welche weithin übersehen wird. Daher glaubte man im Hinterland, dass es sich bei den Nachrichten von Bowie und Travis um einen Irrtum handeln müsse. Die Belagerten wiederum hofften auf Verstärkung, vor allem aus der Feste Goliad. Kein Traum: Mindestens ein eingeschmuggelter Brief teilte Anfang März mit, dass sich alles in allem 600 Freiwillige auf dem Weg befänden. Der Alamo-Besatzung blieb auch gar nichts anderes übrig als zu warten. Mit Beginn der Belagerung konnte sie nicht mehr geschlossen abrücken. Die mexikanische Kavallerie war in einem Verhältnis von zehn zu eins überlegen, und es gab nicht für jeden Verteidiger ein Reittier. Und zu guter Letzt hofften die Kommandeure des Alamo, dass sie trotz aller zu Anfang der Belagerung getätigten Auskünfte Santa Annas unter ehrenhaften Bedingungen abziehen dürften, so wie es alter Kriegsbrauch war und wie es die Texaner zuvor mit mexikanischen Gefangenen gehandhabt hatten.

Das fand nicht statt: Aber die Verteidiger des Alamo bewahrten ihre Haltung bis in den Tod.

Bowies Ende

Man stelle sich vor: Ein kahler Raum direkt neben dem Haupttor der Festung, mit ein paar Reitutensilien darin und vielleicht einem Kleidersack sowie etwas Tongeschirr. Eine Pritsche steht in der Ecke, darauf liegt ein von Krankheit gezeichneter Mann mit einer aus Holzstücken und Rohhaut geschnürten Schiene an seiner gebrochenen Hüfte. Er schläft, als ihn gegen halb sechs Uhr in der Früh der Donner von Kanonen, das dumpfe Krachen von Axthieben, die Knirschgeräusche von Brechstangen und das Bersten des Tores in die Höhe reißen. Unfähig aufzustehen, lauscht er, was draußen los ist. Er hört das Knarren von Türen, aufgeregte Stimmen, Flüche, eilig herantrappelnde Schritte, Gewehrkolben, die an den Wänden entlangschrammen. Die vertraute Stimme seines Mit-Kommandeurs brüllt: *»Kommt schon, Jungs, die Mexikaner gehen auf uns los, jagen wir sie zum Teufel!«* Hundertfaches Krachen von Musketen und das Stakkato von ein- oder zwei Gewehrsalven dringen an sein Ohr, dann folgen *»Viva Santa Anna!«*-Rufe. Spanische Kommandos ertönen, und er hört die schmerzerfüllten Schreie der Verwundeten.

Plötzlich fliegt die Tür zu seinem Raum auf. Gegen das fahle Licht des frühen Morgens zeichnen sich einen Moment lang die Konturen von Männern ab. Sie tragen blaue Uniformröcke, weiße Hosen und hohe Tschako-Helme, deren Metallbeschläge das wenige Licht reflektieren. Sie halten Musketen mit aufgepflanzten Bajonetten in Händen: mexikanische Infanteristen. Doch ehe sie vorrücken können, hebt der Mann auf der Liege zwei Duellpistolen und feuert. Zwei Soldaten stürzen hin. Da springen die anderen vor, doch in dem kleinen Zimmer behindern sie gegenseitig mit ihren sperrigen Waffen. Der Mann auf der Pritsche hält nun ein riesiges Messer in der Hand. Die Klinge blitzt auf, und rasend schnell sticht, haut, hackt sie auf die Angreifer ein, sie schneidet, beißt und schlitzt, als hätte sie einen eigenen Willen. Mehrere Mexikaner gehen tot zu Boden, ehe es ihren Kameraden gelingt, den wilden Mann in der Ecke mit den Bajonetten zu erstechen. Mit einem letzten Stöhnen sinkt er zurück – und in einem kurzen Moment der Stille hören die überlebenden Soldaten, wie das blutverschmierte Messer des Toten auf den steinernen Fußboden klirrt …

Der Schrein von Texas: Die Alamo-Kapelle von San Antonio.
F.J. Recktenwald
Filmproduktion, München

So und nicht anders will es die Legende, so starb James Bowie am Morgen des 6. März 1836 beim Sturm auf den Alamo. Angeschlagen und infolge einer schweren Verletzung ans Bett gefesselt, doch willens, sein Leben bis zum letzten Moment teuer zu verkaufen. »*El tejano diablo*«, der Teufelstexaner und sein unheimliches Messer, mit dem er in einer Unzahl Duelle seine Gegner entleibt hat und dem abergläubische Gemüter nachsagen, es habe magische Kräfte. Das ist es, was viele Fans (vor allem in Texas) hören und glauben wollen. Zumal Bowies Mutter Elve der Legende zufolge seinen Tod angeblich so kommentierte: »*So, Jim ist tot? ... Würd' wetten, sie fanden keine Wunden in seinem Rücken.*«

Völlig anders aber urteilten die Mexikaner über Bowies Ende. Am 5. April 1836 erschien in der Zeitung »*El Mosquito Mexicano*« ein Leserbrief, abgefasst am 7. März 1836, einen Tag nach dem Fall des Alamo. Darin heißt es, dass »*(...) der verrückte und großspurige James Bowie wie eine Frau starb, fast völlig hinter Decken versteckt.*« Das Tagebuch des Zeitgenossen José Sanchez-Navarro vermerkt, dass »*Buy der Rabauke, Schwiegersohn von Beramendi, wie ein Feigling starb*«. [»Buy« steht für »Bowie«, »Beramendi« für »Veramendi«, d.Verf.] Tatsächlich gab Bowie im letzten Kampf weder Schuss noch Stich ab, sondern starb, wie es die Mexikaner beschrieben haben. Doch daraus den Schluss herzuleiten, er sei wie ein Feigling gestorben, wäre falsch. Ans Bett gefesselt, war er so geschwächt, dass er nicht einmal die Hand heben konnte.

Wie kam das? Die Fans glauben es zu wissen. Demnach rutschte Bowie im Alamo beim Bau einer Kanonen-Plattform aus und brach sich die Hüfte. Leider findet sich für diese von Hollywood bevorzugte Lesart kein Beleg. Die Augenzeugen sagen, er sei so krank geworden, dass er seinen Dienst nicht mehr versehen konnte. Das steht außer Frage. 1878 stellte der texanische *Captain* Reuben M. Potter in »*The Fall of the Alamo*«, einem der ersten wichtigen Bücher zu dem Thema, fest: Es war »*(...) ungefähr am zweiten Tag der Belagerung (...), als Bowie von einer Lungenentzündung heimgesucht wurde, welche wahrscheinlich tödlich gewesen wäre, wäre ihrem Schlag nicht das Schwert zuvorgekommen.*« Doch ist unklar, woran er litt. Clifford Hopewell fasst zusammen: »*(...) seine Krankheit, welche verschiedentlich als Tuberkulose, Lungenentzündung, Typhus-Fieber, Typhus-Lungenentzündung und als ‚ein Leiden von eigenartiger Natur' beschrieben wird.*«

Bowies Krankheit begann im Februar. Möglicherweise bildete sie den Auslöser für den Suff nach der Kommandeurswahl: Er wollte in Grenzermanier eine beginnende Erkältung mit reichlich »*mean whiskey*« abblocken. Die Rosskur schlug fehl. Schon am 24. Februar 1834, am zweiten Tag der Belagerung, plagten ihn Benommenheit und hohes Fieber. Er hustete ununterbrochen, übergab sich, und in seinen Ausscheidungen fand sich Blut. Er interpretierte dies als Typhus-Erkrankung. Fragt sich, ob die Selbstdiagnose durch andere Aussagen gestützt wird.

Bowies Ende

In Stein gemeißelt – die Heroen der wohl berühmtesten Belagerung in der Geschichte der USA. Denkmal am Alamo.
Foto: Harald Cech

Natürlich gab es Mediziner im Alamo. Dr. Amos Pollard aber fiel beim Sturm und hinterließ keine Aussage über Bowies Zustand. Dr. John Sutherland erlaubte sich kein Urteil. Er verließ den Alamo bei Belagerungsbeginn. Da waren Bowies Krankheitssymptome noch nicht klar ausgeprägt. Dafür stellte jemand anderes eine eindeutige Diagnose: Juana Alsbury, die mit anderen Frauen, Kindern und Sklaven den Fall des Alamo überlebte. Als Adoptivschwester von Bowies verstorbener Frau Ursula pflegte sie ihn. Die Diagnose dürfte nicht schwer gefallen sein, da Typhus seinerzeit kein seltenes Leiden gewesen ist.

Natürlich wollte sich »Big Jim« Bowie nicht von so ein paar mickrigen Viren, Bakterien oder Bazillen umbringen lassen. In seiner charakteristischen Art nahm er auch diese Herausforderung an. Er verständigte seinen Mit-Kommandeur Travis und übertrug ihm die volle Befehlsgewalt. Schon bald konnte Bowie nicht mehr allein aufstehen. Aber er steckte nicht auf. Wiederholt ließ er sich ins Freie tragen. Dabei tröstete er seine verzweifelte Schwägerin und sprach seinen Männern Mut zu. Am 3. März 1836 sah er das Tageslicht zum letzten Mal. Danach verlor er das Bewusstsein, wahrscheinlich, ohne wieder einen lichten Augenblick zu erleben. Wegen der Ansteckungsgefahr lag er nicht im Lazarett bei den übrigen Kranken, sondern blieb abgesondert, auch dies spricht für Typhus. Vielleicht verschlimmerte sich sein Zustand zum Ende noch durch eine Erkrankung der Atemwege. Ob er am Typhus gestorben wäre? Den Augenzeugen zufolge ja. Freilich war die Versorgung mit Medikamenten in der Garnison miserabel – wer weiß, anderswo hätte sich der unbeugsame, lebenshungrige Mann wieder aufgerappelt.

Und so fanden ihn die *soldados* – allein in einem Raum, zitternd, schwitzend und frierend, über sich eine Decke, die vielleicht ein fürsorglicher Kamerad am Abend zuvor über ihn gebreitet hatte. Und jetzt überlege man, wie sich das den

Juan Nepomuceno Seguin

In der volkstümlichen Überlieferung als »alter Freund« Jim Bowies gezeichnet, haftet Juan Nepomuceno Seguin (1809–1890) unterschwellig der Ruf eines Mannes an, der sein Vaterland verraten und sich auf die Seite der Gegner geschlagen hat. Und tatsächlich war Seguin ein Mann, der sein Leben lang zwischen Mexiko und Texas hin- und her pendelte. Doch nichts könnte falscher sein, als in ihm einen Verräter zu sehen – schon gar nicht an der Sache von Texas, dem Land seiner Familie. Die konnte mit Recht behaupten, eine der ältesten im ganzen Lande zu sein. Ursprünglich französischer Herkunft, siedelten sie schon 1731 in Texas. Juans Vater Erasmo Seguin gehörte zu den Abgeordneten, welche anno 1824 die weltweit als vorbildlich gerühmte, liberaldemokratische Verfassung Mexikos erließen. Die Seguins gaben in Südtexas politisch und wirtschaftlich den Ton an; Juan Seguin nahm schon als 18-jähriger sein erstes politisches Mandat in der gesetzgebenden Versammlung des Doppelstaates Coahuila y Texas sowie im mexikanischen Kongress wahr.

Er galt als Freund der amerikanischen Siedler. Er erkannte, dass sich die raubeinigen »*backwoodsmen*« in ihrer unabhängigen Art besser zur Kolonisierung von Texas eigneten als mexikanische Siedler, welche Mexico City jahrzehntelang in den Norden gezwungen und sie in völliger Verkennung der Lage an der kurzen Leine gehalten hatte. Seguin befürwortete auch die Umwandlung von Texas in einen einzelnen, mexikanischen Staat. Und als Santa Anna im Jahr die liberale Verfassung von 1824 durch ein von ihm geleitetes, zentralistisches Instrumentarium ersetzte, da plädierte Seguin wie viele andere im Land geborene »*tejanos*« für die völlige Loslösung von Mexiko und die Gründung einer Republik Texas. Zu Beginn der Revolution rekrutierte er einen Freiwilligen-Verband unter den mexikanischstämmigen Texanern. Er gehörte anfangs auch zu der Stammbesatzung des Alamo, verließ jedoch um den 25./26. Februar 1836 im Auftrag von Travis die Festung, um als Kurier Hilfe herbeizuholen. In dem Zusammenhang hinterließ er auch eine Notiz über Bowies damaligen Zustand: Als Seguin seinen *amigo* Bowie fragen wollte, ob er sich dessen Pferd borgen könne, erkannte der fiebernde Messerheld den Freund nicht mehr. Doch konnte Seguin nicht mehr in den Alamo zurückkehren. Statt dessen begleitete er die Armee von General Samuel P. Houston und beteiligte sich unter dessen Befehl an der kriegsentscheidenden Schlacht am San Jacinto-Fluss. Zum Oberst befördert, kehrte er 1837 als Kommandant nach San Antonio zurück, wo er die Bestattung der gefallenen Alamo-Verteidiger in die Wege leitete.

Juan Seguin
Zeichnung: Verfasser

Doch wollten sich die nun ins Land strömenden Amerikaner nichts von einem »*greaser*« (Schimpfwort für Mexikaner) sagen lassen – auch wenn es sich bei diesem »Schmierfinken« um einen Helden der Revolution handelte. Nach seiner Zeit im texanischen Senat war er von 1840 bis 1842 als Bürgermeister von San Antonio tätig. Dort spannen Neu-Texaner so viele Intrigen gegen ihn, dass er in der Öffentlichkeit als Verräter dastand und zum Schutz von Leib und Leben mit seiner Familie nach Mexiko fliehen musste. Hier nahm man ihn prompt unter Arrest, ja, noch schlimmer: Man presste ihn zum Dienst in die mexikanische Armee! Seguin musste entlang der texanisch-mexikanischen Grenze patrouillieren und diente im Amerikanisch-Mexikanischen Krieg von 1846–1848 als Offizier. Nach dem Sieg der »*gringos*« gaben die Sieger seinem Gesuch nach, auf US-Boden leben zu dürfen. Seguin blieb daraufhin bis 1867 als Viehzüchter in seiner Heimat, ehe er sich für seinen Lebensabend auf einen Familienbesitz im Norden Mexikos zurückzog.

Männern Santa Annas darstellen musste: Sie sahen einen Mann ohne äußere Verletzungen unter einer Decke – klare Sache: »*Muchachos, da will sich einer verstecken!*« Allem Anschein nach schossen sie ihn durch den Kopf. Wie Dr. Sutherland später zu Protokoll gab, konnte man die durch Blut- und Gehirnspritzer verursachten Flecken an der Wand dahinter noch Jahre später deutlich erkennen. Der Tod von Bowie war dennoch kein Akt der Barbarei. Anders sähe die Sache aus, wenn die *soldados* ihn schräg gegenüber im Lazarett bei den anderen Kranken gefunden und dort erschossen hätten. Sie wussten nicht, dass Bowie in Quarantäne lag. Als die Mexikaner erfuhren, wer der Mann auf der Pritsche war, kamen sie zu dem für sie einzig logischen Schluss: Ausgerechnet der berühmte Messerkämpfer Bowie wollte sich feige vor dem Kampf drücken! Das sprach sich im Nu herum.

Bowie und die anderen Alamo-Verteidiger wurden auf Befehl Santa Annas verbrannt. Man errichtete drei Scheiterhaufen, wobei man Holz und Leichen im Wechsel aufeinander türmte. Auf zwei kleineren Stapeln schichtete man die Körper von jenen auf, die beim Ansturm die Festung verlassen und draußen ihr Ende gefunden hatten. Den größten Leichenstoß hingegen gab es im Inneren der Festung, weil hier die Masse gefallen war. Dann überschüttete man alle drei Haufen mit brennbarer Flüssigkeit und legte Feuer. Es brannte stundenlang, ehe es langsam zu verglühen begann. Noch in der Nacht leuchtete es weithin. William C. Davis: »*Am nächsten Tag kam ein tejano, um einen Blick auf einen Stapel aus verkohltem Holz und Asche zu werfen, und er sah, dass es sich mit Bruchstücken von Knochen und sogar Teilen verkohlten Fleisches vermischt hatte. Jeden der Scheiterhaufen umgab ein dunkler werdender, feuchter Ring von einem oder zwei Fuß Breite. Dies war das Fett, das von den Flammen förmlich aus den Körpern herausgebraten worden war.*«

Als wäre das nicht gruselig genug, scheuten sich einige US-Autoren nicht, noch erfundene Schauderhaftigkeiten hinzuzufügen. Gestützt auf einen »odd report« (einen seltsamen Bericht) schrieb Lee Paul 1994 in der Zeitschrift »*Wild West*« folgende Zeilen: »*(…) als die Begräbnis-Scheiterhaufen hoch auflohderten und Soldaten tote Texaner auf den Stoß aufhäuften, trugen einige Soldaten einen Mann auf einer Liege heraus, einen Mann, den der abkommandierte Hauptmann als ,niemand anderen als den berüchtigten Bowie' identifizierte. Obwohl der Mann noch lebte, befahl Santa Anna, ihn zu den übrigen ins Feuer zu werfen. Hätte Santa Anna so eine Grausamkeit begangen? Ja, vor allem, wenn es sich bei diesem Mann um einen mexikanischen Bürger handelte, der in der texanischen Armee gekämpft hatte.*«

Dieser »odd report« hat seine Wurzel in dem Buch »*Rangers and Pioneers of Texas*« des Freizeit-Historikers A.J. Sowell. Dem 1884 veröffentlichten Werk zufolge stammt das wilde Garn von einem Mann namens Polin, einem Ex-Pfeifer der mexikanischen Armee, der Santa Anna bei seinem Rundgang durch den Alamo begleitet haben will. Demnach wurde Bowie lebendig verbrannt, nachdem man ihm die Zunge herausgeschnitten hatte. Virgil E. Baugh erteilte solchen Schauermären vor über 40 Jahren in »*Rendezvous at the Alamo*« eine Abfuhr: »*Nur eine fruchtbare und pervertierte Vorstellungskraft kann diese und die übrigen Details ersonnen haben, doch Polin hat wohl über solche eine Vorstellungskraft verfügt. (…) Mrs. Dickerson* [gemeint ist die Überlebende Susannah »Sue« Dickinson] *und Francisco Ruiz, der alcalde* [Bürgermeister, d. Verf.] *von San Antonio sowie andere bezeugten, dass Bowie nach der Belagerung tot auf seiner Liege aufgefunden wurde. Es gibt kaum Zweifel daran, dass es sich so verhalten hat.*«

Erst im Folgejahr konnte man sich um die Bestattung kümmern. Reuben M. Potter: »*Am 25. Februar 1837 wurden die Gebeine und die Asche der Verteidiger auf Befehl von General Houston so weit wie noch möglich gesammelt, für die Bestattung durch Oberst Seguin, der damals in San Antonio das Kommando innehatte. Die Gebeine wurden in einen großen Sarg gelegt, der mit der gesamten Asche unter Erweisung militärischer Ehren beigesetzt wurde. Beim Platz der Bestattung handelte es sich um einen Pfirsichgarten, damals außerhalb der Gemeinde San Antonio gelegen und nur ein paar hundert Yards vom Fort entfernt … Seine genaue Lage ist unwiederbringlich verloren. So weit bekannt, scheiterten alle Versuche, die Überreste der Alamo-Helden zu lokalisieren.*«

Natürlich wurde die Grabstätte nicht in einer Baumschule angelegt. Nein, sie lag auf einem freien Platz. Eine Markierung schien erst einmal überflüssig. Alle Beteiligten glaubten, dass niemand vergessen würde, wo die Leichen der Freiheitskämpfer beerdigt waren. Doch ging das schnell: Bald wuchsen da die besagten Pfirsichbäume. Und schon in den 1850er-Jahren wusste niemand mehr, wo Seguin den schwarz ausgekleideten Sarg mit den aufgemalten Namen von Crockett, Travis und Bowie in den Boden senken ließ.

Das Bowie-Messer als Waffe

Vor allem wegen seines Rufes als Messerkämpfer blieb James Bowie bis heute im Gedächtnis der Nachwelt haften. Doch selbst Experten wissen kaum im Detail, worauf sich das im Einzelnen begründet – ebenso wenig, ob Bowie-Messer als Duellwaffen überhaupt eine Rolle gespielt haben. Was davon stimmt, was ist erfunden?

Den Beginn der Bowie-Messer-Legende kann man präzise an einem Datum festmachen: Der 19. September 1827. Da geriet der damals 31-jährige James Bowie in ein verzweifeltes, blutiges Handgemenge, das durch den Streit zweier verfeindeter Familien und ihrer Parteigänger entbrannt war. Dabei kämpfte er mit einem großen Messer gegen vier mit

An den Handgelenken gefesselt – so sah der Film »Im Banne des Teufels« das Messerduell zwischen Bowie und Sturdivant. Man achte auf Alan Ladds Hand: Die Schneide zeigt korrekterweise nach oben. Sammlung D. Pohl

Stockdegen und Pistolen bewaffnete Gegner. Es gelang ihm, einen seiner Feinde zu erstechen und zumindest einen weiteren zu verwunden. Insgesamt blieben zwei tote Männer zurück. Bowie wurde durch Pistolenkugeln und Degenstiche so schwer verletzt, dass er lange zwischen Leben und Tod schwebte und für Monate ans Bett gefesselt blieb. Das Ganze ereignete sich direkt nach einem unblutig beendeten Pistolenduell, in das ein Freund von Bowie verwickelt war. Tatort war eine weidenbestandene Sandbank im Mississippi. Deswegen nannte man die Affäre kurz »Sandbar Fight«. Freilich begann dies nicht am Vorabend des 19. September 1827, sondern hat eine längere Vorgeschichte.

Der Kampf in Bailey's Hotel

1824 zog Jim Bowie in das im Aufschwung begriffene Alexandria am Red River. Hier lebten führende Persönlichkeiten von Louisiana, darunter Bowies Freunde, wie der etwa gleichaltrige Jurist und Politiker Samuel Wells III., samt Anhang. Dazu zählten Sam Wells' Brüder Montfort und Thomas Jefferson »Jeff«. Zu dem Zirkel gehörte auch Miliz-General Samuel Cuny und dessen Bruder, der Arzt Richard. Dagegen streiten die Gelehrten über Bowies Beziehung zu Cecilia Wells, einer Cousine von Samuel und Montfort. Die Überlieferung des US-Südens machte aus beiden ein tragisches Liebespaar. Demnach sei Cecilia Wells kurz nach ihrer Verlobung mit James Bowie gestorben. Mag sein – aber es fand sich dafür bis dato kein Beweis.

Jedenfalls bedeutete Bowies Freundschaft zu den Cunys und Wells' Feindschaft zu deren Gegnern, vor allem zu dem Landspekulanten und Bankier Major Norris Wright. Dr. James L. Batson schrieb im Buch »*James Bowie and the Sandbar Fight*«: »*Norris Wright war einer der besten Schützen in Rapides Parish. Er hatte mindestens fünf klassische Duelle ausgetragen und tötete seinen Mann in zweien dieser Duelle*«. Er war nicht der einzige. Denn in Alexandria Stadt tobte seit Jahren eine Fehde. Man stritt über Geld- und Landgeschäfte, Ehrenämter etwa bei der Miliz, tagespolitische Fragen, man hegte persönliche Animositäten, deren Feuer sich durch Alkoholkonsum entzündete oder schürte. Man regelte Streitfälle gern durch einen gezielten, spontanen Stich oder Schuss, auch aus dem Hinterhalt. Ein Mann namens Robert Alexander Crain verwundete im Mai 1821 seinen Gegner im Kampf mit einem Stockdegen. Wenige Monate später ärgerte sich ein Mitglied der Blanchard-Familie wegen eines verpatzten Landgeschäftes über seinen Vertragspartner und stach ihn ebenfalls mit dem Stockdegen nieder; Blanchards Gegner starb an den Verletzungen.

Norris, Crain und die Blanchards gehörten zu der gegnerischen Fraktion von Wells, Bowie & Konsorten. Sie sollten bei Bowies berühmtem Kampf eine wichtige Rolle spielen. Bowies Zwist mit Major Norris Wright entzündete sich laut Auskunft seiner Brüder Rezin und John an Tagespolitik – dies bestätigen auch die jüngsten Forschungsergebnisse. Kurz vor oder nach Bowies Umzug kandidierten Montfort Wells und Norris Wright für das Amt des Sheriffs von Rapides Parish. Wells verlor, laut Recherchen von William C. Davis unter anderem wegen gefälschter Wahlzettel. Als sich Wrights Amtszeit dem Ende näherte, wollte der Wells-Clan das Blatt wenden. Dieses Mal stellten sie Samuel Wells als Kandidaten für den Posten auf.

Als sich Ende 1826 die Wahlschlacht ihrer heißen Phase näherte, erfuhr James Bowie bei der Rückkehr von einer Geschäftsreise, Wright habe »*Bemerkungen herabwürdigender Art über Oberst Bowies Charakter gemacht*«, so Bowie-Freund Caiaphas Ham. Was Wright sagte, weiß niemand, aber es reichte, um Bowie bis zum Äußersten zu reizen. Schnurstracks begab er sich zu Wright, der wie Bowie in Bailey's Hotel residierte. Bowie stellte Wright zur Rede. Als Antwort zückte der eine Pistole, spannte sie und schlug sie auf Bowie an. Der ergriff einen Stuhl und hielt ihn einen Moment lang vor sich, ehe er ihn zum Schlag erhob. Wright drückte ab und traf Bowie in die Seite. Dem riss es den Stuhl aus der Hand, doch blieb er auf den Beinen. Außer sich vor Wut warf er Wright zu Boden und sprang auf ihn drauf. Auf Wrights Brust kniend und dessen Arme mit den Knien fixierend, zog er ein Klappmesser aus der Tasche. Während er mit einer Hand auf Wright einschlug, klemmte er sich mit der anderen die Klinge zwischen die Zähne, um das Messer aufzuklappen. Doch da schüttelten Wrights Begleiter ihre Überraschung ab und verhinderten, dass er Wright die Klinge in den Körper stieß. Wright kam frei und erhob reflexartig eine Hand. Als die sich an Bowies Kopf vorbeibewegte, biss der zu. Aber da rissen die Männer Bowie so ruckartig auf die Beine, dass einer von Bowies Schneidezähnen in einem von Wrights Fingern zurückblieb.

Die Keilerei endete, als die durch den Radau alarmierten Freunde von Bowie hereinstürmten. Man brachte Bowie weg, wobei er aus der Kieferwunde eine breite Blutspur hinterließ. Wrights Kugel dagegen hatte nicht viel Schaden angerichtet, da entweder das Kaliber zu klein oder die Pistole nicht korrekt geladen worden war. Bis heute hält sich zudem die Legende, dass eine Geldmünze in Bowies Jackett die Kugel abgelenkt und so schlimmeren Schaden verhindert hätte. Jedenfalls kostete der Vorfall Wright das Amt: In jenen Tagen hielt man am Mississippi nicht viel von Leuten, die bewaffnet und zu mehreren auf einen einzelnen, unbewaffneten Mann losgingen. Mag sein, dass Wrights Tage als Sheriff eh gezählt waren, weil seine Amtsführung viel Kritik hervorgerufen hatte. Doch nach dem Vorfall wandten sich die Sympathien seinem Gegenkandidaten zu: Im Januar 1827 übernahm Bowies Freund Samuel Wells das Amt des Shcriffs. Wright schäumte.

Bowie rüstet sich

Davon unbeeindruckt beklagte unser Held sein Pech. Es sei ihm nicht gelungen, Wright zum Teufel zu schicken, obwohl er bereits die Oberhand gewonnen hatte. Das sei nur passiert, weil er in seinem guten Anzug üblicherweise keine nahkampftauglichen und zuverlässigen Waffen mitführe. Künftig wollte sich entsprechend bewaffnen. Pistolen schieden aus. Auch in jenen wilden Tagen vertrug es sich für einen aufstrebenden Nachwuchs-Politiker nicht, in einer Stadt eine sperrige, großkalibrige Feuerwaffe zu führen. Kleine Taschenpistolen lehnte Bowie ab. Er war ja der

Der klassische Fechtgriff: Schneide nach unten; Daumen und Zeigefinger liegen so an, dass sie das Messer blitzschnell drehen und wenden können.

Die Klinge zeigt mit der Schneide nach oben – die laut Wildwest-Überlieferung typische Fechthaltung bei einem Bowie-Zweikampf.

lebende Beweis dafür, dass die nicht genug Mannstoppwirkung hatten. Da kam das große Jagdmesser seines Bruders ins Spiel. Derlei passte in den Reitstiefel oder ließ sich am oder im Gurt halbwegs verdeckt mitführen – die Mode diktierte den Herren von Welt knielange Gehröcke auf den Leib. James' Bruder John Bowie schrieb: »*Diese Attacke machte ihn [James Bowie] so wütend, dass er sich eine hübsche Lederscheide für sein Jagdmesser machen ließ und versicherte, dass er dies so lange tragen würde, wie er lebe, was er tat. Ungefähr zwölf Monate nach dieser Schwierigkeit, also im September 1827, ereignete sich in Natchez das große Duell.*«

Die Vorgeschichte des Duells

Dabei ging es eigentlich um einen Konflikt zwischen Bowie-Kumpel Samuel Wells und Wright-Amigo Thomas Maddox, der schließlich in einen offiziellen Zweikampf mündete. Die Ursache: Dr. Maddox hatte von einer Patientin ein übles Gerücht über Mary Wells, die Schwester von Montfort, Samuel und T.J. Wells, gehört und es unbedacht ausgeplaudert. Die erzürnten Wells-Brüder wollten den Namen der Klatschtante erfahren. Maddox weigerte sich, es kam zum Eklat. Montfort Wells schoss mit seiner Büchse um sich. Er verfehlte Maddox, zerschmetterte aber das Knie von dessen Begleiter Thomas Barnard. Nun erhielt Montfort Wells eine Forderung. Der konnte nicht annehmen, weil er an einer schweren Krankheit litt. Samuel Levi Wells trat an die Stelle

Der Meißel- oder Eispickel-Griff: Der Daumen liegt an oder auf dem Knauf, die Spitze zeigt nach unten, die Schneide zum Körper.

seines Bruders und traf sich mit Maddox in der Stadt Natchez, um die Einzelheiten zu regeln.

Weil es in Louisiana verboten war, mit Schuss-, Hieb- und Stichwaffen Meinungsverschiedenheiten beizulegen, beschlossen die Kombattanten, sich außerhalb der Reichweite des Gesetzes zu treffen – auf einer abgelegenen Sandbank im Mississippi. Forscher wie Dr. James Batson fanden heraus, dass die fragliche Sandbank oberhalb von Natchez lag, auf dem Boden von Mississippi, nahe der Plantage Clermont, wo *Captain* John B. Nevitt mit seiner Familie und 70 Sklaven lebte. Nördlich seines Landes lag zwischen zwei Flussarmen das »Shillings Bayou« und darüber die fragliche Sandbank, irrtümlicherweise als Vidalia-Sandbank bezeichnet. Freilich würden die beteiligten Feuerköpfe, so sie denn noch lebten, den Kampfplatz heute kaum wiederfinden, weil der Fluss mehrfach seinen Lauf geändert hat und Ingenieure in den 1830er-Jahren auf Nevitts Land einen Durchstich anlegten. Batson: »Jetzt liegt der Schauplatz des Sandbank-Kampfes nahe bei Otter Lake auf der Westseite des Flusses auf einer Insel. Dies befindet sich im County von Adams im Staat von Mississippi.«.

Während Maddox und Wells respektive ihre Sekundanten über die Einzelheiten des Duells redeten, trudelten ihre Parteigänger ein, sämtlich bis an die Zähne bewaffnet. Einigen Zeitzeugen zufolge ging es manchem dabei weniger darum, für einen sicheren Ablauf des Duells zu sorgen. Statt dessen hegte man finstere Absichten. Denn einige Personen aus dem Umfeld von Wells und Maddox hatten etwas miteinander zu klären – Batson: »*James Bowie hätte von Sheriff Norris Wright Genugtuung verlangen können. Oberst Robert A. Crain hatte mit General Samuel Cuny eine alte Rechnung wegen einer Schießerei zu begleichen. Thomas Jefferson Wells erachtete es als nötig, seine leichte Wunde zu rächen, die er von dem Bankkaufmann Alfred Blanchard empfangen hatte.*«

In den Tavernen heizte sich die Stimmung der Männer bei fortschreitendem Konsum von Mix-Getränken wie »Mint-Julep« oder »Sugar Tit« weiter auf, ehe man sich an dem festgesetzten Tag zu der Sandbank begab – zum Teil per Boot, zum Teil zu Pferd.

Doch wie viele Personen befanden sich überhaupt auf der Sandbank? Die Angaben schwanken zwischen zwölf und 17.

Hier die »offiziellen« sechs Mitglieder der beiden Duellanten-Gruppen:
– Die Wells-Partei: Samuel Levi Wells, James Bowie, General Samuel Cuny, Dr. Richard Cuny, Thomas Jefferson Wells, Major George McWorther.
– Die Maddox-Fraktion: Dr. Thomas Harris Maddox, Albert Blanchard, Carey Blanchard, Oberst Richard A. Crain, Dr. James Denny, Major Norris Wright.
– Die dritte Gruppe: Allem Anschein nach ritten fünf Männer unter Führung von *Captain* John Nevitt, dem Eigentümer der nahegelegenen Farm, zur Sandbank. Diese Gruppe umfasste laut Nevitts Tagebuch noch *Colonel* William Barnard, Dr. William R. Cox, Dr. William A. Provan und David Wood.

Maddox und Wells wussten sehr wohl, was sich da anbahnte. Sie wollten daher kein *free for all*, also eine allgemeine Schlägerei, zulassen. Daher legte man fest, dass nur die Duellanten samt Sekundanten und Ärzten zu der als »*field*« oder »*ground*« bezeichneten Walstatt gehen durften. Alle anderen sollten auf Distanz bleiben. Das schloss auf der Maddox-Seite vor allem Norris Wright und die Blanchard-Brüder ein, auf der anderen Seite hauptsächlich Jim Bowie, Jeff Wells und General Samuel Cuny. Und das schien auch zu funktionieren. Am 19. September 1827, einem Mittwoch, fand das Duell um 12 Uhr mittags statt, bei warmem, klarem und trockenem Wetter. Maddox schrieb dazu anno 1880: »*Zwei Schuss wurden ohne Effekt abgegeben, und die Affäre wurde dann so beigelegt, indem Herr Wells alle seine anstößigen Behauptungen zurücknahm. Wir reichten uns die Hand und machten uns daran, zu meinen Freunden am Saum des Waldes hinüberzugehen, um als Freundschaftsbestätigung ein Glas Wein zu nehmen.*«

Dieser auch als *revers* bezeichnete Griff entspricht dem Meißelgriff – mit dem Unterschied, dass die Schneide zum Gegner zeigt. So lassen sich leichte, schnelle Schnitte von unten nach oben führen und gleichzeitig kann man mit der vollen Länge des Messers blocken. Diese Technik ist heute vor allem aus asiatischen Kampfsportarten bekannt.

Doch jetzt kamen auch die vom Duellplatz ferngehaltenen Männer hinzu, zuerst General Cuny, James Bowie und Jeff Wells. Prompt geschah, was Samuel Wells und Thomas Maddox hatten verhindern wollen: An einer Bemerkung von General Sam Cuny entbrannte neuer Streit. Cuny forderte den mit ihm verfeindeten Sekundanten von Maddox, Oberst Robert A. Crain, dazu auf, jetzt ihre Differenzen zu regeln. Es kam nie heraus, wie er das gemeint hatte. Die Freunde von Wells interpretierten das als offizielle Duellforderung, diejenigen von Maddox als Aufforderung zum Streit. Sofort traten einige Umstehenden zwischen die Streithammel und wuschen Cuny den Kopf. Doch fühlte sich Crain angesichts dreier mit Pistolen bewaffneter Gegner bedroht. Er zückte eine Pistole und eröffnete damit den Tanz. Dies war der Auslöser des rohen Getümmels – und der Beginn der Bowie-Legende und der nach ihm benannten Messer.

Der Kampf auf der Sandbank

Was dabei im Einzelnen geschah, sei anhand der Augenzeugenberichte geschildert. (Anmerkungen in eckigen Klammern stammen vom Verfasser, die in runden Klammern dagegen gehören zum Originaltext.) Davon gibt es genug: Zur Wahrung ihres Rufes beeilten sich einige Beteiligten des aufsehenerregenden Sandbank-Kampfes, ihre Sichtweise als Leserbrief unter die Leute zu bringen. So konnten sich die Zeitungsleser von New Orleans knappe zwei Wochen später die ersten Darstellungen aus erster Hand in Blättern wie etwa »The Argus« zu Gemüte führen. Andere Postillen druckten die Briefe der Sandbank-Kämpfer nach. Bereits Ende November 1827 stand der Vorfall auch in »Nile's Register« aus Baltimore (Maryland), damals das am meisten gelesene Wochenblatt der USA. Damit hatten James Bowie und sein großes Kampfmesser erstmals nationale Beachtung gefunden. Allerdings gibt es ausgerechnet von Bowie kein schriftliches Zeugnis. Doch steht zweifelsfrei fest, dass nicht Jim Bowie das blutig-rohe Gemetzel auslöste.

Denn Crain hatte als Sekundant von Maddox noch wenigstens zwei geladene Duellpistolen zur Hand. Eine seiner Kugeln traf Bowie in die Brust, mit einer anderen verwundete er Cuny. Oberst Crain selber bestritt, noch ein drittes Mal geschossen zu haben, doch sahen das einige Umstehenden anders. Samuel Levi Wells schrieb dazu in einem Leserbrief, der am 1. Oktober 1827 in »The Argus« erschien: »(…) *als Crain, ohne General Cuny zu antworten oder ein Wort zu sagen, eine in der Hand mitgeführte Pistole auf ihn abfeuerte, doch ohne Wirkung. Ich ging ein oder zwei Schritt zurück, als Crain aus seinem Gurt eine andere Pistole zog, auf General Cuny feuerte und ihn am Oberschenkel verwundete; er verschied innerhalb von ungefähr 15 Minuten. Als Crain seine zweite Pistole zückte, legte General Cuny seine Hand an das Schloss der seinen, doch zog er nicht, ehe er Crains zweiten Schuss empfangen hatte und er bereits fiel; General Cuny feuerte auf dem Duellplatz keine Pistole ab.«*

Ob das stimmt, ist fraglich, doch steht außer Frage, dass Bowie auf Crain schoss, ihn aber verfehlte. Trotz seiner Verwundung ging Bowie mit seinem Messer auf Crain los. Maddox: »*Und als er* [Bowie] *in der Reichweite seines Armes war, schlug Oberst Crain ihm mit seiner leeren Pistole auf den Kopf und zwang ihn so in die Knie. Als er sich erheben wollte, hielt ich ihn fest und warf ihn zurück, als ich Wright und die zwei Blanchards sah, die vom Waldrand her zu der Lichtung herübergekommen waren.«*

Oberst Crain hielt seine Eindrücke mehrfach fest, unter anderem in einem Brief, den er am 3. Oktober 1827 an General Joseph Walker, einem späteren Gouverneur von Louisiana, richtete:

»*(…) Jim Bowie war in dem Moment nur ein paar Fuß von mir entfernt, sein großes Messer zum Stoß erhoben. Wieder drehte ich mich um und sprang ein paar Schritte weg, wechselte den Griff der Pistole* [Crain ergriff die leere Pistole am Lauf] *und als er auf mich eindrang, drehte ich mich um und warf die Pistole nach ihm. Sie traf ihn auf*

So ungefähr wird es wohl beim Messerkampf ausgesehen haben... Die Klinge blieb nahe am Körper und wurde nur zum Stich ausgestreckt. Sonst gab man seine Deckung preis. Und hielt man den Arm mit der Klinge gestreckt, fehlte unter Umständen die Kraft für den Stoß.

der linken Seite des Vorderkopfes, allein dieser Umstand rettete mich vor seinem wilden Zorn und seinem großen Messer. In dem Moment stürmten Major Wright und die zwei Blanchards heran. Bowie scherte ab zu einem geneigten Baumstumpf, wo er in Stellung ging. Wright und Bowie wechselten Schüsse auf zirka zehn Schritt Distanz, ohne dass Wright eine Chance hatte, ihn zu treffen, er [Bowie] hinter dem Stamm und der andere außer Atem, weil er wenigstens einhundert Yards weit gerannt war. Er schoss den armen Wright durch den Körper. Der erklärte: ‚Der verdammte Schuft hat mich getötet' und stürmte mit seinem Stockdegen auf Bowie ein, welcher ihn am Kragen packte und ihm sein Messer in die Brust senkte. In dem Moment schoss Carey Blanchard Bowie in die Hüfte, worauf der augenblicklich hinfiel. Wright drehte sich um, machte einen Stoß nach ihm und fiel tot über ihn. Dann endeten die Feindseligkeiten.«

Augenzeuge Oberst William Barnard sah, »(...) dass die Messieurs Blanchard und Wright auf dem Platz des Geschehens angekommen waren, und ich sah einen Mann sich zu einem Baumstrunk zurückziehen (Herr Bowie, wie sich danach herausstellte). Wright ging vor und feuerte: Bowie erhob sich dann über den Strunk und feuerte auf Wright. Dann rückten sie vor und verschiedene Personen zogen sich an diesem Punkt zusammen; verschiedene Pistolen wurden abgefeuert: Bowie fiel, und Wright [fiel] über ihn.«

Dr. William Provan: »(...) Ich sah Oberst Crain seine Pistole werfen und einen der Herren auf die Knie bringen. Eine Pistole wurde dieser Person gereicht, hinterher erfuhr ich, dass das Herr Bowie war. Major Wright und er feuerten, der eine auf den anderen, und dann wurden sie handgemein, Herr Bowie mit einem Messer und Herr Wright mit einem Stockschwert. Herr Bowie verwundete Major Wright links in der Brust, und der fiel auf sein Gesicht. Ich drehte ihn auf seinen Rücken und öffnete seine Weste – er war tot.«

Dr. Jason A. Denny, der Arzt von Thomas Maddox, führte aus: »[Bowie] (...) hatte bereits ein großes Messer gezückt. Oberst Crain wich ein paar Schritte von ihm zurück, drehte sich um und warf seine Pistole nach Herrn Bowie, welche ihn traf, wie ich denke, und beendete so dessen Vormarsch. In dieser Lage ging Major Wright mit einer gespannten Pistole auf Herrn Bowie los. – Herr Bowie drehte sich zu einem Strunk oder Stück von einem Baum, das im Boden stak (nachdem er seine Pistole auf Oberst Crain abgefeuert hatte, hatte er eine andere erhalten). Als er hinter dem Strunk war, tauschten er und Major Wright Schüsse aus, und in diesem Moment wurden verschiedene Pistolen abgefeuert. Herr Bowie stolperte von dem Strunk auf Major Wright zu – als sie aneinander gerieten, war Wright mit einem Stockdegen bewaffnet und Bowie mit einem Messer – in diesem Wettbewerb erhielt Wright einen Stich ins Herz, und Bowie lag in voller Länge daneben.«

Captain Nevitt beschrieb den Baumstumpf, der Bowie als Deckung diente: »(...) Ungefähr zu dieser Zeit war Major Wright auf dem Fleck angekommen, wo Oberst Crain zum Werfen der Pistole kehrtgemacht hatte, und richtete eine Pistole auf Herrn Bowie. Der lief zu einem drei oder vier Schritt von ihm entfernten Baumstrunk von zehn oder zwölf Inches Durchmesser [ca. 25 bis 30 cm] und fünf oder sechs Fuß hoch [ca. 150 bis 180 cm], in einer geneigten Position und fest im Boden steckend. Er rief: ‚Nicht schießen, nicht schießen' (ich bin mir nicht sicher, wie er sich genau ausdrückte). Zur selben Zeit schlug Herr

Bowie quer über den Baumstumpf eine Pistole auf Major Wright an.«

Die umfassendste Zusammenfassung der Baumstamm-szene lieferte »The Argus« als Fußnote zu dem oben erwähnten Brief von S.L. Wells:

»(...) *In dem Moment rannten Major Wright und die zwei Blanchards vom Red River mit gezogenen Pistolen vom Wald herab; als Wright innehielt, auf Bowie zielte, feuerte und ihn verfehlte; dann stürmte er drei oder vier Schritt vor, zog eine andere Pistole, schlug auf Bowie an, der merkte an, dass er unbewaffnet [also ohne Schuss-waffe] sei, aber dass wenn schon, er der Mann sei, auf den zu schießen sei. Major McWorther, der nahe bei Bowie war, placierte eine Waffe in dessen Hand – sie feuerten beide, Wright ein oder zwei Sekunden früher, und beide trafen. Herr Bowie wurde durch die Brust geschossen. Wright wurde in die Seite getroffen, aber die Kugel drang nicht ein. Wright flüchtete dann, Bowie zog ein Messer und verfolgte ihn, und als er ihm bis auf zirka zehn Fuß [also ungefähr drei, vier Meter] nahegekommen war, emp-fing er gleichzeitig Feuer von den beiden Blanchards, eine der Kugeln zeigte Wirkung in seinem Oberschenkel und warf ihn um; als Wright dies bemerkte, wandte er sich um, worauf er und Albert Blanchard ihre Stockdegen zogen, heranstürmten und anfingen, auf den niedergestreckten Bowie einzustechen. Bowie brauchte einige Sekunden, bis er sich aufsetzen konnte; dann langte er nach oben, ergriff Wright am Mantel, zog ihn hinunter und tötete ihn mit einem Stich; Herr M. Wells (dies müsste J. Wells sein), der sich um General Cuny bemüht hatte, nachdem er getroffen worden war, erkannte Bowies Situation und, als Unterstützung zu ihm hinrennend, feuerte er auf Blanchard und verwundete ihn glücklicherweise nur am Arm. Der Kampf endete hier.* (...)«

Zuerst glaubte man, Bowie würde seine Hieb- und Stichwunden nicht überleben. Doch witzelte er angeblich schon nach wenigen Tagen darüber, dass keine Kugel in ihm stecken geblieben sei und so kein Unheil anrichten konnte. Der Tod seines Erzfeindes Wright tat ihm keine Sekunde leid. Dies lässt eine Anmerkung von Bowie-Freund William Sparks vermuten. Demnach habe Jim Bowie bei dem fatalen Stoß mit dem großen Messer Norris Wright ins Ohr geflüstert »*Jetzt sterben Sie, Major.*«. Die Nachricht vom »Sandbar Fight« verbreitete sich in Windeseile entlang des Flusses. Bewunderer besuchten Bowie und fanden ihn »*kühl und kraftvoll, aber großmütig und herzlich.*«.

Doch muten solche Macho-Mären unglaubwürdig an, vergleicht man sie mit dem, was mehrere Augenzeugen zum Ende des Sandbank-Kampfes schrieben: Schlagartig ende-ten alle Feindseligkeiten. Stellvertretend sei der Arzt Dr. Jason A. Denny zitiert: »*Als die Affäre so tragisch geendet hatte, widmeten sich beide Parteien unverzüglich mit aller Sorgfalt den Verwundeten und Erschlagenen, und so bald wie möglich wurden alle über den Fluss gebracht.*« Und Dennys Kollege Dr. Cox schnappte dabei Ge-sprächsfetzen auf, die Bowies Motive beleuchten: »*Oberst Crain und Herr Bowie führten ein Gespräch, als Oberst Crain dabei half, Herrn Bowie zum Wald hinüberzutra-gen. Ich hörte den ersten Teil davon nicht, oder erinnere mich nicht mehr daran, aber ich hörte Herrn Bowie sagen: ‚Um meine Freunde zu schützen.'* (...)«

Dazu passt auch eine Anmerkung von Thomas Maddox: »*Oberst Crain und James Bowie waren einander nicht so Feind, wie es immer dargestellt wird; die einzige Ver-stimmung zwischen ihnen trat auf, als James Bowie die Sache der Personen unterstützte, die gegen ihn [Crain] und Major Wright standen. Folgerichtig lud James Bowie in New Orleans Oberst Crain zu sich in sein Hotelzimmer ein, und entgegen der Empfehlung von Freunden ging der hin. Und als er das Zimmer betrat, verschloss Bowie die Tür und bat Oberst Crain, Platz zu nehmen, worauf sie sich unterhielten und schließlich dazu kamen, sich voll-ständig miteinander auszusöhnen.*«

Bowie als Duellant

Ganz klar: Bei der Sandbank-Affäre handelt es sich *nicht* um ein klassisches Duell (siehe Kasten). Nun gilt Bowie als einer der größten Kämpfer des Wilden Westens. Bestimmt war er in richtige Duelle verwickelt, die er mit dem Messer austrug, oder? Um diese Frage rankt sich ein Gespinst an Legenden. Für die Folklore des US-Südens, *Action*-Filme und Abenteuerromane liegt die Sache klar auf der Hand. Demnach hat unser Mann mit der blanken Waffe unzählige Duelle absolviert – und natürlich keines davon verloren. Clifford Hopewell listet in seinem Buch »*James Bowie, Texas Fighting Man*« einige gern erzählte Hieb- und Stich-Stories auf. Aber mit leiser Ironie merkt er an: »*Wenn Bowie wirklich auch nur in halb so viele Duelle verwickelt war, wie er es angeblich gewesen ist – und die er gewonnen hat – dann war er ziemlich sicher eine Ein-Mann-Zer-störungsmaschine.*«

Schon kurz nach Bowies Tod brodelte die Gerüchte-küche auf größter Flamme. Überall war von Duellen mit »Bowie« im Mittelpunkt zu lesen, wobei Rezin und Jim Bowie oft verwechselt wurden. So etwa in einer Zeitung aus Baltimore, Maryland, wo ein zweiteiliger Leserbrief erschie-nen war. Dessen Absender versteckte sich hinter den Initialen »P.Q.« Er bezeichnete Jim Bowie in seinem Schrieb als »*Mann des Blutes*« und führte über Rezin Bowie an: Bei einem Besuch in Havanna auf der Insel Kuba habe er ein Messerduell ausgetragen, weil ein spanischer Gutsherr den Mut der Amerikaner angezweifelt habe: »*Mr. Bowie wies darauf hin, dass auch er selbst ein gebürtiger Amerikaner sei; der spanische Gentleman wiederholte seine Zweifel; Mr. Bowie warf seinen Handschuh hin – Messer wurden ausgewählt; Mr. Bowie wünschte, dass ihre Füße in Ketten gelegt würden; die Anspielung wurde verstanden und die Bitte in die Tat umgesetzt. – Mr. Bowie lebt.«*

Am 24. August 1838 veröffentlichte Rezin Bowie als Reaktion auf die überall nachgedruckten Ausführungen von »P.Q.« einen geharnischten Leserbrief. Darin bezeichnete er den Kampf auf der Sandbank nicht als Duell, sondern als *»chance medley or rough fight«* (sinngemäß: Zufälliges Treffen oder wüster Kampf): *»Ich möchte hier auch betonen, dass weder Oberst James Bowie noch ich selbst zu irgendeinem Zeitpunkt unseres Lebens, mit welcher Person auch immer, jemals ein Duell ausgetragen haben.«* Ähnliches schrieben danach andere Mitglieder des Bowie-Clan. Das betrifft das 1852 in *De Bow's Review* abgedruckte Interview von John Bowie oder den 1916 verfassten Artikel *»The Famous Bowie Knife – its History and Origin«* von Lucy Leigh Bowie. Sie sagt, dass ihr Vorfahre sein Messer nur einmal im Nahkampf verwendet habe – aus reiner Notwehr.

Sie schreibt: *»Verfolgt man es genau zurück, dann wird sich zeigen, dass diese Affäre der Ausgangspunkt all der Duelle ist, die man ihm zuschreibt – außer einem, von dem ich herausgefunden habe, dass es sich in unterschiedlichen Versionen präsentiert. Immer gibt es dabei einen ‚hochmütigen Spanier'; aber weder sind der Name, die Zeit noch der Ort je genannt. Aber es ereignet sich in einem ‚Paradies von Pflanzungen, inmitten dem Gesang der Vögel, dem Blühen der Rosen, wo die Luft mit den süßesten Düften angefüllt ist.' Bei dem Duell führt der eine einen spanischen Dolch, der andere ein Bowie-Messer. Das Ergebnis fiel für den Spanier unglücklich aus. Ich bin sicher, dass diese Geschichte aus dem Spanischen übersetzt wurde und jeder Grundlage entbehrt. Aber sie zeigt, welche Ausstrahlung Bowie auf Mexikaner wie Amerikaner gleichermaßen ausgeübt hat.«*

Auch viele Zeugnisse aus Bowies Umfeld bestätigen, dass an den wilden Metzel-Histörchen um den Rabauken James Bowie nichts dran sei. Im Gegenteil, mehrere Zeitgenossen zeigten sich nach zufälligen Treffen überrascht, wie wenig er dem Ruf eines knietief im Blut watenden Desperados entspräche. Gleichwohl hat sich Jim Bowie nicht immer so perfekt benommen. Denn er suchte von klein auf das Abenteuer und ging als Erwachsener keinem Streit aus dem Weg – aber er provozierte ihn nicht unnütz. Jedenfalls nicht, bevor seine Frau und deren Anhang anno 1833 gestorben waren. Erst danach wurde er unter Schnapseinfluss leicht reizbar und streitsüchtig; es kam dann wohl zu der ein oder anderen Tavernenschlägerei.

In diese Kategorie gehört die (allerdings in die Zeit vor seiner Ehe angesiedelte) Geschichte von dem bizarren Zweikampf mit dem Desperado John Sturdivant aus dem Zocker- und Halsabschneider-Elysium Natchez-under-the-hill am Mississippi. Angeblich ließen Bowie und »Bloody John« im »spanischen Stil« ihre linken Handgelenke aneinander binden. Dann begannen sie mit ihrem Messerduell, bei dem Bowie dem Blutigen John den Unterarm zerschnitt. Doch rachsüchtig hetzte Sturdivant dem Sieger noch drei Schläger auf den Hals. Aber die hatten keine Chance, weil der Große Lenker in seinem Goldenen Buch hinter Bowies Namen das Wort »Alamo« vermerkt hatte. Diese Story ist ein berühmter Bestandteil der Bowie-Legende. Doch weisen alle seriösen Recherchen darauf hin, dass es Sturdivant gar nicht gegeben hat und es sich bei seiner Person um eine Erfindung der texanischen Folklore handelt, ersonnen gegen Ende des 19. Jahrhunderts. Sicherheitshalber fragte der Autor per E-Mail noch bei den Betreuern der genealogischen Internet-Ahnentafeln des Sturdivant-Clan nach und schloss in die Suche noch ein Dutzend denkbarer Schreibweisen wie Sturdevant, Sturtivant, Sturdavan oder Sturdyvin mit ein. Ergebnis: Negativ.

Diese Fantasiefigur befruchtete die Vorstellungskraft jenes Autors, der mehr als andere mit dem Namen Bowie in Verbindung steht: Raymond Thorp (1896–1966) aus Miami in Missouri. Sein Buch *»Bowie-Knife«* löste die amerikanische Bowie-Manie in der Mitte des 20. Jahrhunderts aus. Der Schriftsteller Paul I. Wellman stützte sich bei seinem Roman *»The Iron Mistress«* darauf, ebenso der 1952 nach dieser Vorlage gedrehte Film mit Alan Ladd (deutscher Verleihtitel: *»Im Banne des Teufels«*). Thorp grub jede erdenkliche Notiz zum Thema Bowie aus und listete viel Sekundärliteratur auf. Dabei brachte er Licht in einige dunkle Punkte von Bowies Vita. Aber fatalerweise beschränkte sich das Buch bei den Duellen nur auf das Sammeln von Geschichten. Anders als seriöse Historiker prüfte Thorp nicht, was sich davon durch zeitgenössische Dokumente belegen lässt. Ohne wissenschaftliche Beweise stellte er die ganzen *Saloon & Campfire*-Anekdoten als Tatsachen hin.

Und demgemäß handelte es sich bei Bowie um einen perfekten Gentleman, jederzeit bereit, Personen in der Not beizustehen. Mal sorgt er dafür, dass ein Haufen texanischer Raubeine einem verschüchterten Prediger zuhört, anstatt ihn zu stören. Mal zerschneidet er einem Pflanzer das Handgelenk, weil der einen unschuldigen Sklaven verprügelt. Mal rettet er die Ehre einer bedrohten Jungfrau, kurz: *»Bowie war der gute Samariter«*, so William C. Davis. Doch all das ist ebenso wenig belegbar wie die auf Hörensagen beruhenden Vorwürfe, wonach Bowie nach einem halbseidenen Landverkauf einen betrogenen Kunden niedergestochen hätte. Damit bleibt bei genauer Betrachtung von Bowies Leben als Messerkämpfer nur der eine wüste, zufällige *Fight* auf der Sandbank übrig. Das gilt auch für ein richtiges Duell: Moderne Historiker gehen längst mit der Angabe Rezin Bowies überein, dass weder er noch sein Bruder je ein solches Treffen absolviert hätten.

Bowie-Messer als Duellwaffen?

Keines der seit dem 18. Jahrhundert verfassten, zahlreichen Duell-Handbücher Mitteleuropas erwähnt, dass man sich nur mit Messern oder Dolchen duellieren könne. Meist werden sie nicht einmal *erwähnt*: Damit war diese Blankwaffenart für einen geregelten Kampf unter Kavalieren tabu. Doch heißt das nicht, dass es keine Duelle mit Messern gegeben hätte. Spanien hat seit dem ausklingenden Mittelalter eine lange Tradition darin, Ähnliches galt für Südfrankreich sowie die Inselwelten Sardiniens und Korsikas. Freilich betraf das die kleinen Leute, die *gitanos*, sowie die Unterwelt. Allerdings ist viel romantisiert worden. Spätestens seit 1850 kam keine in Spanien angesiedelte Abenteuergeschichte ohne so eine Szene aus. Künstler wie der berühmte Gustave Doré aus Frankreich zeichneten Passendes: Malerisch gekleidete, wildblickende Kämpfer halten in der einen Hand meterlange *Navaja*-Klappmesser, während sie den anderen Arm vor dem Leib abwinkeln, zum Schutz vor gegnerischen Stößen mit Mantel oder Jacke umwickelt.

Fest steht aber, dass die als *Spanish daggers* bekannten mediterranen Blankwaffen ihren Weg in die Neue Welt fanden – vor allem in die Region des Louisiana-Territorium, das heute hauptsächlich die US-Staaten Mississippi, Louisiana und Arkansas umfasst. Die »Brüder der Küste«, also die Freibeuter, Bukanier und Piraten der Karibik, ergänzten damit ebenso ihr Arsenal wie die Fischer und Schmuggler der Golfregion. Und kaum erwarben die USA anno 1803 dieses Gebiet, als auch schon massenhaft amerikanische Grenzer in das Land strömten und dann ebenfalls diese Spanischen Dolche kauften. Natürlich waren diesen Waldläufern und Pionieren große Messer nicht fremd, derlei trug man in den entlegenen Gebieten ja tagtäglich als Allzweckgerät am Gurt.

Noch heute erzählt man in den Bergen Tennessees, den Wäldern Kentuckys und den Bayous am Mississippi von merkwürdigen Messerkampfsitten, die sich vom Ende des 18. bis zur Mitte des 19. Jahrhunderts gehalten haben sollen. Ein Ritual etwa lautete *»to fight someone over a rail with a butcher's knife«*: Die Kontrahenten setzten sich rittlings auf einen Baumstamm, so dass sie einander ins Gesicht sehen und mit den Händen respektive Messern erreichen konnte. Dann wurden ihre Hosen ans Holz *genagelt*, und der Spaß konnte losgehen. Ähnlich freudenreich verlief das als *snick-*

Der mit Jacke, Weste oder Decke umwickelte, unbewaffnete Arm wurde ebenfalls zum Blockieren eines Messer-Angriffs eingesetzt.

a-snack bekannte »Spiel« der Flussboot-Leute. Zu Deutsch heißt das ungefähr soviel wie »sich einen Bissen abschneiden«. Den rabenschwarzen Humor der Bezeichnung verdeutlicht das Reglement: Zwei oder mehrere Männer saßen rund um einem Tisch. Auf Kommando zückten sie ihre Messer und versuchten – ohne aufzustehen – einander an Händen, Schultern und Kopf zu treffen. Dieser rabiate Test von Reaktionsvermögen und Geschicklichkeit dauerte so lange, bis der erste Teilnehmer das Ende und damit seine Niederlage signalisierte. Und es sei noch das »Kuckucks-Duell« erwähnt. Dazu sperrte man beide Kontrahenten mit Messern oder Pistolen in einem stockdunklen Raum. Dort harrten sie der Dinge, die da kamen – diese Kampfesweise fand übrigens Eingang in den Bowie-Film mit Alan Ladd.

All die mit diesen skurrilen Kampfmethoden einhergehenden, blutrünstigen *Stories* klingen zu schauerlich schön, um wahr zu sein. Immerhin war es nachweislich Sitte bei den Grenzern, einander zu solchen Duellen aufzufordern. Aber meist steckte nur großmäuliger Bluff dahinter. Hätte

Der Kodex des Zweikampfes

Den Begriff »Duell« kann man nur auf jene Zweikämpfe anwenden, welche nach vorheriger Absprache, strengen Regeln und unter festgelegten Bedingungen erfolgten. Das unterscheidet ein Duell von einer regellosen Schlägerei, Messerstecherei oder Schießerei – derlei galt als nicht *gentlemanlike*. Bei einem Duell ging es um die Ehre (die eigene oder die einer anderen Person). Es gab genau abgestufte Auflistungen darüber, welche Mittel Männer von Welt auf welche Beleidigungen einzulegen hatten. Ein unbedachter Spruch ließ sich per formeller, öffentlicher Entschuldigung aus der Welt schaffen. Ein Schlag ins Gesicht eines Offiziers oder Herrn von Standes hingegen war noch um 1900 nur per Duell aus dem Weg zu räumen. Der Geschmähte teilte dem Beleidiger mündlich seine Forderung mit. Beide bestimmten Kartellträger und Sekundanten, welche die Duellforderung nochmals schriftlich überbrachten, den Kampf vorbereiteten und bei der Begegnung auf die Regeln achteten.

Im Süden der Vereinigten Staaten orientierte man sich an den Zweikampfregeln der Alten Welt, vor allem am »*Irish Code of Honor*«, besser bekannt als »*Irish Code Duello*«. John Clyde Wilson, Gouverneur von Süd-Carolina, schuf davon 1838 eine auf Amerika zugeschnittene Variante, veröffentlicht in einem vielfach nachgedruckten Bändchen von 16 Seiten. Der originale Irische Duell-Kodex entstand auf einer 1777 abgehaltenen Konferenz zwischen den irischen Bezirken Tipperary, Galway, Mayo, Sligo und Roscommon. In Irland duellierten sich vor 200 Jahren junge Männer aus besseren Verhältnissen in ungeheurem Maß. Vor allem galt das für Juristen. Die kampflustigen Anwälte und Adeligen der Grünen Insel waren so stolz auf ihr Tun, dass sie sich selber *fire-eater* (Feueresser) nannten. Ein Begriff, der später an der US-Westgrenze als Bezeichnung für Hitzköpfe und Draufgänger benutzt wurde.

So klare Duellregeln gab es vorher wahrscheinlich nirgendwo. In seinem Buch »*Noted American Duels and Hostile Encounters*« schrieb Hamilton Cochran: »Der Irische Duell-Kodex ist die Grundlage für alle anderen Codizes in englischer Sprache. (...) Der originale Irische Duell-Kodex umfasste 26 Vorschriften, welche alle Aspekte des Duellierens abdeckten.« Sir Jonah Barrington, von 1757 bis 1791 als Richter am Hochgericht der irischen Admiralität und in der Jugend ein zweikampfversessener Heißsporn, schrieb mit »*Sketches of his Times*« (Skizzen aus seiner Zeit) einen Klassiker, der sich auf über 80 Seiten mit dem Duell befasste und dessen gesellschaftliche Bedeutung erläuterte: »Tatsächlich wurde ein Duell als notwendiger Bestandteil in der Erziehung eines jun-

In Hollywood ist alles möglich: Florett gegen Messer. Szene aus »Im Banne des Teufels«. In Wahrheit waren große Messer als Duellgerät unter *Gentlemen* tabu. Sammlung D. Pohl

gen Mannes angesehen, aber sicher nicht als eine Grundlage für die künftige Feindschaft zu seinem Gegner (...) Sobald Männer einen glühenden Ehrgeiz besaßen, in allen Arten von Kraftstücken und Übungen zu brillieren, beschlossen sie völlig naturgemäß, dass auf ehrenwerte Weise durchgeführter Totschlag (das heißt, nicht zu wissen, welcher erschlagen werden würde) die ritterlichste und einem Gentleman würdigste all ihrer Leistungen sein würde. Kein junger Bursche konnte seine Erziehung als beendet ansehen, bis er mit einem seiner Bekannten Schüsse ausgetauscht hatte.«

Diese Vorschriften entstanden nicht im luftleeren Raum. Die komplizierten Duell-Konventionen aus dem Europa des 18. und 19. Jahrhunderts haben ihre Anfänge vor allem im Frankreich und Spanien des 15. und 16. Jahrhunderts. Zuerst benutzte man zur Verteidigung der Ehre Degen, Rapier oder Säbel. Glaubt man dem »*Simplicissimus*« von Christoffel von Grimmelshausen, dann begann man sich schon im Dreißigjährigen Krieges mit Pistolen zu duellieren. Im 18. Jahrhundert lösten kurze Feuerwaffen blanken Stahl zusehends ab. Pistolen erlaubten es auch untrainierten oder körperlich schwachen Männern, geübten und wendigen Raufbolden standzuhalten.

sich so etwas Sensationelles tatsächlich ereignet, dann hätte man darüber geredet, es wären Briefe und Zeitungsartikel geschrieben worden. Dann könnte man so ein verschrobenes Duell *nachweisen*. Wahrscheinlich gehören all diese abenteuerlich-bizarren Duell-«Bräuche» in die gleiche Kategorie wie die berühmte »Sitte« karibischer Piraten à la Edward England oder Henry Every, Gefangene mit verbundenen Augen über die legendäre Planke ins Meer zu schikken, zur Freude der wartenden Haie.

Fazit: Die Fachwelt konnte kein nach den strengen Bestimmungen des *»Irish Code of Duello«* und anderen klassischen Zweikampf-Regelwerken durchgeführtes Zusammentreffen belegen, bei dem die Kontrahenten sich vorab bewusst für Bowie-Messer entschieden hätten. Nein, Letzteres blieb immer die Waffe *spontaner* Affären, welche gar nicht erst das formelle Stadium eines geregelten Duells erreichten. Für solche *sudden encounters* galten Messer als optimal. Natürlich gab es im Süden schon Jahrzehnte vor dem Auftritt der Bowies Messerstechereien – doch ist der in den 1830er-Jahren beginnende, große Kult um das Messer als Kampfmittel untrennbar mit diesem Namen verknüpft.

Hintergründe des Bowie-Booms

Seinerzeit sah man auf den Plantagen und Flussdampfern in der Gewaltbereitschaft nichts Ehrenrühriges, offizielle Duellregeln hin oder her. Harold L. Peterson erklärt die soziale Hintergründe: *»Zu Bowies Lebzeiten bot der Westen perfekte Bedingungen, aus denen sich der Messerkult entwickeln konnte. Das in allen Grenzregionen anzutreffende, gesetzlose Element, die rauen und gewalttätigen Flussmänner und die im Übermaß vorhandenen Spieler erkannten im Messer eine handliche Waffe, die sich unverdächtig führen und leise einsetzen ließ. Die gesetzesfürchtigen Bürger brauchten das Messer zum Schutz und zur Verteidigung ihrer häufig überempfindlichen Ehre. (…) Die Tage des zivilen Schwertes waren vorbei. Statt dessen führte der gut ausgerüstete Gentleman eine Pistole in seiner Tasche und ein Messer unter seinen Rockschößen.«*

Ob nun in den 1830er-Jahren am Mississippi spezielle »Messerkampf-Schulen« mit spanischen und französischen Lehrmeistern aus dem Boden geschossen seien, das sei bezweifelt: Dafür lassen sich keine Belege finden. Was nicht heißt, dass man sich nicht im Kampf mit dem Bowie und in der Abwehr von Messerstechern hätte schulen können. Die meisten Techniken dazu sind alte Bestandteile der Fechtkunst. Bereits Albrecht Dürer (1471–1528) zeichnete Übungsanleitungen, die mit ihren clever geblockten Hieben und geschickt angesetzten Entwaffnungs-Griffen überraschend modern wirken. Doch dürften Hinterwäldler für das Einüben solche Finessen weder Zeit noch Sinn gehabt haben.

Doch fraglos setzte man die Bowies ein. Die Regionalzeitungen dokumentierten Hunderte von blutigen Vorfällen; das reicht vom gemeinen Mord über unerwartet eskalierende Streitigkeiten bis hin zu dramatischen Notwehrlagen, in den sich die Opfer gegen Verbrecher oder wilde Tiere schützen mussten. Es gab Messerstechereien in Pinten und Spielsalons, auf Flussbooten und Mississippi-Dampfern, in den Straßen, ja sogar in Parlamenten, wenn man folgende Story glaubt: Als man 1837 sich im Abgeordnetenhaus von Arkansas über die Höhe einer Abschussprämie für Wölfe beriet, machte sich Major J.J. Anthony über seinen Kollegen Oberst John Wilson lustig. Da zückten beide ihre Bowies. Mit einem schwungvollen Hieb verletzte Anthony den zum Schutz hochgehaltenen linken Arm Wilsons. Aber der gab nicht auf, sondern ging zum Angriff über. Anthony verlor die Nerven und schleuderte sein Messer nach Wilson. Der duckte sich darunter weg, um einen Herzschlag später dem nunmehr waffenlosen Gegner die lange Klinge bis zum Heft in die Brust zu stoßen. Mit letzter Kraft wischte Wilson sein Messer an Anthonys Jacke ab, schob es in die Scheide – und fiel in Ohnmacht.

Cassius Clay

Der bekannteste Benutzer eines solchen Messers hieß Cassius Marcellus Clay (1810-1903). Und wenn es jemanden auf der Welt gab, der den Titel Messerkämpfer verdient hätte, dann er – auch wenn sich hier Einiges arg übertrieben darstellt. Inwieweit das Folgende alles stimmt, das sei leise bezweifelt. In Kentucky als Sohn des Revolutionsgenerals und steinreichen Sklavenhalters Green Clay geboren, genoss er eine erstklassige Erziehung. Die führte ihn an Amerikas Eliteuniversität Yale. Dort hörte er 1832 eine Rede von William Lloyd Garrison, einem der wichtigsten Sklaverei-Gegner. Clay wandelte sich vom Saulus zum Paulus. Als er seines Vaters Plantage übernahm, ließ er alle Sklaven frei. Das betraf über 100 Personen. Damit nahm er für seine Überzeugungen den Verlust eines ungeheuren Vermögens in Kauf. Politisch zählte er zu den *emancipationists*, die auf eine politische und juristische Lösung des Problems hinarbeiteten. Im Unterschied dazu war den radikalen Abolitionisten wie John Brown jedes erdenkliche Mittel einschließlich rabiater Gewalt und Terror recht, um die Sklaverei zu beenden.

Doch machte sich Cassius Clay Feinde. 1843 hielt Clay eine Rede, als sich ein bezahlter Mörder namens Samuel Brown den Weg zum Pult bahnte. Brown feuerte auf Clay. Die Kugel traf Clay in die Brust, warf ihn aber nicht um. Und ehe es sich der Attentäter versah, sprang der dunkelhaarige

Hüne vom Pult, zückte ein Messer – und trennte (der Legende zufolge) Brown ein Ohr und die Nase ab, ehe er ihm ein Auge ausquetschte, ihn hochstemmte und über die nächste Mauer in einen nahegelegenen Bach warf. Später zeigte sich, dass die in der Brusttasche von Clays Gehrocks steckende Bowie-Scheide Browns Kugel gestoppt hatte.

Beim nächsten Mal hatte Clay weniger Glück. Als er m 15. Juni 1849 nach einer Rede die Bühne verließ, stellte sich ihm ein junger Mann namens Cyrus Turner, der Sohn eines Pro-Sklaverei-Politikers, in den Weg. Turner nannte Clay einen Lügner und schlug ihn zu Boden. Wutentbrannt zückte Cassius Clay sein Bowie, konnte aber nicht zustechen, weil ihm einer von Turners Freunden das Messer aus der Hand wand. Ehe er sich erheben konnte, schlug man mit Stockdegen und Spazierstöcken auf ihn ein. Außerdem stach ihn einer – wahrscheinlich mit seinem eigenen Messer – in den Körper und verletzte Clays Brustbein schwer. Aber der gab nicht klein bei, sondern hielt das Messer an der Klinge fest, obwohl er sich dabei an der Schneide die Finger bis zu den Knochen aufschlitzte. Er schaffte es, sein Bowie wieder an sich zu reißen. Ein Blick in die Runde – ah, da war Turner: Ein herzhafter Stich, und der Gegner sank zu Boden. Da hörte Clay die Stimme seines 14-jährigen Sohnes Warfield, der ihm eine Pistole zuwarf. Ein Verwandter von Cyrus Turner feuerte gerade auf Cassius, doch versagte seine Pistole. Wie Bowie nach dem Sandbank-Kampf brauchte auch Clay Monate, bis er sich von seinen Hieb- und Stichverletzungen erholt hatte.

Kaum genesen, kämpfte der Kentuckier weiter gegen die Sklaverei und unterstützte seinen Landsmann Abraham Lincoln bei der Wahl zum US-Präsidenten. Der schickte ihn 1863 als Botschafter nach Russland. Hier tat er das Seine, um die Russen 1867 zum Verkauf von Alaska zu bewegen. *Privatim* war der Frauenliebling und anerkannte Schwerenöter in diverse Ehrenhändel verwickelt. Ob er dabei auch Bowies benutzte, ist fraglich – nicht jedoch, dass er russischen Edelleuten seine Messerkampf-Techniken demonstrierte. 1870, ein Jahr nach seiner Rückkehr aus Russland, veröffentlichte Clay eine Abhandlung mit dem Titel: *»The Technique of Bowie Knife Fighting«*. Darin wies er seine Leser an, bei einem Messerkampf den Gegner mit dem linken Arm in den Schwitzkasten zu nehmen und ihm die vorn am Hals verlaufende Drosselvene zu durchtrennen. Sollte das scheitern, möge man der Versuchung widerstehen, in Richtung des Brustkorbes zu stoßen. Statt dessen solle man das Messer auf Nabelhöhe bis zum Griff in den Leib des Gegners stoßen. Diese Bewegung, so Clay, *»löst einen großen Schock aus und beendet fast unweigerlich die Begegnung.«* Übrigens: Derlei macht auch einem anderen Mythos ein Ende – dem aus Revolverblättern, Illustrationen und Filmen bekannten »overhand stroke«. Dabei hebt sich der Arm mit der Klinge weit über den Kopf hoch und führt den Stoß von oben herab mit Wucht durch. Derlei ist nur dramatisches Mittel. Jeder Messerführende gibt dabei seine Deckung völlig preis.

Noch im Alter ging es bei Clay drunter und drüber: Mit 84 (andere Angaben zu Folge noch später) heiratete er wieder – die 15-jährige Tochter eines seiner Gutspächter. Als daraufhin der Sheriff ein Aufgebot zur Befreiung der blutjungen Braut aufstellte, empfing der steinalte Bräutigam den Trupp mit einer kleinen Kanone, einem Gewehr, seinem Colt und einem Bowie-Messer. Die *posse* (Aufgebot) zog ab. Eine Zeitung schrieb: *»Clay sieht gut aus. Und es scheint sehr wahrscheinlich, dass er noch viele Jahre leben wird, wenn er endlich einmal mit dem Kämpfen aufhört.«*. War's das? Nein: Um die Jahrhundertwende stiegen Diebe in sein Haus ein, in der Annahme, leichtes Spiel zu haben. Schlechte Idee. Alten Zeitungen zufolge verließ nur einer der Einbrecher das Haus zu Fuß. Die anderen wurden getragen, direkt in die Kirche. 1903 starb Clay mit 93 Jahren eines

In Romanen, auf der Bühne und im Film immer wieder gern genommen: der »overhand stroke« – ein mit Wucht geführter Stich von oben. Sieht dramatisch aus, ist aber leicht zu blocken, da »mit Vorankündigung und Sirene« durchgeführt und so ohne großes Überraschungsmoment für den Gegner.

In den Straßen von San Francisco: David Smith Terry sticht mit seinem Natchez-Bowie nach Sterling Hopkins. Alle bekannten zeitgenössischen Darstellungen zeigen mehr oder weniger den gleichen Ablauf: Während einige der Beteiligten mit Kurzwaffen schießen, rangeln Hopkins und Terry um ein Gewehr, Terry stößt mit dem Messer zu – Historiker wie John Myers-Myers aber bezweifeln, dass der Stich tatsächlich so weit oben traf. Nach Originalzeichnung handkoloriert v.V.

natürlichen Todes. Ach ja: 1942 dachten der Amerikaner Cassius M. Clay und seine Frau Odessa Grady gemäß ihrer Familientradition an diesen Mann, als sie ihren neugeborenen Sohn Cassius Marcellus Clay junior nannten. Heute kennt ihn die Welt als Muhammad Ali, den »Champ« – nach wie vor der größte Boxer aller Zeiten.

David Smith Terry

Auch im Westen gab es einen Mann, dessen Leben durch das Bowie-Messer maßgeblich geprägt wurde, wenn auch auf weniger rühmliche Weise. Der Ex-*Texas Ranger* David Smith Terry wurde 1855 als Richter an Kaliforniens höchstes Gericht berufen. Alsbald sah er sich mit dem *San Francisco Committee of Vigilance* konfrontiert, einer Bürgerwehr, die nicht nur Straftäter fing, sondern sie auch aburteilte und gegebenenfalls hinrichtete. Doch war das schon zu einer Art Terrorherrschaft reicher Geschäftsleute und zu offenem Krieg gegen Ausländer und Katholiken entartet. Nur wenige stemmten sich gegen die Vigilanten – einer davon war Richter Terry. Am 21. Juni 1856 versuchten Vigilanten unter Führung eines gewissen Sterling Hopkins einen Mann zu verhaften, der sich in Begleitung von Richter Terry und anderen Personen befand. Plötzlich krachte ein Schuss. Terry nahm an, der habe ihm gegolten, zückte sein Bowie aus der Werkstatt von Andrew »Natchez« Taylor und stach Hopkins nieder. Darauf steckte man ihn ins Gefängnis. Doch weil Hopkins überlebte, ließen gemäßigte Vigilanten Terry entweichen.

Doch hatte Terry da nicht zum letzten Mal ein Messer gezückt. 1888 fand eine Gerichtsverhandlung wegen einer Erbsache statt. Klägerin war Terrys Frau Sarah, begleitet von ihrem Mann. Das Pikante daran: Den Vorsitz führt Richter Stephen J. Field, ein politischer Intimfeind Terrys. Es kam, was kommen musste: Fields wollte die Ansprüche von Terrys Frau niederschlagen. Da beschuldigte *Mistress* Terry den Richter Field, von den Verwandten ihres verblichenen Gatten geschmiert worden zu sein. Als Folge gab es eine Kabbelei. Sieben Marshals zerrten die Terrys aus dem Saal in den Korridor des Gerichts.

Der *»San Francisco Examiner«* berichtete: *»Terrys Mantel war halb von seinem Leib gerissen, und er hatte natürlich die ihm zuteil gewordene Behandlung kaum genossen. Seine Hand suchte die Innenseite seiner tief ausgeschnittenen Weste, und die Beamten packten ihn erneut. Gerade als aus dem Gerichtssaal gebracht wurde, verschwand seine Frau durch die Tür des gegenüberliegenden Marshal-Büros. Er versuchte ihr zu folgen und sah sich Marshal Farrish gegenüber. Terry hielt ein glänzendes, elfenbeinbeschlagenes Bowie-Messer in der Hand … Die Deputy Marshals sagen, er zog das Messer im Gerichtsaal, Richter Terry sagt, er zog es draußen … Mit hoch erhobenem Messer in der Hand drang Terry auf den Marshal ein. Der Marshal sprang zurück – keinesfalls zu früh – und als der Stoß niederfuhr, sprang er auf Terry, der in dem Moment von Beamten und Zuschauern umringt war. Auf jeder Seite des wütenden Juristen standen Deputy Marshals, ihre Revolver in den Händen, die Mündungen ganz dicht an Terry, bereit zu schießen, falls er noch einmal versuchen sollte, das Messer zu benutzen. (…) Das Messer, welches er zog, ist eine starke Waffe mit einer Klinge von sechs Zoll Länge, aber es trat kaum in Aktion.«*

Stephen Field verdonnerte Frau Terry zu 30 Tagen, während ihr Gatte ein halbes Jahr lang gesiebte Luft atmen durfte. Doch kurz nach seiner Entlassung traf Terry in einem kalifornischen Bahnhofsrestaurant zufällig auf Field. Terry schlug ihm zweimal auf den Kopf, woraufhin Fields Leibwächter seinen Sechsschüsser zog und Terry ein direktes Stelldichein mit Petrus verschaffte.

Bowies für Männer – und Frauen

Wie diese Beispiele zeigen, verwendeten Clay und Terry ihre Bowies *nie* zu Duellzwecken, sondern nur in außer Kontrolle geratenen Konfliktsituationen. Die Liste solcher Vorfälle ließe sich beliebig verlängern. Außer Männern mischten gelegentlich Frauen der Halbwelt mit: Den Annalen der Goldrauschära zufolge gingen einmal eine kreolische »Ballsaal-Heldin« und eine chilenische Tänzerin aufeinander los, wobei letztere die erstgenannte Furie mit einem Messer verletzte. Als man die Wunde der Kreolin nähte, beklagte sie, dass ihr englischer Adams-Revolver versagt habe. Und kaum der Praxis des Arztes entronnen, stöberte sie die Chilenin auf einem Maskenball auf – diesmal auch mit einem Bowie-Messer bewaffnet. Das Mädel aus den Anden verließ den Ball in einem Sarg.

Doch neben beleidigtem Ehrgefühl und Rachegelüsten sorgten meist weit banalere Ursache dafür, dass solche Streitereien ungeahnte Ausmaße annahmen. Das zeigt ein Zitat aus dem Buch »Streif- und Jagdzüge durch die Vereinigten Staaten Nordamerikas« von Friedrich Gerstäcker. Der deutsche Schriftsteller wanderte zwischen 1837 bis 1843 durch jenes Gebiet, das auch Bowie gut gekannt hatte, hauptsächlich Arkansas und Mississippi. In Arkansas geriet Gerstäcker zu Beginn der 1840er-Jahre in eine Messerstecherei: Bei einem Handelsposten traf er einige Bekannte. Einer hatte ein besonderes Leiden – er litt an einer Art Schlafsucht. Zu was das führte, das soll Gerstäcker selber erzählen: *»… und wir saßen, uns von vergangenen Zeiten und den verschiedenen Jagdgründen unterhaltend, um den noch nicht beendeten Whisky, als sechs junge Leute, wie wir mit Leggins und Mokassins bekleidet, die Büchse auf der Schulter, die Messer an der Seite, zum Haus kamen. Sie hatten mehrere Flaschen mit, die sie wieder füllen ließen, und schienen überhaupt schon halb berauscht. Im Herumtaumeln trat einer von ihnen dem Schlafenden auf den Fuß, der aber bloß einige unverständliche Worte murmelte und dann weiterschlief. Das schien die jungen Kerle zu amüsieren, und sie fingen an, ihn mit Grashalmen unter der Nase zu kitzeln, wobei sie sich über die Gesichter, die er schnitt, halb totlachen wollten.«*

Erfolglos versuchten die Freunde des Schläfers, die angetrunkenen Burschen von ihrem übermütigen Tun abzuhalten. Die ließen sich nicht stören und machten weiter, bis das Opfer erwachte und mitbekam, was vorgefallen war. Gerstäcker: *»Da trat einer der Fremden, der, welcher am meisten geprahlt hatte, vor, und ihm ins Gesicht lachend, bot er ihm einen guten Morgen. Im gleichen Augenblick lag er, durch einen Faustschlag hingestreckt, blutend zu unseres schläfrigen Freundes Füßen. Das war das Zeichen zum Alarm, und im Nu fuhren die breiten gefährlichen Jagdmesser aus ihren Scheiden. Obgleich ich nun eigentlich nichts dabei zu tun hatte, zog ich ebenfalls meine Waffe, und ein Handgemenge entstand jetzt, wie ich sehr zufrieden sein will, wenn ich es nie wieder erlebe. Alles kam aber so schnell, dass ich mich nur erinnere, wie ich mich einmal gegen zwei lange Kerle verteidigte, meine linke Hand, mit der ich einen Stich parierte, mir sehr weh tat und einer der Burschen laut aufschrie. In dem Augenblick fiel ein Schuss, und einer unserer Gegner tau-*

Und wie war das im Wilden Westen so mit den Tischsitten? Motto: Wer braucht schon Gabeln und Teller, wenn er ein »ausgewachsenes« Messer hat? Und nach dem lukullischen Mahl die Mundhygiene nicht vergessen – es heißt doch schließlich »Arkansas-Zahnstocher«, oder?
Vor Nachahmung sei dringend gewarnt – nicht nur aus zahnmedizinischen Gründen ...

melte und fiel. Wie ein elektrischer Schlag wirkte das auf die ganze Versammlung, alle Klingen sanken, und jeder schien sich nur mit dem Gestürzten zu beschäftigen. (...) Alle Mühe war aber vergebens. Als die Sonne in ihrem roten Glutenmeer untersank, hauchte er seinen Geist aus.«

Quer durch den Süden und den Westen starben Hunderte von Menschen wegen solch nichtiger Anlässe. Doch glaubten die Messerhelden, sie folgten nur den Gesetzen ihrer Ehre – Reisende aus Europa hingegen schilderten das anders. Wie sehr fremde Reisende sich fürchteten, in eine Messerstecherei zu geraten, zeigt der Brief eines Engländers: *»(...) dass es in einer gewalttätigen Argumentation mit einem Mann aus Memphis oder Vicksburg schon unsicher wäre, sich bloß hinten am Nacken zu kratzen, weil dort oft das Bowie-Messer getragen wird.«* Und als sich am Vorabend des Bürgerkrieges in Kansas und Missouri Abolitionisten und Sklaverei-Befürworter wütende Kämpfe lieferten, häuften sich Berichte, in denen die als *Border Ruffians* bekannten Grenzbanditen mit Pistolen, Säbeln und Bowie-Messern wahre Massaker verübten. Jedenfalls erhielt Weir Mitchell, ein berühmter US-Gelehrter, 1862 einen Brief aus London, in dem es hieß: *»Wahrscheinlich wird es dich überraschen zu hören, dass die Leute hier ihre Schlüsse bezüglich der Zivilisation und Kultiviertheit Amerikas mehr von dem herleiten, was sie über Duelle und Bowie-Messer und Kriege in der Legislatur hören als von allen anderen Dingen insgesamt. Man hält die Amerikaner allgemein für ein gesetzloses Volk.«*

Bowies und das Gesetz

Als Folge sahen manche Politiker Handlungsbedarf. So verabschiedete Alabama im Juni 1837 ein »Gesetz zum Verbot des Bowie-Messers« – hier ein Auszug: *»Abschnitt eins: Es sei vom Senat und dem Repräsentantenhaus von Alabama verfügt und von der Generalversammlung beschlossen, dass, wenn eine Person ein Messer oder eine Waffe, bekannt als Bowie-Messer oder Arkansas-Zahnstocher, trägt, derjenige, der bei einem plötzlichen Zusammenstoß einen anderen mit einem solchen Messer schneiden oder stechen sollte, so dass dieser daran stirbt, dann des Mordes angeklagt werden soll und der Beklagte dasselbe erdulden möge,* *als sei das Töten aus niedrigen Motiven und mit Vorsatz erfolgt.«*

Staaten wie Mississippi und Tennessee zogen nach. Man belegte den Verkauf und das Tragen von Bowies mit hohen Bußgeldern und mit Steuern, man verbot das Duellieren insgesamt, und man drohte Haftstrafen an.

Es nutzte alles nichts. Wie sollte es auch? Es verhält sich hier wie mit allen Waffenverboten dieser Welt. Wie konnte eine Legislatur erwarten, dass sich die Bürger an diese Verbote hielten, wenn – wie geschildert – hochrangige Politiker, Behördenvertreter und Offiziere bei jeder Gelegenheit solche Messer zückten und rücksichtslos einsetzten? Nein, die Ursache des Übels lag in den sozialen Gegebenheiten. Die zwangen auch einem friedlichen Mann der Öffentlichkeit die Bereitschaft zum geregelten Duell respektive zum spontanen Zweikampf auf. Kein amerikanisches Problem: Wie die internationale Geschichte des Duells zeigt, stellten sich selbst Mitglieder der zahlreichen »Anti-Duell-Ligen« noch um 1900 mit der Waffe ihrem Gegner, weil die Konventionen es erforderten. Um derlei auszurotten, braucht man eine Gesinnungsänderung. Und die kam. Der Hang zum öffentlich zelebrierten Zweikampf fand in Amerika ungefähr um 1900 sein Ende – lange bevor die Ewiggestrigen aus Ungarn, Frankreich oder Deutschland ihre – freilich ebenfalls verbotenen – letzten Duelle ausgefochten hatten.

Bowie Knife Potter

Gab es denn wenigstens eine *Forderung* zu einem Duell mit Bowies? Ja. Und die damit verknüpfte Geschichte zeigt, wie man auf so ein Ansinnen reagierte und warum Bowies keine Duellwaffen gewesen sein können. Im überhitzten Klima vor dem US-Bürgerkrieg wurde der aus Wisconsin stammende Abgeordnete John Fox Potter von seinem Kollegen Roger A. Pryor aus Virginia gefordert. Harold L. Peterson: *»Als Antwort stellte Potter einen so bizarren Katalog an Bedingungen auf, wie man sie einem Südstaaten-Gentleman, geschult im Code Duello (…), noch nie unterbreitet hatte.«* Potter forderte Pryor auf, sich mit ihm in einem Raum einschließen zu lassen, beide bewaffnet mit Bowies von gleicher Länge und gleichem Gewicht. Laut Peterson schloss Potter sein Schreiben mit den Worten, er *»werde danach trachten, ihn [Pryor] so kunstgerecht zu tranchieren, dass ihm für immer sein Wunsch nach einem Kampf vergeht.«.* Der Vorfall machte Potter berühmt. Während ihn seine Gegner als Schwätzer abtaten, feierten ihn seine Parteigenossen. Von überall her trug man ihm Bowie-Messer ins Haus. Und für den Rest seines Lebens kannte ihn die US-Öffentlichkeit unter dem Ehrennamen »Bowie Knife Potter«.

Ein Duell zwischen den Herren Potter und Pryor fand natürlich nie statt.

Entwicklung und Siegeszug der Bowiemesser

Heute gib es um das Aussehen eines Bowie keine Diskussion: Eine mindestens handlange Klinge von wenigstens 4 cm Breite, eine gut ausgeprägte Entenschnabelspitze und dazu ein gerader Griff mit eindrucksvoller Parierstange, möglichst aus Messing. Vor 150 Jahren wäre die Beschreibung wegen unzähliger Varianten nicht eindeutig ausgefallen. Und am Anfang des Mythos um Jim Bowie dürfte das Messer eher Nebensache gewesen sein. Nach dem Kampf auf der Sandbank im Jahr 1827 bekam der verletzte Bowie viel Besuch. Manch eine(r) ließ sich vielleicht auch das Messer zeigen, mit dem Bowie sich gegen mehrere bewaffnete Gegner behauptet und einen von ihnen entleibt hatte. Weiter hat man sich mit dem ungefügen Gerät erst einmal nicht befasst. Denn es sprach sich herum, welch Apparat bei diesem blutigen Treffen eine so wichtige Rolle gespielt hatte. Ein »*großes Schlachtermesser*«, so beschrieben es die in den Zeitungen abgedruckten und weithin diskutierten Augenzeugenberichte. Wie so etwas aussah, wusste jedes Kind. Daher kann man mit Fug und Recht annehmen, dass niemand auf die Idee kam, davon eine Kopie haben zu wollen, geschweige denn, darin ein großes Geschäft zu wittern.

Der Hersteller heißt laut Klingenstempel Nowill & Sons – für ein Cowboy-Bowie untypisch sind die Griffmontierungen aus Messing und der Elfenbeingriff.

Vier unterschiedliche Messer – und doch aufgrund der großen Parierstangen und ihrer Entenschnabel-Klingen eindeutig Bowies. Wolf Borger fertigte das Stück mit der Klinge aus pulvermetallurgischen *Damasteel*, Mammut-Griff und grünen Malachit-Einlagen. Das Messer mit Knochenschalengriff und den Initialen »J.H.« stammt von der Firma Hudson's Bay Indian Trading Post. Das Bowie mit der S-förmigen Parierstange und der Fellscheide ist eine (die einzige!) Eins-zu-Eins-Kopie jenes Musters, das Robert Redford in *Jeremiah Johnson* führte. Es stammt aus der Werkstatt von Daniel Winkler aus North Carolina. Und in Bernd Ratheys Messerladen in Ottweiler fand sich mit dem »Alamo Bowie« der Firma Rigid das stärkste Trumm des ganzen Buches – 1730 g schwer, insgesamt über 44 cm lang und dazu eine 9,2 mm dicke Klinge von 27,4 cm Länge!

Entwicklung und Siegeszug der Bowie-Messer

Wann begann der Bowie-Boom?

Folgerichtig setzte der Ansturm auf diese Messer nicht direkt nach dem Sandbank-Vorfall ein, sondern nach Meinung des Verfassers einige Jahre später. Erst musste sich die Nachricht über das Gemetzel verbreiten. Das tat sie mit einem für damalige Zeiten enormen Tempo. Aber in einer Ära ohne Telegrafie oder Telefon dauerte es wenigstens zwei Monate, bis die Zeitungen in Washington und New York erste Berichte über den Vorfall nachdruckten. Die vergaß man bald wieder, zumal unser Mann da nur als einer von vielen Beteiligten dargestellt wurde. Also muss es zusätzliche Gründe für den Start des *Booms* gegeben haben.

Obwohl Bowies Verhalten in ganz Louisiana als heldenhaft gerühmt wurde, wäre man über die Sandbank-Affäre wieder zur Tagesordnung übergegangen, wäre Big Jim danach nicht permanent in den Schlagzeilen geblieben. Ende der 1820er-Jahre kochte in den US-Gerichten der gigantische, schlitzohrige Landschwindel hoch, den er mit seinem Bruder John in Szene gesetzt hatte. Um 1831 machten Jim und Rezin Bowie durch eine abenteuerliche Expedition zu den verlorenen San Saba-Silberminen landesweit von sich reden, dann spielte Jim in der Texas-Revolution eine weithin beachtete Rolle. So verfestigte sich die Popularität von James Bowie. Sie bildete einen der zwei Faktoren, der die Nachfrage nach den Messern auslöste.

Zum anderen ließ Rezin Bowie zu Präsentzwecken Edelausgaben seines Jagdmessers bauen. Das Schively-Perkins-Bowie mit der Jahreszahl 1831 auf dem Etui ist das *belegbar* älteste Muster. Die kunstvollen Präsentstücke von Schively und Searles waren genauso wenig für die Praxis gedacht wie ein Zierdegen. Doch machten sie mehr her als das simple *»butcher knife«*, das die Augenzeugen an jenem 19. September 1827 in Jim Bowies Hand gesehen hatten. Natürlich berichtete man über diese Prachtstücke. Da keiner der Schreiber das originale Bowie je gesehen hatte, wucherte die Fantasie ins Uferlose. Heraus kam ein Chaos. So wandelten sich die kunsthandwerklichen Details von Rezins Messern zu einer Art waffen- und schmiedetechnischem Wunderwerk. Das schlichte Original geriet in Vergessenheit. Auch begannen Reporter und Briefeschreiber, die beiden Brüder miteinander zu verwechseln: Da durfte der zu »Razin«, »Resin« oder »Reason« mutierte Rezin auf der Sandbank kämpfen, während James das Messer erfand. Und nachdem Jim 1836 gefallen war, übertrug die Überlieferung des US-Südens die Taten Rezins auch auf seinen Bruder.

Erst die durch verdrehte Fakten und Übertreibungen entstandene, bunte Gemengelage löste zu Beginn der 1830er-Jahre die ersten Anfragen nach Kopien von *»Bowie's knife«* aus. Doch wuchs sich das nach 1836 in kürzester Frist zu einer Lawine aus. Die aber konnten die US-Anbieter allein nicht mehr bewältigen. Jetzt kam die nordenglische Stadt Sheffield in Yorkshire ins Spiel, seinerzeit die Messer-Hauptstadt der westlichen Hemisphäre und durch einige Handelsvertretungen bereits in den USA etabliert. Die am

Stimmen zum Bowie: Dirk Bollmann

Dirk Bollmann

Dirk Bollmann ist Fachmann für alle Artefakte des amerikanischen Westens, er ist begeisterter Bowie-Sammler und Inhaber der Duisburger Firma *Western Trading Post*.

»Der Reiz der Bowie-Messer liegt in der Faszination, ein Stück Historie, in diesem Fall aus der amerikanischen Pioniergeschichte in Händen zu halten. Ein Artefakt, das die Faszination von Abenteuer, selbstbestimmter Mannbarkeit, Herausforderung und Selbstverwirklichung repräsentiert. Die Originalität der Messer und die geschichtliche Einordnung lässt sich lediglich an den feinen Spuren der Klingenbearbeitung, der ausgewählten Materialien und deren Kombination erkennen. Die Stempelung allein ist kein Garant für die Originalität eines antiken Bowie-Messers. Dies bedingt viel Erfahrung im Handling mit Originalstücken und eine umfangreiche Literatur über die Herstellung und den Vertrieb dieser Artefakte.«

Ostrand des Pennines-Gebirge nahe Manchester gelegene Stadt dominierte für gut fünf Jahrzehnte den Bau der Bowie-Messer: Mehr als 90 Prozent kamen von dort. Erst um 1890 verlagerte sich die Herstellung zusehends in die USA und nach Deutschland, vor allem nach Solingen.

Danach gerieten Bowie-Messer allmählich ins Hintertreffen der Käufergunst. Im Zweiten Weltkrieg setzte sich in der US-Armee erstmals auf breiter Ebene ein Allzweck-Messer im Bowie-Stil durch. Auf dem Zivilmarkt feierte diese Messerart wenige Jahre später eine Renaissance. Dank eines windigen Biografen, eines weithin frei erfundenen Romans und des danach gedrehten erfolgreichen Hollywood-Films fand vor fünf Jahrzehnten in den USA ein erneuter Ansturm auf Bowies statt. Das bescherte auch der lange in Vergessenheit geratenen Kunst des Messerschmiedens und der Fertigung handgefertigter Schneidwaren ein bis heute andauerndes *Comeback*. Die Messermacher erhoben das einst gefürchtete Bowie zu einer modernen Kunstform – keine andere Messerart dürfte in den letzten 50 Jahren so viele Wandlungen erfahren haben. Heute gibt es kaum einen Schneidwaren-Vollsortimenter auf der Welt, der nicht wenigstens ein als »Bowie« bezeichnetes Modell führt.

Bowie und das Marketing

Damit bildet diese Messer-Familie ein Lehrbeispiel dafür, wie in der freien Wirtschaft die Schaffung und der Absatz eines Produkts funktionieren. Als Grundlage diente der Ruf des Namens Bowie, der auf Tatsachen und Erfundenem basierte. Plötzlich wollte alle Welt so ein Messer, und die Industrie sprang an. Also alles eine Frage von Angebot und Nachfrage? Nicht ganz. Denn so gut wie keins der jetzt gebauten Stücke entsprach dem Ur-Bowie von der Sandbank oder den Nobel-Stücken, die Rezin hatte bauen lassen. Das zeigt ein Blick auf die in diesem Buch abgebildeten Stücke. Das Gros der Messerhersteller wusste ebenso wenig wie ihre Kunden, wie ein Bowie aussah. Also erfanden die cleveren Messerschmiede etwas, das zu dem passte, was sich die Kundschaft unter einem Bowie vorstellte. Sie schnitten ihre Entwürfe auf den Geschmack und die Mentalität der angepeilten Klientel zu.

Dabei handelte es sich in erster Linie nicht um verwilderte Hinterwäldler, sondern um die Führungsschicht des Südens und des so genannten *Old Southwest*, das Gebiet des heutigen Mississippi, Louisiana, Arkansas sowie des östlichen Texas. Es ging um Pflanzer und Minenbesitzer, Reeder, Flussschiff-Kapitäne, Stadtgründer und Landspekulanten, Anwälte und Ärzte, Berufsoffiziere und Milizkommandanten. Sie alle lebten nach Regeln und Vorstellungen, die sich aus eigenartigen Quellen speisten. Zum einen hielt ein Mann von Bedeutung im Süden unbedingt auf die persönliche Ehre. Gegebenenfalls musste er sie gemäß des »*Irish Code of Duello*« ohne Rücksicht auf das eigene Leben mit der Waffe verteidigen. Und geprägt von »*Ivanhoe*« und anderen Romanen von Sir Walter Scott entwickelten diese Männer ein romantisch-ritterliches Weltbild – also verlangten sie nach prächtigen Messern, die dazu passten. Die Messerschmiede des US-Ostens und aus Sheffield erfuhren durch Verkaufs- und Handelsagenten, was für einen Geschmack ihre potentielle neue Kundschaft hatte. Ganz Manhattan war voller Vertreter britischer Firmen. Unternehmer wie George Wostenholm aus Sheffield bereisten intensiv die USA. Als Folge dieser Vorort-Recherchen wirkten die frühen Messer aus den USA wie auch aus Sheffield für das damalige Auge ungeheuer kämpferisch und in ihrer Ausstattung aufwändig und künstlerisch hochwertig.

Doch hätten sich diese Stücke *ohne* den Namen Bowie nicht so gut verkaufen lassen. Denn Jim Bowie galt in der öffentlichen Meinung jener Zeit als die reinste Verkörperung der idealisierten ritterlichen Tugenden. Und so spannte man seinen Namen zu Werbezwecken ein – vor allem nach seinem Tod. Einziger Unterschied zu heute: Hierbei handelte es sich nicht um die gezielte, vorab geplante Kampagne einer Werbeagentur. Statt dessen entwickelte sich dies im Lauf des Bowie-*Booms* relativ zufällig. Erst Sheffield strickte bis 1840 unter der Teilnahme vieler Messerschmiede, Manufakturen und Firmen Schritt für Schritt daraus eine bewusst angewandte Werbe-Methode – so wie man heute tote Stars wie Marilyn Monroe oder Steve McQueen für neue Reklamespots digitalisiert und reaktiviert.

Dieser Verweis kommt nicht von ungefähr. Die Darstellungsformen der Reklame mögen sich verfeinert haben, ihre grundsätzlichen Methoden aber sind gleich geblieben. Die aggressive moderne Werbung entwickelte sich im frühen 19. Jahrhundert mit der ersten Blüte von Industrialisierung und Kommerzialisierung. Hier bildeten Jim (respektive sein weithin mit ihm verwechselter Bruder Rezin) und die unter seinem Nachnamen verkauften Schneidwaren das, was Rechtsanwälte einen »Präzedenzfall«, Literaturwissenschaftler und Psychologen aber einen »Archetyp« nennen: Allem Anschein nach war dies nämlich einer der ersten Versuche, den Absatz eines neu geschaffenen Erzeugnisses über den Bekanntheitsgrad einer berühmten Person zu steigern. Hier kam der Waffenindustrie eine Schlüsselrolle zu, machte man da das Werben mit Prominenten wie Buffalo Bill oder Bat Masterson erst zur Methode. Diese Werbemasche funktioniert über das, was die Fachleute »*Image*« nennen, also das Bild, das man sich von einem bekannten Menschen in der Öffentlichkeit macht. Auch hier genießt Freund Bowie einen regelrechten Modellcharakter. Sein wirkliches Leben verschwand hinter

Vier Sheffield-Bowies mit Besteckgriffen aus Neusilber.

der öffentlichen Legende. Demnach sah (und sieht) man in ihm den Freiheitskämpfer, der für den gerechten Kampf einer jungen Nation unter heldenhaften Umständen starb. Dass jemand noch als Todkranker von seiner Pritsche aus mehrere Gegner mit seinem gefürchteten Messer ins Jenseits befördert haben soll, ehe er einer Übermacht erlag, das bot seinerzeit der Messer-Industrie die notwendige Stilvorlage zur Absatzsteigerung.

Und so erklärt es sich, dass eine schier unüberschaubare Masse von Bowie-Varianten entstehen konnte. Die bis ins letzte Detail aufzuschlüsseln, würde Bände füllen und auch den Rahmen dieses Buches sprengen. Doch lassen sich Bowie-Messer nach Meinung des Verfassers ganz grob in sechs Kategorien unterscheiden, die nachfolgend vorgestellt werden:

1) Frühe handgefertigte Bowies
2) Klassische Sheffield-Bowies
3) California-Bowies
4) Cowboy-Bowies
5) Militär-Bowies
6) Moderne zivile Bowies

Frühe handgefertigte Bowies

Dazu zählen zum Ersten die in einem vorangegangenen Kapitel vorgestellten Messer, die sich mit James und Rezin in Verbindung bringen lassen. Es handelt sich um die mit Abstand teuersten Stücke des gesamten Sammelfeldes. Sie erzielen auf amerikanischen Auktionen Preise im fünf- oder sechsstelligen Dollar-Bereich. Zum Zweiten gehören in diese Gruppe all jene Messer, die im ersten *Boom* vor allem in den USA entstanden. Und der erreichte seinen Höhepunkt wohl in den vier oder fünf Jahren nach dem Tod von Jim Bowie 1836. Damit kann man hier als ungefähre Schnittstelle das Jahr 1840 ansetzen. Herausragende Mitglieder dieser Gruppe sind die *cutler* (= Messerschmiede) Daniel Searles, Henry Schively und Henry Huber, die ja wahrscheinlich Verbindungen zur Bowie-Familie unterhielten. Zum Dritten zählen hierzu die von Handwerkern des US-Ostens in Kleinstserien gebauten Stücke, die in den zweieinhalb Jahrzehnten nach 1840 gebaut wurden. Natürlich hörten die Messermacher der neuen Welt nicht mit der Produktion von Bowies auf, als die Engländer das Terrain der Massenfertigung übernehmen. Das gilt vor allem für die im US-Osten ansässigen Messerschmiede, wie etwa Charles Reinhardt aus Baltimore in Maryland, John D. Chevalier aus New York oder Rochus Heinisch aus Newark in New Jersey. Die Bowies des Letztgenannten sind bekannt für ihre einzigartigen aus Stahlblech gepressten Vogelkopfgriffe, deren Gitterstruktur entfernt an die Wicklung japanischer Blankwaffen erinnert.

Als Erste eröffneten Searles (samt seinem gelegentlichen Mitarbeiter Fitzpatrick), Schively und Huber den Markt für solche Messer. Von Schively existieren neben dem bereits besprochenen Crockett-Model noch mindestens zwei in gleicher Weise ausgeführte Spielarten, eine davon mit kreuzschraffierten Schalen aus Elfenbein anstelle des sonst üblichen Büffelhorn. Zudem schreibt ihm R.L. Wilson in seinem Standardwerk »Kunstwerke in Stahl«* mindestens zwei Messer mit Silbermontierungen und einteiligen, spindelförmigen Griffhülsen aus Ebenholz zu. Deren Klingen tragen in je einem achteckigen Rechteck in Schreibschrift ausgeführte Symbolsprüche: »My Knife and Wife« und »Arkansaw Toothpick« – zum »Arkansas-Zahnstocher« weiter unten mehr.

Ein drittes Stück im Schively-Stil trägt den einzigartigen Schriftzug »Mississippi Toaster«.

Doch brachte der zeitweilig mit mehreren Partnern zusammenarbeitende Huber durch seine Manufaktur sicher mehr Messer auf den Weg als Searles und Schively.

Außerdem kann er posthum für sich noch ein besonderes Verdienst in Anspruch nehmen. Wohl als erster dürfte er in größerem Stil jene zwei Elemente unter den Messerschmieden populär gemacht haben, die man heute als unverzichtbar für ein Bowie-Messer ansieht: Die große Parierstange und die Entenschnabel-Klinge (*clip point blade*). Freilich handelt es sich dabei nicht um seine Erfindungen und auch nicht um die von Rezin Bowie, wie es manch oberflächlicher, patriotisch gefärbter US-Artikel gern glauben machen will. Renommierte amerikanische Fachleute (wie Harold L. Peterson in seinem exzellenten Buch *»American Knives«*) hingegen wiesen ihre Landsleute schon vor Jahrzehnten darauf hin, dass es Parierstangen an Messern schon gut anderthalb Jahrtausende vor Christi Geburt gegeben hat.

Auch die Anfänge der hechtförmigen Schnabelklinge reichen weit zurück. Sie liegen bei Messern aus der Völkerwanderungszeit, beim »Sax«. Dabei handelt es sich um ein wahrscheinlich aus einem ostgermanischen Hiebschwert entwickeltes Instrument, welches dem deutschen Blankwaffenexperten Gerhard Seifert zufolge im mittleren und westlichen Europa zwischen dem 5. und 10. Jahrhundert weit verbreitet war. Das (oder der) einschneidige *Sax* tauchte in allen erdenklichen Klingenlängen zwischen 20 und 90 cm auf. Es diente als Allzweckgerät von Goten, Franken, Sachsen, Alemannen und Wikingern. Für das Bowie-Thema wichtig: Es gibt Spielarten – eine davon liegt im Stuttgarter Völkerkundemuseum – mit im Ortbereich angeschrägter Rückenpartie. Diese Form bildet eine frühe Variante des Entenschnabels. Der fand sich gegen Ende des Mittelalters auch an dem in Deutschland als »Malchus« bekannten, einschneidigen Hiebschwert, das die Franzosen unter anderem als »Baudelaire« oder »Braquemart« kannten. Und das neuzeitliche Europa zeigte die bogenförmig nach innen gekrümmte Spitze bei kürzeren Schneidwaren erstmals wieder als Erkennungsmerkmal der »Pandurenmesser«. Diese Geräte gehörten zur Standardausrüstung des von Franz Freiherr von der Trenck (1711–1749) geführten österreichischen Panduren-Freikorps. Daher rührt auch der Terminus »Pandurenspitze« für diese Klingenform.

Im Fall der Bowies war das eine freie Dreingabe, da derlei an Rezin Bowies Ur-Entwurf nicht gab. Schively kannte den sicher, Huber höchstwahrscheinlich. Beide hielten Rezins Konzept für verbesserungsbedürftig. Doch erkannten vor allem Huber und seine wechselnden Kompagnons auch das mit dem Namen »Bowie« verbundene geschäftliche Potential. Daher entwickelte Huber ein großes, eindrucksvolles und praktisches Kampfmesser. Er fertigte von seinem Entwurf mit dem unverwechselbaren,

---

* Die deutsche Ausgabe erschien 2000 im Motorbuch Verlag

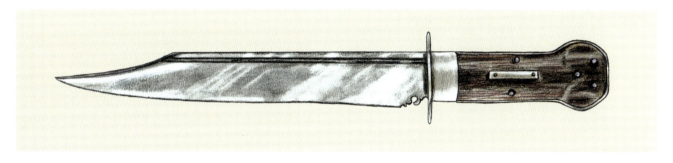

Namenloses amerikanisches Bowie: Walnussholz-Griff in Hundknochen-Form, rundum belegt mit einem Beschlag aus Münzensilber. Aus dem gleichen Material bestehen auch alle anderen metallenen Griff-Elemente. Die knapp 25 cm lange Klinge weist eine einseitig geschärfte Rückenschneide, eine »Spanische Kerbe« und eine schmale Hohlkehle auf. Zeichnung: Verfasser

sanduhrförmigen Griff Versionen mit unterschiedlichen Klingenlängen (s. S. 10). Es gab teure Varianten mit Elfenbeinschalen und Neusilberbeschlägen sowie günstige mit Holzgriffen und Messingmontierungen.

Andere US-Hersteller nahmen sich diese Freiheiten nicht – sie wussten es nicht besser. Wenn ihre Kunden ein »Messer wie das von Bowie« verlangten, mussten sie ins Blaue hinein raten, wie so etwas auszusehen hatte. Als Folge heftete sich der verkaufsträchtige schottische Nachname an alle erdenklichen Stücke. Die meisten der so entstandenen Messer weichen erheblich von den heute üblichen Vorstellungen ab. Und nur sehr, sehr wenige Exemplare gleichen dem Muster, das unser Held tatsächlich geführt hat. Hinzu kommt, dass man im US-Osten bereits über eine lange Tradition im Bau hochwertiger Jagdmesser verfügte. Sie haben oft Klingen, deren Form derjenigen eines Messerbajonettes aus der Zeit um 1900 gleicht. Diese Blätter haben typischerweise direkt unterhalb des Rückens eine oder zwei lange Hohlkehlen. Es finden sich auch jagdlich anmutende *drop point*-Blätter, doch sind die seltener.

Charakteristisch auch die Griffe: Fast immer sind sie im Querschnitt oval. Mitunter verjüngen sie sich leicht zu Knauf und Parierstange hin. Sie sitzen auf Steckangeln, besitzen silberne Zwingen und oben flach abgeplattete Knäufe sowie Zierbeschlagteile in Form von Ovalen, Herzen und Sternen. Ab und an fällt dieser plan mit der Beschalung verschliffene Zierbeschlag gitterartig aus, so, wie man es von Tomahawk-Griffen des frühen 19. Jahrhunderts und auch einigen Essbestecken jüngeren Datums kennt. Die Griffschalen dieser Jagdmesser bestehen meist aus dunklem Holz oder Horn, seltener aus hellem Stoff – Letzteres ist der Fall bei dem mit Ahorn beschalten Exemplar, das der texanische Präsident Sam Houston geführt hat. Ganz wichtig: Haben diese Messer keine einteilige, durchbohrte Griffröhre, sondern zwei Griffschalen, dann sind deren längslaufende Stoßkanten häufig durch je zwei passgenau montierte Silberstreifen verdeckt. Diese Beschreibung scheint deswegen vonnöten, weil manche dieser scharfen Sachen mit *Bowie Knives* verwechselt werden – und man die nach 1830 gebauten Stücke wohl auch als solche vermarktet hat.

Denn dieses Etikett klebte an jedem erdenklichen Dolch oder Kampfmesser, ob kurz oder lang, schwer oder leicht, ein- oder doppelschneidig. Es entstanden Klingen in allen Formen: Mit Mittelgrat oder mit Schnabel, mit geraden oder mit geschwungenen Rückenlinien. Die Griffe bestanden aus Metall, Holz sowie Horn und Bein jedweder Art. Besonders aufwändige Muster kamen noch mit Edelmetallauflagen und -ziernägeln, mit filigranen Schnitzereien und Verschneidungen, wobei streng geometrische Formen vorherrschten. Die frühen US-Hersteller montierten Parierstangen aller Art, wobei Messing übrigens eine untergeordnete Rolle spielte. Oder man verzichtete auf jede Art von Handschutz. Letzteres etwa betrifft einige der Stücke des Messermachers Samuel Bell aus Tennessee. Die sehen nun mit ihren im Querschnitt keilförmigen, in der Seitenansicht dreieckigen Klingen und den vier- oder sechseckigen Griffe am wenigsten wie Bowies aus. Statt dessen erinnern sie an eins ihrer Vorbilder, nämlich die Spanischen Dolche, freilich extrem aufwändig gearbeitete. Das wiederum hat den Bell-Bowies und ihren Nachahmern den Beinamen *Mediterranean Bowie*, also Mittelmeerraum-Bowie, eingetragen. In dieser Frühzeit entstanden außerdem handschutzlose Messer mit sargförmigen Griffen, die schräg abgewinkelt zur Klinge stehen. Zum Schutz der Griffschalen sind deren Schmalseiten äußerst aufwändig mit Silber- oder Neusilber-Blechstreifen belegt. Die Legende schreibt dieses Design James Black zu, belegbarer ist eher die Firma Marks & Rees aus Cincinnati in Ohio.

Freilich darf man im Zusammenhang mit den frühen Bowie aus den USA nicht an große Fabriken denken. Erste Anlaufstelle für die Bestellungen bildeten erfahrene

Frühe handgefertigte Bowies

Messerschmiede. Die fanden sich in Amerika in jeder größeren Stadt. Der Bau von Jagd- und Kampfmessern bildete nur einen Teil ihrer Arbeit. Sie fertigten Scheren, Küchenbesteck, Schlachtermesser sowie Instrumente für Chirurgen und Zahnärzte, zum Teil von Grund auf neu, zum Teil auf Basis angelieferten Materials aus der Alten Welt, meist Sheffield. Neben diesen fachlich hochqualifizierten Meistern profitierten auch Büchsenmacher, Silberhandwerker und ganz normale Dorfschmiede von der explosionsartig gestiegenen Nachfrage. Letztere lieferten allerdings keine solchen Schmuckstücke ab wie Daniel Searles oder Samuel Bell. Ihre Messer wurden aus dem gefertigt, was gerade zur Hand war. Allen Unterschieden zum Trotz hatten diese frühen US-Bowies alle eines gemeinsam: Sie besaßen samt und sonders feststehende Klingen und waren als Kampfmesser gedacht. Freilich mussten die großen, derben Muster der ländlichen Schmiede wohl auch noch als Allzweckgerät im Wald und bei der Jagd herhalten.

Damit entsprechen diese Messer nicht nur am ehesten dem Zweck des allerersten Bowie-Messers, sondern folgen auch zwei anderen Traditionen: Zum einen bezieht sich das auf die feudalen Jagdmesser der Alten Welt. In Europa begann im Mittelalter ein bis in die Frühe Neuzeit reichender Entwicklungsprozess, in dem das Waidwerk zum ritterlich-höfischen Vorrecht avancierte. Es entstanden deshalb immer mehr speziell für einzelne jagdliche Tätigkeiten bestimmte Blankwaffen. Dazu gehört etwa das angeblich von Kaiser Maximilian I. erfundene Sauschwert ebenso wie die Jagdpraxe oder das Jagdschwert, aus dem sich später der Hirschfänger entwickelte. Dabei handelt es sich um große Messer mit Klingenlängen von gut 30 bis über 70 cm Klingenlänge. Und ehe sich der Hirschfänger zum reinen Statussymbol für Hofjäger und Forstleute wandelte, war das ein Werkzeug, mit dem man angeschweißtes Wild »abfing«. Darunter versteht man, einen tödlichen Stoß hinter das Schulterblatt ins Herz des Tieres zu setzen – genau das, wozu das Ur-Bowie ja diente.

Zum anderen ist da jenes Messer zu nennen, welches der Landmann des mittelalterlichen Europas an meist schmalen Gurten trug und das ähnlich ungeschlacht ausfiel wie ein großes Bowie: Die »Bauernwehr«, welche sich einst wohl aus dem »Sax« heraus entwickelt hat (und in der englischsprachigen Literatur wie etwa bei Peterson als *»the hauswehren«* auftaucht). Die Bauernwehr wurde als Schneid-, Hack- und Hauwerkzeug verwendet, musste im Fall der Fälle aber auch als Waffe gegen wilde Tiere oder Gesetzlose herhalten. Wichtig auch: Die Landleute und Dörfler trugen diese Messer ständig, auch zu ihrer sonntäglichen Tracht. Das belegen Bilder zeitgenössischer Künstler wie die des Niederländers Malers Pieter Bruegel des Älteren. Auf einem seiner Gemälde sieht man die Bauernwehr sogar am Gurt einer Gruppe von Tanzgästen. Und da sich das tägliche Dasein des US-Pioniers aus der Mitte des 19. Jahrhunderts nicht wesentlich von dem der mittelalterlichen Bauern unterschied, so mag er sein grobes Bowie ähnlich eingesetzt haben. (Dafür spricht, dass diese Schneidwaren an der Siedlungsgrenze bis in die 1840er-Jahre ein anderes Universal-Instrument ablösten: Das als Tomahawk bekannte Indianerbeil – etwas, das Rezin Bowie übrigens noch benutzte, als er mit seinem Bruder Jim in Texas das Silber der San Saba-Mine suchte.) Von allen frühen Bowies sind diese »Primitive Knives« am schwierigsten zu datieren. Das liegt zum einen daran, dass solche Messer schon in mehr oder weniger ähnlicher Form Jahrzehnte zuvor an der Westgrenze produziert wurden. Und natürlich bauten geschickte Handwerker entlegener Siedlungen derlei noch bis zum Amerikanischen Bürgerkrieg (1861–65), dann machte billige Massenware die mühevolle Handarbeit überflüssig. Ein Großteil dieser Messer trägt zudem keinen Stempel. Das erschwert nicht nur ihre Datierung, sondern öffnet auch noch Fälschungen Tür und Tor (dazu mehr ab Seite 143).

Kann man aber ein frühes US-Muster aus der Zeit bis um 1840 zweifelsfrei identifizieren, dann hat man eine Wertanlage in der Hand. Als Butterfield & Butterfield 1997 die berühmte Williamson-Sammlung versteigerte, erzielte ein Messer von Henry Huber mehr als 33.000 Dollar! Grundsätzlich muss man für ein sehr gut erhaltenes, aufwändig gearbeitetes frühes US-Bowie von mindestens 10.000 Dollar ausgehen und sollte wenigstens ein Fünftel dieser Summe für eine schlichtere Version einplanen. Selbst angerostete, bis zum Geht-Nicht-Mehr abgeschliffene Muster mit abgebrochener Spitze, geknickten sowie beschädigten Etuis ohne kompletten Beschlag bringen noch über 1000 Dollar. So geschehen bei der gleichen Auktion mit einem Messer des New Yorker Herstellers Rose. Ach ja: Es hat seinen Grund, warum die Preisangaben hier in Dollar und nicht in (T)euro erfolgen. Erstens werden 80 Prozent aller wichtigen Bowies in den USA versteigert. Im Fall der frühen Muster dürfte diese Zahl fast bei der Marke von 100 Prozent liegen. Zweitens ist die US-Währung auf den amerikanischen Binnenmarkt bezogen in den letzten zehn, 15 Jahren fast stabil geblieben. Daher fallen die Dollar-Angaben verlässlicher aus als diejenigen in Euro.

Klassische Sheffield-Bowies

Frühestens um 1830 erreichten die Nachrichten von der neuen Messer-Bonanza Europa. Auch hier wusste man nicht, wie ein *Bowie Knife* aussah. Auch die europäischen Hersteller belegten jedes passend scheinende Kampfmesser mit dem Namen Bowie. So erklärt es sich auch, dass eine um 1815 bis 1820 entstandene, handkolorierte Zeichnung aus einem Solinger Musterbuch schon mit Details wie einer S-förmigen Parierstange aufwartete, die man heute allgemein mit Bowies in Verbindung bringt. Schon bald bauten die ersten Europäer solche Messer, zum Teil wanderten sie wegen der damit verbundenen Möglichkeiten sogar in die USA aus. Aus Frankreich tauchten prachtvolle Stücke mit Damaststahl-Klingen auf; US-Messerforscher Bernard Levine nennt die Meister Cabau, Picault und Sirhenry.

Dieses wuchtige Messer mit dem Hirschhorn-Griff, der massiven Platte in Form eines Eisen-Ovals, der deutlich ausgeprägten Schnabelspitze und der aufwändig gearbeiteten Scheide entspricht nach Auffassung einiger Fachleute dem Baustil ganz früher deutscher Bowies. Daneben ein Mini-Bowie mit Besteckgriff.

Auch Deutsche beteiligten sich schon früh daran, etwa C. de Keller aus Solingen. Und das um 1850 entstandene Musterbuch der Solinger Firma Wolff zeigt zwei als »Arkansasmesser« bekannte Stücke: Eins besitzt einen asymmetrischen Griff aus gepresstem Bein samt metallener Knaufabdeckung, eine S-förmige eiserne Parierstange mit knopfförmigen Enden und eine *Drop-Point*-Klinge mit gerader Rückenlinie und drittellangem Rückenschliff. Eine Ranken-Gravur mit sehr großen C-förmigen Arabesken bedeckt zu zwei Dritteln die Klingenseiten. Dazu gehört eine Scheide mit schwarzem Lederkorpus und eisernen Beschlägen, inklusive einem langen Gurthaken. Das zweite Wolff-Messer geriet weit schlichter. Es besitzt schwarze Griffschalen und weist anstelle der Parierstange zwei Backen auf. Das genaue Studium der Zeichnung zeigt, dass sie mit Angel und Klinge aus dem vollen Material geschmiedet wurde. Demzufolge handelt es sich hier um ein Halbintegralmesser.

Ob diese Messer überhaupt aus dem Musterstadium herauskamen, bleibt fraglich. Insgesamt lassen sich nur eine Handvoll Franzosen und Deutsche im Feld der klassischen Bowies nachweisen – England, sprich: Sheffield in Yorkshire dominierte. Natürlich entstand auch in London und Birmingham blankes Gerät, letztgenannte Stadt beherrschte den britischen Säbel- und Degenbau. Doch blieb die Zahl der mit Birminghamer und Londoner Marken gestempelten Bowies gering. Sammler schlagen zudem die von Herstellern wie J. Beattie, John Weiss oder Hill & Co. gefertigten Stücke zur Gruppe der »*London Hunting Knives*«. Darunter versteht man jene vom Ende des 18. bis

Laut Jockl Greiß handelt es sich bei diesem starkklingigen Messer mit den Initialen »J.B.B.« und der S-förnigen Eisenparierstange um ein altes Bowie im Stil der *London Hunting Knives*. Man beachte unter dem nur teilweise erhaltenen Lederüberzug den Holzkorpus der Scheide sowie die kunstvoll durchbrochenen Beschläge samt Haltevorrichtung. Foto: J. Greiß

Ein Beispiel, welch prächtige Messer die größeren Sheffielder Firmen schufen, liefert dieses wie eine Mischung aus Bowie, Krummdolch und Säbel anmutende Unikat von »JOSEPH RODGERS & SONS / 6. NORFOLK STREET. SHEFFIELD / ENGLAND« mit Beschlägen aus Silber. Ort- und Mundblech tragen eine Blüten- und Rankenornament-Gravur.
Mit freundlicher Genehmigung von Frans van Eldik

zum Beginn des 20. Jahrhunderts gebauten, wenigstens 30 cm lange, sehr stabile Messer. Sie bilden das britische Gegenstück zum mitteleuropäischen Hirschfänger. Und richtig rar sind die Stücke, die in den britischen Kolonien von Indien bis Australien entstanden.

Wegen Sheffields Vorherrschaft in diesem Bereich kann man die dazugehörige Ära als das »Goldene Zeitalter der Bowies« bezeichnen. Diese Epoche begann in den frühen 1830er-Jahren, erlebte ihre Blüte in den 1850er-Jahren und klang ab den 1870er-Jahren langsam aus. Diese Stadt konnte sich aus mehreren Gründen unangefochten an die Spitze des Bowie-Messerbaus setzen. Zum Einen hatte ein dort ansässiger Quäker namens Benjamin Huntsman bereits 1742 mit dem per Schmelzverfahren gewonnenen Fließgussstahl der Region einen technischen Vorsprung verschafft; außerdem lebten in und um Sheffield Tausende bestens ausgebildeter Fachkräfte. Zum Zweiten waren da naturgegebene Vorteile wie Wasserkraft und zum Bruch von Schleifsteinen geeignete Sandsteinvorkommen. Und zum Dritten hatte sich Sheffield schon in der Mitte des 18. Jahrhunderts mit seinen Eisenwaren in den damaligen Kolonien etabliert – es gab mangels vorhandener Manufakturen keine Alternative. Zwar beeinträchtigten der Amerikanische Unabhängigkeitskrieg (1776–1783) und der Amerikanisch-Englische Krieg (1812–1814) die Geschäfte, doch immer nur kurz. Nach den Napoleonischen Kriegen baute Sheffield sogar seinen Vorsprung in den USA aus, wie unzählige Messer-, Tomahawk-, Axt- und Beilklingen aus Yorkshire belegen.

Wer nun baute Bowie-Messer in Sheffield? Dazu der britische Experte Geoffrey Tweedale: *»Diese Frage ist nicht einfach zu beantworten, weil so wenig Dokumentation zur Messerindustrie vor 1860 überlebt hat. Außerdem wurden die meisten der im frühen 19. Jahrhundert hergestellten Sheffielder Bowie-Messer nach Amerika exportiert. Schließlich bestand in Yorkshire kaum Bedarf für eine Waffe, die zum Zweikampf mit Desperados und Indianern entwickelt worden war! Außerdem gibt es in den Handelsbüchern von Sheffield keine einzelne Kategorie speziell für die Hersteller von Bowie-Messern – es war zur damaligen Zeit einfach nur ein anderes Messer, und wenige Spezialisten im Bowie-Handel unterzogen sich der Mühe, dafür Werbung zu machen.«*

Niemand weiß, welche Firma aus der am Fluss Don gelegenen nordenglischen Stadt als erste Bowies fertigte. Doch lag darin nicht das entscheidende Erfolgskriterium. Denn diese Messerart verlangte kein spezielles Können, Bowies galten als recht einfach herzustellende Artikel. Es kam aber darauf an, die Messer *verkaufen* zu können, sprich: rasch einen reibungsfreien Vertrieb in die Neue Welt zu organisieren und daran zu verdienen. Auf den gesamten Messer- und Schneidwarenmarkt bezogen, kam hier als

Typisches Bowie von W. Butcher aus Sheffield. Spanische Kerbe, Entenschnabel, Parierstange – alles da, was an ein Bowie gehört. Dazu ein knochenförmiger Rosenholz-Griff mit Neusilber-Beschlägen. Der »WR«-Stempel verweist auf König William IV., der von 1830 bis 1837 regierte – es handelt sich also um ein sehr frühes Stück. Die Klinge misst knapp 22 cm.
Zeichnung: Verfasser

einer der ersten die Firma von George Wostenholm auf die Beine. Er verkaufte die ersten seiner mit I*XL markierten Schneidwaren 1830 in den USA und unternahm seit 1831 über 30 Reisen in den Staaten. Doch stieg er den Forschungen Tweedales zufolge nicht vor 1848 in großem Stil in den Bowie-Markt ein.

Wer also nun waren die ersten erfolgreichen Bowie-Macher in Sheffield? Sie kamen vor allem aus den Reihen der Firmen, die auch Messer vertrieben – nicht nur ihre eigenen, sondern auch diejenigen von Manufakturen, welche sich nur mit der Herstellung befassten. Tweedale nennt hier William Greaves, Thos Turner, Thos Tillotson, W. & S. Butcher, John Walters und Coulson, Jukes & Co. Und dadurch lässt sich auch ein anderes Rätsel lösen. Viele bekannte Namen aus der Bowie-Frühgeschichte lassen sich nicht in den Registern von Sheffield nachweisen, wie etwa »Alexander«, »Manson« oder »James Westa«, »James Rodgers« oder »Gravely & Wreaks«. Dabei handelte es sich nicht um Hersteller, sondern um amerikanische Importnamen oder Zwischenhändler, meist mit Sitz in London. Das dürfte die Besitzer derart gestempelter Messer allerdings in einen kleinen Zwiespalt stürzen, weil diese neue Erkenntnis natürlich die *tatsächlichen* Erzeuger ihrer originalen Stücke im Nebel der Geschichte verschwinden lässt.

Schnell kristallisierten sich Hersteller heraus, die dieses Geschäft beherrschten, Wostenholm ist da zu nennen, Joseph Rodgers gehört dazu. Doch »*Interessanterweise*«, so Tweedale, »*waren es einige der kleineren Hersteller Sheffields, die als Erste damit begannen, sich auf Bowie-Messer und Dolche für den amerikanischen Markt zu spezialisieren. Robert Bunting, 1833 in der Regent Street ansässig, fertigte zu dieser Zeit ‚Self-Defence'-Messer. Charles Congreve, der einige der schönsten Klapp-Bowies baute, war in der Gell Street aktiv, auch im Jahr 1833. Anno 1839 wurde John Hinchcliffe in den Registern geführt, ansässig in 20 Earl Street, als Hersteller von* »*Dolchen, amerikanische und indische, und ‚Self-Defence-Messer'. Samuel C. Wragg, einer der führenden Hersteller von kleinen Dolchen in der Stadt, scheint auch bereits in den 1830er-Jahren tätig gewesen zu sein.*«

Die wichtigsten Namen rund um die frühe Bowie-Produktion lassen sich in wenigen Zeilen zusammenfassen – hier Tweedales Liste:

Edward Barnes & Söhne
J & J. Beal
Henry C. Booth
Brookes & Crookes
Robert Bunting (auch Robert Bunting & Sons)
James Burnand
W. & S. Butcher (W. & S. = kurz für: William und Samuel)
John Clarke
John Coe
Charles Congreve
Jonathan Crookes
Corsan, Denton & Burdekin
Coulson, Jukes & Co.
Enoch Drabble
Fenton & Shore
Wiliam Greaves & Sons
Samuel Hancock
Ibbotson, Peace
Thos Ibbotson (Thos = kurz für Thomas)
W.F. Jackson
John Hinchcliffe
Joseph Lingard (auch Joseph & Robert Lingard)
Mappin Bros.
George Nixon
Joseph Rodgers & Sons
William Shirley
Slater Bros.
Thos Tillotson
Unwin & Rodgers

Stimmen zum Bowie: Harvey A. Silk

Harvey Silk

Oben und rechte Seite: Mit solchen kaum zigarettenlangen Messerchen schickte man seinerzeit Handelsvertreter auf Reisen – die Griffe der Zwerge zeigen eine Fülle Sheffield-typischer Knaufbeschlagformen.

Harvey A. Silk leitet die vor allem auf edle Sammlermesser aus Südafrika und Amerika spezialisierte Firma *Der Fleißige Biber*.

»Die Geschichte der Entwicklung und Herstellung großer Verteidigungsmesser (Bowie-Stil) ist sehr interessant. Der Werdegang von größeren, ausbalancierten (Kampf-) Messern im amerikanischen Süden lieferte den Stoff für viele Bücher. Das letzte Wort in dieser Sache ist noch nicht gesprochen, die letzten Tatsachen sind noch nicht entdeckt. Mir kommt es so vor, als hätten in dieser Zeit einzelne amerikanische Pioniere auf der einen Seite und die Messerindustrie von Sheffield auf der anderen Seite unabhängig voneinander beinahe die gleichen Ideen gehabt. Die Herstellung und der Export dieser Messer half den Firmen von Sheffield zu wachsen. Englische Messer sind meist ebenso sammelwürdig und liefern mindestens ebenso viel Diskussionsstoff wie die einzigartigen amerikanischen Exemplare. Antike Bowie-Messer gehören zu den teuersten Sammlermessern, die man auf Auktionen und Messershows finden kann. Allerdings ist das ein Fachgebiet, das nach viel Wissen und Spezialisierung verlangt. Der Kauf wichtiger oder historischer Bowie-Messer kann ein kostspieliges Risiko darstellen. Es gibt viele gute Reproduktionen, falsche Signaturen und ehrenhafte Meinungsverschiedenheiten zwischen fachkundigen Experten. Daher empfiehlt es sich für jeden Sammler, eine Bibliothek von Messerbüchern und Auktionskatalogen anzulegen, auf dass er sich das Grundwissen zu den Baustilen aneignen kann, wie sie für bestimmte Nationen oder für einzelne Messermacher typisch sind. Gründlich informieren sollte man sich auch über Material und Design jener Zeit sowie über die heute üblichen Preise.«

John Walters
Wingfield, Rowbotham
George Wostenholm
(George) Woodhead & (Joshua) Hartley
Samuel C. Wragg.

Doch ist es damit nicht getan. Seitdem sich der Verfasser mit dem Thema befasst, stolperte er wiederholt über Zig-Dutzende Bowies mit Stempeln, die er vorher nicht mit dieser Messerart in Verbindung gebracht hätte. Daher findet sich in diesem Buch ein gesondertes Kapitel (siehe ab Seite 181), das einen Großteil der bekannten Bowie-Hersteller samt Firmendaten auflistet und ihre Baustile sowie Markenzeichen und Stempelungen beschreibt – soweit es sich ermitteln ließ.

Zu Beginn fertigten Sheffields *cutler* die Bowies wie ihre US-Kollegen großenteils in Handarbeit. Doch in den USA machte ein Messermacher meist alles selber. In Sheffields Manufakturen regierte die Arbeitsteilung: Der eine Arbeiter schmiedete, der nächste polierte die Klingen, wieder andere stempelten sie, ehe es zum Härten ging. Es gab Fachleute zum Schärfen und fürs Zierätzen. Genauso verfuhr man auch beim Bau der Griffe: Einer schnitt die Griffschalen zu oder durchbohrte die Hülsen der Länge nach, während das Montieren und Belegen einen neuen Gang erforderte. Allgemein gelten die »Sheaf Works« von William Greaves & Son als erster richtiger Industrie-Betrieb – und diese Fabrik arbeitete nach vierjähriger Bauphase gerade erst seit 1826.

Von der Handarbeit muss man einige Tätigkeitsfelder ausnehmen, zuvörderst das Formpressen der meist aus Neusilber gefertigten Beschlagteile. Davon entstanden bei Spezialfirmen schier unzählige Muster, welche dann an die Messerschmiede verkauft wurden. Außerdem wandte man Massenfertigungs-Techniken auf das dekorative Ätzen

(*etching*) und Bestempeln der Klingenblätter an. Zu den Beschlagteilen: Elemente aus Neusilber (auch bekannt als Deutsches Silber oder Nickelsilber) erkennt man an ihrer hellen, gelblichweißen Tönung, die heller ausfällt als die von Messing. Dies ist deswegen so wichtig, weil *German silver* in Sheffield das wichtigste Material bei Griff-Montierungen und Scheiden-Beschlägen bildete. Eisen oder Messing wurde in der klassischen Zeit so gut wie nie genutzt, echtes Silber hingegen nur selten und dann meist zum Plattieren. Was fällt genau in den Bereich Griff-Beschlagteile? Zum ersten komplette Griffe. Sie waren innen hohl und wurden beim Montieren meist mit einer als »*cutler's cement*« bekannten Mixtur verfüllt (mehr zu diesem Werkstoff im Kapitel Nachbauten und Fälschungen auf Seite 143). Die Formen dieser Griffe erinnern fast immer an die Montierungen von Essbestecken. Im Stil der Zeit wiesen sie reiche, halbplastisch gearbeitete Ornamente auf.

Freilich baute man in England auch solch riesige Bowies, wie es hier der bekannte britische Antiquitätenhändler Garth Vincent präsentiert. So etwas lag im Schaufenster oder in einer Hängevitrine, um Kunden anzulocken.

Klassische Sheffield-Bowies

Zwei mit alten Klingen und Beschlagteilen montierte Middleton-Bowies – ihre Knaufplatten zeigen die Portraits von Jim Bowie und Davy Crockett.

Und noch ein Middleton – diesmal mit Pelikan-Motiv.

Entwicklung und Siegeszug der Bowie-Messer

Zum Zweiten bezieht sich der Begriff Griff-Beschlagteile auf Handschutz- und Parierelemente. Hier zeigte man in Sheffield gelegentlich gestalterischen Willen, indem man diese Funktionsteile zu Schlangen, Löwenköpfen oder Flügeln ausformte; freilich herrschten aus flachen, mehr oder weniger dicken Neusilberplättchen gefertigte Spielarten vor. Zum Dritten gehören die Knäufe beziehungsweise die oberen Griffabschlüsse zu den Beschlägen. Hier gab es vollplastische, quasi freistehende Muster in Form von Muscheln sowie Pferde- und Indianerköpfen. Andere Griffabschlüsse wiederum folgen wie die Schalen der Kontur der Angel und sind auch genauso auf jeder Flachseite aufgelegt. Sie zeigen oft reliefartige Portraits von Nationalhelden wie General Zachary Taylor, James Bowie oder Davy Crockett. Beliebt waren auch Wappentiere, etwa der Pelikan Louisianas oder der US-Wappenadler.

Doch reichte deren Beliebtheit nie an jenes Griffabschluss-Motiv heran, das sich aus einem Alligator-Schwanz und einem Pferdevorderteil zusammensetzt. Glaubt man der US-Folklore, dann enstammt dieses Fabelwesen einer Äußerung Davy Crocketts. Der soll gesagt haben: »*Die Männer aus Tennessee sind halb Pferd, halb Alligator und noch'n Schuss Dampfboot dazu.*«. In Wirklichkeit lässt sich dieser Spruch noch weiter zurückverfolgen, nämlich auf das amerikanische Volkslied »*The Hunters of Kentucky*«, mit dem William Blondell 1815 den Sieg der Amerikaner in der Schlacht von New Orleans besang. Darin heißt es : »*For ev'ry man was half a horse, and half an alligator*« (übersetzt: Weil jeder Mann zur Hälfte ein Pferd und zur Hälfte ein Alligator war). Dies Liedchen zementierte auch den Mythos der so genannten *Kentucky-Büchsen* – also der amerikanischen *longrifles*. Der Witz daran: Solche langen Vorderladerbüchsen wurden in vielen Staaten der USA hergestellt, nur nicht in Kentucky.

Beim Ätzen und Bestempeln der Klingen diente alles vom Firmennamen über das Warenzeichen bis hin zum politischen Symbol oder der kunstvoll gestalteten Jagdszene als Motiv. *Graviert* wurden die Messer hingegen nur in sehr wenigen Ausnahmefällen. Das energieaufwändige Zier-Bestempeln nahm aber nach 1850 ab, statt dessen setzten die Sheffielder nun vermehrt auf das Ätzen von Motiven. Gestempelt wurde nur noch das Markenzeichen und der Herstellername. Stand der anfangs oft waagerecht unter dem Griffrücken, so schlug man zusehends die Namen in Großbuchstaben quer vor der Parierstange ein.

Die verwendeten Schmuckmotive lassen sich in mehrere Gruppen unterteilen: An erster Stelle sind da die möglichst verkaufsträchtigen Messerbezeichnungen zu nennen, wie »SELF DEFENCE KNIFE« (Selbstverteidigungsmesser). Variationen davon lauteten »SELF DEFENCE«, »SELF DEFENDER« (Selbstverteidiger), »A SURE DEFENCE« (*sure* = sicher) oder SELF PROTECTOR« (Selbst-

In Ungarn aus Chirurgenstahl gebaute Replika eines klassischen Bowie-Messers. Es erhielt einen Griff mit Hornschalen. Die Knaufabschlüsse bestehen im Unterschied zu den Neusilber-Originalen aus Messing – um zu vermeiden, dass das Messer als Original gehandelt werden kann. Die Knaufplatten zeigen das klassischste aller Bowie-Beschlagmotive – »halb Pferd, halb Alligator«

beschützer). Jagdliche Bezüge sollten in Bezeichnungen wie »FOR STAGS AND BUFFALOES« (für Hirsche und Büffel), »FAR WEST HUNTING KNIFE«, »ALABAMA HUNTING KNIFE«, »CALIFORNIA HUNTING KNIFE« oder auch in dem von George Wostenholm sehr geschätzten Titel »HUNTER'S COMPANION« mitschwingen.

Dann gab es noch Versionen wie »CELEBRATED / AMERICAN BOWIE KNIFE« (Gefeiertes amerikanisches Bowie-Messer) oder »CELEBRATED DIRK KNIFE«, zu finden etwa bei kleinen Dolch-Bowies von Edward Barnes & Sons.

Und mitunter verirrten sich auch nicht ganz so westlich anmutende Titel auf die Klingenspiegel. So verpassten die Lockwood-Brüder einer Reihe von Essbesteckgriff-Bowies aus den 1860er-Jahren die Ätzung »REAL PAMPA KNIFE« – da staunt der Gaucho, der Cowboy wundert sich – und vielleicht auch der *Stockman*, wie man die Rinderhirten Australiens nennt. Denn es gibt auch Muster mit den Schriftzügen »FOR AUSTRALIA« oder »AUSTRALIAN CAMP KNIFE«.

Hintergrund: Ein nicht näher zu beziffernder, jedoch erklecklicher Teil der Sheffield-Bowies ging auf den Fünften Kontinent. In Neusüdwales entdeckte der aus Kalifornien zurückgekehrte Minenarbeiter Edward Hammond Hargraves um 1851 reiche Goldvorkommen. Daraufhin herrschten in den Goldfeldern von Victoria und New South Wales auf Jahre hinaus ähnlich ungezügelte Verhältnisse wie in den *diggings* des amerikanischen Westens. Die Australier tauften die Epoche zwischen 1850 und 1880 »*Wild Colonial Days*«, deren Hauptakteure »*Wild Colonial Boys*«. Zudem hatten viele Erzsucher schon in Kalifornien, Nevada und Colorado nach Edelmetallen gegraben. Als sie (wieder) ins Land der Didgeridoos und Kängurus zogen, brachten sie Waffen mit. Händler aus Städten wie Sidney orderten bald Messer mit passenden Schriftzügen. Freilich stießen sie in Sheffield damit nicht auf großen Widerhall. Denn die meisten der unterm Kreuz des Südens benutzten Bowies präsentieren auf Amerika bezogene Schriftzüge. Daher sind derartige »Aussie«-Bowies extrem rar und in der nördlichen Hemisphäre fast nicht zu finden.

Das ist bei jenen Mustern anders, welche die allgemein als witzigste Bezeichnung der Bowie-Welt erachtete Klingenätzung tragen: »ARKANSAS TOOTHPICK«. Erstmals dürfte die britische Firma Butcher auf den »Arkansas-Zahnstocher« gekommen sein. (Allerdings gibt es auch ein Exemplar des Amerikaners Henry Schively mit diesem Beinamen). Der Begriff fand Anklang. Dutzende von Manufakturen nutzten ihn, allen voran William Butcher. Und natürlich fanden sich alsbald auf den Klingen (ab und zu auch auf den Scheiden) Abwandlungen davon: Enoch Drabble benutzte bei einigen Mustern eine dreizeilige Variante »ARKANSAS / TOOTH / PICK« und William Thomas Staniforth erweiterte den Begriff zu »CELEBRATED ARKANSAS TOOTHPICK«. Warum gerade Arkansas? Nun, in diesem Staat ging die Begeisterung für diese Messer wohl am Weitesten, kein Mann ging ohne. Bis heute behaupten selbst offizielle Stellen, dass hier die Geburtsstätte der *Bowie Knives* steht, in Form der Black'schen Schmiede. Kein Wunder, dass Arkansas noch heute den Spitznamen »Bowie Knife State« trägt.

Von allen Bowie-Beinamen dürfte es sich beim »Arkansas-Zahnstocher« um den bekanntesten handeln. Er fand vielfachen Eingang in Folklore und Western-Literatur. So

Der in der deutschen Hobby-Szene als »Old Whisky« bekannte Messermacher Georg Wysniewski fertigte in gewohnt exzellenter Qualität diese Western-Dolche. Und genau so stellte sich die von Raymond Thorps irreführenden Texten beeinflusste Messerwelt seit Ende der 1940er-Jahre die »Arkansas-Zahnstocher« vor. Die Klingenlänge beträgt 27,3 beziehungsweise 25,9 mm.

lässt etwa der weltberühmte Autor Louis L'Amour die Heldin aus »*Ride the River*« solch einen Stocher führen. Der Name »Arkansas Toothpick« sorgte für einen der größten Irrtümer in der Bowie-Debatte, an dem der Autor Raymond Thorp die Schuld trägt. Inspiriert durch Berichte über den Schmied James Black entwickelte Thorp eigene Vorstellungen von authentischen Bowie-Messern. Dabei kamen Entwürfe zustande, die mit der Wirklichkeit nichts zu tun hatten. Bernard Levine: »*Ein besonders hartnäckiger Fehler von Thorp lag darin, eine Trennlinie zwischen ‚Arkansas Toothpick' und ‚Bowie-Knife' zu ziehen. Der Terminus ‚Arkansas Toothpick' entstand in den 1840er-Jahren als humorvoller Spitzname für den Begriff ‚Bowie-Messer'. Irgendwann wurde dieser Beiname dann auf Sheffield-Bowies unterschiedlicher Größen und Formen geätzt oder geprägt. Der Terminus bezieht sich also nicht auf einen speziellen Messerbaustil, etwa einen zweischneidigen Dolch, wie Thorp unterstellt.*«

Der Zierrat auf den Klingenseiten ließ sich außerdem prima mit dem Warenschutz kombinieren – das tat etwa der große Bowie-Hersteller Wostenholm mit Motiven wie:

»NONE ARE GENUINE BUT THOSE / MARKED I*XL« (Keine sind echt außer den mit I*XL markierten [Messern]), gefolgt von der Bezeichnung »THE REAL I*XL KNIFE«. (Das echte I*XL Messer). Wostenholm verwendete »echt« sehr oft auf seinen Modellen, etwa in der Bezeichnung »THE REAL HUNTING KNIFE«. I*XL bildete Wostenholms Markenzeichen und mauserte sich dank intensiver Werbung schnell zu einem Symbol für herausragende Qualität. Heute gilt es als das berühmteste Logo in der Bowie-Geschichte. Also sprangen die Konkurrenten auf den Zug auf und ersannen ähnlich klingende, nichtssagende Buchstabenkombinationen, als da wären I*XCD, NON-XLL oder XLNT – letztere ein Wortspiel, das sich wie »excellent« aussprechen lässt. Beliebt waren Sinnsprüche, etwa der selbstbewusste »I SURPASS ALL« (Ich übertreffe alle), der scharfe »I CUT MY WAY« (sinngemäß: Ich schneide mich durch), der schnittige »REAL RIPPER KENTUCKY FASHION TO CUT THRO ALL« (sinngemäß: Echter Kentucky-Allesschlitzer), der anzügliche »TRY ME« (Probier mich aus), der makabre »I'M A REAL RIPPER« (Ich bin ein echter Schlitzer) oder der kriegerische »NEVER DRAW ME WITHOUT REASON / NEVER SHEATH ME WITHOUT HONOR« (Zieh mich nie ohne Grund und versorge mich nie ohne Ehre). Der Spruch stammt aus dem Spanien des späten Mittelalters und fand sich auch auf nach Lateinamerika gelieferten Messern und Dolchen.

Natürlich reagierten die Messerhersteller auf das, was die US-Öffentlichkeit gerade bewegte. Als 1847/48 der kalifornische Goldrausch ausbrach, folgte ein Strom von entsprechend geätzten Messern aus Sheffield: »GOLD SEEKER'S DEFENDER«, »CALIFORNIA KNIFE« oder »GOOD AS GOLD«. Was für ein Aufwand da getrieben wurde, sollen zwei Beispiele beleuchten: Die Firma Woodhead etwa lieferte ein Muster, das auf grauem Grund in weißer Farbe ausgeführt folgenden Zierrat präsentierte: Den US-Wappenadler samt »E PLURIBUS UNUM«-Wahlspruch, die ersten vier Zeilen der amerikanischen Nationalhymne, ein indianisches Büffeljagdmotiv und das Szenario des *golden gate*, des Hafens von San Francisco. Dazu gibt es den passenden Spruch: »CALIFORNIA/GOLD AT THE DIGGINGS«.

Beispiel Numero zwei: Die Manufaktur C. Maschwitz brachte um 1850 folgende Ätzung auf einem Besteckgriff-Bowie unter: »I CAN DIG GOLD FROM QUARTZ / A CALIFORNIAN ASK FOR NOTHING BUT WHAT'S RIGHT / AND SUBMIT TO NOTHING THATS WRONG / CALIFORNIA BOWIE« – demnach fragt ein Kalifornier nach nichts, das nicht richtig wäre und beugt sich falschen Dingen nicht. Das Ganze gab es natürlich auch mit »Americans« anstelle von »Californians«, etwa bei einigen großen Wostenholm-Messern mit zweischneidigen Dolch-Klingen und runden Hirschhorn-Griffen.

Ein Bowie mit Tiffany-Stempel und traditioneller »I CAN DIG GOLD FROM QUARTZ« – sowie »A CALIFORNIAN ASKS FOR NOTHING«-Ätzung.

Bei J. E. Middleton entstand dieses Bowie mit Elfenbeingriff, dessen Knauf an eine Muschel erinnert.

Vor dem US-Bürgerkrieg dienten Bowies als politisches Ausdrucksmittel. Sheffield ätzte auf die Gefühle von Nord wie Süd zugeschnittene Kampfsprüche auf die Klingen. Da drohte allem Möglichen der Tod: »DEATH TO ABOLITION« (Tod der Antisklaverei-Bewegung), »DEATH TO TRAITORS« (Tod den Verrätern) und »DEATH TO SECESSION«. (Tod der Sezession, also der Abtrennungsbewegung der Südstaaten, die 1861 zum Beginn des US-Bürgerkrieges führte). Es gab massenhaft für Süd- wie Nordstaaten passende Messer mit einer neuen Variante des alten »Verteidiger«-Titels, nämlich »PATRIOT'S DEFENDER«. Hinzu kam für die Jungs in Blau »THE UNION NOW AND FORE-

Auch dieses Stück ist ein unter Gebrauch alter Griffelemente sehr spät gefertigtes Middleton-Bowie – auffällig hier der spindelförmige Büffelhorngriff (17 cm) und der Pferdekopfknauf. Die Klinge bringt es auf stolze 31,5 cm.

VER« (Die Union jetzt und für immerdar). Und Enoch Drabble schuf das auf zwei Klingenseiten verewigte Motto: »MY COUNTRY« / »MY STEEL IT'S PROTECTION« (Mein Land / Mein Stahl ist sein Schutz).

Diese Liste bildet nur die Spitze des Eisbergs. Ebenso fantastisch fiel auch bei den bis in die Mitte der 1850er-Jahre gebauten Stücken aus Sheffield der Formen- und Materialreichtum aus. Die Linienführung, Breite und Länge

Laut Stempelung fertigte die Firma Broomhead & Thomas dieses Prachtstück mit Rahmengriff, im Englischen als *frame handle* bekannt.

der Klingen variierte extrem, die Abmessungen reichten von hand- bis unterarmlang. Eines aber fällt bei den großen Sheffield-Bowies auf. Im Vergleich zu ihrer Größe wirken sie sehr leicht und tadellos ausbalanciert. Die Hersteller erreichten dies, indem sie mit hohlgeschliffenen Klingenblättern arbeiteten; dabei wurde nicht nur die Schneide, sondern auch der Bereich der Bahn entsprechend bearbeitet. Sehr oft reicht der konkav angesetzte Schneidenschliff über zwei Drittel der Klingenbreite. Dagegen fehlt den heutigen großen Bowies aus industrieller Fertigung häufig ein Hohlschliff. Und ihr Schliff reicht maximal bis zur Klingenmitte. So wirken sie schwerfällig und vorderlastig. Auch dies verweist darauf, dass man das Bowie ursprünglich als Kampfmesser entwickelt hat.

Außerdem gab es alle erdenklichen Arten von Griffen. Sie gerieten im Querschnitt oval, rund sowie vier- oder achteckig. Von der Seite her wirkten sie zylindrisch oder konisch, eckig und rund, gerade oder gewölbt – mal nach innen, mal nach außen. Andere Spielarten wiederum glichen Spindeln, Särgen oder Knochen. Mal folgte die Rückenlinie des Griffes derjenigen der Klinge, mal saß die Griffmitte auf gleicher Höhe wie die Mittellinie des Blattes. Bei ganz teuren Stücken fanden sich gelegentlich Knäufe, die ähnlich akribisch wie eine Elfenbein-Schachfigur geschnitzt waren. Und bei Verwendung von Hirschhorn passte man das Material mal der Kontur der Angel an oder beließ es in seiner natürlichen, oft gekrümmten Form.

Betrachtet man die zur Produktion von Griffschalen benutzten Werkstoffe der klassischen englischen Bowies genauer, dann fällt eines sofort auf: Nur sehr wenige Firmen verwendeten Holz; und wenn, dann teure, meist dunkle Sorten wie das sehr dichte gemaserte Rosenholz. Anders als heute waren schön gemaserte Wurzelhölzer wie Amboina oder Thuja seinerzeit kein Thema. Dagegen bevorzugten die Briten neben den meist aus Neusilber geprägten, hohlen Besteckgriff-Varianten alle Arten von Bein sowie Horn von Hirschen, Rindern oder Büffeln. Ja, sogar Panzer von Riesen-Schildkrötenpanzern wurden zu Messergriffen umgewandelt. Man nutzte Edles wie Perlmutt oder Elefanten-Elfenbein. Letzteres kam frisch aus Indien und vom Dunklen Kontinent; fossiles Material spielte in einer Ära ohne jede Art von Naturschutz keine Rolle. Wobei sparsame Hersteller auch mal eine Resteverwertung betrieben: Mitunter reichte ein Stück Elfenbein oder Perlmutt nicht mehr für einen kompletten Griff. Also kombinierte man es mit dem günstigeren Hirschhorn und grenzte die beiden unterschiedlichen Materialien durch einen aufgenieteten Neusilber-Steg voneinander ab. Das funktionierte natürlich nur bei flachen Angeln. In diesem Zusammenhang ist folgender Umstand ganz wichtig: Anders als bei einem modernen Jagdmesser kamen viele feststehende Bowies der klassischen Zeit nicht mit durchgehenden, flachen Klingenangeln. Viele Griffe wurden, wie bei einem Dolch, von hinten aufgesteckt und vom Knauf her vernietet. Auch gab es Messer, bei denen eine rundumlaufende Zwinge das untere

Klassische Sheffield-Bowies

Diese beiden Aufnahmen zeigen eine kleine Auswahl an Besteckgriff-Varianten. Das Messer neben der Uhr stammt von C. Johnson aus Sheffield, jenes auf dem Colt-Revolver M 1878 Frontier von Mappin & Webb.

fereien ursprünglich vorzugsweise mit Wasserkraft. Doch zwischen 1830 und 1860 wuchs die Fertigung schlagartig. Denn im Gefolge des Bowie-Erfolges konzentrierte sich die Stadt auch in anderen Schneidwaren-Feldern zusehends auf den größer werdenden US-Markt. Also installierte man immer mehr Mühlen, so dass das Wasser knapp wurde – was in trockenen Sommern eh schon ein großes Problem gewesen war. Nun kam schrittweise Dampfkraft ins Spiel. Und die damit einhergehende Rationalisierung führte dazu, dass manche Hersteller mehr und mehr vorgefertigte Teile anboten. Dadurch vereinheitlichte sich bis Ende der 1850er-Jahre das Erscheinungsbild der Bowies, vor allem im Bereich der Griffe. Es setzten sich flache Ausführungen mit nach innen gewölbten Bauch- und Rückenpartien durch, zum Teil schon mit durchgehenden Angeln. Aufwändig zu fertigende Griffarten verschwanden. Dazu zählten die an den Klingenfortsatz angehefteten und mit entsprechenden

Ein Bowie der Firma Joseph Rodgers & Sons – ein tadellos erhaltenes Stück mit Hirschhornschalen, unüblicherweise mit vier in Form einer Raute eingeschlagenen Nieten. Man beachte auch die hervorragend erhaltene Scheide aus schwarzem Leder mit Neusilberbeschlägen. Und in der Klinge spiegelt sich der Autor beim Knipsen ...

Ende des Griffes vor Beschädigungen schützte und ein schnelleres Handhaben und Wenden ermöglichte – beides wieder ein Beleg dafür, dass man die Bowies vor allem als Kampfmesser ansah.

Die Bowie-Messer bescherten Sheffield viel Geld. Das wurde investiert und führte zu einer Modernisierungswelle. Wie bereits angedeutet, arbeiteten die Sheffielder Schlei-

Exkurs: Mit dem Bowie ins Reich der Un-Toten

»Inzwischen musste Mr. Morris auf seiner Seite Gewalt anwenden, um den Ring der Szgany zu durchbrechen. Die ganze Zeit, als ich Jonathan atemlos zugesehen hatte, hatte ich aus den Augenwinkeln auch immer Mr. Morris beobachtet und gesehen, wie er sich mit dem Mut und der Kraft der Verzweiflung vorwärts kämpfte, und hatte so natürlich auch gesehen, wie ein Zigeunermesser aufblitzte und auf ihn niedersauste, gerade als er sich seinen Weg durch den Absperrring freigekämpft hatte. Er parierte den Stoß mit seinem Bowie-Messer, und zunächst glaubte ich, auch er habe es unverletzt geschafft; doch als er neben Jonathan sprang, konnte ich sehen, wie er sich mit der linken Hand die Seite hielt und dass Blut durch seine Finger sprudelte. Trotzdem ließ er nicht davon ab, genau wie Jonathan auf der einen Seite den Deckel der Kiste an der anderen Seite voller Wildheit mit seinem Bowie-Messer zu bearbeiten. Unter der gemeinsamen Anstrengung der beiden Männer gab der Deckel schließlich nach; die Nägel verursachten dabei ein kreischendes Geräusch, und dann konnten sie den Deckel endlich aufklappen. (...)*

Ich sah den Grafen in der Kiste auf der Erde liegen, die sich bei dem rüden Sturz vom Wagen teilweise über ihn gebreitet hatte. Er war totenbleich, fast wie seine eigene Wachsmaske, und seine roten Augen glühten in dem unheimlichen rachsüchtigen Feuer, das ich nur zu gut kannte.

Noch während ich schaute, sahen diese Augen die sinkende Sonne, und der Ausdruck des Hasses in ihnen wandelte sich zu schierem Triumph.

Doch da kam auch schon der Stoß mit Jonathans blitzendem großem Messer. Ich kreischte unwillkürlich in den höchsten Tönen, als ich sah, wie es die Kehle durchschnitt, während sich noch im selben Augenblick das Messer von Mr. Morris in sein Herz bohrte...«

Gemütlich in Kisten voller Erde schlafende Edelmänner mit rot unterlaufenen Augen gehören natürlich nicht zum Repertoire des Western-Genres, sondern zu dem, was im Englischen als »gothic novel« bezeichnet wird, also zu Schauer- und Horrorgeschichten. Und die zitierte Textpassage steht am Schluss eines weltberühmten Gruselromans, des »Dracula« von Bram Stoker. Tja, und wie das so ist mit den von Kino und TV vertrauten Klischees – ausgerechnet im ersten (und schönsten) Dracula-Epos überhaupt stirbt der Boss aller Fledermäuse eben nicht an so altbekannten Anti-Vampir-Mitteln wie würzig duftenden Knoblauch-Gebinden, frischem Weihwasser, Kuverts voller Hostien, hochgereckten Kreuzen oder den berühmten angespitzten Holzpflöcken, sondern durch die Messer-Stiche des Engländers Jonathan Harker (der im Übrigen ein nepalesisches Kukri benutzt!) und des Texaners Quincey Morris.

Der Ire Abraham »Bram« Stoker (1847–1912) schrieb seinen Gruselklassiker um den Grafen mit dem prinzipiell beneidenswerten Lebenswandel – tagsüber schlafen und dafür nachts ab auf die Piste – anno 1897. Da galt der studierte Philosoph, exzellente Mathematiker und spätere Theatermann in seiner Heimatstadt Dublin als Spezialist für Amerika, hatte er doch ein Buch über die Neue Welt geschrieben. Obwohl also ein ausgewiesener Fachmann, spielte er bei der Gestaltung der Figur des Quincey Morris mit jenen liebgewordenen Klischees, die man teils auch heute noch mit Texanern gleichsetzt: Stets ein wenig großspurig und prinzipiell nur in *Slang* redend (auch wenn man es durchaus anders könnte). Und natürlich lässt Stoker den Vampirjäger vom Rio Bravo das nach Transsylvanien mitnehmen, was er auch bei einem Trip in die Jagdgründe der Comanchen am Mann geführt hätte: Ein Winchester-Repetiergewehr und sein Bowie-Messer. Wohlgemerkt, der Roman spielt um die vorletzte Jahrhundertwende – da trugen selbst wenig weltläufige Bewohner des »Lone Star«-Staates im Alltag kaum noch eins der riesigen Kampfmesser aus der Zeit um 1850 mit sich herum. Allenfalls Gesetzesleute wie die *Texas Rangers* führten schlanke Dolche und kurze Bowies am Revolvergurt. Doch beweist dieses Beispiel prächtig, wie sehr man um 1900 immer noch Begriffe wie »Texas« und »Bowie-Messer« miteinander verband.

Schalen belegten Neusilberrahmen und die nur mit viel Mühe zu fertigenden knochenförmigen Versionen etwa der Messer von W. & S. Butcher. Bei den Bowies aus dieser Umstellungsphase wird das Auge des heutigen Fans mitunter durch den verspielten Prunk und den Formenreichtum der Neusilbermontierungen irritiert. Doch man täusche sich nicht: Bei diesen Teilen handelte es sich um Massenartikel. Sie ließen sich schon kurz nach Ende der Napoleonischen Ära extrem kostengünstig herstellen.

Da wirkt es auf den ersten Blick widersprüchlich, dass die vielleicht aufwändigste Sonderform der Goldenen Epoche erst nach 1850 ihr Debüt erlebte: Die *Folding Bowies*, also Klappmesser, die ja mit ihren Stützfedern und Platinen sowie der beim Montieren nötigen Feinarbeit

Vom norddeutschen Messermacher Gerhard Haats stammen diese liebevoll dem Sheffield-Stil nachempfundenen Messer. Das kleine Bowie mit der breiten Mittelspitzenklinge trägt Schalen aus Hirschhorn. Das Muster mit dem roten Futteral erhielt eine Griffhülse aus Büffelhorn und einen muschelförmigen Neusilberknauf.

bescheidener aus, weil die schmalen Vierkant-Dolchklingen dafür zu wenig Platz boten. Wegen der Klingen lassen sich *Folding Bowies* in zwei Kategorien einteilen: Zum Einen sind da die Versionen, bei denen Klinge und Griff von der Länge her zueinander passen. Zum Anderen gibt es auch Verlängerungsmesser. Das heißt, dass die Klinge selbst in eingeklapptem Zustand noch aus dem Griff ragt und durch Ausklappen doppelt so lange wie vorher ausfällt. Derlei war nicht nur bei diesen Messern, sondern auch mitteleuropäischen Jagdmessern *en vogue*. Bowie-Klappmesser sind rar, da sie kaum länger als 25 Jahre gebaut wurden. Wer eines hat, sollte sich glücklich schätzen. Diese Klappmesser setzen jeder Sammlung sowohl von Bowies wie auch von antiken Taschenmessern ein Glanzlicht auf.

Drei Klappdolche des Typs *Folding Bowie*. Die beiden oberen, alten Stücke kommen mit Griffschalen aus Hirschhorn und gepresstem Knochen. Das untere Messer mit Pakkaholz-Schalen trägt den Stempel der Firma Samuel C. Wragg. Es handelt sich um einen modernen Nachbau, den die Firma River Junction vertreibt.

schwerer herzustellen sind als jedes feststehende Messer. Dies erklärt sich daraus, dass mit der zunehmenden Rationalisierung der Fertigung der Aufwand beim Taschenmesserbau sank. Geoffrey Tweedale fand für diese Kategorie folgende salzige Bemerkung: *»Sie waren oft aufwändig verziert, so dass man jemandem auch mit Stil erstechen konnte.«* Entsprechend dem Stil der Zeit betrieb man bei den meist symmetrischen Griffen dieser Dinger ähnlich viel Aufwand wie bei den feststehenden Verwandten. Dagegen fiel der Zierrat der Klingen meist

Zu den Preisen. Faustregel: Ganz frühe und auffällig geformte Stücke fallen mitunter ebenso teuer aus wie die amerikanischen Stücke der Zeit bis 1840. So erzielte etwa ein mit Knochenform-Griff versehenes Messer von William Butcher bei einer B & B-Auktion mehr als 18.000 Dollar. Das ist nur ein Beispiel von vielen. Aufwändig verzierte, tadellos erhaltene Wostenholm-Messer kosten auch schon mindestens vier- bis fünftausend Dollar – Tendenz steigend. Und mit rund zwei bis dreitausend Dollar liegt die Latte für einfachere Stücke aus der Zeit kurz vor dem US-Bürgerkrieg immer noch hoch.

Cowboy-Bowies

Wie angemerkt, kristallisierten sich am Ende der klassischen Bowie-Ära Vereinfachungen in der Bauweise und Vereinheitlichungen im Stil heraus. Zwar baute Sheffield noch bis weit ins 20. Jahrhundert große Bowies mit kunstvollen Griffen, doch schwanden in den USA nach dem Ende des Bürgerkrieges zusehends die Käufer für solche Messer. Denn nun kamen immer mehr Faustfeuerwaffen heraus, die dank ihrer Metallpatronen zuverlässiger funktionierten als die alten Vorderlader und so die großen Bowies als allzeit bereite Verteidigungswaffen schlicht überflüssig machten. Jedoch behaupteten sich kleinere Bowie-Ausführungen auf dem Markt.

Um diese Messer wird in den Staaten viel herumgesponnen. Allgemein gelten sie als Unterkategorie der *hunting knives*, also der Jagdmesser. Wobei es hier Unterschiede gibt: Anfangs belegte die englischsprachige Welt mit dem Sammelbegriff *hunting knife* vor allem jene großen Stücke, die in Deutschland in die Gruppen Hirschfänger oder Standhauer fallen. Dagegen erhielt der Terminus nach 1870 allmählich eine andere Bedeutung – nämlich die des kleinen Handwerkszeugs, das man bei der Pirsch gut in der Jagdtasche unterbringen kann und aus dem die modernen *Allround*-Versionen mit *Drop-Point*-Klinge hervorgingen. Dazu zählten seinerzeit die kleinen Bowies, über deren Nutzen Jagdfachleute in den USA seit über 100 Jahren spotten (mehr dazu ab Seite 158).

Doch ignorieren diese Fachleute da einen wesentlichen Teil der Kundschaft – die unzähligen Jungen, die sich in ihrer »Abenteuerphase« ein eindrucksvolles Messer wünschten. Man bedenke, dass Groschenromane und die nach 1870 in Mode kommenden Wildwestshows bei Halbwüchsigen ihre Hauptkundschaft fanden, dass um 1900 die Pfadfinderbewegung ihren Anfang nahm – und dass viele *cow-boys* der 1880er- und 1890er-Jahre auch noch nicht trocken hinter den Ohren waren. Wobei ein Weidereiter für ein feststehendes Messer ebenso wenig praktische Verwendung hatte wie für seine ledernen Unterarm-Manschetten (*cuffs*) oder seine riesigen Sporen. Doch gehörte das einfach dazu, sonst war man nicht komplett angezogen. Die kleinste Abnehmerschaft für solch zierliche Messer fand sich nach 1880 in den Reihen der *Texas Rangers*. Hier gehörte es für gut vier Jahrzehnte zum guten Ton, ein schlankes Schneid- und Stichwerkzeug in einer aufwändig gearbeiteten Scheide aus bestem Leder am Revolvergurt zu tragen. Und die mit alldem einhergehende Nachfrage dürfte weder an Sheffield noch an den Herstellern in den USA vorbeigegangen sein.

Die in Amerika als *»Hunting Bowies«*, in Deutschland meist als *»Cowboy-Bowies«* bezeichneten Messer boten in ihrer Masse ein stark einheitliches Bild. Sie kamen meist mit Panduren-, seltener mit Mittelspitze, mit durchgehender Angel und einem symmetrischen viereckigen Griff, der sich zum Ende verjüngte. Die Klingenlängen lagen zwischen 12 und 25 cm. Die Parierstange bestand fast immer aus

Vier klassische Bowies des »Cowboy«- oder »Hunting«-Typs, gefertigt von den Firmen M. Klaas, John Newton & Co., T. Turner & Co. und Wilber Cutlery. Nur das Turner-Messer hat Griffschalen aus Hirschhorn, die anderen bestehen aus gepresstem Bein. Alle haben Entenschnabelspitzen und ovale Neusilberparierstangen, die Klingen sind 10 cm bis 17 cm lang.

Auch der berühmteste Name Sheffields findet sich: George Wostenholm & Son samt dem legendären I*XL-Stempel.

den. Sie werden noch gebaut, in Solingen etwa bei Carl Linder oder Kuno Ritter Hubertus, heute meist mit Hartholzschalen und Parierelementen aus Messing. Die *Cowboy-Knives* prägen daher die öffentliche Vorstellung von einem Bowie-Messers viel stärker als die eigentlichen Vertreter dieser Klasse.

Neusilberplättchen, meist in ovaler Form. Um 1880 kamen Varianten mit kugelförmigen Abschlüssen hinzu. Als Griffmaterial dienten zwei zur Angelkontur passende Schalen aus Hirschhorn oder – billiger – aus Pressknochen, der als Imitat vorgenannten Materials diente. Seltener finden sich noch Besteckgriffe oder edlere Werkstoffen wie Perlmutt. Nach 1870 erschienen zudem neue Materialien wie Hartgummi, der seitdem auch bei US-Revolvern hoch im Kurs stand. Nach 1890 entstandene Messer weisen auch schon Griffe aus Zelluloid auf. Fixiert wurden sie durch drei respektive vier Stifte, deren überstehende Enden einfach umgebördelt wurden. Die Produktion dieser Messer erfolgte weithin in Sheffield, allerdings haben auch amerikanische und deutsche Hersteller einen großen Anteil am Bau solcher Stücke. Und sie sind nicht vom Markt verschwun-

Wie die Stempelung zeigt, steuerte auch Solingen (hier: Friedrich Herder) seinen Anteil zu diesem Bowie-Typ bei. Man beachte die für ein Messer dieser Art ungewöhnlich aufwändig gearbeitete Scheide.

In den USA fertigten Dutzende Fabrikanten solche Messer, heute stehen bei Sammlern vor allem die Modelle einer Handvoll von Firmen hoch im Kurs. Dazu zählt etwa J. Russell & Company, die ihre Schneidwaren unter dem Namen »Green River« vermarktete und um 1880 mit dem Bau solch kleiner Bowie-Spielarten begann. Der Katalog von 1884 etwa enthält fünf Grundmodelle, die es entweder mit Griffen aus Ebenholz mit aufgeprägter Fischhaut oder mit Hirschhorn gibt – Letzteres unter den Nummern 1000, 1100 und 1200 vertrieben. Dieses Trio war mit Klingenlängen von fünf, sechs, sieben, acht und neun Zoll lieferbar (nur zur Wiederholung: 1 Zoll/*Inch* = 2,54 cm). Nummer 1000 kam zudem mit einer hohlgeschliffenen Klinge mit deutlich ausgeprägtem Entenschnabel; drei in einer Linie sitzende Stifte hielten ihre Schalen. Dagegen fanden sich die Nieten der beiden anderen Versionen jeweils in Zweiergruppen nebeneinander oben und unten am Griff, in dessen Zentrum ein kleines Gravurplättchen eingelassen war. Nummer 1100 verfügte ebenfalls über einen Hohlschliff, kam aber mit einer *Spear-Point* Klinge, deren Rücken im Ortbereich beiderseits leicht angeschrägt war. Und Nummer 1200 wartete mit einer Schnabelspitze, aber einer derb geschliffenen Klinge auf. Außerdem unterschied sich diese Ausführung von den beiden anderen durch die kugeligen Abschlüsse ihrer Parierstange. Wegen des berühmten Namens erzielen die Russell-Bowies heute Preise ab 700 US-Dollar. Sie sind die mit Abstand teuersten Cowboy-

Bowie-Hersteller in aller Welt fertigten in vereinfachter Weise auch Dolche wie dieses namenlose Exemplar mit den Kugelenden an den Parierstangenenden.

Bowies überhaupt, deren Einstiegspreis üblicherweise bei um die 100 Dollar liegt.

Einige Jahre später folgte Landers Frary & Clark aus Connecticut. Hier sollten Sammler beachten, dass die mit »L.F. & C.« gestempelten Stücke mehr als doppelt so viel bringen wie die mit »UNIVERSAL« markierten, gut 150 Dollar teuren Muster mit den billigen dunklen Zelluloid-

Auf dem Rasierklingenschärfer liegt ein namenloses Messer, das wie eine Mischung aus frühem Bowie und Cowboy-Bowie wirkt. Der Taschenrevolver ist ein .38er Iver Johnson.

Cowboy-Bowies

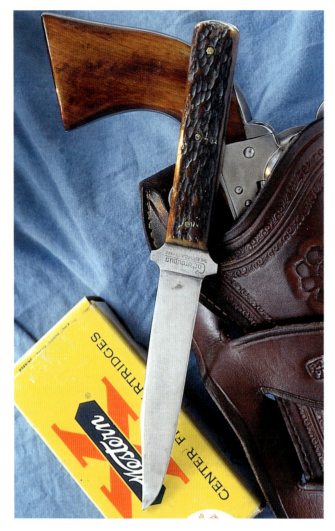

Der technische Endpunkt der Cowboy-Bowies: Dank vereinfachter Fertigung fiel die Parierstange weg. Statt dessen stanzte man die Klingenrohlinge so aus, dass der Übergang von Klinge zu Angel als Handschutz fungierte. Hersteller: Cattaraugus, 1886 gegründet, 1963 geschlossen, wichtiger US-Hersteller von Klapp- und Küchenmessern.

Eine robuster Stangenhauer mit Bowie-Klinge, wie ihn deutsche Forstbeamte in den 1920er- und 1930er-Jahren führten. Hersteller: J.A. Henckels Zwillingswerk, Solingen. Man beachte die aufwändig gearbeitete Köcherscheide.
Foto: Martin Benz

Griffen. Weitere US-Hersteller waren Lamson & Goodnow aus Massachusetts mit ihrem »Hercules«-Modell (mindestens 250 Dollar), Bridgeport Gun Implement Company, Walden, Simmons (Markenname: Keen Kutter) und – Winchester. Die für ihre Unterhebel-Repetierer bekannte Firma stieg in den 20er-Jahren in dieses Feld ein – unter anderem. Nach dem Ersten Weltkrieg geriet das Familien-Unternehmen ins Schlingern. Da gab man die Kontrolle an einen neuen Investor ab. Der beschloss, alle erdenklichen Eisenwaren und Sportartikel auf den seit Kriegsende ungenutzten Fertigungsanlagen zu bauen und so aus dem renommierten Namen Kapital zu schlagen. Als Winchester sich anschickte, zur weltweit größten Einzelfirma für solche Waren aufzusteigen, traf sie auf Widerstand, namentlich von der Firma Simons Hardware Companies aus Saint Louis. Nach einigem Hickhack schlossen sich beide 1922 zusammen. Nun fertigte man einige Produkte gemeinsam, darunter Jagd- und Fahrten-Messer sowie Cowboy-Bowies. Die hatten fünf bzw. sechs Zoll lange Klingen und kamen unter drei Namen auf den Markt: Walden Knife Co., E. C. Simmons Keen Kutter und Winchester. Ein Vertreter letztgenannter Ausführung dürfte jede Winchester-Sammlung abrunden – diese raren Bowies kosten in einwandfreiem Zustand gut und gern 600 bis 700 Dollar und sind damit teurer als so manches zeitgleich gebaute Winchester-Gewehr.

Natürlich bauten auch Dutzende Sheffielder Firmen solche Messer. Es finden sich so berühmte Namen wie Joseph Allen (NON-XLL), Wade & Butcher, Joseph Rodgers oder George Wostenholm mit seinem I*XL-Zeichen. Viele dieser Messer tragen neben den Firmenstempeln den Vermerk »ENGLAND« auf den Klingen – dies hing mit den nach 1890 verschärften US-Einfuhrbestimmungen zusammen. Doch bringen selbst legendäre Namen wie Wostenholm oder Rodgers gerade ein Viertel dessen, das man für ein Cowboy-Bowie der Green-River-Werke zahlt. Die einst von J.A. Henckels, Anton Wingen und Richartz gebauten Stücke kann man mit Glück schon für Beträge von rund 70 bis 80 Euro auftreiben.

California-Bowies

Nachdem sich die Grundformen der *Bowie-Knife*-Familie in Sheffield verfestigt hatten und deren Erzeugnisse die Vereinigten Staaten überfluten begannen, schaffte es kein Staat oder Territorium der USA, diesem Ansturm mit einem eigenen Stil zu begegnen. Mit einer Ausnahme: Kalifornien, um es genau zu sagen: San Francisco. Nach Beginn des Goldrausches mauserte sich das verschlafene Küstenstädtchen schnell zu einer Weltmetropole. Allerdings lag diese neue Drehscheibe des internationalen Erzhandels weitab vom Schuss, so dass der gesamte Nachschub an lebensnotwendigen Gütern wie an Luxuswaren entweder per Treck über Land oder per Schiff über See hergeschafft werden musste. Dies begann sich zu Beginn der 1850er-Jahre zu ändern. Da entdeckten immer mehr der als Glücksritter angereisten Handwerker, dass sie mit ihrem angestammten Beruf weit mehr Geld verdienen konnten als zu Hause – denn die neuen Reichen zahlten für alles – vom Hut bis zum Haus – Spitzenpreise. Und natürlich auch für Waffen.

Als Gründervater der kalifornischen Messerschmiede-szene gilt der gebürtige Ire Hugh McConnell. Er erkannte

Ein sehr schönes, leider namenloses Muster mit 15,5 cm langer *Clip-Point*-Klinge und 12,8 cm langem geschnitzten Elfenbeingriff, der das Muster einer Kornähre zeigt. Solcherlei Zierrat am Griff war ebenfalls typisch für das Goldland am Pazifik.

Gerhard Haats baute dieses Bowie mit angedeutetem Hundeknochengriff, das an eine besondere Sitte kalifornischer Messermacher erinnert: Man nehme eine Klinge aus Sheffield und bestücke sie im Nachhinein mit einem Griff aus Elfenbein oder anderen edlen Werkstoffen. Die Zeichnung darunter wiederholt eine Szene vom Beginn des US-Bürgerkrieges: Männer vom Zuaven-Regiment des Oberst Wilson legten in der New Yorker Tammany Hall einen blutrünstigen Treueschwur auf die Union ab, wobei sie Bowies und Revolver zückten.

als erster, was es hier für Möglichkeiten gab. Die Stadt stank vor Geld und gierte nach Luxus. In Frisco stauten sich teuerste Werkstoffe – neben Edelmetallen und Horn von Elch, Rind und Hirsch gab es dank der anlandenden Seefahrer und Walfänger gewaltige Mengen an Walross-Elfenbein, Perlmutt und Abalone-Muschel. McConnell begann als Erster, edle Messer zu bauen. Bereits 1854 erschien im »*San Francisco Herald*« eine Annonce, in der »*zweihundert silberbeschlagene, kleine Dolchmesser (`dirk-knives´) aus Kalifornien-Herstellung*« angeboten wurden – McConnell war laut Levines Recherchen der Einzige, der zu diesem Zeitpunkt so etwas in Kalifornien auf die Beine stellen konnte. Schon bald sammelte er erstklassige Kräfte um sich, darunter den Schweizer Hermann Schintz oder Frederick Will aus Albany in New York. Will übernahm McConnells Laden, als der 1863 verstarb. Berühmt wurde Will zusammen mit seinem Partner, Julius Finck aus Baden. Als ersten selbständigen Konkurrenten von McConnell nennt die Fachliteratur jedoch Frederick Kesmodel aus Baltimore, den die Register der Stadt erstmals 1856 erwähnen. Kesmodel betrieb eine kleine Schleiferei, deren übermannshohes Schwungrad zur Erheiterung seiner Kunden

So weit bekannt, wagte sich von den europäischen Messermachern bisher nur Gerhard Haats an den Nachbau eines Bowie-Messers, wie es typisch war für Michael Price und andere Meister aus San Francisco: Eine aufwändig gravierte Scheide aus Metallblech, ein eckig ausgeführter Rahmengriff mit eingelegten Elfenbeinplatten und je zehn goldenen Ziernieten auf jeder Seite. Der Griff ist innen hohl – was viel Aufwand beim Bau des Rahmens erfordert, der eine Art Gleitrinne zur Aufnahme der Platten braucht. Sind die Platten eingeschoben, wird der Rahmen zusammengefügt – man beachte die authentische Stoßkante, die oben am Knauf und von hinten fixiert wurde. Das Messer sitzt dank einer angelöteten Gurtschlaufe hoch am Gurt. Das gerahmte Foto im Hintergrund zeigt einige Mitglieder des Vigilantenkomitees von San Francisco.

Ein kleiner Dolch mit Besteck-Griff, ganz im Stil der Sheffielder Hersteller, aber mit dem Stempel »M. PRICE / SAN FRANCISCO«. Ein rares Sammlerstück.
Foto: Don Graham

mittels eines Hundes angetrieben wurde – eine Methode, der sich schon europäische Messerschmiede früherer Jahrhunderte bedient hatten. Ebenfalls in den 1850er-Jahren eröffnete der Ire Michael Price seinen Laden, der in den folgenden drei Jahrzehnten zusammen mit Will & Finck den Bau edelster Messer beherrschen sollte.

Stimmen zum Bowie: Gerhart Haats

Gerhard Haats

Gerhard Haats ist ein leidenschaftlicher Western-Hobbyist, der sich als Messermacher wie als Restaurator antiker Schusswaffen einen Ruf erworben hat.

»Mich reizt an den Bowies als Messermacher zum einen die Form. Hier kann man superauthentisch vorgehen und nur originalgetreue Materialien wie Horn, Neusilber und nicht rostfreien Stahl verwenden oder auch mal heute übliche Werkstoffe – wie den im Wilden Westen kaum benutzten Damaststahl – der Linienführung der alten Stücke anpassen. Zum anderen interessieren mich die seinerzeit üblichen, technischen Arbeitsprozesse. So habe ich durch Versuch und Irrtum herausbekommen, wie etwa die Firma Colt im 19. Jahrhundert ihre Schusswaffen brüniert und buntgehärtet hat. Solche vergessenen, heute unüblichen Techniken gibt es auch im Bowie-Bereich reichlich. Nehmen wir als Beispiel California-Bowies mit hohlem Rahmengriff, wie sie Michael Price aus San Francisco gebaut hat. Als ich so ein Stück erstmals in einem Butterfield & Butterfield-Katalog gesehen habe, wollte ich wissen, wie er das mit dem Griff gemacht hat und ob sich das nachbauen lässt. Denn die formschöne Klinge ist einfach zu erstellen, aber der Griff ist nur mit einigem Aufwand zu gestalten. Wie Sie sehen, habe ich den Trick herausgefunden. Damit sind für mich aber längst noch nicht alle Versuche auf dem Feld abgeschlossen. Derzeit experimentiere ich an etwas anderem herum – dem Motivätzen der Klingen.«

Ihre Bowies besitzen Griffe aus kostspieligen Materialien wie Elfenbein, Perlmutt oder Walrosszahn; oft kunstvoll geschnitzt, reich graviert und mit Edelmetallen belegt, beziehungsweise zusätzlich mit Silber- und Goldnägeln beschlagen. So belegte man bei einigen Stücken nicht nur den Griff mit den teuren Werkstoffen, sondern auch die Scheide. Dann gab es etwa aus Münzensilber gegossene Rahmengriffe, die beidseitig mit Scheiben aus Walross-Elfenbein belegt und mit goldenen Nieten fixiert wurden. Hinzu kam noch eine aufwändig gravierte Silberscheide. Trotz zum Teil handwerklich hervorragender Verarbeitung mündete alles in einen protzig-vulgär wirkenden Baustil, dessen Adressaten man heutzutage in Kreisen halbseidener Krokoleder-Fans und Pitbull-Besitzer vermuten würde. Doch ließ San Francisco seinen Reichtum schamlos heraushängen. Hier kam es auf breiter Ebene in Mode, Revolver gravieren und versilbern zu lassen, während man die originalen Holz- durch Elfenbeingriffschalen ersetzte. Und einige Mitglieder des örtlichen Vigilanten-Komitees führten anstatt der üblichen Hartholz-Schlagstöcke Knüttel aus Elfenbein. Heute bieten die angeberischen Griffe ein sichereres Erkennungszeichen für die Oberklasse der California-Bowies. Einst wie jetzt sind diese Muster teuer. Sie erzielen Preise jenseits der 20.000 Dollar. Etwas bescheidenere Ausführungen erschienen meist mit schmucklosen Griffschalen aus Elfenbein, Wapiti- oder sonstigem Hirschhorn, hier fehlt jeglicher Zierrat. Aber dafür wirken diese wohltuend schlichten Messer mit ihren kurzen und daher nicht sperrigen Parierstangen wie die Blaupause zu dem, was man sich heute unter einem ordentlich gearbeiteten, guten Jagd- und *Outdoor*-Messer vorstellt. Will & Finck wählten dafür gern die klassische, asymmetrische Vogelkopf-Form mit ausgewölbter Bauchpartie, durch die das Messer beim Schneiden ausgezeichnet und rutschsicher in der Hand liegt. Michael Price experimentierte mit ergonomischen Entwürfen. Fast alle seine schlichten Griffe wirken rund und knubbelig und sehen ungefähr aus wie ein Tannenzapfen – in der Mitte bauchig ausladend und zum Knauf hin spitz zulaufend. Diese Versionen kommen alle mit durchgehenden, geschmiedeten Erlen.

Im Unterschied zu den Versionen aus Sheffield und dem US-Osten erhielten die meisten kalifornischen Bowies vergleichsweise starke Klingen von rund vier bis sieben Zoll Länge und eine Mittelspitze mit beidseitig angeschrägter Rückenpartie. Schnabelspitzen fehlen fast völlig. Anders als bei den britischen Bowies gab es keine Ätzungen auf den Klingen. Die Kalifornier bauten für ihre Bowies meist Ganzmetallscheiden, deren Zierrat sich an den Messergriffen orientiert. Mitunter besaßen diese Scheiden angenietete Klemmen (*Clips*), womit sie sich am Gurt oder im Stiefelschaft befestigen ließen.

Militär-Bowies

Natürlich konnte sich auch die US-Armee dem Bowie-Messer nicht verschließen. Nach dem Fall des Alamo führten wohl irreguläre Verbände wie die *Texas Rangers* als Erste derlei mit ins Feld. Denn die Männer rund um John Coffee »Jack« Hays, Benjamin McCulloch oder Alexander »Big Foot« Wallace erkannten sehr schnell, dass sie bei ihren Patrouillenritten durch das Indianer-Gebiet ein großes, robustes Messer brauchten. Damit konnten sie alle rund ums *Camp* anfallenden Arbeiten verrichten, und es gegebenenfalls als letztes Mittel einsetzen, falls (wieder) einmal die auf das witterungsempfindliche Schwarzpulver angewiesenen Vorderlader streiken sollten.

Schon James Bowie sah das so. Nach den Forschungen von Lucy Leigh Bowie empfahl er 1835, die Revolutions-Armee mit einem ein robusten, derb geschliffenen Messer mit Mittelgrat, angedeutetem Entenschnabel, kurzer ovaler Parierstange mit Stoßleder sowie Hirschhorngriff auszurüsten. Es lässt sich nicht feststellen, ob sich Bowies Konzept eines Multifunktions-Messers in dem Chaos der Texas-Revolution umsetzen ließ. Sollte die Geschichte stimmen, hat James Bowie den Anstoß für einen Großteil der modernen, vielfältig nutzbaren Armee-Messer mit feststehender Klinge geliefert. Und da sie sich als Waffe wie als Werkzeug universell verwenden lassen sollten, heißen sie in den USA *fighting utility* oder *multiple utiliy*.

Doch der Reihe nach. Die im texanischen Unabhängigkeitskrieg aus den Südstaaten herbeieilenden Verbände wie die »New Orleans Greys« oder die »Alabama Red Rovers« dürften Bowies (und Tomahawks) mitgeführt haben, ohne auf eine Reglementierung zu warten. Nach Houstons Sieg am San Jacinto begannen auch außerhalb von Texas Miliztruppen sowie einige Offiziere der US-Armee mit großen Bowie-ähnlichen Messern zu experimentieren. Harold Peterson über das nachweisbar erste dieser Modelle: *»In den späten 1830er- oder den frühen 1840er-Jahren fertigte Andrew G. Hicks, ein weitgereister Messerschmied und Werkzeugmacher aus Cleveland in Ohio, eine große Anzahl von Militärmessern. Es hat kein spezieller Vertrag zwischen der Regierung und Hicks überlebt, aber in den Briefordnern des so genannten Allegany Arsenals fanden sich häufige Verweise auf Hicks, Messer und Einkäufe. Gemäß allgemeiner Annahme erwarb das Arsenal, das die Nachschubversorgung der Region westlich der Alleghenies handhabe, diese Messer bei Hicks, um die auf die Ausrüstung der Miliz bezogenen Anfragen verschiedener Staaten zu befriedigen. Die Messer von Hicks sind von guter Qualität, haben einen militärischen Anstrich und sind heutzutage ziemlich rar. Sammler machen viel Aufhebens darum.«*

Die Standardausführung dieser Messer lässt sich durch einen Blick identifizieren. Denn ihre aus Messing gefertigte und mittels zweier Schrauben fixierte Knaufabdeckung mündet in einen Griffbügel, dessen Länge ungefähr der Hälfte des Griffes entspricht. Gemäß der Blankwaffenterminologie müsste man dieses gebogene Element als »Griffbügelknauf« bezeichnen. Dies fällt aus der Reihe, da solche Bügel normalerweise am Handschutz ansetzen. Halb- oder dreiviertellange Varianten sind hingegen sind nichts Außergewöhnliches und schon von mittelalterlichen Hauswehren bekannt. Typischerweise besaßen die Hicks-Messer eine kreuzförmige Messing-Parierstange, die in der Mitte zu einer Zwinge für die Rosenholz-Griffschalen ausgeformt ist. Die Schmalseiten der Schalen und damit auch deren Stoßkanten wurden durch Messingplättchen verdeckt, gehalten von je sechs(!) Schlitzschrauben. Hinter der Parierstange saß in jeder Griffschale noch ein dreiviertellanges, ebenfalls mit zwei Schrauben befestigtes Plättchen. All dies diente dazu, den Griff verwindungssteifer zu machen. Die 14 Zoll, also 35,5 cm langen Messer kamen mit einer zehn Zoll (knapp 25,5 cm) langen Mittelgratklinge. Deren Rücken war im Ort bei einigen Mustern angeschrägt und beiderseits leicht angeschärft. Das derbe Blatt fiel anderthalb *Inches* (38 mm) breit aus, seine Dicke betrug nicht ganz einen halben Zentimeter.

Neben dieser Grundversion baute Hicks auch noch eine Ausführung ohne Griffbügel, dafür mit eiserner Knaufabdeckung. Zu jedem »Hicks Rifleman« gehörte eine Scheide, aus zwei Lederscheiben zusammengenäht und am Mund durch ein aufgenietetes rechteckiges Messingblechstück verstärkt. Die meisten Hicks-Messer tragen auf den Griff gestempelt den Namen des Herstellers: »A.G. HICKS / MAKER / CLEV'D O.«. Allerdings gibt es auch Stücke ohne diese Markierung. Dagegen prangt auf keinem der bis heute bekannten Exemplare irgendein Regierungs- oder Armee-Stempel. Daher kann niemand sicher belegen, ob diese wuchtigen Werkzeuge jemals ausgegeben und bei irgendeinem Verband offiziell eingeführt worden sind.

Doch im Amerikanisch-Mexikanischen Krieg (1846–1848) kam die US-Armee zu ihrem ersten Multifunktions-Schneidgerät. Oberst Persifor F. Smith (1798–1858), Regimentskommandeur bei den *Mounted Rifles*, also der berittenen Schützen, beriet sich 1846 mit seinen Offizieren über die ideale Bewaffnung. In seinen Reihen dienten ehemalige *Texas Rangers*. Die plädierten eingedenk ihrer Siege über zahlenmäßig überlegene »Cammanche«-Indianer für Samuel Colts Revolver. Smith schickte prompt Captain

Typisch für das »Ames Rifleman Knife M 1849« ist die Mittelspitzenklinge mit Grat und angedeutetem Rückenschliff im Ort-Bereich sowie der klassische, asymmetrische Messergriff – er ist einteilig, von hinten aufgeschoben und *nicht* aufgelegt. Es gab wohl auch zweiteilige Griffe. Drei Eisenstifte halten ihn auf der Angel. Im schnörkelartig zur Bauchseite hin gebogenen Knauf sitzt eine Messing-Fangriemenöse. Typische Stempel: »US / WD« (rechte Klingenseite). Darüber auf Parierstange: »WD« und »J.W.R«. Linke Klingenseite: »AMES MFG. CO. / CABOTSVILLE / 1849«. Scheide aus schwarzem Leder, hinten auf Stoß genäht. Ort- und Mundblech aus Messing. Mit genähtem Koppelschuh, den ein runder Knopf auf dem Mundblech hält. Dieser indische Nachbau hat eine Klingenlänge von 30,2 cm (Gesamtlänge 45,7 cm) und wiegt rund 650 g.

Samuel Walker zu dem Erfinder – das Resultat war der 44er Colt Whitneyville-Walker, mit fünf Pfund der schwerste Perkussionsrevolver überhaupt. Zudem wollten die wildniserprobten Texaner ein stabiles Allzweckmesser im Stil eines *Bowie Knife*. Der Oberst bestellte 1000 Stück.

Zwar erhielten seine Männer die bestellten Feuerwaffen, jedoch trafen die Messer nicht ein. Erst nach dem Friedensschluss kamen die zwischenzeitlich in den Jefferson Barracks von Missouri stationierten Schützen dazu, wegen ihrer Messer in Washington nachzuhaken. Dort fand sich die Anfrage in der Verwaltung unter »unbearbeitet abgelegt«. Darob leicht angesäuert, machte Oberst George Talcott, Chef des US-Zeugamtes, Nägel mit Köpfen. Er orderte bei der Ames Manufacturing Company aus Massachusetts Prototypen. Die *Riflemen* entschieden sich für den stärksten und größten. Und davon bestellte Talcott bei Ames 1000 Exemplare, zu liefern binnen kürzester Frist. Denn den »Rifles« stand eine erneute Verlegung bevor.

Der Autor übersetzte 1992 für die Waffenzeitschrift »VISIER« einen Artikel, in dem US-Spezialist James M. Hutchins das fertige Gerät beschrieb: *»Ames baute ein robustes Messer, das durch sein stolzes Gewicht von 700 Gramm und eine imponierende Länge von 48 Zentimeter auffiel. Die 31 Zentimeter lange Klinge maß in der Breite drei Zentimeter und hatte mit fünf Millimetern Dicke einen wahrhaft starken Rücken. Drei kräftige Nieten hielten die zwei sorgsam zusammengefügten Hälften des immerhin 17 Zentimeter langen Holzgriffes. In dessen Vogelkopf-Knauf setzte Ames eine Fangriemenöse aus Messing ein – natürlich angesenkt, damit die Trageschnur nicht vorzeitig durchscheuerte. Als Material für die knapp elf Zentimeter lange Parierstange diente ebenfalls Messing. Zu jedem Ames-Messer gehörte eine Scheide aus schwarzem Leder, deren Ort- und Mundbleche aus gewalztem Messing bestanden. Während Ames seinen Firmenstempel ‚Ames Mfg. Co. Cabotville 1849' in Großbuchstaben auf der Quartseite der Angel einschlug, prägten die beiden Inspektions-Offiziere William Dickinson und James W. Ripley nach der Kontrolle ihre Initialen auf der Parierstange ein. Dickinson verewigte sich noch ein zweites Mal neben dem US-Stempel auf der Terzseite der Angel.«*

Damit dürfte das Ames-Messer weltweit die erste Bowie-Variante mit einer Fangriemenöse gewesen sein. Das Beispiel machte später bei Jagdmessern Schule, unter anderem den weltberühmten *White-Hunter*-Messern von Puma.

Zwar versuchte Nathan Ames trotz des knappen Liefertermins die Messer rechtzeitig fertig zu stellen. Doch befanden sich die *Riflemen* schon auf dem Marsch nach Oregon, als das Werk die letzten Muster ablieferte. Zähneknirschend schickte Zeugamtschef Talcott 600 Exemplare per Schiff auf den langen Weg um Kap Hoorn nach Oregon. Und im Frühjahr 1851 empfingen die berittenen Schützen endlich ihre ersten Messer – fünf Jahre, nachdem ihr Kommandeur die Bestellung abgesandt hatte.

Ein Südstaatler mit »D-Guard«-Bowie.
Anhand zeitgenössischer Fotografien erstellte Zeichnung des Verfassers.

Freilich konnten sich die Schützen nicht lange an den guten Stücken erfreuen. Denn man verlegte sie schon wieder retour in den Osten – unter Zurücklassung ihrer Waffen in Oregon. Die Kommandeure nahmen an, dass man ihnen Revolver, Gewehre und Messer nachschicken würde. Als das nicht geschah, fragten sie im US-Zeugamt an. Dort jedoch hatte es zwischenzeitlich einen Führungswechsel gegeben. Als Folge strich der neue Chef der Behörde, Oberst Henry Craig, den *Riflemen* ihre Colts und auch die Messer – beides war nämlich nicht per Reglement abgesegnet.

Hutchins: *»Offiziell war damit das Thema Ames-Messer vom Tisch, aber Craig hatte nicht alle Löcher gestopft. In Fort Laramie lagerten seit 1851 genau 175 der schweren Allzweck-Messer. (...) Im Sommer 1852 trafen zwei Kompanien des (...) Regiments in Fort Laramie ein und rissen sich sofort die Messer unter den Nagel. Kaum waren die Messer ausgegeben, setzte ein zweiter heftiger Papierkrieg ein: Während im Grenzkrieg erfahrene Offiziere es als äußerst praktisch lobten und Nachschub bestellten, lehnten es ihre an traditionellen Soldatentugenden orientierten Kollegen verächtlich als »Käsemesser« ab und orderten statt dessen Säbel. Mit diesem Ansinnen sprachen sie dem Oberkommandierenden General der US-Armee Winfield Scott aus der Seele. (...) Vor der Realität schloss Scott die Augen: Kaum eins der gegen die Indianer eingesetzten Regimenter ritt jemals eine lehrbuchmäßige Attacke mit der blanken Waffe in der Faust – bei der Guerilla-Taktik der meisten Indianer ein sinnloses Unterfangen. Aber das kümmerte Scott wenig. Also erhielten die Riflemen Säbel anstelle der Messer.«*

Das Gros der so schnöde deaktivierten *Knives* verstaubte jahrzehntelang in verschiedenen Militärarsenalen, ehe die US-Armee die Messer zu Spottpreisen von 50 Cents losschlug. Heute dagegen kann man für ein originales, erstklassig erhaltenes Muster der in Sammlerkreisen als »Ames Rifleman's Knife Model of 1849« bekannten Blankwaffen gut und gern 5000 Dollar einkalkulieren – falls man denn eins findet. Und offeriert der Verkäufer dazu auch die Scheide, kann man weitere 1000 *bucks* locker machen. Ähnlich teuer ist übrigens auch das mit Mittelspitze ausgerüstete Ames *Rifleman*-Messer von 1861, das über einen zur Hälfte mit Messing beschlagenen Rillenholzgriff verfügt. Doch liegt die Geschichte dieses Bürgerkriegs-Modells mit der Zwölf-Zoll-Klinge weitestgehend im Dunkeln.

Apropos »Billy Yank« gegen »Johnny Reb« – Peterson: *»Der Bürgerkrieg machte das Bowie an der Ostküste so populär, wie es schon westlich der Appalachen der Fall war. Nahezu jeder Freiwillige beider Seiten trug eines. Die Stadtverwaltung von Ashby in Massachusetts beispielsweise präsentierte jedem ihrer Einwohner ein Bowie-Messer, wenn er sich zum Militärdienst verpflichtete, so wie es auch Shelbourne Falls und viele andere Städte in Massachusetts taten. Hingegen war die C-Kompanie des Ersten Georgia-Infanterieregiments aus dem Cass County bekannt als ‚The Bowie Knife Boys'. Freilich erinnerten sich Veteranen, dass die Messer bald aufgegeben wurden, vor allem bei Unionssoldaten, welche herausfanden, dass ihre offiziell ausgegebenen Waffen ihren Zweck erfüllten und dass man auch ohne [Bowies] genug zu schleppen hatte. Konföderierte Soldaten hingen waren nicht so gut bewaffnet, und deswegen blieben die großen Messer bei ihnen länger populär. Die Soldaten des Nordens führten generell Messer aus englischer Fertigung, während die Konföderierten mehr auf heimatliche Produkte zurückgriffen. Einige davon waren aus bestem englischem Fließguss-Stahl gut gearbeitet, gelegentlich von ehemaligen Feilen-Herstellern wie Lan & Sherman aus Richmond. Andere gute Messer wurden von Waffenfirmen wie derjenigen von W. J. McElroy aus Macon in Georgia angefertigt, der 1862 pro Woche zwanzig Messer auslieferte.«*

Der Amerikaner Marc Newman listete in seinem Buch »Civil War Knives« gut zwei Dutzend Hersteller aus den Südstaaten auf. Doch ist seiner Anmerkung zufolge die Liste nicht komplett. Sie umfasst nur die wichtigsten Vertreter, bei denen es sich meist um allenfalls mittelständische Manufakturen gehandelt hat. Bekanntlich fanden sich südlich der »Mason-Dixon-Linie« (der inoffiziellen Demarkation zwischen so genannten *freien* und *sklavenhaltenden Staaten*) ja nur wenige hochtechnisierte Firmen, welche Waffen und Material hätten liefern können. Deswegen drückte man bei der Bewaffnung der (häufig bettelarmen) Freiwilligen oft alle Augen zu. Und ganz sicher existierten neben bekannten Herstellern wie Peter W. Kraft aus South Carolina oder Hiram Peabody aus Virginia noch Dutzende anderer Kleinstfirmen oder »Einzelkämpfer«, die ihr Scherflein zum Blankwaffenbau des Südens beitrugen.

Und so zog ein großer Teil der Südstaatler mit Messern in den Krieg, die ihre heimatlichen Dorfschmieden meist rüde und grob zusammengekloppt hatten. Da griff man auf alte Stockdegen, Säbel, Busch-, Hau- und Entermesser zurück, deren Klingen einfach gekürzt, umgeschliffen oder mit einem stabileren Griff sowie einem Handschutz bestückt wurden. Dabei entstand auch eine für diese Ära charakteristische Spielart: Das »D-guard-Bowie«, das mit seinem meist bügelförmigen Handschutz an ein Entermesser oder an einen kurzen Säbel erinnerte. Anders als den knallig glänzenden Messern aus Sheffield fehlt diesen Messern meistens jegliches Dekor. Diese völlig schlichten Bürgerkriegswaffen waren wie die Entermesser rein für den Kampf berechnet. Sie bestanden vorwiegend aus Eisen, Stahl und Holz, ihre Futterale im besten Fall aus lederbezogenem Holz mit Ort- und Mund-Abschlüssen aus Blech.

Einige ganz wenige Stücke prunkten mit edlerem Material. Dazu gehört ein Muster, das sich heute im Gettysburg National Military Park befindet – es hat einen runden Elfenbeingriff, den per Ritztechnik (*scrimshaw*) aufgebrachte Blüten- und Ornamentmotive zieren. Und General James Abraham Garfield (der später zum Präsidenten der USA aufsteigen und anno 1881 kurz nach der Wahl einem Attentat zum Opfer fallen sollte) erbeutete im Krieg ein sehr ordentlich gearbeitetes Muster mit Knochengriff sowie einer – mit gut sechs Zentimetern – extrem breiten Klinge. Wie der Ur-Entwurf von Rezin Bowie weist das Blatt einen geraden Klingenrücken und einen bauchige ausgewölbten Ortbereich auf – eine für die »D-guard-Bowies« eher untypische Form. Gemäß Newmans Recherchen besaßen diese Griffbügel-Bowies meist einschneidige Mittelgrat- oder Entenschnabel-Klingen, deren Länge zwischen 30 und 60 cm variierte. Als Grundlage dienten meist alte Feilen und Raspeln mit einer Dicke von knapp sieben bis knapp neuneinhalb Millimetern. Ja, und Markierungen finden sich in 99 Prozent der Fälle nicht – also Obacht beim Kauf, immerhin kann man bei Originalen von einem Mindestpreis von 500 Dollar ausgehen.

Diese wohl riesigsten Vertreter der Gattung Bowie-Messer wurden vor allem populär in den Händen der Texas-Brigade unter General John Hood und des *1st Special Battalion* der Louisiana-Infanterie unter Major Roberdeau Wheat. Letztere setzten ihre Bowies nicht nur auf dem Schlachtfeld ein. Wheat hatte seine Einheit unter den Söhnen reicher Pflanzer rekrutiert, aber auch mit dem Abschaum aus Hafenvierteln und Sümpfen rund um New Orleans gefüllt. Als Folge wurden die *»Wheat's Tigers«* ruckzuck bekannt für ihr undiszipliniertes Benehmen. Wo einer von den Männern in den dunkelblauen Jacken, den blauweiß gestreiften Pluderhosen, dem roten Fez und dem allgegenwärtigen Bowie auftauchte, waren Schlägereien und Messerstechereien vorprogrammiert. Man sah der Einheit die permanenten Disziplin-Verstöße nur deswegen nach, weil sich Wheats Männer im Gefecht hervorragend schlugen.

Doch rieb sich das Ungestüm der »Tiger« im massierten Salvenfeuer und den über weite Distanzen ausgetragenen Artilleriegefechten ganz fix zuschanden: Die Einheit entrichtete einen enormen Blutzoll; der Kommandeur fiel 1862 in der Schlacht von Gaines Mill. Solche Schicksale beendeten den romantischen Traum vom ritterlichen Kampf Mann gegen Mann – wo es dann (selten genug) dazu kam, da verrichteten aufgepflanzte Bajonette effektivere Arbeit als Bowies. Und da die sperrigen Messer beim Marsch somit mehr hinderten als dass sie nutzten, entledigten sich auch die Südstaaten-Soldaten der Dinger allmählich wieder: Meist warf man sie einfach weg, ganz wie es sehr viele Rebellen im Sommer auch mit hinderlichen Wintermänteln und anderen als überflüssig empfundenen Ausrüstungsteilen taten.

Der Bürgerkrieg sorgte außerdem dafür, dass das Bowie-Messer eine weitere Stufe durchlief – nämlich als Bajonett. Als erste kamen Freiwillige aus Arkansas auf die Idee, ihre Bowies für diesen Zweck zu nutzen. Ihre Dorfschmiede schufen passende Muster. Die Griffe besaßen weder Knauf noch Parierstange im herkömmlichen Sinn. Statt dessen erhielten sie aus Messing gegossene Elemente mit je einem Ring, womit sich die Bowie-Bajonette aufpflanzen lassen sollten. Doch saßen sie dann reichlich wackelig auf den Läufen, eine alles andere als Vertrauen erweckende Konstruktion. Bessere Ausführungen gelangen schließlich der Firma Boyle, Gamble & MacFee aus Richmond in Virginia.

Das wichtigste Bowie-Bajonett aus dem amerikanischen Bruderkrieg stammte von einem »Marinierten« – von Admiral John Augustus Dahlgren. Er diente seit 1826 in der *US-Navy*, brachte es 1862 bis zum Leiter des US-Zeugamtes und befehligte danach die im Südatlantik zur Seeblockade der Konföderation eingesetzten Marineverbände. Zwischendurch fand der Offizier noch die Zeit, Schiffsgeschütze zu konstruieren und für ein neues Gewehr namens Plymouth Whitneyville M 1861 ein besonderes Messerbajonett zu ent-

Noch eine indische Replik – das Bowie-Bajonett von Dahlgren. Es besitzt eine S-förmige Parierstange; der Arm der Rückenseite hat einen kreisförmigen Durchbruch für den Lauf. Ungewöhnliche Griff-Konstruktion: Ein von der Bauchseite her mit drei Stiften gesicherter Holz-Einsatz mit vier Fingermulden bildet eine Hälfte, die andere besteht aus einer wuchtigen Messingeinfassung am Griffrücken; diese ist längs gefräst und hat einen gefederten Druckknopf zur Aufnahme der Bajonettschiene. Die 30,3 cm lange Klinge weist eine Mittelspitze mit einseitig angedeutetem Rückenschliff auf. Die insgesamt 42,5 cm lange Replika ist ebenso klotzig wie ihr Vorbild (das Klingenblatt ist 8,5 mm dick) und wiegt satte 1040 g. Beidseitige Stempel auf Ricasso: »1861«, gegenüber: »AMES MFG CO / CHICOPEE. / MASS.« Scheide: schwarzes Leder, hinten auf Stoß genäht. Ort- und Mundblech aus Messing. Genähter Koppelschuh, den ein runder Knopf auf dem Mundblech hält.

wickeln. Gestempelt mit »AMES MFG / CHICOPEE / MASS«, besaß das Seitengewehr eine zwölf Zoll, also gut 30 cm lange Klinge mit keilförmigem Querschnitt und im Bereich der Mittelspitze beidseitig angeschrägtem Rücken. Das wuchtige Gerät verfügte darüber hinaus über eine große S-förmige Messing-Parierstange und einen aus Walnussholz gefertigten Griff mit ergonomischen Fingermulden, dessen Rücken mit Messing eingefasst war. Längs durch das Messing lief die Einfräsung für die Aufpflanzvorrichtung am Lauf, dessen Mündung durch einen kreisrunden Durchbruch der Parierstange geführt wurde. Allerdings hassten die Matrosen und Marineinfanteristen diese klotzigen Dinger wie die Pest: Damit der Lauf sicheren Halt am Bajonettgriff fand, geriet Letzterer viel zu füllig, um vernünftig damit arbeiten zu können. Und saß das Teil erst einmal auf dem Lauf, dann wurde das Plymouth-Gewehr viel zu vorderlastig für den Schulteranschlag.

Nach diesen Erfahrungen gaben die Amerikaner den Gedanken an zum Kampf bestimmte, große Militär-Bowies erst einmal auf. 1887 folgte mit dem für das *Hospital Corps* (Sanitätskorps) der US-Armee bestimmten Messer ein Gerät, dessen zwei Varianten wie eine Mixtur zwischen Machete und Bowie aussahen. Doch gab es davon nur etwas mehr als 1000 Stück, die den Sanis wohl hauptsächlich als Stangenhauer dienten, um Stangen für Tragbahren oder Zelte zu schlagen. Und um 1900 entstand für die damaligen Ordonnanzwaffen der US-Armee, die für rauchlose Patronen des Kalibers .30-40 Krag eingerichteten Krag-Jörgensen-Repetierer, ein Bajonett mit tiefem Entenschnabel und einer Klinge, bei der Schneide und Bahn hohlgeschliffen waren. Das Messer mit den Stempeln »US« und »1900« auf beiden Seiten der Fehlschärfe steckte in einer Scheide aus brüniertem Stahl. Doch lässt sich nicht nachweisen, ob dieses Bowie-Bajonett je in großer Zahl ausgegeben wurde und noch mit dem US-Expeditionskorps loszog, das den Aufstand der philippinischen Moro-Rebellen niederschlagen sollte. Sammler geben dafür gut und gerne 1000 Dollar aus, da das Krag-Bowie eine echte Seltenheit darstellt.

Zwei Repliken des »Hospital Corps Knife« (jedes insgesamt 42,3 cm, Klinge: 30 cm). Gerillter Spindel-Griff, oben mit Messingkäppchen, unten mit Parierstange samt Zwinge. Typisch US-Heer: Die beidseitige halbkugelige, verstiftete Messing-Einfassung am *Ricasso*, die dazu dient, das Messer in der Scheide zu halten. Innen am Scheidenmund finden sich zwei entsprechende, quer liegende Federbleche. Klingenätzung: »HOSPITAL CORPS / U.S. *ARMY*«. Scheide: Schwarzes Leder mit *Keder* (Nahtzwischenlage), Schlaufe noch mal mit drei Längsnähten gesichert. Mundblech aus Messing, wegen der Fortsätze am Ricasso entsprechend gebogen.

Insgesamt also konnten sich im 19. Jahrhundert die zu Kampf- wie Arbeitszwecken konzipierte Militär-Bowies nicht durchsetzen – obwohl das US-Militär in Kriegszeiten auch fürderhin nicht der Versuchung widerstehen konnte, Bowie-Messer auszugeben. Jedenfalls ist es dieser Hartnäckigkeit zu verdanken, dass sich die Entenschnabelklinge in den Jahren nach dem Ersten Weltkrieg endlich auch auf militärischem Gebiet fest etablieren konnte. Vor allem an zwei Modelle war der Durchbruch geknüpft. Freilich trugen sie wie die Roboter in »Krieg der Sterne« keine Namen, sondern Nummern: Das eine hieß *No. 18*, das andere *1219C2*.

Zuerst zu dem Messer mit der kurzen Nummer. Dadurch feierte die Bowie-Klinge auf einem neuen Gebiet fröhliche Urständ – als Überlebensmesser für Piloten. M.H. Cole führte in seinem mehrbändigen Werk zum Thema *»U.S. Military Knives«* aus: »*Das erste Survival-Messer wurde 1934 in Panama und Hawaii für fliegendes Personal entwickelt. Dieses Messer wurde in einem Dschungel-Notpack geführt, der am Gurtzeug des Fallschirms befestigt war. Dieses erste Überlebensmesser der Luftwaffe war eine Machete No. 18 von Collins & Co.. Die (…) blieb das standardmäßige Überlebensmesser bis 1942. (…) Obwohl es sich bei diesem Messer um ein ideales Überlebenswerkzeug handelte, lag sein Hauptnachteil in seiner Größe. Das Messer hatte eine Gesamtlänge von 14 Inches [über 35 cm],* die **Clip-Point**-*Klinge maß neundreiachtel Inches [gut 25 cm] und die Länge der Messing-Parierstange betrug vierdreiviertel Inches [knapp 11 cm]. Ungefähr 50.000 Messer entstanden zwischen 1934 und 1942. Neben Collins & Co. wurden sie auch von W.R. Case & Sons, Kinfolks Inc. und Western Cutlery Co. angefertigt.*«

Das als »Gung Ho-Knife« bekannte Macheten-Bowie No. 18. Hier eine besonders seltene Ausführung von der US-Firma Case, die das Messer zum 150-jährigen Alamo-Jubiläum baute. Man beachte die Klingenrückeneinfassung sowie den eingeätzten Bowie-schwingenden Davy Crockett. Charakteristisch sind die ausladende Klingenform, die beiden schmalen Hohlkehlen und der asymmetrische Vogelkopfknauf (aus schwarzem Kunststoff).

Diese Rechnung beinhaltet nicht die in Australien entstandenen Stücke. Diese lassen sich an Stempeln wie »MARS / MACHINE TOOLS / BRISBANE« und an ihrer gröberen Verarbeitung erkennen.

Insgesamt war das Macheten-Bowie No. 18 zu Beginn der 1940er-Jahre sicherlich die bislang erfolgreichste Bowie-Variante überhaupt. Das im Soldatenjargon auch als »Gung-Ho Knife« bezeichnete Muster besaß eine breite Entenschnabel-Klinge, zwei auffällige, parallel angeordnete Hohlkehlen und einen mittels fünf beziehungsweise dreier eben verschliffener Nieten befestigten Vogelkopfgriff. Er bestand entweder aus grünlichem Horn oder aus schwarzem, gegossenem Kunststoff. Die heute teuerste Version fabrizierte die 1911 in Colorado gegründete Firma Western States Cutlery Company. Sammler berappen dafür bis zu 500 Dollar. Ähnlich kostspielig geraten jene Stücke, die anstelle des standardmäßigen Griffes mit einem Schlagring-Griff aus Messing aufwarten.*

An diesen Macheten-Bowies hängt eine neue Geschichte – statt des Wilden Westens erzählt das Nummer 18 vom Krieg im Pazifik, von Schnellboten vor Bataan, vom Sand auf Iwo Jima und von Guadalcanal. Und natürlich wurde das Messer nicht nur von der Heeresluftwaffe genutzt. So führte das von Oberst Carlson befehligte *2nd Raider Battalion* der US-Marineinfanterie diese Collins-Hauer. Allerdings sei angemerkt, dass laut den Recherchen von Bernard Levine Muster mit Stempelungen wie »USMC« eindeutig ins Reich der Fälschungen gehören.

Noch erfolgreicher als das *Gung-Ho-Knife* (und beliebter) war aber das Messer 1219C2. Zur Vorgeschichte: Als die USA nach dem Überfall auf Pearl Harbor Japan den Krieg erklärten, verlangten die GI's im Pazifikraum nach vernünftigen Vielzweck-Messern. Doch hatte die Armee nichts Passendes parat und versorgte die Truppe mit alten Grabendolchen des Ersten Weltkriegs. Das reichte weder hinten noch vorn. Als Folge suchten die Beamten des *US-Quartermaster Department (QM)* hektisch nach geeigneten Modellen. Die anfänglich reglementierten Entwürfe glichen mit ihren *Drop-Point*-Klingen und ihren spindelförmigen Griffen den seit gut vier Jahrzehnten US-weit etablierten Jagdmessern – tatsächlich kaufte das *QM* Massen solch kleiner *hunting knives* als Lückenbüßer an. Die Soldaten maulten. So hatten sie sich ein vernünftiges Allzweck-Messer des Typs *fighting utility* nicht vorgestellt: Die Jagdmesser gerieten zu klein und zu wenig widerstandsfähig, auch blinkten ihre spiegelglanzpolierten

Ein namenloses Jagdmesser aus der Zeit des Zweiten Weltkrieges: Handlange Klinge, stark abgenutzt, dazu ein Lederscheibengriff und eine Parierstange sowie ein Knauf aus Aluminium. Zivile Gebrauchsmesser wie dieses gingen ab 1941 tonnenweise an die US-Streitkräfte.

Klingen – in Busch und Dschungel lebensgefährlich. Das in Pilotenkreisen geschätzte Collins-Bowie war vielen Infanteristen zu sperrig. Doch nahte Abhilfe in Form der Modelle »US Navy Utility Mark I« und »US Navy and Marine Corps Utility Knife Mark II«. Ersteres erinnerte in seiner Linienführung sehr stark an die Jagdmesser. Das Zweite wirkte mit einer Länge von ziemlich genau 30 cm wie ein reinrassiges Cowboy-Bowie – aber auch nur von den Maßen her.

Denn dieses im Versuchsstadium als 1219C2 inventarisierte Mk-II-Modell war bis ins letzte Detail durchdacht und sehr gut ausbalanciert. Die sieben Zoll (knapp 18 cm) lange und gut drei Zentimeter breite Entenschnabelklinge war zwecks Stabilisierung und Gewichtsersparnis gekehlt und zeigte sich stumpfgrau phosphatiert, um verräterische Reflexe auszuschalten. Der Griff geriet wie bei einem Dolch spindelförmig mit fünf rundumlaufenden Querrillen, so dass sich das 1219C2 für jede Handgriff eignete. Und damit sich das Teil auch von Daumen und Zeigefinger blitzschnell wenden ließ, hatte man den Griff vorn auf beiden Seiten parallel zur Klinge leicht abgeschrägt. Das Messer hatte eine ovale Parierstange aus Eisen, deren Enden sich leicht zum Griff-Ende hin hochbogen. Der Knauf bestand aus einem kreisrunden Stück Stahl mit verrundeten Kanten. Das verlieh dem Messer nicht nur eine erstklassige Balance, sondern erfüllte noch eine zweite Funktion. Es fixierte die Lederscheiben des Griffs. In seinem Buch »Dolche und Kampfmesser« erklärt Thomas Laible das Fertigungsprocedere: »Die runden Lederscheiben werden wie bei einer Perlenkette auf den Erl aufgefädelt. Sie werden ver-

---

* Deutsche Sammler Vorsicht: Nicht kaufen! Gemäß den waffenrechtlichen Bestimmungen fallen Messer mit Schlagringgriff unter die Verbotsbestimmungen des Waffengesetzes: Hier droht ertappten Sündern der Verlust des Messers und dazu ein fettes Strafgeld.

leimt und zusammengepresst. Ist der Leim trocken, kann der Griff mit Feilen etc. handgerecht fertiggeformt werden. Anschließend wird das Leder mit imprägnierenden Mitteln behandelt. Das Leder saugt Schweiß (und Blut) auf und verhindert, dass der Griff rutschig wird.«

Für das Mark II existierten zwei Scheiden. Matrosen und *Marines* erhielten ein grau getöntes Futteral aus einer salzwasserfesten Leinen-Kunstharzmischung, am Mund per Blechsstück verstärkt. Die *Army* bekam eine braune Lederscheide. Wie der *scabbard* eines Cowboy-Bowies besaß sie eine geschlitzte Gurtschlaufe und war mit gelbem Garn vernäht. Zusätzlich heftete man die Kanten noch durch neun starke Klammern zusammen.

In die Konstruktion dieses Messers flossen viele Erfahrungen aus dem Dschungelkrieg ein. Die geistigen Väter hießen Oberst John M. Davis und Major Howard E. America (sic!), welcher intensive Kontakte zur Firma Camillus Cutlery pflegte. Ihr Entwurf mit der Inventar-Nummer 1219C2 wurde am 23. November 1942 eingeführt.

Zwei moderne Militär-Bowies: Das Ontario »US Navy Mk II« – eine geschwärzte Militärversion mit lackiertem Lederscheibengriff, wie sie bei vielen Armeen immer noch Dienst tut. Darunter liegt das USAF »Survival Knife M 1963«, wie es unter anderem die Ontario Knife Company herstellte. Achtung: Davon gibt es massenhaft Billigraubkopien. Das kleine Überlebensmesser der *Air Force* hat eine 13 cm lange, geschwärzte Bowie-Klinge mit Sägerücken. Der eckige Eisenknauf sollte dazu dienen, Scheiben und andere Dinge einzuschlagen. Die Vorsatztasche der mit Nieten und Ortbeschlag verstärkten Lederscheide beherbergt einen Schleifstein.

Lederscheide, runde Knauf-Scheibe, Lederscheibengriff mit fünf Rillen und eine Bowie-Klinge mit Hohlkehle – das klassische »Ka-Bar«-Messer. Daneben eine modernisierte Version von 1996/97: Satinierte Klinge mit partiellem Wellenschliff und Kraton-Griff, dessen fünf Querrillen erhalten blieben, als der Hersteller die runde durch eine tropfenförmige Knaufabdeckung ersetzte und die symmetrische Parierstange in einen asymmetrischen Handschutz umwandelte. Das Messer steckt in einer Scheide aus Kydex, einem elastischen, sich jeder Form anpassenden Kunststoff, der seinen Inhalt nur per Reibung fixiert.

Der erste Produktionsdurchlauf erbrachte 1200 Messer, die am 27. Januar 1943 in die Südsee gingen. Glaubt man den Legenden der US-Armee, verbreiteten sich diese Schneidwaren erst, als der Mann mit der Sonnenbrille und der allgegenwärtigen Maiskolbenpfeife die Sache in die Hand nahm: US-General Douglas MacArthur (1880–1964), Oberbefehlshaber der im *pacific theater* eingesetzten US-Truppen. Demnach erspähte der bei einer Dienstfahrt in einem U-Boot an den Koppeln einiger Matrosen und Marineinfanteristen zwei ihm unbekannte Messertypen. MacArthur erfuhr, dass es sich da um die Modelle »US Navy Utility Mark I« und »US Navy and Marine Corps Utility Knife Mark II« handeln würde. Der General dürfte sich vor allem an den Bowies geweidet haben – schließlich stammte er aus Little Rock in Arkansas!

Die Folgen sind bekannt. Niemand weiß genau, wie viele Exemplare des »Mk II« in den letzten 60 Jahren entstanden sind. Das Messer schiebt noch heute bei vielen Armeen rund um den Erdball Dienst; außerdem hat es eine feste Anhängerschaft in Kreisen der *Outdoor-Fans*. Und im Vergleich zu antiken Bowies gehört das Sammeln der zig

Mk-II-Spielarten zum günstigen Vergnügen. Hier kann man schon nach Investitionen von 30, 40 Euro mitmischen. Laible: »*Es hat sich als so gut erwiesen, dass es noch bis in die heutigen Tage genutzt wird (...) Zudem wurde es so oft kopiert bzw. weiterentwickelt, dass es als Urahn aller modernen Militärmesser gilt.*« Angesichts dessen mag sich mancher wundern, dass er mit dem Namen des Modells nichts anfangen kann. Wirklich nicht? Na, wie wär's denn mit dem Namen »Ka-Bar«? Unter der Bezeichnung kennt man das »Mk II« weltweit. Hintergrund: Im zweiten Weltkrieg fertigte die Union Cutlery aus Olean in New York gut eine Million Messer dieses Typs für das *United States Marine Corps (USMC)* und stempelte stolz ihr Markenzeichen »KA-BAR« in die Klingen. Der Name blieb haften. Und noch heute gibt es das »Mk II« von Ka-Bar – seit einigen Jahren sogar in stark modernisierter Form als »Next Generation«. Freilich richten sich diese Stücke ausschließlich an den Zivilmarkt. Was Ka-Bar heißt? Laut einer Auskunft des Unternehmens handelt es sich da um eine Verballhornung des Begriffs »*to kill a bear*«, also einen Bären zu erlegen (nicht aufzubinden!).

Seitdem gilt die Entenschnabel-Spitze in Militärkreisen als fest etabliert. Es würde den Rahmen dieses Buches sprengen, alle darauf beruhenden Versionen vorzustellen – hier sei etwa auf Dietmar Pohls Werk »*Taktische Einsatz-*

Die US-Firma Buck schuf mit dem »M9 Phrobis III« ein funktionstüchtiges *Survival*-Messer mit grünem Griff, das die US-Armee als Bajonett einführte. Dank seiner Multifunktionsscheide lässt es sich auf verschiedenerlei Arten am Mann befestigen. Auf der Rückseite befindet sich ein abgedeckter Wetzstein.
Freundliche Leihgabe von Jan-Phillipp Weisswange

messer« verwiesen*. Es genügt zu sagen, dass sich die Spur des Militär-Bowie kinderleicht verfolgen lässt – auch in den Ostblock. Dort warteten die Bajonette der Kalaschnikow-Sturmgewehre mit Schnabelspitzen auf und zogen ihrerseits eine Reihe von Abwandlungen nach. Darunter auch das rundum bis ins letzte Detail durchdachte Modell »Advanced Combat Knife (ACK)«, ein robustes Multifunktionsmesser, auf das die Solinger Firma Eickhorn zu Recht stolz sein kann.

Oder nach Vietnam, wo sich etwa die als Aufklärer und Kontra-Guerillas tätigen Mitglieder von Spezialeinheiten wie dem SOG/MACV besondere Messer mit abgewandelten Bowie-Klingen bauen ließen. Ihr Designer war der Amerikaner Conrad »Ben« Baker. Sein Original-Entwurf zog Dutzende industriell gefertigter Kopien nach sich und führte zur Gründung der Firma SOG Speciality Knives. Und bei Rechercheschluss lieferte die alteingesessene Firma Heinrich Böker Baumwerk aus Solingen gerade eine streng limitierte Serie von einem der SOG/MACV-Messer aus – in Zusammenarbeit mit Baker, dessen Tüftelarbeit lange Jahre nicht gewürdigt worden ist. Als eines der jüngsten Militär-Bowies ist das Modell »Phrobis III« zu nennen, gefertigte von den kalifornischen Buck-Werken. Das Messer mit dem grünen Griff und der multifunktionalen Scheide begeisterte das US-Verteidigungsministerium so sehr, dass sie das Buck-Bowie unter der Bezeichnung M 9 zum Bajonett der US-Armee erkor. Ein Ende ist also nicht in Sicht …

2002 schuf die Solinger Firma Böker in Zusammenarbeit mit Conrad »Ben« Baker eine limitierte Ausführung des im Vietnam-Krieg entwickelten »MACV / SOG«-Messers: Schwarz brünierte Klinge, roter Lederscheibengriff mit Messingbeschlägen; im Knauf ein Fangriemendurchlass. Die Entenschnabel-Klinge zeigt die Baker-typische Rückenkontur mit zwei sanften Konkaven. Dazu gehört vorbildgerecht eine robuste Lederscheide mit Schleifsteinfach. Darunter: Das Barett der *5th Special Forces* und eine im SOG-typischen Tigerstreifen-Tarnmuster gehaltene Uniformjacke.
Uniformteile: Freundliche Leihgabe von Jan-Phillipp Weisswange

* Erschienen in 2. durchgesehener Auflage beim Motorbuch Verlag 2003 (Erstauflage 2001).

Moderne zivile Bowies

Natürlich blieb der Durchbruch des Bowie in Militärkreisen den Messerfans vor allem in Amerika nicht lange verborgen, zumal sich viele GI's ja vor ihrer Abreise nach Europa oder Fernost bei einem Spezialisten ein entsprechendes Schneidwerkzeug bauen ließen. Auf diese Art und Weise konnte sich einer der berühmtesten und wohl einflussreichsten *knifemaker* des 20. Jahrhunderts geschäftlich etablieren: Walter Doene »Bo« Randall (1909–1989) aus Orlando in Florida. Der Mann mit dem Schnurrbärtchen im Clark-Gable-Stil schuf auf Basis des Bowie eine Reihe von Messern, die heute samt und sonders zu den Klassikern gehören – eins seiner Erzeugnisse diente auch Ben Baker als Inspiration für das sagenumwobene SOG-Messer. All dies begann, nachdem Bo Randall Ende der 1930er-Jahre jemandem dabei zusah, wie er ein gutes handgefertigtes Messer von William Walter Scagel, einem berühmten Messermacher des frühen 20. Jahrhunderts, zum Abkratzen von Bootslack missbrauchte. Darauf begann Randall die Messer von Scagel zu sammeln, sich mit dem Meister anzufreunden und nebenher die ersten eigenen Stücke zu bauen.

Innerhalb von fünf Jahren wandelte sich das neue Hobby zum Lebensinhalt – Randall: »*Dann begann der Zweie Weltkrieg. Ein junger Seemann bat mich, ihm ein Messer für den Kampf Mann gegen Mann zu bauen. Als seine Freunde das mitbekamen, gaben sie Bestellungen auf. Und dann gaben deren Freunde Bestellungen auf, und meine Messer wurden im Krieg benutzt und ein Reporter schrieb eine Story und – na, dann war auf einmal die Hölle los. Plötzlich hatte ich einen neuen Beruf. Und jetzt kamen Briefe bei mir an, auf denen nur drauf stand: An den Messermann, Orlando, Florida!*«

In den Folgejahren wurden Randall-Messer von Soldaten, Fliegern und Seglern benutzt, auch Polizisten, Stars, Politiker und Könige zählten zu seinen Kunden. Bo Randall schuf immer wieder neue Entwürfe – sein Modell 17 startete in den 1960er-Jahren im Gepäck der Gemini-Astronauten ins All. Sein Modell No. 18 erhielt den Beinamen »Survival Attack« – ein mit hohler, verschraubbarer Griffröhre ausgestattetes Bowie, das über eine *Spear-Point*-Klinge mit Sägerücken verfügte. Diese Speerspitze sollte später Schule machen. General Westmoreland nahm sein Randall mit in den Vietnam-Krieg. Und der berühmte US-Romanschriftsteller James Jones (*»Verdammt in alle Ewigkeit«*) ließ sich vom Meister eigens ein Taucher-Bowie anfertigen. Heute leitet Randalls Sohn Gary das Geschäft. Zur Firma gehört ein kleines Museum; Messer-Liebhabern auf Urlaub in Florida sei deshalb ein Abstecher nach Orlando empfohlen – wer fährt schon dorthin, um »Disneyworld« zu besuchen? (Was, Sie? Legen Sie dieses Buch sofort hin und kaufen Sie sich ein »Lustiges Taschenbuch«!)

Natürlich erfuhr Bo Randall auch bald die größte Ehre, die einem erfolgreichen Designer zuteil werden kann – sein »Randall No. 1« mit dem Lederscheibengriff und der Fangriemenbohrung im Knauf fand zig Nachahmer. So erwies Al Mar dem Mann aus Flippers Heimat seine Reverenz durch sein Messer »SOG Spec Forces« Fighter, das im Unterschied zum Original eine Messing-Montierung und eine Edelstahlklinge aufwies. Und vom japanischen Hersteller Hattori kommt eine Variante, welche Ben Bakers Klinge mit der charakteristischen, konkaven Wölbung im Klingenrücken aufweist, dazu aber einen Randall-typischen Griff. Cold Steel würdigte Randall durch sein »R1«, wich aber vom Vorbild durch einen schwarzen Micarta-Griff und eine stählerne Parierstange ab. Und in den 1990er-Jahren erschienen unter dem Markennamen »Blackjack« eine

Wohl der Klassiker der sägerücken- und hohlgriffbewehrten *Survival*-Messer – das Randall »Model 18 Attack/Survival«, wahlweise lieferbar mit 7,5 und 5,5 Zoll-Klinge (19 cm und 14 cm). Wie man sieht, läuft die grüne Kordel durch die Messing-Parierstange – diese besitzt zwei Bohrungen, an denen der Benutzer ganz nach Geschmack die beiden Enden einer Griffwicklung aus Schnürsenkeln, Lederriemen oder Ähnlichem befestigen kann. Der Hersteller liefert das Messer daher mit blankem Griff. Die Verschlusskappe besteht aus Messing.
Freundliche Leihgabe von Don Bonsteel

Drei zivile Ableger bekannter US-Militärmesser. Von links: Die kalifornische Firma Al Mar schuf diese Edelversion des »Mk II« mit hochglanzpoliertem Lederscheibengriff, Messingparierstange und einer Bowie-Klinge, der die Vorbildtypische Hohlbahn fehlt. Dafür erhielt der Klingenrücken unmittelbar vor dem Angelansatz eine flache Mulde. Daneben aus der Blackjack-Serie »Classic Blades« das Modell »1-7«, eine an Entwürfe von Bo Randall angelehnte Version. Und rechts eine schlichte, mit »USMC« gestempelte Ausführung des »Mk II« mit Lederscheibengriff und runder Knaufplatte. Die schlichte, ballig geschliffene Klinge verzichtet auf die aufwändige Kontur des Originals.

Reihe von Messern, die Randall'sche Klingenformen mit Materialien wie Hirschhorn und Micarta koppelten.

Doch trotz aller Findigkeit und Qualität erreichte Bo Randall natürlich nie den Bekanntheitsgrad etwa eines Hollywood-Stars. Und genau ein solcher Zelluloid-Held löste denn auch 1952 erst den eigentlichen großen Ansturm auf die Bowies aus. Gemeint ist der Film »*Im Banne des Teufels*«, dessen englischer Originaltitel »*The Iron Mistress*« lautete. Er beruhte auf dem gleichnamigen Erfolgsroman des bekannten Western-Schriftstellers Paul Iselin Wellman. Allan Ladd verkörperte darin einen James Bowie, der ein Messer mit bösen, ja fast magischen Kräften führt. Buch und Filmskript wiederum beruhten in weiten Bereichen auf dem Sachbuch »Bowie Knife« aus der Feder von Raymond Warren Thorp. Als der von Gordon Douglas inszenierte Film der Warner-Brothers-Studios schließlich in die Kinos kam, sorgte ein Detail für Aufsehen – die »*Iron Mistress*« des Titels, Jim Bowies Geliebte: Das Messer.

Von dem hieß es nämlich, es sei das Original. Barer Unfug. Messersammler und Film-Spezialist Joe Musso fand heraus, was tatsächlich geschah. Demnach hatten die Requisiteure unter Leitung von *Art Director* John Beckman nach vielen Studien eine neue Messerform entwickelt, in der sie die Angaben von Wellman, Thorp und Rezin Bowie vereinten und um einige freie Dreingaben ergänzten. Heraus kam ein Gerät mit zehneinhalb Inches (knapp 14 cm) langer Entenschnabel-Klinge von zwei Zoll (etwas über 5 cm) Breite. Ihr stärkster Punkt lag mit drei achtel Inches (knapp 1 cm) auf Höhe des Mittelgrates; die Dicke maß im Bereich des Rückens bei drei sechzehntel Inches (knapp 5 mm). Der Rücken hatte jene zur Abwehr feindlicher Klingenstreiche dienende Messingeinfassung, die sich schon bei einigen frühen Bowies fand.

Musso: »*Neben dem Messingstreifen am Klingenrücken umfasste Beckmans Design eine Parierstange aus geschliffenem Deutschen Silber* [Neusilber], *eine bogenförmig verzierte Messingzwinge, den Hundeknochen-förmigen Holzgriff einfassend, der schwarz lackiert worden war, und eine fantasievolle, dreiteilige Knaufkappe aus*

Alan Ladd (l.) kämpft in der Rolle des Jim Bowie mit dem »Iron Mistress«-Bowie gegen den Schurken Sturdevant.

Moderne zivile Bowies

Und noch einmal Alan Ladd mit dem »Iron Mistress«- Bowie.

Messing. *Da man davon ausging, dass der historische Jim Bowie seinen Namen irgendwo auf dem Messer hätte sehen wollen, entwarf Beckman das Signet ›Jim Bowie‹ in Schreibschrift, um es aus einer Messingplatte ausschneiden zu lassen. Fixiert wurde dies auf einer ovalen Namensplatte. Die bestand aus cremefarbenem Formica, um Elfenbein zu simulieren*. Ein Messingstreifen rahmte die Namensplatte ein, und das ganze Ensemble wurde in die Quartseite des Griffes eingelegt. Flankiert wurde die Namensplatte durch zwei Messingniet-Köpfe, jede in der Form einer fünfblättrigen Rosette. (…) Beckman gab die Blaupausen an Chefrequisiteur Ed Edwards, der den Requisitenbauer Arthur Rhoades mit der Ausführung der fertigen Version beauftragte. Aus Automobil-Federstahl schliff Rhoades die Klinge und lötete den Messingstreifen am Blattrücken an. Ein Gipsabdruck von Alan Ladds Hand ging vorher an den Requisitenbauer, damit der den Holzgriff schnitzen konnte.«*

Alles in allem entstand so ein Messer, das mit der Wirklichkeit wenig zu tun hatte. Doch das kümmerte die Fans nicht. Und so ertranken die Messermacher förmlich in Bestellungen von Kunden, welche alle eine Kopie dieser Requisite haben wollten. Hersteller wie Bo Randall und Al Buck aus Kalifornien sowie Messermacher wie Bill Moran, D.E. Henry, Gil Hibben oder Dan Dennehy fertigten in den folgenden beiden Jahrzehnten wuchtige Instrumente, deren

Diese raren Bilder zeigen, wie viele Bowie-Requisiten für Alan Ladd entworfen wurden: Ein Foto zeigt zwei der für Nahaufnahmen bestimmten Varianten. Die in Holz ausgeführte Version überreichte der Filmheld dem von David Wolfe verkörperten Schmied James Black als Vorlage. Darunter zwei Trick-Versionen: Bei einer lässt sich der Griff abnehmen – praktisch für *Action*-Szenen, in denen das Messer im Körper eines Feindes stecken soll. Und dann ist da noch die Spielart, bei der sich die vordere Klingenhälfte in die hintere schieben lässt. Damit lässt sich die Illusion erzeugen, die Klinge dringe tatsächlich in den Körper ein.
Sammlung D. Pohl, mit freundlicher Genehmigung von Joe Musso

---

* Formica ist ein eingetragenes US-Warenzeichen; das Material gleich unserem Resopal.

»The Iron Mistress« alias »Im Banne des Teufels« beflügelt nach wie vor die Messermacher – darunter auch Joe Keeslar aus Kentucky. Er hat mehrere so akkurat wie möglich nachempfundene Kopien des Film-Messers gebaut, darunter auch dieses Stück. Es weist den mit Messing eingefassten Klingenrücken sowie den in auf weißem Grund in Messing ausgeführten Namenszug »Jim Bowie« auf.
Sammlung D. Pohl mit freundlicher Genehmigung von Joe Keeslar

Das berühmteste Hohlgriff-*Survival*-Bowie der Welt ist fraglos das von Jimmy Lile für »*First Blood*« (deutsch: »Rambo«) gebaute Messer, das Sylvester Stallone in der Rolle des John Rambo führte. Hier eines der 13 Original-Exemplare. Der grün umwickelte Griff beherbergt ein Klappmesser, der Griffknauf einen Kompass. Die Parierstangenenden dienen als Kreuzschlitz- und Schlitz-Schraubendreher. Typisch: Die Sägezahn-Doppelreihe der Bowie-Klinge. Foto: D. Pohl

Linienführung sich mehr oder weniger stark am Beckman-Entwurf anlehnte. Diese Muster führen heute in Sammlerkreisen den Beinamen »*Iron-Mistress-Bowie*« – wenn man so will, handelt es sich dabei um einen eigenen, neuen Zweig dieser Messer-Gattung.

In den 1980er-Jahren sorgte Hollywood dann für einen zweiten Anstoß durch »*First Blood*«, in Deutschland besser bekannt als »*Rambo*« – jener Film, in dem Sylvester Stallone einen traumatisierten Vietnam-Veteranen namens John Rambo spielt. Der Streifen wirkte als Startschuss für eine neue Kategorie von Überlebensmessern – riesengroß, mit Sägezahnrücken auf der Bowie-Klinge und einem Griff mit verschraubbarem Hohlraum. Solch ein Gerät fungierte neben Stallone als eigentlicher Hauptdarsteller des Films. Als Filmheld Rambo vor dem von Brian Dennehy verkörperten, fiesen Provinz-Sheriff Teasle in die Wildnis flieht, hat sein Messer einen richtig großen Auftritt: Nach einem Sturz an einer Steilwand im Gebirge öffnet Rambo alias Stallone den Hohlgriff, um sich mit der darin enthaltenen Überlebensausrüstung die klaffenden Wunden am Oberarm zusammenzunähen.

Als Folge solch dramatischer Sequenzen begann unmittelbar nach dem Kinostart ein *Run* auf Hohlgriffmesser – Dutzende von Herstellern überschwemmten den Markt mit solchen Schneidgeräten. Zum besonderen Erfolg trug auch wohl bei, dass es sich beim »*First Blood*«-Bowie nicht bloß um ein Fantasieprodukt der zuständigen Requisiteure handelte. Statt dessen hatte der für den Dreh verpflichtete, renommierte Messermacher James B. »Jimmy« Lile aus – na, woher schon? richtig: – Arkansas ernsthafte Entwürfe verwirklicht. Er entwickelte auf Grundlage von Bo Randalls »No. 18 Survival Attack« ein martialisch aussehendes Messer mit doppeltem Sägezahnrücken, das sich für jede erdenkliche Überlebenssituation eignen sollte. Es erhielt zwei Schraubendreher an den Enden der Parierstange und eine grüne Nylonkordel-Wicklung am Griff, die notfalls auch als Angelschnur dienen konnte.

Moderne zivile Bowies

Nach »*First Blood*« folgten bisher zwei weitere Teile der Rambo-Saga. Nun ließen sich auch andere Filmemacher Spezialstücke bauen – etwa Clint Eastwood von dem Texaner Joe Moss ein großes Bowie mit Hirschhorn-Griff für sein Oscar-prämiiertes Meisterwerk »*Unforgiven*« (deutscher Titel: »*Erbarmungslos*«). Außerdem zeigten Streifen wie die »Rambo«-Trilogie, dass das alte Bowie-*Design* sich durchaus mit den jüngsten *High-Tech*-Errungenschaften vertrug und es auch einen Markt für derart futuristisch gestylte Handquäler gab. Dies bildete übrigens den bislang letzten technischen Schritt in der Entwicklung der Messer-Gattung mit dem alten Hochländer-Namen. Freilich hielt sich die breite Masse der Hohlgriff-Bowies nur einige Jahre. Doch begannen Industrie und freischaffende Messermacher seitdem zusehends, den alten Entwurf mit modernen Polymer- und Elastomer-Werkstoffen zu kombinieren.

Dank der mehrfachen Schützenhilfe Hollywoods haben sich die Bowies einen derart festen Platz in der internationalen Schneidwaren-Herstellung erobert, der selbst die Goldene Bowie-Ära des 19. Jahrhunderts in den Schatten stellt. Grundsätzlich hat sich die Entenschnabelspitze als Bowie-typischstes Element durchgesetzt, sie bildet das Erkennungsmerkmal Nummer eins. Der Materialreichtum übertrifft fraglos denjenigen der klassischen Periode, auch dürften die Varianten-, Modell- und Stückzahlen ungleich höher liegen als früher. Hinzu kommt, dass sich Tausende von Messermachern rund um die Welt mit Bowie-Messern befassen. Es lässt sich wegen der schieren Masse daher kein allgemeingültiger Überblick auch nur zum aktuellen

Hohl ist alt

Üblicherweise hält man Messer, die einen hohlen, als Stauraum für Kleinkram gedachten und per Gewindeknopf verschließbaren Griff besitzen, für eine Erfindung aus der zweiten Hälfte des 20. Jahrhunderts. Die meisten US-Publikationen nennen Bo Randall als geistigen Vater. Demnach hätte der Mann aus Florida als Erster ein großes, feststehendes Messer mit solch einem Griff bestückt. Mit Verlaub – das hat er nicht. Als im Januar 1997 die legendäre Bowie-Sammlung von William R. Williamson bei Butterfield & Butterfield unter den Hammer kam, da befand sich darunter auch ein laut Auktionskatalog zwischen 1890 und 1900 gebautes Muster der Sheffielder Firma James Dixon & Sons. Das Messer wies eine bajonettartige Klinge von knapp 32 cm Länge mit zweidrittellanger, tiefer Kreuzschraffur im Klingenrücken sowie einer Rückenschneide von 82 mm auf. Doch der Pfiff bestand in dem kreisrunden, zum Knauf hin stufig abgesetzten Griff: Hier ließ sich nach Entfernen des Verschlusses ein Gehstock einsetzen, so dass man das Messer als Stichlanze nutzen konnte. Inwieweit das praktischen Nutzen machte, sei dahingestellt. Sicher war es nicht das einzige Messer mit Hohlgriff. Dafür gibt es ein Indiz: Die auf einem Arkansas-Flussboot spielenden Anfangsszenen von Karl Mays Roman »*Der Schatz im Silbersee*«. Da spioniert ein farbiger Heizer im Auftrag des schurkischen Cornel Brinkley den Ingenieur Patterson aus – Brinkley will wissen, wo Patterson sein Geld versteckt hat. Der Heizer berichtet: »*(...) Der Ingenieur hat nämlich ein altes Bowiemeser mit einem hohlen Griffe, in welchem die Noten stecken. Die Tramps mögen, falls er ihnen in die Hände fiele, ihn immerhin ausrauben. So ein altes, schlechtes Messer nimmt selbst der ärgste Räuber seinem Opfer nicht, weil er es eben nicht selbst braucht (...)*«. Nach dieser Auskunft schleicht sich Brinkley nachts zur Kabine des Ingenieurs, um ihm das Messer samt Geld zu stehlen: »*(...) An der rechten Wand befand sich ein Klapptischchen, auf welchem die Uhr, die Börse und – das Messer des Schläfers lagen, von außen ganz leicht mit der Hand zu erreichen. Er zog es aus dem Futterale und probierte den Griff. Dieser ließ sich wie eine Nadel- oder Federbüchse aufdrehen (...)*«. Das entspricht präzis der bis heute üblichen Konstruktion der Hohlgriff-Verschlüsse. Und noch etwas: Der Roman erschien 1887/88 als Zeitschriftenabdruck. Doch schreibt Karl May von einem *alten* Bowie-Messer – mit anderen Worten: Das Prinzip des Hohlgriffs muss zu jener Zeit schon allgemein bekannt gewesen sein. Ach ja: Dass sich aus dieser Einrichtung mehr machen lässt als nur wenig stabile *Survival*-Messer, bewies wieder einmal der in Idaho ansässige Südafrikaner Chris Reeve. Er wandte seine Fertigungsmethode – aus einem Stück Rundstahl Klinge und Hohlgriff eines Vollintegralmessers zu fertigen – auch bei seinem neuen Modell »Nkonka« an. In dessen Hohlgriff steckt ein Satz mit sechs Schraubendreher-Bits, während der Schraubendreherstab samt Bit-Aufnahme selber im abnehmbaren Knauf des Messers sitzt. Quer durch diesen Knauf verläuft eine Bohrung, durch die sich zwecks besserer Hebelwirkung etwa ein Nagel stecken lässt. Übrigens: Mit der Rückenspitzenklinge erweist Chris Reeve Rezin Bowies Ur-Entwurf seine Reverenz. Und die an Bauch und Rücken vom Griffansatz sitzenden, knubbeligen Parierstangen-Enden aus Titan gehen Reeve zufolge auf einen Entwurf der Sheffielder Firma Joseph Rodgers zurück.

Stimmen zum Bowie: Thomas Laible

Thomas Laible, Jahrgang 1970, arbeitet als Redakteur im Venatus Verlag und beschäftigt sich seit 16 Jahren mit historischen Blankwaffen. Er verfasste das Fachbuch »*Dolche und Kampfmesser*«.

»Das *Bowie Knife* – die Renaissance einer Waffe: Obwohl das Bowie-Messer in Amerika schon immer als Sammelobjekt und *Outdoor*-Messer beliebt gewesen ist, wurde seine Rolle als Waffe jahrelang vergessen. Heutzutage sieht dies glücklicherweise anders aus. Rekapitulieren wir: Das Bowie-Messer wurde vor allem durch die erfolgreich bestandenen Messerkämpfe von James Bowie bekannt. Es erlangte seine Popularität als Waffe! Dennoch wurde es vom erfolgreichen Trommelrevolver als Waffe verdrängt. Selbst im Zweiten Weltkrieg waren die Messer mit Bowieklinge (»Ka-Bar«; »Randall No. 1« etc.) eher militärische Vielzweckmesser, im Grunde genommen mehr »Fahrtenmesser« als Waffen. Über den Vietnamkrieg hinaus hat sich an dieser Situation nichts geändert. Die Vorstellungen von einem Kampfmesser waren geprägt von Applegate und Fairbairn (ein zweischneidiger Dolch) und den asiatischen Kampfkünsten (das Tanto). Mitte der 80er-Jahre begannen sich aber einige Selbstverteidigungs-Experten auf das »ur-

Thomas Laible
Foto: Carsten Bothe

amerikanische« Messer zu besinnen. Die Vorteile einer breiten Klinge mit Entenschnabel- respektive Hechtspitze kombiniert mit einer doppelten Parierstange wurden in der Szene wieder emsig diskutiert, beispielsweise der Rückhandhieb mit dem geschärften Schor. Pioniere wie Bob Kasper und James Keating mit seinem »*American Blade Concept*«, sowie der Messermacher Bill Bagwell läuteten neben vielen anderen die Wende ein. Heute erlebt das Bowie eine Renaissance als »*defensive knife*«. Heißen wir es willkommen.«

Angebot verschaffen – die abgebildeten modernen Stücke repräsentieren allenfalls die sprichwörtliche Spitze des Eisbergs.

Längst haben sich auch schon moderne Bowie-Klassiker herausgebildet, stellvertretend seien etwa neben den Rambo-Varianten auch die Buck-Modelle »General« und »Special« mit ihren schwarzen Kunststoffgriffen und hellen Aluknäufen oder das Cold Steel »Trailmaster« mit dem Griff aus geriffeltem Kraton (einer gummiartigen Elastomer-Art) genannt. Zu den neuesten Entwürfen dieses Hauses zählt das »Laredo«-Bowie – eine Ausführung mit sargförmigem Holzgriff, ovaler Messingparierstange samt Zwinge und einer 20 cm langen Klinge aus dem Stahl Carbon V. Dabei handelt es sich gemäß der Philosophie von Cold Steel-Boss Lynn Thompson nicht um rostfreien Stahl; traditionsbewusst verpasste er diesen Werkstoff auch schon den »Trailmaster«-Versionen.

Insgesamt zeichnet sich bei den amerikanischen Bowies in puncto Material und Form kein neuer Trend ab. Wie sollte auch? Es wird ja schlichtweg alles irgendwann auch rund um die als klassisch angesehene Entenschnabel-Klinge herumgebaut. Dafür aber gibt es einen anderen Trend – im Kampfsport-Bereich. Kurz zur Historie: Im Zweiten Weltkrieg sorgte der ehedem in Schanghai tätige britische Polizist und Militärausbilder William Ewart Fairbairn für eine Renaissance des Dolches als militärischem Kampfmittel. Zusammen mit dem Amerikaner Rex Applegate legte er auch die Grundlage für eine systematische Ausbildung im Messerkampf, unterfüttert mit Anleihen aus dem asiatischen Kampfsport. Selbiges floss im Laufe der Zeit in die Ausbildung diverser Spezialeinheiten mit ein. Während sich Polizei und Militär im westlichen Europa – namentlich Deutschland – des ausgehenden 20. Jahrhunderts diesbezüglich eher zurückhaltend zeigten, bildeten die Ostblockstaaten ihre Spezialeinheiten systematisch im Messerkampf aus. Und in den USA gibt es längst Messerkampfschulen und Zig-Dutzende von mehr oder weniger kenntnisreichen Lehrern, die gelegentlich ihre Erkenntnisse in neuen Ausbildungsmethoden zusammenfassen. Bei alledem geht es vor allem darum, Polizisten, Leibwächter und Sicherheitspersonal im Umgang mit Messern und in der Abwehr von Messerstechern systematisch und gründlich zu schulen. Und wie der Autor bei diversen Messe-Vorführungen schon am eigenen Leib spürte, lassen sich Messer auch ohne damit

Das von Ontario Knives Company gefertigte Bagwell-Bowie »The Gambler« kommt mit schlanker Klinge, sargförmigem Griff und auffallenden Messingnägeln. Es besitzt eine ovale, aber im Stil früher US-Bowies asymmetrisch montierte Messingparierstange.

zu schneiden, zu stoßen oder zu stechen von geübten Personen prima dazu verwenden, um das so genannte *Polizeiliche Gegenüber* mittels geschickter Knebelgriffe zu entwaffnen und zu überwältigen.

Der in Oregon ansässige Kampfsportexperte James A. Keating gehört neben Graciella Casillas-Boggs, Bob Kasper und Bram Frank zu den bekannten Größen auf diesem Gebiet; nach ihren Entwürfen fertigten Firmen wie Columbia River Knife And Tool, Spyderco oder Masters of Defense taktische Klappmesser (englisch: »*tactical folders*«). Keating nimmt sich nun seit einiger Zeit auch des Bowie-Messers an und versucht, anhand der Überlieferungen, Mythen und Erzählungen aus dem Wilden Westen zum einen den Kampfstil der Altvorderen aufzuspüren, zum anderen aber auch, ihn heutigen Methoden anzupassen. Dabei im besten Sinne einem mittelalterlichen Fechtlehrer vergleichbar, publiziert Keating seine Erkenntnisse auch (unter anderem im Internet auf der Seite www.alliancemartialarts.com, wo eine Reihe von gestellten Fotos zeigt, wie der Messerkampf im Alten Süden ausgesehen haben mag. Mehr zu Keating und seiner Firma Comtech (kurz für Combat Technologies) findet sich auch unter www.jamesakeating.com.

Neben Keating gibt es noch eine zweite Triebkraft, die in den Bowies nach wie vor voll taugliche Kampfmesser sieht: Der Schmied und ehedem für Blätter wie »*Soldiers of Fortune*« schreibende Journalist Bill Bagwell, in den USA als »*King of Bowies*« bekannt. Bagwell legte seine gesammelten Erkenntnisse 2000 im Werk »*Bowies, Big Knives and the Best of Battle Blades*« nieder – an dieser Stelle ein Dankeschön an den Dortmunder Fachhändler Markus Schwiedergoll, der den Verfasser auf dieses Buch und Bagwells praktisch wie historisch interessante Studien aufmerksam machte. Und mit der US-Firma Ontario Knives fand Bagwell auch einen Partner, bei dem er seine Vorstellungen von einem Bowie umsetzen konnte. Dabei kamen mehrere Modelle mit bezeichnenden Namen wie »The Fortress« (Die Festung), »The Gambler« (Der Spieler), »Stealth« (Heimlichkeit, auch Bezeichnung eines US-Tarnkappenbombers) und »Hell's Belle« (Die Schöne der Hölle) zustande. Sie alle zeichnen sich durch vergleichsweise schmale Klingen mit angedeutetem Entenschnabel aus und verfügen über Holzgriffe des Typs »*coffin shape*«. Außer dem mit gerader Parierstange bestückten »Gambler« kommen alle mit hängenden Stangen und spanischen Kerben. Und beim »Stealth« verband Ontario Knives die klassische Form mit hochmoderner, schwarzer Antireflex-Beschichtung.

Doch bei aller Begeisterung für ihr Thema – auch in den USA bilden die extrem tief in der Materie steckenden Fachleute Bagwell und Keating Sonderfälle. (Obwohl es wünschenswert wäre, wenn möglichst viele Polizisten sich in ihrer Ausbildung mit den von Keating und Bagwell gelehrten Techniken vertraut machen würden – denn ließe

Stimmen zum Bowie: Hermann Hebsacker

Hermann Hebsacker mit einem Bagwell-Bowie.

Der Messerschmied und erklärte Messerliebhaber Hermann Hebsacker leitet die renommierte Messerfirma *Haller Stahlwarenhaus* in Schwäbisch Hall.

»Vielfältigkeit – das beschreibt aus meiner Sicht den Reiz des Bowies besonders gut. Das gilt für den historischen Blickwinkel genauso wie für den technischen. Für die Western-Leute bildet dies die einzig klassische und damit akzeptable Messerform. Das Bowie bildete in der Mitte des 19. Jahrhunderts das typische Messer der Siedlerzeit, es gehörte zu Beginn des US-Bürgerkrieges zur Bewaffnung vieler konföderierter Verbände. Und dabei handelte es um einen klassischen Importartikel, in überwiegender Zahl im englischen Sheffield gebaut, dessen Industrie ihm einen entscheidenden Schub lieferte. Bei alldem entstand eine Unzahl an Formen, eine Entwicklung, die noch immer nicht abgeschlossen ist. Längst werden Bowies nicht nur in England oder Amerika, sondern in aller Welt gefertigt, dies zeigen etwa Modelle der spanischen Firma Muela. Und meiner Meinung nach baut die US-Firma Cold Steel heute einige der erfolgreichsten Bowies überhaupt.«

1950er-Jahren das Bowie wiederentdeckte, da trug auch das von jeher Wildwest-begeisterte »Old Germany« sein Scherflein dazu bei und entwickelte eigene Vertreter. Einige davon gelten unter Fans längst als Klassiker. Dazu zählt das mit Hirschhorn beschalte Puma »Original Bowie«, das einige eher für die deutsche Jagd typische Elemente aufwies: Die Messer warteten mit einer 20 cm langen Klinge auf, Letztere zeigte sich trotz des Entenschnabels wuchtig und vorderlastig. Kein Wunder, betrug die Stärke des Blattes doch satte sechs Millimeter. Außerdem verpasste Puma dem Messer einen keilförmig angesetzten Schliff, der sich noch nicht einmal bis in die Mitte der Klingenflanke hochzog. Damit wichen die Solinger von der klassischen Sheffielder Form mit ihren sanften Hohlschliffen ab. Noch ungewöhnlicher geriet der asymmetrische, Puma-typisch mit zwei Hirschhornschalen beschalte Griff mit seiner ange-

Der Jugendtraum des Autors: Das Puma »Original Bowie« mit knapp 20 cm langer Klinge. Hier einmal gezückt, einmal versorgt.

sich auf diese Weise auch nur ein messerbewehrter Verbrecher kampfunfähig machen, dann hätten sich die Kurse schon gelohnt.) Allerdings haben sich Bagwells Messer vom Start weg eine kleine Liebhabergemeinde erobert, auch hier in Deutschland. Denn als man in den

Das neue Puma »Bowie II« kommt ohne Parierstange aus, dafür lassen sich seine Griffschalen zum Reinigen leicht abnehmen.

deuteten Kanu-Form und der im hinteren Drittel eingelassenen Fangriemen-Öse aus Messing. Auch fehlt dem »Silbernen Löwen« als einem der wenigen Bowies überhaupt eine Parierstange, stattdessen findet sich hier ein wuchtiger, stählerner Handschutz, der von hinten aufgeschoben wurde.

Dank seiner komplett asymmetrischen Bauweise handelt es sich bei diesem Solinger Klassiker um eins der wenigen Bowies, auf die der Begriff »Messer« zutrifft; die Masse davon fällt ja wegen ihrer symmetrischen Griffe und der asymmetrischen Klingen in die Kategorie Dolchmesser. Dank der klotzig-robusten Klinge verfügt das Gerät über exzellente Hauereigenschaften, wegen seines Gesamtdesigns mutet es auch eher wie ein großes Jagdwerkzeug denn wie eine zum Kampf bestimmte Blankwaffe an. Übrigens: Die Form dieses Messers, vielmals in den Auslagen der Fachgeschäfte seiner Geburtsstadt bewundert, prägten des Verfassers erste Vorstellungen von einem Bowie. Lange musste sich jedes andere Messer genau an dieser vermeintlichen »Urform« messen lassen – natürlich findet sich heute so ein Stück in seiner Sammlung. Dazu noch dies: Puma hat kurz nach der Jahrtausendwende von diesem Messer noch eine vereinfachte Ausführung mit 16 cm langer Klinge vorgelegt – ebenfalls mit Hechtklinge, aber ohne eigenen Handschutz und aufwändig eingesetzter Fangriemen-Öse. Und die (leider extrem kantig geratenen) Hirschhornschalen sind nicht mehr aufgenietet, sondern mittels zweier Messing-Inbusschrauben fixiert.

Noch eine kleine Anekdote zu Puma: Als die Deutschen zu Beginn der 1960er-Jahren mit Harald Reinls Film »*Der Schatz im Silbersee*« anfingen, in Kroatien rund um das Gebiet der Plitwitzer Seen Karl-May-Western zu drehen, hatte die Kostümbildnerin Irms Pauli einen der heikelsten Jobs. Sie musste für die französisch-britisch-amerikanisch-kroatisch-deutschen Westernhelden halbwegs passende Klamotten auftreiben. Wie man heute weiß, wäre ohne die Hilfe der deutschen Indianistik-Clubs gar nichts gelaufen. Bei den Waffen nahm man Abkürzungen – Doppelflinten mutierten zu Bärentöter und Silberbüchse, Peabody-Blockverschluss- sowie Harrington & Richardson-Kipplaufgewehre ersetzten die westernüblichen Winchester-Unterhebler und Springfield-Karabiner. Und Götz George schoss unter anderem auch mit einem nicht ganz zeitgenössischen Smith & Wesson-Revolver Model 1917 auf die Tramps des Schurken Cornel Brinkley. Nur bei den Messern, da ließ man nichts anbrennen und achtete auf Qualität. Fast sämtliche großen Sprechrollen erhielten daher je ein Puma-Messer an den Gurt appliziert – Lex Barker (alias Old Shatterhand) und Jozo Kovacevic (als Utah-Häuptling Ovuts-avaht, Großer Wolf) lieferten sich damit sogar einen packenden Zweikampf. Bleibt nur ein Schönheitsfehler – man hatte keine Puma »Original Bowie« eingekauft, sondern einen anderen Klassiker der Firma: Das Puma »White Hunter« mit der im Ortbereich charakteristisch ausladenden Klinge. Allerdings endete damit die Winnetou-Karriere dieser Messer auch wieder. In den ande-

Und noch ein Klassiker: *Outdoor*-Ausbilder Tony Lennartz entwarf das in Vollintegral-Bauweise gefertigte und mit einem Rahmengriff des Typs »Interframe« bestückte »German Expedition Knife«, das zuerst von Schlieper hergestellt wurde und heute von Puma gebaut wird.

Oben ein Hubertus-Bowie, wie es die Solinger Firma in verschiedenen Längen und Ausführungen anbietet. Dieses Exemplar begleitet seinen Besitzer regelmäßig zur Saujagd und wird – trotz seiner Länge – ob seiner Ausgewogenheit und seines schlanken, aber umso praktischeren Griffs geschätzt, der sich wohltuend von anderen klobigen Handquälern abhebt. Darunter ein Bowie der US-Firma Schrade mit kurzer, wuchtiger Klinge, wie es das Versandhaus Südwest Ende der 1970er-Jahre vertrieb. Foto: Martin Benz

ren Karl-May-Folgen präsentierten sich Lex Barker und Pierre Brice bevorzugt mit Finnen-Messern, gelegentlich durch etwas Leder und Fell am Griff »getarnt«. Na, ja – Bowies gibt's dann beim nächsten Mal …

Und dafür müsste man noch nicht einmal zum Einkaufen ins Ausland reisen oder auf Importware zurückgreifen. Deutsche Firmen widmen sich nach wie vor auf breiter Ebene, mit viel Fantasie und in großem Formenreichtum dieser Thematik, etwa durch die ganz im Stil der Jahrhundertwende gefertigten kleinen Bowies von Hubertus Kuno Ritter: Seit Jahrzehnten fertigt die Solinger Firma Cowboy-Bowies aus Fließgussstahl, bestückt mit Entenschnabelklingen verschiedener Länge, der typisch deutschen Inschrift »Original Bowie Knife« und zwei aufgenieteten Griffschalen aus Hirschhorn. Und sogar bei der Parierstange achtete man auf eine authentische Form – oval mit zwei kugelförmigen Abschlüssen am Ende, ganz so, wie es bei vielen alten Cowboy-Bowies um 1900 auch der Fall war. Einzige Abweichung: Die vor allem als Fahrtenmesser für die abenteuerlustige Jugend gedachten, wundervoll altmodischen Stücke kommen zum Teil in Scheiden mit Klettverschlusslaschen. Diese sind keineswegs unpraktisch, aber dem Autor sind nun einmal Messing-Knopfdorne lieber (diese privat-subjektive Bemerkung sei hier erlaubt).

Ganz wichtig: Wer ein Verlängerungs-Klappmesser mit Bowieklinge sucht, sollte einmal nach dem ganz im Stil des späten 19. Jahrhunderts gehaltenen Hubertus-Modell »Saufänger« Ausschau halten. Hier ragt die Klinge in geschlossenem Zustand knapp eine Handbreit aus dem hinteren Griff-Ende, sobald man das Blatt nach vorn aus dem Griff schwenkt, verdoppelt sich das Klingenmaß. Solche Messer fanden Ende der Viktorianischen Epoche vor allem bei den Jägern Mitteleuropas Anklang. Einige gingen aber auch in den Wilden Westen – einfach deswegen, weil das Messer im geschlossenen Zustand ein praktisches Handwerkzeug bildete und sich durch das Öffnen der Klinge in eine wirksame Waffe verwandeln ließ. Das war etwa bei der Nachsuche auf die versehentlich nicht gestreckte, sondern bloß angeschweißte Wutz (wobei man beim Abfangen mit der kalten Waffe – wenn schon, denn schon – zur eigenen Sicherheit ein robustes feststehendes Messer mit Parierstange verwenden sollte). Und das Messer von Kuno Ritter erfreut alle Liebhaber solcher um 1900 üblichen, skurrilen Konstruktionen – noch dazu, weil der für seine preisgekrönten Rettungs-Springmesser bekannte Hersteller seinen »Saufänger« ganz in den Stil der *Belle Epoque* kleidete: Hirschhorn-Schalen, quergeriffelte Messing-Beschläge, eine Arretiertaste und eine zweiteilige Parierstange, die mittels eines Stiftes am Klingenfuß direkt unter dem Rücken angenietet ist. Denn diese Vorrichtung erlaubt folgende Finesse: Klappt man die Klinge ein, schwenkt sich auch die Parierstange ein, bis sie am Bauch des Griffes anliegt. So ist sie aus dem Weg, wenn man mit dem nach hinten aus dem Griff ragenden Vorderteil der Klinge arbeiten will. Sobald aber die Klinge ausfährt, rotiert auch die daran befestigte Parierstange und stellt sich genau dann vor dem Griff quer, wenn die geöffnete Klinge in einer Linie mit dem Griff steht.

Auch die Solinger Firma David Everts GmbH (kurz als DES bekannt) lieferte bei Recherchebeginn dieses Buches noch eine Reihe traditionell gefertigte Bowies mit Klingenlängen zwischen 13 und 21 cm. Der Kunde hatte bei den Griffmaterialien die Wahl zwischen Hirschhorn und Palisander, zwischen asymmetrischen und symmetrischen Formen und zwischen Versionen mit zwei aufgelegten Schalen oder solchen mit einteiligen, rund geschliffenen Griffhülsen, welche in Manier der 1920er-Jahre einen knubbeligen Abschluss aus Aluminium aufweisen.

Extrem viel Aufwand im Bowie-Bereich betreibt auch die Firma Linder aus Solingen. Das zeigt ein Blick auf die Zahlen: Einmal die *Homepage* des Unternehmens angeklickt und im *Online-Shop* den Begriff »Bowie« eingegeben – schon spuckte die Suchmaschine sage und schreibe 74 Artikel aus. Das reichhaltige Sortiment umfasst alles vom »Old Western«-Bowie mit seiner geraden Parierstange samt den Kugelabschlüssen sowie der einteiligen Griff aus

Das Linder »Yukon Bowie« mit seiner goldfarbenen Klingenätzung.

Hirschhorn mit Krone bis hin zum edlen, auf 444 Exemplare limitierten »Custom Bowie«. Hier ein Auszug aus dem Werbetext: »*Die Klinge ist aus 6 mm starkem ATS 34 Stahl (rostfrei, 60 Rockwell Härte) gefertigt. Griffschalen aus Walrosszahn. Parierelement und Backen aus massivem Messing. In hochwertiger Lederscheide.*« Liegt das »Old Western Bowie« in der mittleren Preisklasse von zirka 90 Euro, so kostet das Luxusstück schon knapp 240 Euro. Allerdings offeriert die Firma auch weit günstigere Messer des Typs »Cudeman«, die ungefähr zwischen 25 und 40 Euro kosten. Anstelle des noblen ATS-34-Stahles kommen sie mit Klingen aus dem gängigen 440er-Werkstoff und weisen aufgenietete Griffschalen aus Kunststoff auf. Bei den Beschlägen bleibt freilich ein Hauch von Luxus; so gibt es etwa Knäufe mit Chrom- oder gar Gold-Auflage.

Speziell an Sammlermessern offeriert Linder ein reiches Sortiment. Hier präsentieren die Solingern einen »Arkansas Toothpick« oder ein als »Classic Bowie« bezeichnetes Modell mit breit ausladender Viertelmeter-Klinge, deren Hirschhorn-Griff über einen aus Neusilber gegossenen Adlerkopf-Knauf und eine aus dem gleichen Material gefertigte S-förmige Parierstange mit Abschlüssen in der Form von Hundeknochen verfügt. Solch ausgefallene Stücke haben bei Linder schon eine längere Tradition. Vor einigen Jahren bereits erschienen die Bowies der Reihen »Yukon« und »Alamo« – von Letzterem war ein deutscher Western-Hobbyist so begeistert, dass ihn seine *companeros* schließlich nur noch mit Alamo anredeten. Mit wie viel Hingabe man bei Linder an das Thema Bowie herangeht, zeigt das Modell »Yukon«. Dabei handelt es sich um ein recht leichtes Modell mit Schalen aus dunklem Grenadillholz, einer Parierstange aus Messing und einer beidseitig auf dem Klingenspiegel zu findenden, in Gold ausgeführten Ätzung in indianisch anmutendem Muster. Das ungewöhnliche Material passt zum Namen, handelt es sich bei dem nordamerikanischen Fluss Yukon ja um einen der Ströme, in denen man Ende der 1890er-Jahre das gelbe Edelmetall schürfte.

Derlei hat zwar nun überhaupt nichts mit »authentisch« im Sinne der Sheffielder Massenproduktion des 19. Jahrhunderts zu tun – und dennoch atmet dieses Modell eben durch den beim Zierrat der Klinge betriebenen Aufwand den Geist der Wostenholms und Rodgers weit stärker als viele andere Bowies aus jüngerer Fertigung. Hinzu kommt noch, dass die Linder-Mannschaft um die Rosenkaimer-Brüder auch bei der Klinge einen wunderbaren Balance-Akt zwischen »Alt« und »Neu« hingelegt hat – einerseits der moderne, rostfreie 420er Stahl; andererseits das stilechte *filework* des Klingenrückens und der breit angesetzte Hohlschliff der Schneide, durch den das Messer trotz einer Klingenlänge von 25 cm eine hervorragende Balance erhält. Auch die schwarze Lederscheide passt zu diesem schönen Mix: Das eigentliche Futteral sitzt in einer Art Koppelschuh und hängt dadurch tief am Gurt. Da lässt sich auch damit

Das in Halbintegralbauweise ausgeführte Linder »Rocky Mountain Bowie« mit dem ergonomisch abgewinkelten Griff. Beide Fotos: Linder

leben, dass die Sicherungslasche einen Klettverschluss aufweist – nach mehrfachen, stets trüben Erfahrungen des Verfassers macht das Velcro-Material über kurz oder lang schlapp. Nichtsdestoweniger ist und bleibt das Yukon in seiner prächtigen und liebevollen Art ein Bowie, um das man sich im »Old Southwest« der 1840er-Jahre fraglos gerissen hätte. Bitte mehr davon.

Anders als das Gros solch edler Teile ist das Linder »Rocky Mountain Bowie« fast schon ein *Outdoor*-Klassiker. Das Halbintegral-Messer mit starkem Handschutz und 16 cm langer, derb geschliffener Hechtklinge schafft mit seinem Cocobolo-Hartholz-beschalten Griff die Quadratur des Kreises: Er ist ergonomisch *und* elegant. Das »Rocky Mountain Bowie« findet sich in mehreren dem Autor bekannten Kollektionen und erntete durch die Bank weg gute Kritiken. Auch überzeugte es in diversen Tests der Fachpresse – wie gesagt: Fast schon ein Klassiker. Ein Tipp ist das knapp 120 Euro teure Gerät auf jeden Fall, immerhin verträgt es dank des günstigen Winkels von Griff und Klinge sowie des Schliffes auch leichte Hackarbeiten.

Das von Familie Hebsacker geführte, in Schwäbisch Hall ansässige Haller Stahlwarenhaus fand ebenfalls einen besonderen Zugang zu unserem Thema. In den letzten Jahren gab es mehrere liebevoll gestaltete Bowie-Sonderkataloge heraus, die neben einem internationalen Sortiment auch einen kurz gerafften Überblick zur Historie von Mann und Messerart boten. Hier findet sich nicht nur die breitet Palette der unter dem Markennamen »Haller« vertriebenen eigenen Entwürfe, sondern auch ein sehr breites Sortiment an modernen Bowies aus aller Welt, etwa von Ka-Bar, Muela, Cold Steel, Iron Eagle oder die aus einem Stück Rohrstahl gefertigten, mit verschraubbarem Hohlgriff bestückten *Survival*-Bowies des in Idaho ansässigen Südafrikaners Chris Reeve. Ende der 1990er-Jahre stellte Haller wohl auch eines der ersten Waidbestecke mit zwei Bowies vor – das Große mit einer Klingenlänge/Grifflänge von 202/121, das Kleine mit 100/92 mm. Beide besaßen olivfarbene Kunststoffgriffe mit schwarz eloxierten Parierstangen und Knäufen; das Ganze steckte ein einer Doppelscheide aus schwarzem Leder. Mittlerweile finden sich solche Bowie-Kombis auch bei anderen Herstellern; Linder offeriert mehrere Bestecke, wahlweise mit Lederscheide, Pakkaholzschalen, vergoldeten Knäufen oder mit aufgenieteten Schalen aus grünem Kunststoff und Futteralen aus Webmaterial mit aufgedruckter Flecktarnoptik.

Zu Cold Steel noch ein paar Worte: Dieses US-Unternehmen entwarf über die Jahre hinweg eine Reihe größerer taktischer Einsatz- und *Outdoor*-Messer, auf die der Begriff Bowie zutrifft. Die betrifft neben dem oben erwähnten »Trailmaster« (mit Kraton- wie Hirschhorn-Griff lieferbar) auch das Modell »Bush Ranger«, das es mit blanker wie geschwärzter Klinge gibt. Mit schwarzer Klinge kommt auch das vom legendären US-Messermacher Bob Loveless entwickelte »Black Bear Classic«, dessen Vierkant-Klinge wie bei einem Dolch einen beidseitigen Schliff aufweist, während die Spitze aber nicht auf der Mittelgratlinie liegt, sondern nach oben zum Rücken hin. Vom Griff her gesehen gehört der »Schwarzbär« in die Klasse der *»Subhilt-Fighter«*: Darunter versteht man Kampfmesser mit zwei Querstegen statt nur einer Parierstange. Der zweite Quersteg trennt das vordere Griffviertel vom Rest und dient dem Zeigefinger als Anlagefläche. Dadurch lassen sich einige Wendemanöver schneller durchführen, auch kann der Ringfinger bei einem Stoß zusätzlichen Druck ausüben.

Doch lieber traditioneller? Nur, für diesen Zweck bietet das Haller Stahlwarenhaus auch mehrere Varianten an, die alten Sheffielder Entwürfen nachempfunden sind – etwa das im Katalog als »Bowiemesser aus der Siedlerzeit der USA« bezeichnete Modell, das mit einem klassischen »Halb Pferd, Halb Alligator«-Griffknauf aufwartet und dessen 25-cm-Klinge mit einer Ätzung im Stil der Altvorderen prunkt: Der US-Wappenadler hält eine riesige Banderole im Schnabel, auf dem zu lesen steht: LAND OF FREEDOM / THE PATRIOTS / SELF DEFENDER / PROTECTED BY / HER BRAVE / VOLUNTEERS«. Und wer sich schon immer einmal ein Muster mit *D-Guard* zulegen wollte, der sollte ein Auge auf das »CSA Militär-Bowiemesser« werfen:

Wie weit sich das alte Bowie-*Design* verwandeln lässt, zeigt dieser futuristisch-kühn anmutende Entwurf vom Haller Stahlwarenhaus: Das »Attack Survival« verbindet einen Lederscheibengriff mit aufgeschraubten Kunststoff-Schalen und einen Messing-Griffsteg. Die 19,6 cm lange und 5 mm starke *Clip-Point*-Klinge verfügt über einen Rücken mit Säge- *und* Wellenschliff – in dieser Kombination fraglos einzigartig in der Bowie-Welt! Foto: Haller Stahlwarenhaus

Moderne zivile Bowies

Viertelmeter-Klinge aus 420er Stahl mit eingeätzter Sternenflagge und einer Griffbügel-Parierstange aus Messing – Letzteres von der Materialwahl her nicht ganz stilgerecht. Aber das Teil ist ein Augenmagnet, zumal kaum sonst ein deutsches Unternehmen noch solche Bürgerkriegs-Bowies offeriert.

Auch das alteingesessene Solinger Unternehmen Heinr. Böker Baumwerk bleibt mit seiner »Magnum«-Reihe schon seit Jahren der Bowie-Linie treu. Beim Rechercheschluss für dieses Buch stellte das Werk etwa in der Reihe Böker »Arbolito« ein Messer mit ergonomischem Griff und einer Beschalung aus südamerikanischem Kurupy-Edelholz vor. Der Clou des Messer steckt in seinem asymmetrischen Handschutz, der an der zur Klinge zeigenden Seite eine sanfte Höhlung beschreibt und so für ein besonders dynamisches Äußeres sorgt. Freunde langer und breitklingiger Muster kommen dagegen bei dem schlicht als »Bowie« betitelten Modell mit den Nussbaumschalen und der aus 4034er Stahl gefertigten 20-cm-Klinge auf ihre Kosten: Endlich einmal ein seriell hergestelltes Bowie, bei dem sich die Schliffbreite über fast drei Viertel der Klingenbreite erstreckt und der gut handlange Handschutz die klassische S-Form aufweist. Kein Wunder: Für den Entwurf zeichnete Böker-Marketingchef Dietmar Pohl verantwortlich, der selber zum Kreis der bekennenden Bowieaner zählt. Apropos: Bei Böker entstand vor einigen Jahren auch ein in Zusammenarbeit mit der Firma Colt gestaltetes Modell, dessen Äußeres im Stil der Sheffield-Messer gehalten war und dessen Klinge eine zur US-Firma passende Ätzung aufwies – wer eines findet, sollte es behalten – auch das ist heute schon ein Sammelstück. Besonders ausgefallen war eine Böker-Idee, die erstmals die Entenschnabelklinge mit einer »Tsuka« kombinierte, also einem im Stil japanischer Blankwaffen gefertigten Griff: Klassischerweise wird hier ein Holzkorpus mit Rochenhaut umwickelt und das Ganze mittels einer komplizierten Bindetechnik fixiert. Als Material dienen Baumwolle, Seide und Leder. Wenn man so will, ein Samurai für den Alamo.

Böker offeriert, wie auch Peter Hoffmann Import, die Messer einer Firma, die erst seit wenigen Jahren von sich reden macht – Fällkniven aus Boden in Schweden, 1984 gegründet. Das von Peter Hjortberger geführte Familienunternehmen brachte es nicht nur zum Hoflieferanten des schwedischen Königshauses, sondern stellte mit den Messerreihen »S1« und »A1« auch zwei Neuheiten vor, für die stabile Klingen mit angedeuteten Entenschnäbeln sowie Griffe aus kreuzschraffiertem Kunststoff (Thermorun und Kraton) charakteristisch sind. Doch der jüngste Streich der Schweden dürfte erst noch für Aufsehen sorgen – die »Northern Light Series«. Bei diesen bislang vier Messern finden sich traditionelle Lederscheibengriffe kombiniert mit zwischen 13 und 25 cm langen Bowie-Klingen. Der Pfiff dabei: Die Klinge besteht aus modernem Hochleistungslaminat-Stahl. Fällkniven verwendet für dieses Lagenmaterial die Sorten VG 10 und 420.J2. Letzterer besitzt besonders gute Antioxidations- und Härteeigenschaften und verfügt beim Fällkniven-Laminat über einen Kern aus VG 10. Laut einer Fällkniven-Mitteilung brachten Wikinger-

Wer auffällige Messer mag, liegt hier richtig: Dieses Böker-Bowie wartet mit einer großen, S-förmig geschwungenen Parierstange und einer Schnabelklinge von knapp 20 cm Länge auf. Die Griffschalen bestehen aus Nussbaum. Foto: Böker

Böker versah sein hervorragend gearbeitetes »Colt Commemorative Bowie« im klassischen Stil mit einer hochglanzpolierten Klinge aus 4034er-Stahl (Länge 24 cm, Stärke satte 8 mm) und einem symmetrischen, mit Hirschhorn belegten Griff. Die Klingenätzungen des rund 700 g schweren Messers zeigen nicht ganz stilechte Cowboy-Motive für ein Bowie dieser Art – etwas, das Authentiker eher entsetzen dürfte, aber den Geschmack der Amerikaner wohl voll getroffen hat. Heute ein Sammlerstück. Foto: Böker

Stimmen zum Bowie: Dietmar Pohl

Dietmar Pohl

Fällknivens Modell »Northern Light 1 Tor« zeigt einen leicht geneigten, im Querschnitt ovalen Lederscheibengriff (im Randall-Stil) mit Zwischenlagen aus roter, weißer und schwarzer Fiber. Knauf und Platte bestehen aus Aluminium. Beim Stahl handelt es sich um laminierten VG 10 mit einer Härte von 59 HRC. Bestechend am »Tor« ist die klare, schlichte und äußerst elegante Linienführung – ein künftiger nordischer Klassiker? Foto: Peter Hoffmann Import

Dietmar Pohl ist Leiter für Marketing und Design des Solinger Messerherstellers *Heinr. Böker Baumwerk GmbH* und Autor des Buches *»Taktische Einsatzmesser«*.

»Totgesagte leben ja bekanntlich länger. Und genau das gilt auch für das Bowie-Messer des 21. Jahrhunderts! Nur die Fertigungsmethoden und die Ausstattungen hinsichtlich der verwendeten Materialien haben sich der Zeit angepasst. CNC-gesteuerte Schleif- und Fräsmaschinen ersetzen heute Hammer und Amboss, hochlegierte Edelstähle zeigen ihre Vorzüge bezüglich Korrosionsbeständigkeit und Verschleißfestigkeit gegenüber Kohlenstoffstählen, PVD-Beschichtungen schützen die Klingen gegen Kratzer und dekorative Griffe mit natürlichen Materialien weichen nüchternen und funktionellen aus Kunststoff. Neben Sammlern von Bowie-Messern und Jägern wissen vor allem Angehörige von polizeilichen und militärischen Spezialeinheiten die klassische Form der Klinge zu schätzen, da sie einfach ein großes Spektrum an Verwendungsmöglichkeiten abdeckt. Neben dem Einsatz als Waffe, für die sie ja ursprünglich ausgelegt war, zeigt sie ihre Vorzüge insbesondere als multifunktionales Werkzeug. Daher greifen die Hersteller so genannter *Taktischer Einsatzmesser* auch heute noch gerne auf die Bowie-Klingenform zurück. Nicht, weil ihnen nichts Besseres einfällt, sondern weil sie sich seit fast nunmehr 200 Jahren bewährt hat.«

Das Marttiini-Messer mit dem blauen Kraton-Griff und der teflonisierten Schnabelspitzenklinge überzeugte in einer sechswöchigen *Outdoor*-Erprobung – keine Schäden, kein Rost und für alles verwendbar.

Waffen mit Verbundstahlklingen das Haus auf den Trichter mit dem Laminat. Jedenfalls erhielten dieses Skandinavien-Bowies auch die passenden Namen: »Tor«, »Oden«, »Njord« und »Frej«, allesamt Namen germanischer Gottheiten in skandinavischer Schreibweise. Tja, wenn da der mächtige Thor bei der nächsten Ragnarök (Götterdämmerung – Weltuntergang) mal nicht Mjölnir, seinen geliebten Hammer, zur Seite packt und statt dessen eins der nach ihm benannten Bowies zückt. Vielleicht schafft er es ja damit, in der letzten großen Schlacht dem Riesenwolf Fenrir den Garaus zu machen ...

Da wir uns gerade mit Nordland befassen: Über ihren Importeur Herbertz hat sich auch die seit Ende der 1920er-Jahre tätige finnische Firma Marttiini fest in Deutschland etabliert. Und in seinen Jugendjahren kam dem Verfasser mehr als ein Messer unter, das den berühmten Namen aus

Moderne zivile Bowies

dem Land der tausend Seen trug. Doch wies die Masse dieser Stücke noch im typischen Stil der finnischen »Puukkos«, also der traditionellen Scheidenmesser, Griffe aus Birken-Hölzern wie etwa masurischer Birke auf, so ging Marttiini inzwischen mit der Zeit und stellte einige Serien mit moderneren Materialien vor. Und eins dieser Messer – ein kleines, handlanges Bowie mit blauem Kautschuk-Griff, schwarzem Handschutz mit Antirutsch-Riffelung und teflonisierter Bowie-Klinge – schlug sich bei einem mehrwöchigen, in Norwegen durchgeführten Test des Journalisten Robert Cadek ganz ausgezeichnet: Es überstand alle Arbeiten im und rund ums Biwak ohne größere Macken und gefiel durch seinen ergonomisch geformten, rutschsicheren Griff. Wieder einmal mehr der Beweis, wie wandlungsfähig das Bowie-*Design* ist und wie praktisch, wenn die Wahl auf eine vergleichsweise kurze Klinge fällt.

Dieses Messer ist nur eines von vielen aus dem Programm des größten deutschen Messer-Importeurs und -Vollsortimenters, der Firma C. Jul. Herbertz aus Solingen.

Als Deutschland-Vertreter von Firmen wie Buck, Al-Mar, SOG, Gerber oder Kershaw hält man hier natürlich stets Dutzende von Bowies verschiedenster Hersteller im Programm, hinzu kommen noch preisgünstige Fahrtenmesser mit Bowie-Klinge sowie die Reproduktionen des »Mk II« und anderer Weltkrieg-Zwo-Messer. Und immer wieder einmal brachte Herbertz auch Jubiläums- und Sammlermesser in Bowie-Form heraus. Hier alle Versionen zu listen, ist aus Platzgründen schlicht unmöglich – daher hier einige willkürlich ausgewählte Beispiele. Beginnen wir mit der US-Firma Buck, die vor einiger Zeit ihren Klassiker »Buck Special« in neuem Gewand vorstellte. Anstel-

Anlässlich ihres 125-jährigen Firmenjubiläums 1993 präsentierte die Firma Herbertz dieses Bowie mit großer Messingparierstange und Ätzung auf der Schnabelklinge. Der Griff besteht aus grauem Schichtholz, oben und unten abgesetzt mit Zwischenlagen aus roter Fiber und rosafarbenem Corian. Dieser Werkstoff aus dem Sanitärbereich war in den 1990er-Jahren zeitweise als das Griffmaterial der Zukunft im Gespräch. Foto: Herbertz

Die US-Firma Buck errang Weltruhm mit Klappmessern wie mit feststehenden Versionen, die sich großenteils als Bowie klassifizieren lassen. Hier das Modell 124 mit der hohlgeschliffenen Rückenspitzenklinge und dem für viele Buck-Messer charakteristischen Griff aus schwarzem Phenolharz.

le der schwarzen Kunststoff-Griffhüle kam er mit *Rosewood*-Griff, kombiniert mit einer golden schimmernden Klinge und ebensolchen Beschlägen. Für den Effekt war eine Zirconium-Nitrierung verantwortlich. Der Nutzen? Nun, laut Auskunft von Buck soll dies zu einer Oberflächenhärte von 80 HRC (kurz für *Hardness Rockwell Cone*) führen. Das wäre megahart – die meisten modernen Klingen liegen im Bereich von 55 bis 59 HRC.

Herbertz führt auch noch Messer, die nach Entwürfen des mittlerweile verstorbenen Alfred Clark Mar entstanden. Mar, ein Chino-Amerikaner, diente vor seiner Messermacher-Karriere unter anderem bei den *Green Berets*. Und in all seinen Messern nehmen er beziehungsweise seine Familie stolz Bezug auf diese militärische Laufbahn: So beim »Combat – Desert Storm«, das einen auf Hochglanz polierten und lackierten, spindelförmigen Lederscheibengriff samt rundem Knauf im Stil der amerikanischen Weltkrieg-II-Militärmesser aufweist. Und als die *Green Berets* ihr 25-jähriges Jubiläum feierten, gratulierte die Familie Mar mit einem Überlebensmesser, dessen verschraubbarer Hohlgriff mit einer pinkfarbenen Wicklung aufwartete. Rosa gibt nämlich in der Wüste eine gute Tarnung ab (so dass man das Messer bei Verlust bestimmt nicht wiederfindet). Die Klinge verfügte über eine zweidrit-

Stimmen zum Bowie: Ulrich Hartkopf

Ulrich Hartkopf

Ulrich Hartkopf ist Geschäftsführender Gesellschafter des Solinger Traditionsunternehmens *C. Jul. Herbertz GmbH*, einer der größten Messer-Vollsortimenter Europas.

»Blickt man auf den Trend bei Bowie-Messern, so stellt man fest, dass die Nachfrage für diese Messerart über Jahrzehnte hinweg sehr hoch lag, ehe sie in den 1990er-Jahren deutlich absank. Allerdings scheint die Talsohle wieder überwunden, da die Kunden seit zwei, drei Jahren wieder deutlich häufiger nach solchen Artikeln verlangen. Es bleibt abzuwarten, wie sich das weiter entwickeln wird. Dieses Auf und Ab ist im Geschäftsleben durchaus normal und bedeutet nicht, dass die Bowies ganz vom Markt verschwinden – im Gegenteil: Sie gehören einfach dazu! Im Grunde genommen führt doch jeder namhafte Hersteller von feststehenden Messern als festen Bestandteil seines Programms auch einige Modelle mit den unverwechselbaren Bowie-Stilelementen – das gilt für US-Firmen wie Buck, SOG, Schrade ebenso wie für europäische Hersteller à la Nietò oder Marttiini.«

gesellt sich ein Edelholzständer mit Plexiglas-Schutz. Einmal tief Luft holen und die Augen reiben: Der Autor gesteht frank und frei, dass ihm persönlich *dieses* Design nun doch zu kitschig-amerikanisch vorkommt. Wer es mag … Freilich beweist Dr. Carters Entwurf eindeutig, wie lebendig der Bowie-Mythos in den USA immer noch ist.

Vollkommen unübersichtlich wird die Lage auf dem Feld der handgefertigten Stücke. Mit kindlichen Vergnügen bauen Tausende von Messermachern Bowies aller Art und erfinden stets neue Versionen. Somit ist das Bowie keine ur-amerikanische Sache mehr, sondern längst eine internationale. Es lässt sich sagen, dass das Faible für diese Messergattung entschieden völkerverbindende Züge trägt. Mit allem Vorbehalt und eingedenk der Gefahr einer verkürzten Darstellung kann man die *Knifemaker*-Bowies in mehrere Kategorien einteilen:

Die größte Gruppe umfasst fraglos jenen Bereich, der sich am besten als »*Freestyle Bowie*« bezeichnen lässt. Hier legten Messermacher wie William F. Moran die Grundlagen, indem sie Konstruktion und Entwurf weiterentwickelten und so neue, unverwechselbare Formen schufen. Heute werden hier werden schlichtweg jedes vorstellbare Griff- und Beschlagmaterial und jede erdenkliche Stahlsorte miteinander gekoppelt, es wird graviert und tauschiert – der Fantasie sind dabei keine Grenzen gesetzt, wie die Bild-Auswahl in diesem Buch zeigt.

Wesentlich kleiner hingegen ist die Gruppe derer, die den Stil der Altvorderen zu wahren und gelegentlich auch einmal fortzuführen oder zu ergänzen suchen. Zu den

tellange Rückensäge und eine angedeutete Schnabelspitze.

Doch neben dem von Dr. Fred Carter entwickelten Bowie wirkt selbst ein Messer mit derart extravaganter Grifffarbe blass: Sein Bowie kommt von Knauf bis Spitze in metallischem Schwarz, wie es das in Amerika als »Black Chrome« bekannte Verfahren erzeugt. Doch dies allein ist nicht das Besondere: Goldfarbene Rankenornament-Ätzungen finden sich über das ganze Messer verstreut – und dienen in der Mitte des Klingenspiegels als Umrahmung für ein Schwarzweiß-Portrait von Urvater Bowie. Zum Ganzen

Stefan Kessel baute diese Messer-Miniaturen, die Markus Schwiedergoll zur Verfügung stellte: Wer tief einatmet, hat verloren!

Zwei Beispiele für die Arbeit des schwäbischen Stahl- und Kunstschmiedes Andreas Schweikert, der auch als Messermacher Meriten erntete: Ein aus einer Raspel gefertigtes Bowie, das eine kunstvoll gearbeitete Parierstange und einen perfekt polierten Griff aus Wurzelmaserholz aufweist. Und beim wunderschönen *Freestyle*-Bowie (unten) schmiedete Schweikert das obere Ende der Klingenangel und die Arme der Parierstange aus, um sie dann schlaufenförmig zu biegen. Das Messer erhielt eine achteckige Zwinge und eine Holzscheide mit geschmiedeter Federklemme an der Schmalseite. Schweikert ließ bei beiden Stücken absichtlich einen Teil der so genannten *Schmiedehaut* stehen, um den rustikalen Charakter der Messer zu betonen.
Unteres Foto: Andreas Schweikert

Das ungewöhnlichste Merkmal am Freistil-Bowie von D.J. Dennis ist nicht der wilde Klingendamast, sondern der meisterlich geschnitzte Griff, der zwei stoßende Widder zeigt.*

Hyrum Hunter aus Utah schuf dieses Messer mit einer Klinge aus drei Bahnen unterschiedlicher Damaststähle. Der Griff besteht aus Hirschhorn und verfügt über Zwischenlagen aus weißer, schwarzer und roter Fiber.*

Pionieren auf diesem Gebiet zählte unter der Amerikaner D. E. Henry, der auch heute bekannte Messermacher wie den Texaner Roger M. Green geschult hat. Seitdem wächst die Zahl derer, welche die frühen Modelle aus den USA und aus Sheffield kopieren. Dazu zählte etwa der Texaner Harvey J. Dean, der große Messer mit dem klassischen »Halb Pferd, Halb Alligator«-Knauf baute. Kent Draper aus Oregon und Buster Warenski aus Utah fertigen mit der Präzision von Uhrmachern und der Akribie von Archäologen ganz frühe

* Achtung: Die Messer von Dennis und Hunter wurden gestohlen – sollten sie jemandem angeboten werden, möge man sich vor einem Kauf mit Harvey A. Silk in Verbindung setzen, Adresse s. S. 221.

»THE FIGHTERS COMPANION« und »P. MASON / SHEFFIELD« steht auf der Klinge, doch stammt das elfenbeinbeschalte Stück ebenso vom deutschen Messermacher Georg »Old Whisky« Wysniewski wie das wuchtig wirkende, aber dank der hohlgeschliffenen Klinge prachtvoll ausbalancierte Stück im Hackklotz.

Mediterranean-Bowies aus der Werkstatt des Samuel Bell nach.

Und auch im *Bowie-Knife*-Staat Arkansas ist die Erinnerung an die berühmten Schneidwaren noch taufrisch, wie eine kleine Geschichte aus dem Jahr 2000 zeigt. Da kopierte Roger Massey aus Texarkana das der Legende zufolge von James Black gefertigte Bowie No. 1. Dann überreichte Michael Huckabee, der Gouverneur von Arkansas, das aus Kohlenstoffstahl des Typs 5160 gebaute und originalgetreu mit Walnussholz beschlagene Prachtstück seinem damaligen Amtskollegen aus Texas, dem heutigen US-Präsidenten George »Dabbeljuh« Bush. Heute liegt das Messer dort, wo es hin gehört: *»Wir sind sehr erfreut, dass wir das Messer im Alamo ausstellen können«*, lächelte Dr. Bruce Winders, Kurator des Alamo-Museums. Überhaupt verfügen viele der besten Kenner der Bowie-Historie über profunde praktische Kenntnisse. Das gilt etwa für James Batson, einen Ex-Raketenforscher der US-Streitkräfte, der eines der wichtigsten Bücher über Bowies Sandbankkampf schrieb, eine eigene Schmiede gründete und dort die Zubehörteile für seine Vorderladerbüchsen selber fertigt – unter anderem: In mühevoller Kleinarbeit erstellte er schon aufwändige Repliken der mit Hundeknochen-Griff bestückten Bowies, wie sie in den 1830er-Jahren in Mode waren.

Auch in Deutschland befasste man sich über die Jahre hinweg mit der Fertigung authentischer Bowie-Messer, wie etwa die Arbeiten von Wolfgang Dell, Gerhard Haats und dem als »Old Whisky« bekannten Georg Wysniewski beweisen – Letzterer ist fraglos der Ahnvater der deutschen *Oldstyle*-Bowies.

Doch im Unterschied zum 19. Jahrhundert macht man bei den Bowies heute noch etwas anders: Es geht um den Stahl und die Art seiner Behandlung. Sehr viele Messermacher schmieden nicht selber, sondern arbeiten ausschließlich per *stock removal*, also per Schleifen und anderen spanabhebenden Methoden. Dabei bevorzugen sie großenteils moderne Stähle, wie es sie aber in der klassischen Ära noch nicht gab. Erst um 1914 erfanden ein Brite und ein Amerikaner unabhängig voneinander den rostträgen Stahl. Heute besteht die überwiegende Masse der industriell gefertigten Messer und damit auch die Bowie-Messer aus Stählen wie den 440er-Sorten A, B und C. Rostträge Stähle heißen auf Englisch *stainless steel*. Bowie-Messer alter Fertigung bestanden aus nicht rostfreien Stählen, welche der englische Sprachgebrauch unter der sachlich nicht ganz korrekten Bezeichnung Kohlenstoffstahl (*carbon steel*) zusammenfasst. Sinnvoller wäre es hier, von niedrig legierten Stählen zu sprechen. Und bei den geschmiedeten

Moderne zivile Bowies

133

Stimmen zum Bowie: Wolfgang Dell

Wolfgang Dell

Wolfgang Dell ist passionierter Messermacher und Mitglied der Deutschen Messermachergilde.

»Einige Anmerkungen zum Thema (Nach-)Bau von Bowies: Warum hat es vielen Messermachern gerade das Bowie angetan, darunter auch meiner Wenigkeit? Ich denke, dass von diesem Messer eine Faszination ausgeht, die nicht nur alleine auf Jungen- und Jugendträume reduziert werden kann. Es ist seine schlichte Eleganz, die Ausgewogenheit und Größe, die vermutlich diese Faszination hervorruft. Ganz besonders haben es mir dabei die aus Sheffield stammenden und zu Tausenden in die USA und nach Australien exportierten Ausführungen angetan. Ihre Formenvielfalt kennt nahezu keine Grenzen. Natürlich taucht hier und da mal ein Muster auf, das nach unseren heutigen Geschmacksvorstellungen als ausgesprochen hässlich bezeichnet werden kann, aber die meisten Sheffield-Bowies stellen doch interessante Objekte für Nachbauten dar. Beim Nachbau geht es mir nicht so sehr darum, eine exakte Replika zu fertigen – denn Originale, die als Vorlage dienen könnten, stehen selten zur Verfügung – sondern vielmehr darum, die Ausstrahlung dieses besonderen Messers wieder zur Geltung zu bringen! Für mich ist ein großes, schweres Messer mit *Clip-Point* noch lange kein Bowie. Ein Messer muss diesen gewissen »amerikanischen« *Touch,* diesen Hauch der Pionierzeit vermitteln, erst dann ist es ein »echtes« Bowie!«

Wolfgang Dell baute dieses kleine, rund 25 cm lange Bowie aus tordiertem *Damasteel.* Für die Parierstange verwendete er Damast von Kunstschmied Markus Balbach. Die Griffschalen bestehen aus Ebenholz. Dells Markenzeichen ist eine erhobene, offene Hand – das Symbol der Hopi-Indianer für »Freund«. Unter dem Messer eine .32er-Handballenpistole des Typs *Chicago Firearms Company Protector Palm Pistol,* um 1890 in einer Stückzahl von rund 12.800 Exemplaren gebaut. Zum Schießen fasste man die Waffe so an, dass Zeige- und Ringfinger ober- und unterhalb des Läufchens lagen. Dann quetschte man die Hand zusammen – peng! Nur für den Thekengebrauch. Foto: Wolfgang Dell

Mit diesem Bowie erwies Dell der klassischen Sheffield-Form seine Reverenz. Foto: Wolfgang Dell

Nur eine kleine Minderheit widmet sich den an ihrer schönen grauen Farbe zu erkennenden, klassischen Messerschmiedestählen, wie sie im 19. Jahrhundert gang und gäbe waren. Dazu zählen die Amerikaner Rich McDonald aus Ohio, Daniel Winkler aus North Carolina oder die in Kreisen von *Cowboy-Action*-Schützen geschätzte kleine Firma Idaho Knife Works, die unter anderem auch an Entwürfe von Michael Price angelehnte Bowies fertigt. Auf den deutschen Bowie-Bereich bezogen sind hier die Messermacher Jockl Greiß, Andreas Schweikert, Daniel Jeremiah Boll und Ulrich Hennicke zu nennen, wobei die letzten Drei auch über intensive Kenntnisse im Schmieden dieser klassischen Materialien verfügen.

Werkstoffen dominiert eindeutig der Damast, weil er je nach Muster und Struktur dem Auge des Betrachters mehr bietet.

Jockl Greiß verwendete für dieses Duo Damaststahl des Amerikaners Jerry Rados, der für seinen extrem fein und kontrastreich gemusterten Damast bekannt ist. Das 31,5 cm lange Stück mit Hirschhorn-Griff (links) besitzt eine 380-Lagen-Klinge. Das Messer unten erhielt einen Griff aus Wüsteneisenholz. Fotos: Jockl Greiß

Apropos traditionelles Schmieden von Messerklingen – da gibt es noch eine Anekdote. Sie führt zurück ins Amerika des Jahres 1976. Damals gründeten die vier Messerspezialisten Don Hastings, Bill Bagwell, Bill Moran und Bill Hughes die *American Bladesmith Society (ABS)*. Das Ziel dieser Vereinigung der Klingenschmiede: Man wollte verhindern, dass das fachgerechte und traditionelle Handwerk des Klingenschmiedens sowie das Anfertigen von Damaststahl in Vergessenheit geriet. Nun, ein Vierteljahrhundert später lässt sich feststellen, dass das nicht so schnell passieren wird. Dazu trugen auch die unzähligen Kurse bei, in denen Männer wie Messermacher-Legende Moran, Bowie-Spezialist James Batson und andere ihr mühsam zusammengeklaubtes Wissen an Hunderte lernbegieriger Schüler aus allen Ecken der Welt weitergaben. Dafür schufen sie im Verein mit mehreren öffentlichen Stellen sogar eine eigene *School of Bladesmithing* – eine Schule des Klingenschmiedens. Mehrere Dutzend Absolventen haben dort das in Fachkreisen geschätzte Zertifikat des »ABS-Master Bladesmith« erworben. Insgesamt gibt es über 500 Mitglieder.

Die Schule befindet sich in Washington, Arkansas, in der Schmiede jenes Mannes, der laut Auffassung der Historiker vielleicht und nach Meinung von Arkansas sicher ein

Stimmen zum Bowie: Jockl Greiss

Jockl Greiß

Jockl Greiss ist ein international renommierter, für seinen einzigartigen Stil bekannter Messermacher, seit kurzem ansässig in Schenkenzell im Schwarzwald. Seine stets mit einem Minimum an Werkzeug gebauten Unikate tragen die germanische Mann-Rune.
»Legende, Mythos – das sind die Worte, an die ich beim Begriff ‚Bowie' sofort denken muss. Auf moderne deutsche Technik bezogen, hat der Name einen Klang wie Mercedes oder Porsche. Doch was ist denn nun ein *Bowie-Knife*? Man kann es nicht genau klassifizieren, denn es gibt viel zu viele unterschiedliche, voneinander abweichende Varianten, die aber alle diesen Namen tragen. Die Klassiker kennzeichnen eine lange Klinge und eine große Parierstange, und das wiederum sieht für mich so aus, als sei das Bowie eine Ableitung vom Hirschfänger. Vielleicht ist es so, vielleicht nicht. Dieses Nebulöse, nicht Fassbare rund um das Bowie verleiht ihm etwas Geheimnisvolles, wie es eigentlich ja bei jedem echten Mythos der Fall ist. Und dank dieses undefinierbaren Zuges hat eben jeder seine eigene Vorstellung davon, wie ein richtiges Bowie auszusehen hat. Dem Messermacher erlaubt dies eine weitgehend freie Interpretation beim Bauen. Und wenn er alles richtig macht, schafft er etwas völlig Eigenständiges, das aber jeder sofort in die richtige Klasse eingruppieren kann. Natürlich habe auch ich eigene Vorstellungen vom Bowie. Ich versuche es klassisch zu machen, orientiere mich an den Sheffielder Formen, bin aber auch bestrebt, meine typische Linie zu wahren.«

Messer für Jim Bowie geschmiedet hat: James Black. Blacks Werkstatt gibt es noch. Oder besser: wieder. Um 1960 restaurierte ein Trupp Freiwilliger die geschichtsträchtige Stätte. Heute bildet das Black'sche Blockhaus eine der Hauptattraktionen in der Region. Die Messer-Enthusiasten der ABS wissen, was sie dem vom Nebel der Geschichte halb verhüllten Mann schuldig sind. Als man 1996 die ABS-Ehrenhalle der Klingenschmiede *(ABS Hall of Fame)* einrichtete, da nahm man selbstverständlich James Black auf. Bowie natürlich auch. Und auf Arkansas trifft der Spitzname »Bowie-Messer-Staat« mehr zu denn je. Schließlich nahm von dort aus die völkerverbindende, moderne Messermacherbewegung ihren Anfang.

Als Auslöser wie auch als Triebfeder für all dies diente natürlich der Bowie-Film mit Alan Ladd, gedreht nach Paul I. Wellmans Roman und Raymond W. Thorps Sachbuch. Letztgenanntes aber verquickt eine Unzahl von mühevoll recherchierten Fakten mit wilden, blutrünstigen Mythen und ist deshalb von seriösen Forschern teilweise sehr heftig gescholten worden, nämlich als die unsortierte Materialsammlung eines von seinem Stoff besessenen, halbverrückten Autors. Doch muss man auch hier die Kirche im Dorf lassen: Ohne Thorp hätte Wellman seinen Roman nicht geschrieben, und Allan Ladd hätte nie Jim Bowie verkörpert. Dann wäre aber das Interesse an Bowie und am Alamo vermutlich erloschen, von einem *Comeback* des Bowie-Messers ganz zu schweigen.

Dies lenkt den Blick auf eine interessante Frage: Was hat seit über 170 Jahren den Bowie-Kult und die damit einhergehende Begeisterung, Schöpfer- sowie Schaffensfreude mehr angespornt – eine mythisch überhöhte Legende oder die nackte, deprimierende Wahrheit? Wie, denken Sie, ist denn die Idee zu diesem Buch entstanden?

Eine Co-Produktion von Messermacher Siegfried Rinkes und Graveur Harald Schlott: Rinkes schuf das wundervoll elegant konturierte Messer in Vollintegralbauweise aus einem Stahlblock(!), Schlott stichelte die Büffeljagd- und Siedlertreck-Szenerie ins Metall.

Stimmen zum Bowie: Ulrich Look

Ulrich Look hinter einigen seiner prachtvoll geschmiedeten Klingen.

Ulrich Look arbeitet als Messerdesigner und hat sich auf exklusive Lederarbeiten (Messerscheiden und Kurzwaffenholster) spezialisiert. Daneben ist er auch noch ein Fachmann für das Zeitalter der Ritter – ein Thema, mit dem er sich als aktiver Darsteller befasst.

Ein Bowie in der von Look entwickelten, eleganten Form.

»Für mich als Designer finden sich bei einem *Bowie Knife* zum einen Funktion und Form in einer Weise vereint, bei der auch ein großes Messer elegant und dynamisch aussieht und meinetwegen auch ein ganz kleines bisschen aggressiv wirkt. Zum anderen kann ich als erklärter Fan von Naturmaterialien hier gut mit Leder arbeiten. Denn dieser Werkstoff bildet die erste Wahl für die Scheide, Leder passt einfach besser zu dieser im Grunde uralten Form. Gutes Leder bleibt Hunderte von Jahren erhalten, es verändert sich und erhält eine Patina. Und das passt dann auch wieder zum Messer, auch in Verbindung mit anderen Naturmaterialien wie Horn und Holz, die über die Jahre hinweg auch schöner werden. Darüber hinaus sind Bowies auch eine Spielwiese für Designer, Schmiede und Messermacher. Moderne *High-Tech*-Stähle treten neben den guten, alten Damast, wobei das eine das andere nicht zwingend ausschließt.«

1998 schuf Messermacher Jed Darby aus Indiana dieses aufwändige Bowie mit seinem stark kontrastierenden, wilden Damast. Man beachte die Gitterstruktur der aufgelegten Backen. Die Griffschalen bestehen aus Perlmutt. Darby markiert seine Stücke mit Nachnamen und Jahresangabe.

Moderne zivile Bowies

Stimmen zum Bowie: Joszef Fazekas

Der Ungar Jozsef Fazekas (Markenname: Pyraster) mit einem Bowie aus selbst geschmiedetem Damast mit einem Griff aus Wurzelmaserholz.

Joszef Fazekas gehört zu den bekanntesten ungarischen Messermachern und Klingenschmieden. Er baut »alles, was schneidet«.

»Warum ich Bowies baue? Nun, Bowies sind im Messerbereich für viele Jungen und Männer so etwas wie die erste Liebe. Da verhält es sich in gewisser Hinsicht wie bei einem Schwert: Größe und Form beeindrucken. Ich mag natürlich auch andere Formen, kehre aber immer wieder zu den Bowies zurück. Und manchmal, da **muss** ich einfach ein Bowie bauen!«

Dieses Fazekas-Bowie mit weißem Bein-Griff und kunstvoll gearbeiteten, hochglanzpolierten Messing-Beschlägen zählt der Verfasser zu den schönsten Stücken seiner Sammlung.

Ein Fazekas-Bowie mit klassischer Klinge aus fein gemasertem Damast und exquisiter Balance.

Das Geheimnis des James Black

Nichts befruchtete im Zusammenhang mit dem Ur-Bowie die Phantasie mehr als jene Legende, der zufolge der Schmied James Black die Klinge nach einer nur ihm bekannten Methode behandelt habe. Sein Biograf Daniel Webster Jones merkt an: »*Niemand anderes außer James Black fertigte je das ‚Bouie-Knife'. Seine wichtigste Eigenschaft lag in der Vergütung der Klinge. Zweifellos kannte er das Damascus-Geheimnis.*«

»*The Damascus secret*« – die Rede ist von dem, was auf Deutsch Damast- oder Damaszener-Stahl heißt und einst im Vorderen Orient entwickelt wurde. Dabei handelt es sich um ein Material, das aus vielen Lagen unterschiedlich harter Stähle sowie Eisen besteht. Dieses durch wiederholtes Schmieden, Feuerverschweißen, Falten und Strecken erzeugte Verbundsystem kombiniert die Vorteile weicher, aber elastischer Stoffe mit denjenigen spröder, aber harter Materialien und reduziert ihre Nachteile auf ein Minimum. Dabei beeinflusst die Güte der Rohmaterialien die Qualität des fertigen Damastes entscheidend. Eine Säurebehandlung nach dem Schmieden hebt das Muster der ineinander verwundenen Stahlsorten besonders hervor. Das Herstellen von Damaststahl bildet ein Gebiet der Schmiedekunst, das immer noch Überraschungen bietet, sei es durch die erzielten Muster, sei es durch herausragende Qualität. Manch einer befasst sich damit ein Leben lang, etwa der bekannte Mönchengladbacher Damaszenerschmied Manfred Sachse, der auf dem Gebiet Bahnbrechendes geleistet hat. Kunstschmiede wie Markus

Dann geht es damit in den *Ofen*...

Balbach, Heinz Denig, Fritz Schneider, Ulrich Hennicke, Fred Schmalz oder Guido Wilbert führen diese Tradition fort. Wobei es jetzt nicht nur die von Fritz Schneider erfundenen Damaststähle aus rostfreien Materialien gibt, sondern auch solche aus pulvermetallurgischen Werkstoffen – ein Verfahren, das die Schweden Kaj Embretsen und Per Billgren vor einigen Jahren entwickelt haben.

Laut Jones hüllte sich Black zeitlebens in Schweigen darüber, wie er die zum Schmieden von Damaststahl nötigen Fertigkeiten gelernt habe: »*Es kam auf rätselhaften*

Das Ausgangsmaterial: Drei unterschiedliche Stücke Stahl werden zusammengelegt, auf Maß geschnitten und an einen Eisenstab geschweißt.

... und danach kommt das Paket unter den Hammer – entweder wird es von Hand feuergeschweißt und »gereckt« oder wie hier mittels des elektrischen Lufthammers.

Ist das Werkstück lang genug, wird es gefaltet. Zwischen die einzelnen Lagen kommt eine Prise Boraxpulver als Fließmittel.

Zwischendurch kann man das glühheiße Werkstück auch in den Schraubstock spannen und drehen. Damit lässt sich die Struktur des Musters steuern.

bis hin zum Säbel. Man benutzte nicht nur Damast, sondern andere, aufwändig zu produzierende Verbundwerkstoffe. Landrins Buch weiß von gelungenen Experimenten zu berichten, bei denen man Platinbleche mit Gussstahl zusammenschweißte. Auch wenn all das Wissen damals nicht jedem zugänglich war, so kannten sich zumindest Fachleute doch grundsätzlich damit aus. Allerdings blieben Damastklingen im Bowie-Bereich in der Zeit des Wilden Westens eine Rarität. Erst, als nach dem Erfolg von »*Im Banne des Teufels*« eine Neubesinnung auf diese Messerart einsetzte und man sich in Amerika wieder verstärkt dem Schmieden zuwandte, da begann in der Neuen Welt die eigentliche Karriere des Damaststahles.

Fragt sich, wie schwer die Herstellung dieses Werkstoffes tatsächlich ist und wie sich das anfühlt. Bei der

Mehrere Klingenrohlinge nach dem eigentlichen Schmieden.

Der Entwurf der Klinge auf dem Papier und der dazugehörige Rohling.

Wegen zu ihm, und es starb mit ihm.« Das ist Humbug. Über Damaststahl wusste man zu Lebzeiten von Black & Bowie Bescheid. 1836 erschien die deutsche Übersetzung des Buches »*Die Kunst des Messerschmiedes*«, verfasst von dem Franzosen M. H. Landrin. In diesem Meisterwerk findet sich eine noch heute bestechende Ausführung darüber, wo der Damaststahl herstammt, wer ihn entwickelt hat, welche international bekannten Wissenschaftler der damaligen Zeit ihn wiederbelebt haben und auch, was man zum Schmieden von Damast an Material benötigt und wie man es anwendet. Schon um 1830 baute man daraus in Paris, Klingenthal, Marseille oder Mezieres wie selbstverständlich Klingen für jeden Zweck, vom Chirurgenbesteck

Das Ausschleifen der Klinge auf dem Bandschleifer.

Nach vollbrachtem Werk: Viel gelernt. Die Meister Daniel Jeremiah Boll (links) und Ulrich Hennicke (rechts) mit dem Verfasser.

Antwort auf diese Fragen halfen die Schmiede und Messerfachleute Ulrich Hennicke und Daniel Jeremiah Boll, die zu einem zweitägigen Lehrgang in Hennickes Werkstatt luden – sie veranstalten Kurse auf Anfrage. Die beiden vermittelten zuerst Grundsätzliches: Egal ob Damast- oder Monostahl – das Schmieden verleiht dem Stahl jene Struktur und Faserigkeit, die für eine gute Klinge vonnöten ist. Nachdem der Mensch Tausende von Jahren damit verbrachten, speziell für Schneidwaren und Blankwaffen geeignete Stähle zu schaffen, verwendet er heute für Messer oft moderne Hochleistungsstähle, die ursprünglich für ganz andere Zwecke entwickelt wurden, etwa ATS-34 für die Lamellen von Flugzeugturbinen. Und oft genug wird dieser Stahl nicht per Schmieden in die Form gebracht, sondern per spanabhebender Methode, sprich nur per Feilen oder Schleifen. Die Amerikaner nennen das *stock removal*. Dabei wird die Struktur des Materials beeinträchtigt. Anders dagegen beim Schmieden. Denn hier wird bei der Formgebung die Struktur beeinflusst, geschliffen wird ganz zum Schluss. Was passiert beim Schmieden? Die Hitze und der Impuls der Hammerschläge sorgen dafür, dass sich die Moleküle der unterschiedlichen Rohmaterialien miteinander verbinden.

Zum Prinzip: Zuerst entscheidet man sich, welche Legierungen miteinander verbunden werden sollen. Dann schneidet man daraus entsprechende Stücke zu, legt sie wie die Blätter eines Manuskripts übereinander und heftet sie an einen Griff. Nun kommt das »Paket« ins Feuer – in diesem Fall ein Bündel nicht ganz so lang und breit wie eine Zigarettenschachtel, aber doppelt so dick. Das Feuer erhitzt man, bis es fast Weißglut erreicht; der ideale Farbton erschien dem ungeübten Auge des Autors cremefarben. Wenn die Farbe des Feuers und die des Stahlstückes zueinander passen, lässt sich das Material gut schmieden. Zuerst kommt das »Feuerverschweißen«: Das geht per Hammer und Amboss mit purer Muskelkraft oder per Lufthammer. Mit der Restwärme kann man das Stück unterm Hammer noch »ausrecken«, also länger, breiter und/oder dünner machen.

Dann wird das Werkstück mit einem gezielten Schlag eingekerbt, also gespalten und umgeklappt. Der dazu nötige Keil heißt »Abschrot«. Das Umklappen (»Falten«) verdoppelt die Anzahl der Lagen des Damastes. Das geschieht aber erst, nachdem Borax-Schweißpulver zwischen die beiden zu verschweißenden Flächen gestreut wurde. Es dient als Fließmittel und schützt das Werkstück vor Sauerstoff. Dann kommt das Teil wieder ins Feuer. Ende des ersten Durchganges. Es beginnt die ganze Prozedur von vorn: Erhitzen, Feuerverschweißen, Ausrecken, Falten – so lange, bis man die gewünschte Lagenzahl und Form erreicht hat. Der Autor erfuhr auch, dass sich das Muster des Damastes steuern lässt, etwa, indem man mit einer Feile Muster in die Damastoberfläche schneidet oder ihn in regelmäßigen Abständen anbohrt. Doch für den Anfang tat es »wilder« Damast. Nachdem Hennicke und der Verfasser per Schmieden, Falten und Feuerschweißen den Stahl in die gewünschte Rohform gebracht hatten, schliff Messerschmied Boll das Ganze zu einer feinen Jagdmesser-Klinge aus.

All das erforderte mehr als nur Kraft. Schmieden ist eine Sache des Tempos: Man muss fix das Schmiedgut aus dem Feuer bekommen, rasch (und regelmäßig) hämmern, um es zu verdichten. Außerdem ist Schmieden eine Frage

Prächtiges *Freestyle*-Bowie von Ulrich Hennicke – niedrig legierter Stahl mit Pferdeknochen belegt und mit patiniertem Messing montiert, dazu eine belederte Holzscheide.

der zeitlichen Abstimmung: Man muss erkennen, wann das Schmiedgut soweit ist. Da wäre der Autor als Total-Laie ohne Hennicke und Boll aufgeschmissen gewesen – das Auge braucht Lehrzeit, bis es die richtigen Farbtöne erkennt. Lässt man das Werkstück zu lange im Feuer, können sich die erwünschten Eigenschaften ins Gegenteil verkehren: Statt Schlacke fernzuhalten, fördert man deren Bildung. Sprüht das Metall von selber Funken, ist es verbrannt und unbrauchbar. Und es ist in jedem Fall misslungen, wenn die Lagen auseinander klaffen, statt sich miteinander zu verbinden.

Fazit: Der Verfasser gewann an zwei lehrreichen und dabei äußerst angenehmen Tagen einen Einblick in das Handwerk, das am Anfang unserer modernen Technikgeschichte steht. Er erfuhr, dass Schmieden jenseits aller Kraft sehr viel mit Konzentration, Übung, Augenmaß, Feingefühl zu tun hat – und mit Hingabe.

Zum Schluss noch dies: In einer Schmiede ist alles bloß »warm«, aber nicht »heiß«. Das sollte man freilich nicht zu wörtlich nehmen, sonst gibt's verbrannte Finger.

So sieht das Negativ eines Motivstempels für Messerklingen aus – hier Hennickes Mammutkopf.

Historische Repliken und Fälschungen

James und Rezin Bowie wussten, woher ihre Messer kamen – anders dagegen die Sammler von Stücken aus dem 19. Jahrhundert. Denn unliebsame Zeitgenossen wollen arglosen Mitmenschen nur zu gern falsche Stücke andrehen. Moment – Messerfälschen? So etwas gibt es? Ja, gerade und vor allem bei Bowie-Messern. Denn auf dem Sektor der Westernwaffen, ja überhaupt der Sammelstücke aus der Zeit des Wilden Westens *(Americana)*, steigen die Preise seit einigen Jahren mit dem Tempo einer Springflut. Seltene und historisch bedeutsame Bowie-Messer erreichen längst Preise im fünf- und sechsstelligen Bereich. Und das lockt die *counterfeiters*, also die

Von weitem sieht es aus wie echt – doch zeigen die Pakkaholzschalen ebenso wie die durch die massiven Neusilberbeschläge beeinträchtigte Balance, dass es sich bei diesem schön gearbeiteten, aber namenlosen Stück um einen Nachbau handelt. Der Revolver? Ein belgischer Ableger des Colt *M 1860 Army*, gefertigt bei Centaure in Lüttich.

Fälscher, auf den Plan. Selbst nach vorsichtigen Schätzungen von Experten ist ein großer Teil der auf dem Markt erhältlichen, alten Bowies falsch.

Um es klar zu machen: In diesem Kapitel geht es nicht um moderne Bowie-Messer aus der derzeitigen industriellen Produktion oder um hochwertige Sammlerstücke von *Custom-Knifemakern*, die sich an einem alten Vorbild orientieren – dabei handelt es sich ja um eigenständige und entsprechend klar gestempelte Entwürfe. Nein, das betrifft viel mehr namenlose US-Stücke der Kategorie »Heimarbeit« und die bis zirka 1860 gefertigten, englischen Messer der Goldenen Ära, die weltweit sehr hoch im Kurs stehen. Ebenso werden in den letzten Jahren zunehmend (Bowie-) Messer weltbekannter Messermacher wie Bill Moran und Bob Loveless das Opfer von Fälschern. Und aus Fernost kommen ebenfalls unehrliche Kopien hochwertiger Stücke, wie etwa denjenigen der Firma Randall. Daher ist beim Gebraucht-Kauf vor allem neuer, prominenter Einzelstücke sowie so genannter *antiker* Bowie-Messer Vorsicht geboten. Der Autor weiß, dass er allenfalls einige wenige der in den letzten Jahrzehnten erstellten, als echt verkauften Falsifikate kennt. Zweifelsohne sind auch einige der in diesem Buch abgebildeten Stücke getürkt.

Welche Arten von Kopien gibt es?

Eine gegen Missbrauch gesicherte Ein-zu-Eins-Kopie von einem raren Originalstück heißt *Replika* (Nachbau). Davon sind jede Menge in diesem Buch abgebildet. Eine Replika ist im Idealfall ehrlich markiert. Es handelt sich um *keine* Fälschung. Ihr Sinn liegt in *Reenactment* (Nachstellen historischer Gegebenheiten und Ereignisse) und Western-Hobby. Wer keine Lust hat, ein Messer für mehrere Tausend Euro durchs Gelände zu schleppen und Gefahr zu laufen, es im Gewühl einer »Schlacht« zu verlieren, greift gern zu einem Nachbau.

Bei *Falsifikaten* geht es immer darum, jemanden ein X für ein U vorzumachen. Achtung: Mitunter fehlt auch mal bei solchen Repliken der Stempel. Das kann bei Versuchsstücken für eine geplante Serie vorkommen, bei handgefertigen Mustern von Hobby-Messermachern oder den speziell für Western-Fans oder -Freizeitdarstellern gebauten Messern, meist Kopien aus Pakistan und Indien. Doch gerade die letztgenannten erkennt man meist an ihrer äußerst groben (äußeren) Verarbeitung mit der welligen Politur, den Messing-Montierungen und ihren in der Regel lümmelig zusammengepfriemelten Scheiden (auch mal mit verchromten Nieten). Mitunter gibt es moderne Dreingaben wie (oft höchst unsauber ausgeführte) Gussteile und Schichtholzgriffschalen. Doch bei aller Schlamperei geht es nicht darum, den Endverbraucher zu prellen.

Genau das ist das Ziel der richtigen Fälschungen. Hier unterscheiden die Amerikaner *fake* und *rework*. Bei den *fakes* gibt es zwei Kategorien:
1) Die Fälschung eines antiken Stücks, teils oder komplett zu einem späteren Zeitpunkt gebaut.
2) Die Gruppe der »*Fantasy Knives*«, also Stücke, die von vorn bis hinten frei erfunden sind.

Fälscher antiker Ware können keine ladenneuen Produkte anbieten, sondern müssen sie mehr oder weniger stark auf alt trimmen. Da schrappt man das Messer an rauen Flächen vorbei und verpasst ihm künstliche Macken, man wirft Eisen und Stahl in Bäder aus Salzlaugen oder Säuren, legt das Messer wochenlang in Wasser, setzt es extremer Hitze, Kälte, Nässe und Trockenheit aus. Das Leder von Scheiden und Griffen bearbeitet man mit Wasser, Ölen, Farben und Fetten, man knetet und knickt es, ja, mitunter beackert man es sogar mit dem Gasbrenner, um künstliche Ritzen und Risse zu erzeugen, in die dann Staub und Dreck gerieben werden. Die gute, alte Jauchegrube steht heute wieder hoch im Kurs, um Fälschungen zu altern. Besonders heimtückisch wird es, wenn ein Stück zum Teil auf Grundlage zeitgenössischer Materialien beruht, denn dies erschwert ein Erkennen der Fälschung erheblich.

Unter *rework* (auch *re-work* geschrieben) hingegen versteht man ein Messer, das teils oder komplett aufgefrischt wurde. Hierbei muss nicht eine böse Absicht dahinterstecken. Viele Leute wollen nur Schäden an alten Messern beheben. Doch die Grenze zum kriminellen Tun ist fließend, weil viele überarbeitete Stücke später als »tadellos erhalten« angeboten werden oder gar als seltene Originale.

Erste Faustregel: Des Fälschers Ziel ist der Betrug, daher: Keine Toleranz. Niemand hat etwas gegen Nachbauten, mit Austauschteilen reparierte oder unter Verwendung alter Teile montierte Muster – wenn man als Käuferin-spe vom Verkäufer erfährt, was Sache ist. Es gibt keinen Grund, bei solchen Transaktionen *nicht* ehrlich zu sein. Hersteller sollten ein vollständig nachgebautes Muster korrekt als Kopie markieren, und Anbieter ungestempelter Nachbauten beim Verkauf auch darauf hinweisen. Saubere Händler, Sammler und Hobbyisten widerstehen der Versuchung, ihnen als Replik oder Fälschung bekannte Stücke als Original zu verkaufen. Ehrlich ist es auch, zu erklären, dass man für das zum Verkauf stehende Messer etwa eine alte Original-Klinge mit neuen Beschlägen kombiniert hat.

Merke zum Stichwort *rework* aber auch: Messersammeln unterscheidet sich in einem Punkt von Hobbyfeldern wie dem Sammeln von alten Möbeln oder Autos: Letzteres ist oft mit völligem, wertsteigerndem Restaurieren verbunden. Ein seltenes, altes Messer wird durch Instandsetzen im Wert *herabgesetzt*. Es ist daher ein wichtiger Unterschied, ob man ein altes Stück nach Benutzen sorgsam abwischt, es pflegt und gegebenenfalls vorsichtig mit Wattestäbchen und Zahnstochern reinigt – oder ob man vom Zahn der Zeit verursachte Schäden per Stahlwolle und Rostlöser behebt, Ritzen und Spalten verfüllt oder verzogene Griffschalen demontiert und ihre Auflageflächen beischleift. Man belasse ein altes Muster möglichst im Originalzustand. Es stößt bei erfahrenen Käufern auf Misstrauen, wenn etwa die Neusilber-Parierstange eines ansonsten sichtlich angenagten Messer blitzt und blinkt. Wenn man aber ein unrettbar beschädigtes Teil, wie eine nur in Bruchstücken erhaltene Griffschale ersetzen oder reparieren will, dann sollte man beim Verkauf auf die Notoperation hinweisen. Wenn möglich, gebe man das oder die ausgetauschten, kaputten Teile dazu. Dadurch vermeidet man, unbeabsichtigt als Fälscher dazustehen.

Gibt es besonders bekannte Bowie-Fälscher?

Ja, nicht gerade wenige – hier zwei der bekanntesten »Imitationskünstler«. Fred James aus Sheffield kam auf Umwegen zur Messerherstellung und vertrieb schließlich Messer mit dem Warenzeichen »JAMES & LOWE«; Letzteres stand für James Partner, den Messermacher Sandy Lowe. Soweit auch alles in Ordnung, hätte der 1985 verschiedene James nicht eben auch einige Dutzend riesengroßer Bowies mit dem legendären Wostenholm-Stempel I*XL auf den Markt gebracht. Diese als »California Knife« bekannten Muster narrten Sammler und Kenner über Jahrzehnte hinweg. Heute haben diese Stücke in der US-Szene auch den Spitznamen »Dickie Washer Specials«, benannt nach einem ebenfalls in Sheffield ansässigen Händler namens Richard Washer. Washer brachte diese Muster in den 1970er-Jahren an den Mann, teils zum zehnfach überhöhten Kurs ihres realen Wertes. Die Fälschungen von James verfügen gemäß Levines Recherchen meist nicht über antiken Klingenstahl; außerdem bilden Linienführung (etwa Klingen in Form arabischer Krummdolche), die Art der Arabesken und Schnörkel sowie die Farbe des Stahls sichere Indizien für die Entlarvung.

Das Beispiel von James und Washer zeigt, dass in Sheffield einiges von den alten Werkzeugen etwa zur Herstellung der fantasievollen, alten Griffmontierungen überlebt hat – damit bestückte Fälschungen sind besonders schwer zu erkennen. Doch da gibt es Ausnahmen, etwa durch Stempel wie »HANDMADE«. Das deutete immer auf eine ursprünglich ehrlich gefertigte Replika hin. Denn Handarbeit war im 19. Jahrhundert selbstverständlich. Selbst große Sheffielder Unternehmen erledigten ihr Pensum eben noch vor allem auf diese Weise. Handarbeit als Beweis für Individualität oder gar als besonderes Qualitätsmerkmal herauszustellen, das verweist immer auf den vom 20. Jahrhundert geprägten Zeitgeist. Angesichts des erschlagenden Überangebots an vollmechanisch produzierter, gesichtsloser Massenware gewannen solche ausschließlich von Hand gefertigten Erzeugnisse ja erst seit den 1950er-Jahren ihren eigenen Reiz.

Doch im Vergleich zu einer anderen Firma waren James & Lowe ein kleiner Fisch: Deane & Adams aus London gilt wohl als die europäische Firma, die den Bowie-Markt (und nicht nur den) mithin am meisten gefoppt hat. Das Problem dabei lag in der hohen Glaubwürdigkeit des alten, bestens eingeführten Firmennamens, ehedem ein renommierter Hersteller von Revolvern. Die Firma wurde 1856 aufgelöst. Doch erlosch der Firmenname nicht. Wie die Geschichte von Sheffield zeigt, war es in England gang und gäbe, alte Firmennamen und bestens eingeführte Warenzeichen aufzukaufen und sie für neue Ware zu verwenden. Die wiederum musste mit den vorher unter diesem Namen vertriebenen Erzeugnissen nicht das Geringste zu tun haben. Das geschah mit Deane, Adams & Deane. Der Name wechselte (wahrscheinlich mehrfach) den Besitzer; das Unternehmen firmierte schließlich als Deane & Adams. In den 1960er- und 1970er-Jahren firmierte unter diesem Namen ein Versandhaushandel. Bowie-Fachmann Levine: *»Jedes durch diesen Katalog verkaufte Produkt war entweder eine Fälschung oder ein völliges Fantasieprodukt. Für das geschulte Auge wirken D & A-Fälschungen kitschig, während ihre vielen Dutzend von Fantasieprodukten schlicht lachhaft sind. Trotz der armseligen Qualität verkauften Deane & Adams ihren Müll für Millionen von Dollars an britische und amerikanische Händler, welche dann diese Produkte der Öffentlichkeit feilboten, oft mit einem Zuschlag von 1000% oder mehr.«*

Dazu gehörten die in Kreisen von Western-Hobbyisten berüchtigten »Wells-Fargo«- und »Tiffany«-Haken-Gurtschließen. Möglicherweise wuchsen auch einige der für Patronengurte aus gewebtem Leinen bestimmten »Texas-Ranger«-Schließen auf dem gleichen Mist. Hinzu kamen noch getürkte Bordellmarken, Wehrmacht-Feldtelefone und »historische« Messer, die in Wahrheit aber alle frei erfunden waren. Für unser Thema interessant sind die »Wells Fargo Express Mail«-Messer, die sich durch grobschlächtige, stumpfe Klingen, Messing-Parierstangen und Griffschalen mit angedeuteten Fingermulden auszeichneten. Ähnlich wirklichkeitsfern gerieten auch die Bowies der Reihen »Ku-Klux-Klan«, »Tiffany« und »Civil War Liberty«, Letztere angeblich auf Seiten der Nord- wie der Südstaaten benutzt. Für Freunde einer gepflegten Kartenpartie gab es Spielermesser, gestempelt mit Schriftzügen wie »GAMBLER'S COMPANION/POKER & LIVE«. Sehr beliebt war auch das im Stil eines kalifornischen Bowie gehaltene

Das »Wells, Fargo & Co.«-Bowie – eine der bekanntesten Fälschungen.

Modell »Mattie Silks Sidewalk Girl Knife«. Es steht zu bezweifeln, dass die gleichnamige Wild-West-Dame aus Denver in Colorado* selbiges jemals führte.

Das fantasievolle Sortiment der Firma Deane & Adams müsste jedem Betrachter ein breites Grinsen abnötigen, wären dadurch nicht so viele Sammler um ihr gutes Geld geprellt worden. Und die Gefahr ist längst nicht gebannt. Nach wie vor kursieren Artikel von Deane & Adams in der Western-Hobby-Szene, auch in der deutschen.

Wie kann man sich vor Fälschungen schützen?

Tipp 1: Man kaufe das Objekt und ignoriere die »Story«. Das ist die wichtigste Regel. Oft wollen Betrüger den Wert ihres obskuren Musters durch wilde Geschichte steigern. *Merke*: Bei »Stories« zu nicht gestempelten, antiken, derben und meist großen Bowies taucht gern der »anonyme Huf- oder Dorfschmied« auf. Fraglos wurden viele Feilen und Wagenblattfedern zu Messern umgeschmiedet. Aber es ist eine Kunst für sich, ein namenloses, aus einer Feile gefertigtes Antik-Bowie korrekt als echt oder falsch einzustufen.

---

* Die sich gern im Stil von Maria de Medici kleidende Madam Silks leitete dort ihr berühmtes *Sporting House* – kein Fitness-Studio, sondern eine Herberge für kostspielige Liebesdienerinnen. Mattie Silk ging noch durch etwas anderes in die An(n)alen der US-Pionierzeit ein. Wegen eines verflossenen Liebhabers duellierte sie sich 1877 auf offener Straße. Ihre Gegnerin Katie Fulton war ebenfalls vom Fach. Die »bemalten Täubchen« waren der volkstümlichen Überlieferung Colorados zufolge aber nicht mit Bowies, sondern mit Sechsschüssern bewaffnet. Die Mädels trafen einander nicht. Der einzige Leidtragende war der Stutzer Cort Thompson, der Anlass des Duells. Thompson fing sich eine Kugel im Nacken ein – Duell-Historiker wie der Amerikaner Hamilton Cochran schließen einen absichtlichen Treffer von Madam Silk nicht aus…

Derlei wird in den USA häufig ahnungslosen Touristen offeriert, bei Garagenverkäufen wie bei Antik-Messen. Wer die Mythen rund um die anonymen Schmiede glaubt, läuft Gefahr, sich nur Fälschungen zuzulegen – weil diese Stücke so ungefüge und kampflustig aussehen, wie sich jeder unbedarfte Western-Freund eben ein Bowie vorstellt. Daraus folgt:

Tipp 2: Man kaufe keine alt wirkenden, ungestempelten, großen, rüde und primitiv aussehenden US-Bowies Marke Eigenbau unter der (teuren) Maßgabe, sie seien echte Stücke aus der Zeit der Westwanderung. Wenn an einem solchen Messer eine Geschichte hängt, lässt sie sich *belegen*. Im Idealfall gibt es Referenzen. Dazu zählen zeitgenössische Briefe, Dokumente und alte Fotografien, Auktionskataloge, Museumsexpertisen, Herstellernachweise, Zertifikate, Verkaufsurkunden (etwa bei mehrfachem Besitzerwechsel), Fachzeitschriftenartikel – schlicht all das, was die Glaubwürdigkeit untermauert und im Zweifelsfall eine Möglichkeit zum Nachhaken bietet.

Tipp 3: Man mache sich schlau. Wer ernsthaft antike Bowie-Messer sammeln will, etwa zwecks Geldanlage, sollte vor dem Kauf des ersten richtig teuren Stückes zuerst alles lesen, was es zur Materie gibt; erste Hinweise dazu bietet die Literaturliste in diesem Buch (ab Seite 221). Davon abgesehen, sei hier wiederum auf Bernard Levine verwiesen, der wohl mehr als jeder andere über getürkte Bowie-Messer geschrieben hat und dies noch tut – nachzuprüfen auch in seinem Forum auf der Internet-Seite *www.BladeForums.com*. In diesem Zusammenhang muss man auch Gerald Witchers dickleibiges Buch *»Counterfeiting Antique Cutlery«* nennen – es bietet ein eigenes Kapitel zum Thema falsche Bowies.

Man frequentiere Museen wie das Deutsche Klingenmuseum in Solingen, das Musée de la Coutellerie in Thiers, das Stadtmuseum in Sheffield und das Victoria & Albert Museum in London. Man gehe zu Western-Treffen, Flohmärkten, Messer-Börsen (IMA München, Hessisches Messermachertreffen, Frankfurter Messerbörse, Solinger

Messer-Macher-Messe, Knife Show in Lugano). Man buche einen guten Messermacher- und/oder Schmiedekurs. Der Autor konnte etwa bei einem Seminar mit den deutschen Fachleuten Ulrich Hennicke und Daniel Jeremiah Boll (Abbildung Seite 141) an zwei Tagen mehr über alte und neue Stähle sowie den Umgang mit ihnen lernen, als er es Dutzenden von Büchern je hätte entnehmen können. Kurz: Man muss mit jeder erdenklichen Methode sein Wissen dazu festigen, wie ein originales Bowie-Messer aussieht und wie nicht. Das gleiche Prinzip gilt natürlich für jedes andere Sammelfeld aus dem Schneidwarenbereich.

Nun mag mancher einwenden: *»Der hat gut reden, Sheffield-Bowies liegen in Deutschland nicht an jeder Ecke herum, und amerikanische Stücke aus der Zeit bis 1860 findet man so gut wie gar nicht«*. Zugestanden – aber es gibt Auktionskataloge von Häusern wie Butterfields (früher Butterfield & Butterfield), Cherry's oder Little John's. Vor allem die Pracht-Farbaufnahmen der B & B-Kataloge ermöglichen ein genaues Studium der Baustile. Dann findet man andere zeitgenössische Schneidwaren, etwa Rasiermesser, Scheren, Klappmesser, Küchenmesser und Vorlegebestecke. Letztere sind einfacher zu haben, auch haftet solch profanem Küchengerät nicht jener Nimbus des Abenteuerlichen an, der beim Kauf eines Bowies oder einer militärischen Blankwaffe *immer* mitschwingt: Genau diese Faszination weckt ja die Begehrlichkeit der Käufer, treibt die Preise hoch, trübt den Blick für die Realität und macht den Fälschern das Leben leicht. Dagegen lassen diese unerfreulichen Zeitgenossen (meistens) das Küchenwerkzeug links legen, weil sich dessen Fälschung in den überwiegenden Fällen nicht rentiert (noch nicht). Folglich bestehen bei alten Vorlege- und Käsemessern weit weniger Zweifel, ob es sich hier um Fälschungen handelt oder nicht. Daher erlauben diese Stücke Rückschlüsse auf die tatsächlichen Fertigungsmethoden der Altvorderen und damit auch darauf, wie echte Bowies aussehen. Für Bowie-Messer wandte man ja jene Verfahren an, die auch für andere Schneidwaren in Frage kamen.

Mit ein bisschen Glück kann man solch antikes Küchengerät für wenig Geld ergattern. Was heißt »wenig Geld«? Nun, man kann alles an Beträgen zwischen zehn und 150 Euro einkalkulieren. Aber selbst die höheren Summen liegen noch längst nicht auf dem Niveau, das man für ein originales, noch nicht einmal sonderlich gut erhaltenes britisches Bowie einplanen muss. Und was ist besser – 150 Euro für ein auf den ersten Blick faszinierendes Bowie auszugeben, über das man freilich nichts Definitives zu sagen weiß, oder sich erst mal für die gleiche Summe einen Schwung alter Küchenmesser zuzulegen, die Irrtümer vermeiden helfen?

Zweite Faustregel: Industriell gefertigte Bowies standen und stehen nicht allein auf der Welt. Man verenge seinen Blick nicht bloß darauf, sondern beachte das zeitlich dazu passende, übrige Schneidwaren-Angebot. Ich möchte das die *»Tellerrand-Regel«* nennen, weil man dazu über das Gebiet des eigenen Sammlerinteresses hinaus auf die angrenzenden Schneidwaren-Felder blicken muss. Etwas Hintergrundwissen zur Designmode der Viktorianischen Zeit tut auch not. Bekanntlich war die zweite Hälfte des 19. und der Anfang des 20. Jahrhunderts jene Ära, in der man nahezu jeden Gegenstand vom Bilderrahmen über die Griffe von Messern, Degen, Schirmen und Bestecken bis hin zu Leuchtern, Lampen und Straßenlaternen mit kunstvoll gewundenen, verschlungenen und verschnörkelten Ornamentmustern versehen hat. Das gilt für Objekte sowohl aus Metall oder Gips wie auch Gummi, Kautschuk oder Guttapercha, einem Vorläufer der modernen Kunststoffe. Hintergrund: Neue, verbesserte Guss-, Form- und Presstechniken ermöglichten das kostengünstige, industrielle Aufbringen dieser komplizierten Muster. Doch die kamen spätestens im Laufe der 1920er-Jahre allmählich aus der Mode. Nun begann die Zeit nüchtern-sachlicher Entwürfe.

Das stellt Fälscher vor ein Problem. Sie finden nicht an jeder Ecke entsprechend verzierte Zubehör- und Beschlagteile. Also greifen sie auf das zurück, was noch verfügbar ist. So feiern alte Griffe etwa von Vorlegebestecken, Freimaurer-Kellen, Fischmessern, ja sogar Schirmen als hintere Hälfte von Bowie-Messern fröhliche Urständ. Um dies zu erkennen, muss man nicht gleich zum Experten für alles werden. Doch eingedenk unserer »Tellerrand-Regel« ist ein gewisses Grundwissen zur gestaltenden Kunst jener Zeit unverzichtbar, um die zu Original-Bowies gehörenden Elemente auch sicher identifizieren zu können.

Was sind geeignete Studienobjekte?

Es kommen für Einsteiger möglichst gut erhaltene Stücke in ungeschärftem Zustand in Frage. Aber man spare nicht am falschen Ende: Für diese Klientel tabu ist völlig abgewetzter Messerschrott, dessen Stempel vielleicht weggerostet, dessen Griffe infolge unzähliger Spülbäder geschrumpelt sowie rissig sind und ihre Originalfarbe verloren haben. Das kann man natürlich wieder auffrischen, etwa für einen Picknickkorb oder als Gebrauchsgerät fürs Westernlager oder das *Reenactment*. Aber es taugt *nicht* nicht zum Sammeln – hier gilt die Devise: Je unbenutzter, desto wertvoller. Starke Gebrauchsspuren verwischen den Blick auf den Urzustand. Ein gut erhaltenes Muster hingegen verrät viel mehr. Erst wenn man weiß, wie ein Messer in neuwertigem Zustand ausgesehen hat, sollte man sich mit den alten, verschrammten und beschliffenen Stücken widmen, um zu sehen, wie sich die Spuren der Zeit ausgewirkt haben.

Was aber ist »sehr gut« und was »schlecht«, objektiv betrachtet?

Gibt es da keine standardisierten Klassifizierungen? Doch, natürlich. Wer aber amerikanische oder britische Kataloge studiert, stellt fest, dass jeder Verband und jeder Fachmann eigene Regeln hat. Da Bowies vorzugsweise im englischsprachigen Raum offeriert werden, sollte man sich damit grob auskennen. Hier eine kurze Übersicht: Klar ist die Definition von *fair* oder *poor* – dies sind die beiden niedrigsten Klassen. Bei *fair* erkennt man deutlich den Zahn der Zeit und größere Reparaturen, *poor* ist ein Messer dann, wenn es im Auge eines unbefangenen Betrachters aussieht wie Trödel oder Schrott; tiefer geht es in der Einstufung nicht mehr. Wer hingegen ein neuwertig und unbenutzt erhaltenes Stück besitzt, nennt das *factory new* oder *mint*. Kompliziert wird es bei allem, was zwischen »fabrikneu« und »armselig« liegt. Vor allem betrifft das die Begriffe *near mint*, *excellent* und *fine*. Zum Teil widersprechen sich hier Reihenfolgen und Beschreibungen.

Merke: Diese drei Klassifizierungen beschreiben vollständige, unbeschädigte Messer ohne nachträglich getauschte Teile, bei denen Originalfinish oder -politur noch zu rund 30% bis 80% erhalten sind. Leichte Schäden, etwa Risse in der Griffschale oder minimale Rostspuren, münden dann in die nächsttieferen Klassen *very good* und *good*. Allerdings streiten sich die Fachleute, ob sich ein mäßig erhaltenes, stark gebrauchtes Artefakt mit dem ein oder anderen Austauschteil (etwa Ersatz für verlorengegangene Griffschalenstifte), noch als *good* einstufen lässt oder ob es nicht schon zu *fair* gehört. Hier zählt nur eines: Genau hinschauen und *persönlich* überprüfen, was immer jeder Klassifizierung vorzuziehen ist.

Wie erkennt man ein ideales Messer, das auch zeitlich zu frühen Bowies passt?
Die Antwort umfasst vier wesentliche Gesichtspunkte:
Dritte Faustregel
– Das Messer besteht nicht aus rostträgem Stahl.
– Seine Markenzeichen sind eingeschlagen, nicht eingeätzt.
– Bei englischen Stücken darf der Schriftzug »ENGLAND« nicht vorhanden sein.
- Keine Griffe aus synthetischen Werkstoffen. Metall (außer Messing), Holz, Elfenbein sowie Horn aller Art sind genehm.

Und daran lässt es sich unter anderem sehr genau studieren: Wie haben die Altvorderen geschmiedet, montiert und gestempelt? Wie sieht ein Bowie-Griff aus? Wie sieht ein originaler Stempel aus? Welche Klingenformen und -querschnitte gab es früher und welche nicht? Wie setzte der Zahn der Zeit Klingenfarbe und -zustand, den Beschlägen und ihrer Farbe sowie den Griffmaterialien zu? Die Liste ließe sich fortsetzen. Und natürlich lerne man die Marken der Meister kennen. Das heißt in unserem Fall also vor allem die der britischen Hersteller aus der Zeit zwischen zirka 1830 und 1920; eine erste Hilfestellung sollen hier die auf Seite 181 gezeigten Stempel bieten. Doch hier sei gleich zweierlei angemerkt: Viele britische Firmen gingen ein, ohne genügend historisch verwertbares Material zu hinterlassen. Es fehlt oft an Akten, Handelsbüchern, Musterverzeichnissen oder an der Korrespondenz mit Handelsvertretern und Zwischenhändlern. Das aber führt dazu, dass die Fachliteratur so manche Fabrik oder Manufaktur gar nicht im Zusammenhang mit Bowies nennt – obwohl zweifelsfrei alte Messer dieses Typs mit den Stempelungen dieser Firmen vorliegen. Um alte Bowie-Messer zeitlich einordnen zu können, muss man aber auch Bescheid über das Erfindungsdatum einiger Werkstoffe und technischer Verfahren wissen. Zudem hängen einige Stempel unmittelbar mit handels- und zollrechtlichen Bestimmungen früherer Jahre zusammen. Dazu hat der Autor in einem eigenen Kapitel (siehe ab Seite 152) Eckdaten angeführt.

Woran erkennt man Gebrauchs- und Alterungsspuren?

Gleichmäßigkeit. Dem Verfasser wurde vor einigen Jahren zwecks Begutachtung auf einer Antikwaffenbörse ein

Formschöne und elegante »Coffingrip«-Kopie aus Indien. Was nicht stimmt, ist das Material: Holz und Messing gab es bei originalen Bowies aus Sheffield nur sehr selten.

Messer unter die Nase gehalten, das augenscheinlich enorm stark gealtert war. Der Rost hatte tiefe Alterungsspuren in die Klinge gefressen und den Stempel zu 90% zerstört. Auch der Griff hatte gelitten. Die Messingparierstange war zwar auch narbig, blinkte aber hell und fröhlich. Entweder hatten hier ein Sandstrahlgebläse sowie Reinigungs- und Poliermittel zu viel des Guten getan, oder jemand hatte ein fehlendes Teil ergänzt. Das Ding hinterließ nach Meinung aller Beteiligter einen üblen Nachgeschmack.

Vierte Faustregel: Die Alterungs- und Tragespuren sollten an allen Teilen zueinander passen – auch wenn das allein noch kein sicherer Hinweis für die Echtheit ist.

Gleichmäßigkeit gilt auch für die Ausführung des Stempels. Wie wirkt er? Sitzt er gemessen an den Kanten der Klinge halbwegs gerade? Stimmen die Abstände zwischen den Buchstaben zur Seite und nach oben hin? Oder sitzt der Stempel schief und sieht so aus, als sei er mit einzelnen Lettern ins Metall gehauen – so, als ob ihn ein Kind mit seinem Setzkasten erstellt hätte? Wenn ja, dann ist der Stempel und damit das Messer eine Fälschung. Kein Hersteller rund um den Globus hätte je die Buchstaben seines Namens, seiner Stadt und seines Markenzeichens einzeln eingeschlagen – viel zu aufwändig, genau dafür ließ er sich ja einen Stempel erstellen. Das höchste der Gefühle bestand hier in ein oder zwei Buchstaben. Ein Originalstempel ist vielen Fälschern aber nicht zugänglich. Eine Kopie wäre zu teuer oder zu aufwändig. Außerdem stempelten die Altvorderen ihre Klingen, bevor sie das Teil härteten, es fertig schliffen und montierten. Dagegen müssen die Täuscher notgedrungen ins kalte gehärtete Metall schlagen, wenn sie eine an sich wertlose Klinge im Nachhinein mit einer wertvollen Herstellermarke wie Wostenholm, Wade & Butcher oder English & Hubers versehen. Doch das führt dazu, dass die seitlichen Konturen der Buchstaben in der Regel fühl- und sichtbar überstehen. Nun lässt sich dies beipolieren, doch wirken die Buchstaben hernach verwaschen und schwammig. Außerdem bleibt ein untrügerisches, zweites Merkmal, nämlich die Farbe der tief liegenden Partien des Stempels. Die ist bei einem alten Messer aus dem 19. Jahrhundert in der Regel schwärzlich.

Dazu noch etwas: Wer sich etwa einen modernes Bowie-Klassiker wie das »Puma Original« anschaut, wird Stempelungen vermissen. Statt dessen finden sich hier *geätzte* Firmenbezeichnungen – aber wo sind die Stempel? Schon um 1880 begannen vereinzelte Firmen auf die billigere Methode des Tiefätzens umzusteigen. Hier sind die Kanten wie bei einem überpolierten Stempel ziemlich verwaschen, die tiefer liegenden Partien wirken blank. Auch das ist eine von modernen Fälschern benutzte Methode. Alte Sheffield-Bowies *können* noch keine geätzten Marken aufweisen, schon gar keine, die sich wie beim Puma nur auf, aber nicht im Stahl finden.

Zur Klinge. Kein aus nicht rostfreiem Stahl gefertigtes und benutztes Messer bleibt über die Zeit hinweg blank, das gilt auch für Bowies. Man erinnere sich an die alten Messer aus Großmutters Küchenschublade. Deren Klingen zeigten alle Farbnuancen zwischen Grau, Anthrazit, Umbra und Bronze, oft mit deutlich sichtbaren Übergängen oder Trennlinien zwischen den einzelnen Farbtönen. Allerdings gilt es auch hier, den Blick zu schulen. Säuren aller Art können hier für eine scheinbar alte Oberfläche sorgen, auch die Senkgrube vom Bauernhof taugt für derlei. Anders als heute kamen die Klingen damals meist nicht mit matt gebürsteter Oberfläche, sondern erhielten statt dessen eine spiegelnde Hochglanzpolitur. Denn das schützte die in jenen Jahren üblichen Stähle besser vor Rost und gefiel den Leuten besser.

Zum Griff: Mit der Zeit bilden sich zum einen zwischen Schalen aus Holz, Horn und anderen natürlichen Stoffen und zum anderen dem Metall der Klingenblätter Ritzen, oft sitzt hier Schmutz. Fast alle Hornmaterialien neigen mit der Zeit zu Schwund und Verzug, so dass die etwa darunter liegenden Kanten einer Plattangel fühlbar überstehen. Nicht zu vergessen die Wurmlöcher, die sich in alten, gut 150 Jahre alten Materialien wie Holz und Horn finden sollten. Auch hierfür den Blick schulen.

Zum Beschlagmaterial: Dem Verfasser kam noch so gut wie kein altes Sheffield-Bowie aus der klassischen Periode unter, das über eine Parierstange, eine Zwinge oder einen Griffabschluss aus Messing verfügt hätte. Damit ausstaffierte Stücke weisen auf eine recht späte Fertigung hin und sind rar: Es wird in Sammler- und Fachkreisen heiß diskutiert,

So grob gearbeitet, dass es schon wieder seinen eigenen Reiz hat: Dieser wahrscheinlich in Fernost gezimmerte »Tennessee-Tothpick« wartet auf mit einem Indianerkopfknauf aus grauem Spritzguss – undenkbar für ein Original! Die schludrige Naht der beiden Hälften läuft senkrecht durchs Gesicht. Die Griffhülse besteht aus gefärbtem und gepresstem Knochen.

Gebrauchs- und Alterungsspuren

ob Sheffield überhaupt Messing bei Bowies verwendet hat. Wenn, dann kam es sicher nicht ohne aufwändige Ornament-Ziermuster, auf keinen Fall aber nur mit plan verschliffener und/oder polierter Oberfläche. Auch die Amerikaner verbauten bei für den Zivilmarkt bestimmten Serien-Bowies diesen Werkstoff eher selten. Eine berühmte Ausnahme bilden die mit Rosenholz beschalten English & Hubers-Messer aus Philadelphia. Ansonsten aber verwendete man in der Regel meistens Eisen, Stahl, Neusilber, Bronze oder Edleres. Ganz ausgefallene Montierungen fanden sich an den Messern von Marks & Rees: Ihre sargförmigen Griffe waren mit einer Legierung aus Kupfer und Silber beschlagen.

Ein englisches Sprichwort des 19. Jahrhunderts besagt »*cheap and brassy*« und meint damit, dass etwas so billig wie Messing ist. Denn früher war die Legierung in der industriellen Metallurgie der Allerweltswerkstoff schlechthin – und dementsprechend geringschätzig geachtet. Unbehandelt fand sich Messing nur selten, etwa an Militärwaffen. Deswegen ist Messing bei Kopien des »Ames Rifleman Knife M 1849«, des Dahlgren-Bajonetts oder einiger konföderierter Bowie-Varianten auch völlig angebracht. So verwendete man es auch bei optischen Apparaten wie Mikroskopen, Nivelliergeräten, Zielfernrohren oder Ferngläsern – und natürlich für Uniformknöpfe. Wenn überhaupt, kam es im Bereich hochwertiger, aufwändig gebauter Messer (und dazu zählten die meisten der frühen Bowies) fast nur in behandelter Form vor, also beschichtet, plattiert, brüniert oder auf anderem chemischem Weg gefärbt. Ein Dorfschmied in der Prärie verwendete es hingegen so gut wie gar nicht – einfach, weil er kaum welches auftreiben konnte. Heute sorgt auf Hochglanz poliertes Messing an Türen und Möbeln für einen eleganten und gediegenen Eindruck. Das Billig-Renommee dieses Werkstoffs änderte sich, als die des Kunststoffs müden Kunden in den 1970er-Jahren nach einer traditionelleren Alternative suchten. Und so tappen dann die Fälscher unserer Ära in die Zeitfalle, indem sie von ihrem Geschmack auf den des 19. Jahrhunderts schließen.

Zum Zierrat: Aus Münzen- oder Neusilber gefertigte Griffbeschlagteile mit dem Kopf von »Old Zack« (gemeint ist US-Volksheld General Zachary Taylor) oder dem Motiv des halben Pferdes/Alligators etwa wurden nicht gegossen, sondern mittels spezieller Stahlformen *gepresst*. Das gilt auch für die als »Besteckgriffe« bekannten Varianten. Findet man an dem als uralt offerierten Messer kunstvolle Gussteile (vielleicht sogar aus Messing), handelt es sich wahrscheinlich um ein Exemplar aus ganz später Fertigung – Finger weg. Griff- und Beschlagteile waren übrigens nicht massiv, auch dies ein Fehler, den viele Fälscher begehen. Statt dessen waren sie hohl. Die Leere füllte man ab und an mit Blei, aber meist mit »*rozzil*«. Das ist der Stoff, den die

Eine zuverlässige Methode, um dem wirklichen Alter eines Bowies auf die Schliche zu kommen, ist das Zerlegen – eine Arbeit für absolute Fachleute, aber bei superteuren Stücken mitunter lohnend. Denn dann lässt sich überprüfen, ob der Griff auch per Kolophonium-Kleber *(rozzil)* oder aber mit Epoxidharz geklebt wurde. Hier der Griff eines Tiffany-Bowies, das dem Autor vor der (nötigen) Reparatur zum Fotografieren überlassen wurde. Gut zu erkennen ist auch, dass die runde Steckangel nicht bis zum Knauf durchging.

englischen Altvorderen als »Zement des Messerschmiedes« (*cutler's cement*) bezeichneten: Eine klebrige Mixtur aus Bienenwachs, Ziegelstaub und Harz. Beim Harz handelte es sich oft um das als »Geigenharz« bekannte Kolophonium, das bei der Destillation von Terpentinöl gewonnen wird. Levine merkt zu diesem Zement an: »*Er ist dunkelbraun und krümelig, er riecht schlecht, und er schmilzt in kochendem Wasser.*« Dieses Zeug sollte die Höhlung füllen und erst in zweiter Linie das Beschlagteil fixieren. Dies erledigten Nieten oder Stifte. Im Zeitalter der Kunstharz- und Zweikomponenten-Werkstoffe hingegen werden Griffschalen, Backen und Knäufe verklebt. Was dem modernen Messermacher recht ist, ist dem Fälscher billig: Auch dies ein Fingerzeig, um ihm auf die Spur zu kommen.

Wie das Studium etwa des B & B-Katalogs zur Auktion der Williamson-Kollektion zeigt, verwendeten die Amerikaner für ihre Bowies so gut wie nie die typisch viktorianischen, auf heutige Betrachter überkandidelt wirkenden Beschlagteile. Die Parierstangen, Knäufe und Zwingen von US-Bowies fielen fast immer schlicht aus, der einzige

Zierrat bestand in tief liegenden Linienmustern und gelegentlichen Knopfabschlüssen. Kalifornische Handwerker lieferten auch einmal den ein oder anderen kunstvoll geschnitzten Elfenbeingriff. Es fehlen hier die metallenen, halb- und vollplastischen Pferde- und Indianerköpfe oder die reliefartig ins Material gepressten Ranken- und Linien-Ornamente. Dagegen finden sich solche Teile laut den Nachforschungen Levines oft an amerikanischen Vorlegebestecken. Also verpassen Fälscher diese Griffe gern alten Klingen. Hier greift wieder die »Tellerrand-Regel«.

Zum Schliff: Die alten, meist ausgeschmiedeten Klingenblätter wurden mittels riesengroßer Schleifsteine in Form gebracht. Die enormen Radien der Steine erzeugten Hohlschliffe mit ganz sachter konkaver Neigung. Weil Fälscher aber weder über diese ungeheuren Schleifsteine verfügen noch sich dem Aufwand des Schmiedens unterziehen, arbeiten sie per spanabhebender Methode (*stock removal*), sie entfernen also alles überflüssige Material mit Bandschleifer und anderem Elektrogerät. Doch Standard-Apparate lassen die oft sanft geschwungenen Hohlschliffe der Altvordern nicht zu, sondern sorgen für weit steilere Kehlungen. Selbst Bandschleifer mit extra langen Bändern sowie großen Lauf- und Umlenkrollen ermöglichen solche Schliffe nur schwer. Auch dies bildet ein Erkennungsmerkmal für kopierte Klingenblätter. Und allzu glatt verrundete Kanten und leicht wellige Polituren sind fast immer ein Indiz dafür, dass jemand eine moderne, elektrisch betriebene Schwabbelscheibe benutzt hat. Doch so etwas gab es früher noch nicht. Man achte außerdem auf die Form. Nicht alles, was uns heute als »typisch Bowie« erscheint, war das auch schon im 19. Jahrhundert. Viele frühen, großen Bowies verfügten eben nicht über die heute als charakteristisch geltenden Entenschnabelspitze, schon gar nicht eine, die mindestens die Hälfte der Klingenlänge einnimmt. Solche riesigen Schnäbel waren eher die Ausnahme als die Regel. Entlarvt sind auch die im Stil eines Krummdolches geschwungenen Klingen mit dem Stempel I*XL; sie stammen aus der Werkstatt des oben erwähnten Fred James.

All dies kann natürlich nur erste Anhaltspunkte bieten. Wer über genügend Kleingeld verfügt und mit dem Sammeln beginnen möchte, sollte vorher seine Hausaufgaben machen und büffeln. Das schützt zum einen davor, beim Verkauf eines Stücks über den Tisch gezogen zu werden – Motto: »Ach, eins von den Dingern. Die gibt's in den USA in Massen. Sind wertlos.« Andererseits weiß auch so mancher Händler nicht, was er da offeriert. Aber das werden die auch in diesem Berufsstand anzutreffenden Schlingel nicht zugeben. Also erfindet man halt irgend etwas.

Tipp 4: Man vertraue beim Kauf seinem Instinkt. Das setzt eine intensive Beschäftigung mit der Materie voraus. Dann (und nur dann) kann man nach der vom Schweizer Klappmesser-Spezialisten Horst Brunner empfohlenen Methode verfahren: *»Spricht einen ein Messer sofort und augenblicklich an, kaufe man unverzüglich, sofern sich das im Rahmen des finanziell Möglichen bewegt. Muss man dagegen sehr lange hin und her überlegen und hätte am liebsten noch jemanden konsultiert, lasse man die Finger weg und spare das Geld für einen richtigen Knüller. Und wo möglich, kaufe man nur erstklassig erhaltene Stücke. Die lassen sich notfalls auch wieder veräußern.«*

Tipp 5: Man kaufe alte Originale nur nach persönlicher Inaugenscheinnahme. Tabu: Kauf via Prospekt, Katalog oder gar Internet. Hört sich an wie der banalste Ratschlag der Welt, ist es aber nicht, wie viele Telefonate mit verärgerten Käufern von Waffen und Sammelgegenständen aller Art gezeigt haben. Kein Prospektfoto kann das Gefühl und die Information ersetzen, die Hand und Auge, halbwegs geschult, vermitteln können. Nur so kann man das Messer drehen und von allen Seiten betrachten oder auch mal eine Lupe zu Hilfe nehmen. Ein paar Worte zum Internet. Man kann damit wunderbar einfach mit aller Welt kommunizieren. Und das verleitet dazu, mal eben Antiquitäten im Ausland einzukaufen. Ist ja simpel: Aussuchen, bestellen, Kredikartendaten (per geschützter E-Mail) vermitteln und auf den Paketdienst warten (und hoffen, dass mit der US-Post zusammenarbeitende Firmen wie German Parcel den Import auch durchführen und nicht verweigern, natürlich zu Lasten des Empfängers, so geschehen beim Redaktionsschluss dieses Buches).

Doch ist das Internet ein weltweites Paradies für Bauernfänger aller Art. Manches (dank eines guten Grafikprogramms) auf dem Bildschirm toll aussehende Stück ist in Wahrheit übel zusammengeschustert oder in weit schlechterem Zustand erhalten, als das Foto unterstellt. Hat man aber so erworbene »Originale« erst auf dem Tisch, ist guter Rat teuer. Meist dürften die Prozesskosten mit einem außerhalb der EG ansässigen Geschäftspartner den Wert des Streitobjekts übersteigen. US-Antikwaffenspezialist Norm Flayderman weist in seinem berühmten *»Guide to Antique American Firearms«* auf einen wichtigen Umstand hin, der auch für alte, teure Bowies gilt: *»Gerichte und die (meisten) Juristen wissen nichts über antike Waffen, weswegen es Sitte ist, Zeugen anzuheuern (eine teure Sache) und auch noch zu versuchen, das Wissen des Gerichts und eventuell der Beisitzer zu erhöhen.«*

Zum Schluss noch dies: Der Verfasser besitzt einige Bowie-Fälschungen. Ihm bereiten auch diese Messer Freude. Sie sind schön und handwerklich gut gearbeitet. Das ist seiner Meinung nach in Ordnung. Er hat sie für kleines Geld und mit entsprechenden Hinweisen der Händler erworben. Natürlich wurde auch schon reichlich Lehrgeld bezahlt. Es ist halt noch kein Meister vom Himmel gefallen.

Gebrauchs- und Alterungsspuren

Einige Datierungshilfen für Bowie-Messer

Das liegt nun das gute Stück auf der Börse, und man hätte ja doch gern gewusst, aus welcher Zeit oder aus welchem Jahr es stammt. Ein erster Anhaltspunkt bilden die Firmendaten zu den einzelnen Herstellern – doch was tun, wenn sie fehlen, weil nie eingeprägt oder vom Zahn der Zeit völlig zernagt? Dann muss man seine Schlüsse aus anderen Details ziehen. Und dafür gibt es Anhaltspunkte.

Landes- und Stadt-Bezeichnungen

1890 verabschiedete die US-Regierung den *U.S. Tariff Act*. Damit reagierte sie auf eine Forderung der einheimischen Industrie, ausländische Produkte stärker zu kennzeichnen. Der *Tariff Act* schrieb vor, dass ab 1891 fremde Waren dauerhaft mit dem Namen des Herkunftslandes zu markieren seien. Für unser Thema heißt das, dass so gut wie jedes Messer mit dem Landesnamen auf dem Ricasso eindeutig nach 1891 entstanden ist. Bei Bowies aus Sheffield steht beim Stadtnamen nicht »UNITED KINGDOM«, sondern »ENGLAND«. Das Wort »SHEFFIELD« allein bedeutet demnach, dass das Messer vor dieser Zeit gefertigt wurde. Schneidwaren mit der Bezeichnung »LONDON« stammen frühestens aus dem Jahr 1819. Erst da räumte die Messerschmiedegilde der Hauptstadt ihren ortsansässigen Mitgliedern das Recht ein, ihre Waren entsprechend zu markieren. Findet sich auf einem Messer nur eine Londoner Straßenbezeichnung *ohne* den Stadtnamen »LONDON«, dann handelt es sich fast immer um ein Messer aus Sheffield, gefertigt im Auftrag eines Londoner Zwischenhändlers. Wer in den USA auf ein Schneidgerät stößt, das Begriffe wie »CAST STEEL«, »CELEBRATED«, »ENGLISH STEEL« oder »WARRANTED« ohne einen englischen Ortsnamen aufweist, kann daraus Dreierlei schließen: Erstens stammt das Teil aus Deutschland oder Österreich-Ungarn, zweitens datiert es fast immer vor 1891, drittens handelt es sich um ein von vornherein zum Export bestimmtes Muster. »MADE IN U.S.A.« steht heute auf jedem in den Staaten gefertigten Messer, doch kam dieser Schriftzug nicht vor 1910 *en vogue* und vor den 1960er-Jahren erst gar nicht in allgemeinen Gebrauch – also Vorsicht, wenn sich dieser Stempel auf einem angeblich alten Muster findet.

Erfindungen

Aluminium wurde 1854 erstmals in Frankreich hergestellt. Doch erst Jahrzehnte später erfand der Amerikaner C.M. Hall ein günstiges Produktionsverfahren. Somit stammen Aluminium-Beschläge an Messern frühestens aus der Mitte der 1880er-Jahre.

Der »SHEFFIELD / ENGLAND«-Stempel taugt als sichere Datierungshilfe.

Der »WARRANTED«-Stempel steht nur dann für Sheffield, wenn die Ortsangabe nicht fehlt – sonst verweist die Markierung auf Export-Messer aus dem deutschsprachigen Raum, die für die USA bestimmt waren.

Hartgummi wurde um 1844 patentiert. An Messern taucht es als Griffbeschlag erstmals in den 1850er-Jahren auf. Setzte sich bei Schusswaffen seit den 1870er-Jahren durch. Bei Bowies kam es erst um 1890 bis 1910 in Mode. Englisch: *hard rubber*.

Neusilber aus Nickel, Zink und Kupfer, um 1810 von dem deutschen Metallurgen E. Geitner erfunden. Der Stoff ist silberfarben mit leicht gelblichem Stich. Auch bekannt als *Argentan* und *Alpakka*. Englisch: *Nickel silver* und *German silver*. Neusilber blieb bis zum Ersten Weltkrieg das wichtigste Beschlagmaterial für Bowie-Messer.

Silber-Galvanisierung. Der Italiener Luigi Galvani (1737-1798) entdeckte bei Versuchen mit Froschschenkeln(!) die nach ihm benannte galvanische Elektrizität. Beim Galvanisieren verflüssigt man mittels Elektrolyse ein Metall, um es dann als hauchdünnen Überzug für ein anderes, meist weniger edleres zu verwenden. Die Silber-Galvanisierung löste die älteren, aufwändigen Methoden des Versilberns ab und machte die Prozedur weit erschwinglicher. In allgemeinen Gebrauch kam das Verfahren erst nach 1837.

Nickel-Galvanisierung. Dieses Verfahren kam frühestens in den 1860er-Jahren auf. Die Amerikaner wandten es erst ab ungefähr 1870 zur Beschichtung von Waffen an.

Verchromen kann man Metall erst seit 1924. Somit ist es für die klassische Zeit des Wilden Westens völlig nebensächlich.

Guss-Stahl. Vom Quäker Benjamin Huntsman um 1742 erfunden, bildet er von etwa 1780 bis 1920 den Hauptwerkstoff für Bowie-Klingen. Englische Bezeichnung *crucible cast steel*, französisch *acier fondu* und im Deutschen auch als »G.S.« abgekürzt. Das ist wichtig, weil diese Materialbezeichnungen bei nur auf ihre Muttersprache fixierten Amerikanern Verwirrung gestiftet haben. Sammler von

Der Puma-Schriftzug ist geätzt, nicht gestempelt.

Landes- und Stadt-Bezeichnungen

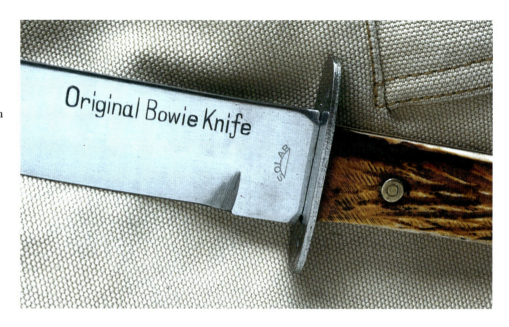

Nicht in Großbuchstaben ausgeführte Schriftzüge wie »Original Bowie Knife« sind fast immer typisch für nach 1900 gefertigte Ware aus dem deutschsprachigen Raum, hier bei einem mit Knochenschalen bestückten Messer der Firma Solar.

Messern wie auch europäischen Schusswaffen, etwa Revolvern mit Stiftfeuerzündung, missverstanden dies als *Herstellername* – ein Irrtum, der noch durch die Literatur geistert.

Rostträger Stahl zeichnet sich durch einen Chromanteil jenseits einer Marke von elf Prozent aus. Dieser im Englischen als *stainless steel* bekannte Stoff kam erst 1914 auf die Welt, als ihn Harry Brearley aus Sheffield und Elwood Haynes aus dem US-Staat Indiana gleichzeitig und unabhängig voneinander erfanden. Der Stahl setzte sich Schritt für Schritt durch, bis er in den 1960er-Jahren den Guss-Stahl nahezu völlig verdrängte. Heute gibt es nicht eine, sondern Hunderte unterschiedlicher Arten rostträgen Stahles. Fazit: Bowies aus der Zeit bis zum Ersten Weltkrieg haben *nie* Klingen aus rostträgem Stahl. Übrigens gab es auch schon vorher mit Chrom legierten Stahl, schon der legendäre englische Naturforscher Michael Faraday (1791–1867) experimentierte um 1819 damit. Doch schaffte man es nicht, den Chromanteil auf über elf Prozent zu heben. Dieser Werkstoff wurde in der Mitte des 19. Jahrhunderts gelegentlich für Messerklingen benutzt.

Die Marken der Könige

Da die meisten Bowies aus Großbritannien stammen, sollten Sammler auch einige auf das Inselreich bezogene Eckdaten kennen – darunter die Lebensdaten der Könige. Warum? Nun, so mancher Hersteller war im Besitz einer *Royal Warrant*, durfte sich also als Hoflieferant bezeichnen. Das galt für überraschend viele Hersteller. Wie schon aus dem Feld der Jagdwaffen bekannt, errang man dieses Privileg, nachdem ein Mitglied der königlichen Familie etwas bei der entsprechenden Firma erworben hatte. Und es erlosch nicht nach dem Tod des entsprechenden Regenten. Also findet sich auf den Waren ein Stempel aus zwei Buchstaben samt Königskrone. Einer der beiden Buchstaben ist immer ein »R«, es steht für die lateinischen Begriffe *»rex«* (König) oder *»regina«* (Königin). Der andere bezeichnet den Anfangsbuchstaben des Herrschernamens. Für unsere Zeit sind folgende Regenten wichtig:

William IV regierte von 1830 bis 1837 – also stammen mit »WR« und Krone gestempelte Klingen aus diesen sieben Jahren. Bei »RV« und Krone wird es unübersichtlich: Königin Victoria stand den Briten von 1837 bis 1901 vor. Nach ihrem Tod kletterte Edward Nr. Sieben auf den Thron und hielt sich dort von 1901 bis 1910: »ER« mit Krone steht folglich für ihn. Bei »GR« samt Krone muss man hingegen genau hinschauen: Zum einen bezeichnet diese Marke die Herrscher Georg Nr. Zwei bis Vier. Sie alle regierten vor 1830: Georg II. von 1727–1760, Georg III. von 1760–1820, obwohl er die letzten zehn Jahre seiner Regentschaft als geisteskrank galt. Und 1820–30 war der vierte Georg am Ruder. Die deutsche Schreibweise »Georg« deswegen, weil es sich ursprünglich um Kurfürsten von Hannover handelt. Zum anderen wäre da Georg V. zu nennen; König von 1910 bis 1936. Doch unterscheiden sich diese »Georgius Rex«-Stempel durch ihr Schriftbild: Die alten sind eindeutig von Hand eingeschlagen, bei den neuen findet sich ein modernes, mehrzeiliges Schriftbild.

Nutzen, Pflege und Umgang

Viele Bowies haben etwas von einem Werkzeug und von einer Waffe. Der Löwenanteil fällt in die Kategorie Dolchmesser: Symmetrischer Griff, asymmetrische Klinge. Fragt sich, welcher Wesenszug überwiegt: Was taugen sie bei praktischen Arbeiten? Für den Werkzeugcharakter sprechen einige Gesichtspunkte. Viele wurden ja als »*Hunting Knife*«, also Jagdmesser, vermarktet. Rezin Bowie schrieb 1838, dass er das Ur-Bowie jahrelang zu waidmännischen Zwecken benutzt und es nur aus der Hand gegeben habe, als das Leben seines Bruders James bedroht gewesen sei. Doch ist dies nur die halbe Wahrheit. Rezin Bowie ging es um den Ruf seines in Texas gefallenen Bruders. Er wollte sich den Gerüchten entgegenstemmen, James und er seien wilde Messerstecher gewesen. Die Käufer der in den 1830er-Jahren einsetzenden Bowie-Flut sahen das jedenfalls völlig anders. Vor allem im Süden und im Westen gehörte es für einen Mann von Welt zum guten Ton, solch ein Messer zu tragen. Es ging weniger darum, ob es sich auch als Werkzeug bei der Jagd oder gar beim Überlebenskampf in der Wildnis eignete.

Und gerade dies tat die Masse der prachtvollen Sheffield-Bowies nicht. Ein Blick auf Männer wie Jim Bridger oder Thomas »Broken Hand« Fitzpatrick zeigt, was Waldläufer und Fallensteller entgegen Kino-Mythen à la »*Jeremiah Johnson*« tatsächlich benutzten. Bei den als *Mountain Men* bekannten Pelzjägern der Rocky Mountains bestand kein Bedarf an langen Bowies. Dies belegt ein Briefwechsel von 1836. Auf der Suche nach neuen Absatzgebieten schickte Messerhersteller Hiram Cutler die Zeichnung eines Bowie-Messers an die Pelzhandelsgesellschaft American Fur Company (AFC). Cutler empfing diese Antwort: »*Wir bekamen die Zeichnung des texanischen Messers, wofür wir Ihnen unseren Dank abstatten. Der Artikel wird in unserer Region noch nicht nachgefragt.*« Wie sollte er auch? Bei der Fallenjagd auf Biber fand ein Großteil der Arbeit in Spätherbst und Winter im Wasser statt. Zweitens ging es da um den Pelz, der aus modischen Gründen bei Hutmachern, Schneidern und Kürschnern hoch im Kurs stand – wenn er unversehrt war. Daher hantierte kein Trapper am oder im eiskalten, schlammigen Nass mit einem dank der großen Parierstange sperrigen, möglicherweise prächtig verzierten

Wer so herum schnitzt und dabei auch noch ein stumpfes Messer benutzt, braucht sich über Schnittwunden nicht zu wundern. Merke: (Halb-)stumpf ist gefährlicher als scharf!

Trapper und Büffeljäger nutzten keine Bowie, sondern Metzger- oder Häutemesser *(Skinner)* mit stark nach oben gebogenen Klingen und verhältnismäßig runden Spitzen. Typisch sind die eckigen Schalen aus unbehandeltem Holz. Manch ein Hobbyist zimmert sich auch etwas Edleres dran (hier Teak) und verschönert den Griff mit Ziernägeln.

Messer. Bowies waren zu teuer, um sie zwecks Aufbrechen von Biberburgen an einen langen Stock zu binden, damit die Haltepflöcke der Fallen zu schnitzen oder vereiste Fallenbügel aufzuhebeln – von der täglichen roten Arbeit ganz zu schweigen.

Dafür benutzten die Trapper Metzger- und Abhäutemesser *(Skinner)* mit dicken, eckigen Griffen aus geschliffenem und unbehandeltem Holz. Die lagen sicher in der Hand, wenn man an fettigen Tierhäuten und schweißtriefendem Wildbret* herumzusäbeln hatte. Jeder Fallensteller und Indianerhändler nahm viele Arbeitsmesser und grifflose Klingen mit in die Wildnis – dies war ein begehrtes Tauschobjekt im Indianerhandel.

Daher lassen sich bei den Stämmen des Westens auch kaum Bowies, dafür aber viele Schlachtmesser nachweisen. Wie die Biberjäger nutzten die Indianer Messer meist als Werkzeug und eher selten als Waffe. Auch als zwischen 1870

* Wir bedienen uns hier der Weidmannssprache, die Blut als *Schweiß* benennt.

Büffeljäger trugen am Schulterriemen oder am Gurt meist dreiteilige Lederfutterale, die ein Häutemesser, ein Schlachtmesser zum Zerwirken und einen Wetzstahl aufnahmen. Skalps hingen auch mal dran – nein, der hier ist nicht echt, sondern die Bastelarbeit eines Hobbyisten.

Stimmen zum Bowie: Stefan Recktenwald

Stefan Recktenwald

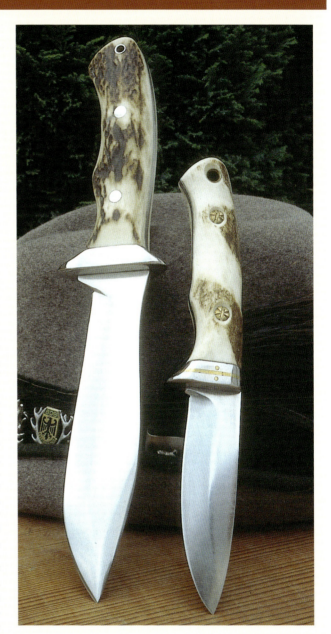

Stefan Recktenwald, Berufsjäger und Freizeit-Messermacher – der Vater des Verfassers. Und Sohnemann muss noch sehr viel üben, bis er (je?) das handwerkliche Geschick von Papa erreicht …

»Aus jagdpraktischer Sicht ist der Nutzen eines Bowies wie der eines anderen Messers auch vor allem von der Klingenlänge abhängig. Für die rote Arbeit reichen in unseren Breiten Messer mit fingerlangen Klingen meist völlig aus. Und generell eignen sich tropfenförmige Klingen besser dafür als Bowies mit Schnabelspitzen. Bowie-Messer könnte man als Standhauer etwa beim Freischlagen eines Ansitzes einsetzen, vorausgesetzt, dass die Klinge lang genug ausfällt, ihr Schwerpunkt im vorderen Drittel liegt und so wuchtige Schläge ermöglicht. Denn einige der früher gebräuchlichen Standhauer erinnern in ihrer Klingenform wegen ihrer angedeuteten Schnabelspitze durchaus an den als klassisch angesehenen Bowie-Entwurf. Rein theoretisch ließe sich ein solches Bowie auch zum Abfangen von Wild einsetzen. Allerdings findet das heute nur noch sehr selten statt; man verwendet statt dessen leistungsstarke Kurzwaffen mindestens des Kalibers .38, mit denen man dem Tier den Fangschuss anträgt. Aus der jagdlichen Praxis heraus geurteilt, sind Bowies insgesamt eher weniger sinnvoll. Wegen der Klingenkonfiguration gerade der größeren Muster läuft man Gefahr, etwa beim Aufbrechen das Gescheide des Tieres zu verletzen. Dennoch kann ein Liebhaber ein Messer mit dieser Entenschnabel-Form durchaus einsetzen. Doch das gilt nur, wenn man bei der roten Arbeit entsprechend sorgfältig vorgeht und wenn die Klinge nicht zu lang sowie nicht nadelspitz ausfällt. Denn dann neigt sie dazu, sich allzu leicht in den Knochen, hier meist den Rippen, festzufressen.«

Stefan Recktenwald fertigte diese beiden Stücke. Der Standhauer (links) taugt dank seiner abgeschrägten, Bowie-ähnlichen 15-cm-Klinge auch zum Abfangen. Daneben ein für alle Tätigkeiten geeignetes Jagd- und *Outdoor*-Messer mit *Drop-Point*-Klinge.

und 1883 die große Bisonschlächterei zwischen Montana und Texas stattfand, spielten Bowies als Schneidwerkzeuge eine völlig vernachlässigbare Rolle. Der als *runner* bekannte Büffeljäger führte wie seine Abhäuter (englisch: *hider*) ebenfalls schlichte Arbeitsmesser – mit einem Unterschied zur Biberzeit: Es gab nun praktische Sätze, bestehend aus mehreren Messern mit unterschiedlichen Klingenformen sowie einem Wetzstahl. All das trug der Büffelschütze gewöhnlich in einem breiten, an Hüft- oder Schultergurt hängenden Multi-Lederfutteral. Es glich äußerlich jenen Werkzeughalterungen, die US-Handwerker noch heute benutzen, oder die sich noch gelegentlich auf mitteleuropäischen Flohmärkten finden. Früher gab es Futterale aus Holz, die sich ebenfalls auf den Gürtel aufziehen ließen; Fleischer konnten so ihre Messer sicher verwahrt mitführen, wenn sie zum Hausschlachten auf die Bauernhöfe gingen.

Trotzdem haftet dem Bowie nach wie vor der Nimbus vom Allzweckgerät an. Dabei reden sich seit über sechs Generationen Jagd- und *Outdoor*-Experten den Mund darüber fusselig. Messerspezialist Bernard Levine erklärt, wie es zu diesem Irrglauben kam: »*Aber in der Mitte der 1870er-Jahre war das Bowie als Gerät zur Selbstverteidigung weithin vom Patronenrevolver verdrängt worden, obwohl einige, meist in Großstädten beheimatete Messerschmiede noch bis in die Jahre nach 1910 echte Bowies herstellten. Ungeachtet dieser Entwicklung glaubte der frischgebackene amerikanische Sportsmann, (…) wenn er schon ein Messer mitführen müsse, dann auf jeden Fall ein Bowie. Als Folge sahen die meisten der kommerziell hergestellten Jagdmesser, welche in den Staaten während der letzten beiden Jahrzehnte des 19. Jahrhunderts verkauft wurden, aus wie Bowies. Sie hatten eine feste, breite Klinge, meist mit Entenschnabel-Spitze und säbelförmig geschwungener Bauchpartie, dazu ausgerüstet mit einer großen kreuzförmigen Parierstange. Diese im Stil eines Bowies gebauten Jagdmesser blieben populär bis in die 1920er-Jahre, sie werden noch heute in dieser Manier gebaut. Ich bezweifle, dass sie jemals ganz verschwinden werden.*«

Der US-Jagdexperte William Monypeny Newsom stellte 1926 in »*The Whitetail Deer*« (deutsch: »Der Weißwedelhirsch«) fest: »*Ein Blick auf dieses Messer zeigt ganz klar, dass es heutigentags keinen Platz mehr in den Wäldern hat.*« Weit drastischer formulierte es der unter dem Pseudonym »Nessmuk« bekannte Autor George Washington Sears im Jahr 1920: »*Die üblicherweise mitgeführten ,Bowies' und ,Jagdmesser' sind meist dicke, ungefüge Dinger mit so einem entlang der Mitte laufenden Grat, von mörderischem Aussehen, doch zu wenig nutze. Sie sind eher in einem Groschenroman aufgehoben oder am Gürtel von ,Billy the Kid', als dass sie zur Ausrüstung eines Jägers passen.*«

Auch ein anderer Fachmann äußerte sich zu diesem Thema: Horace Kephart aus St. Louis in Missouri, der noch nach 1900 mit den schweren Hawken-Vorderladerbüchsen der Trapper experimentierte, zeitweise wie ein Eremit in den Bergen von South Carolina hauste und Bücher wie »*Camping and Woodcraft*« schrieb. Er ließ im Mai 1897 in der Zeitschrift »*Shooting & Fishing*« verlauten: »*Die handelsüblichen Bowies sind meist armselig gehärtet, zu dick zum Schärfen und so geformt, dass sie zu nichts Anderem taugen, außer um zu stechen, was so ziemlich das Letzte ist, wozu ein vernünftiger Mann jemals Gelegenheit hat. Jeder grüne Junge denkt beim Kauf seines erste Jagdmessers an Bären – Bären, die unvermittelt angreifen und den Jäger in eins jener rauen Handgemenge verwickeln, von denen man immer in den guten alten Groschenromanen liest. Diese Krankheit ist ebenso wenig auszurotten wie die Masern. In jedem Herbst jage ich Bären, und in jedem Herbst rennen sie weg.*«

Bleibt aber festzuhalten, dass die als Bowie-typisch angesehene Hechtklinge an und für sich keine unpraktische Form darstellt. Sonst hätten alle Besitzer von Klappmessern (englisch *folder*) die Firmen schon mit Regressforderungen überzogen! So gut wie kein Hersteller verzichtet auf diese Klingenform. Das zeigen Klassiker wie »Buck 110«, »Puma Prince« oder »Böker Optima«, aber auch Neuheiten wie das wuchtige »Spyderco Chinook« oder die »Close Quarters Tactical«-Reihe der Firma TOPS aus Idaho. Kein Wunder: Mit der bauchig gerundeten Schneide lässt sich vom Leder bis zum Papier, von der harten Möhre bis zur weichen Tomate alles wunderbar genau schneiden, man kann die schlanke Spitze für hauchfeine Schnitte nutzen, etwa zum Auftrennen von Nähten. Und führt man beim Versorgen von Wildtieren die Klinge mit nach oben gerichteter Schneide, dann bietet der Entenschnabel dem Zeigefinger eine optimale Abstützung.

Bei modernen Messern ist die Kehlung des Entenschnabels nicht angeschliffen. Aber auch in gut geschärftem Zustand ist dieses Element von Nutzen, denn es funktioniert wie eine Sichel. Man kann damit wegen des nach innen gewölbten Schnittbereichs etwa unter Spannung stehende Schnüre oder Taue* weit besser kappen als mit dem ausladenden Bauch der Klinge. Der Entenschnabel gibt freilich nur dann ein gutes Universal-Werkzeug ab, sofern er bei keilförmigem Schliff nicht zu dick ausfällt. Das Blatt sollte nicht viel breiter als 3 cm und nicht länger als zirka 8 cm bis 12 cm ausfallen. Oder wie es Buchautor Carsten Bothe plastischer formulierte: »*Ein Messer sollte eine Klinge haben,*

---

* Bei einem Messertest des Waffenmagazins »VISIER« (8/1990) schnitt ein Bowie der heute nicht mehr existenten Solinger Firma Schlieper am besten ab, als es unter anderem darum ging, freihängende Manilahanf-Taue mit einem Schlag zu kappen.

die nicht viel länger ist als der ausgestreckte Zeigefinger.« Außerdem darf das gute Stück keinen weit über den Messerrücken stehenden Handschutz besitzen, da dieses Element bei einigen Arbeitstechniken und Handstellungen nur stört.

Eines haben all die Verfechter des wahren Nutzens nicht bedacht, nämlich dass es außer den praktisch denkenden Jägern, Naturburschen und Fischern sowie den ernsthaften Sammlern irgendwann auch Leute geben würde, die all das bewusst ignorieren. Viele Western-Hobbyisten benutzen – gerade die großen! – Bowies allen Handikaps zum Trotz für jede Arbeit rund ums *Camp*, weil damit *Flair* verbunden ist. Und weil es ebenso um das Ausleben von Kindheitsträumen geht wie um das möglichst authentische Sich-Einfühlen in eine vergangene Epoche, spielen praktische Erwägungen eine untergeordnete Rolle – sonst würde man ja auch nicht unter Wolldecken oder Fellen im Leinenzelt schlafen. Notfalls hackt man mal mit dem Messer auch ein paar Stangen und Stäbe fürs Lager, auch wenn kantig-knorrige Hirschhorngriffe hinterher die Finger schmerzen lassen. Und man versucht sich auch mal mit einem starkklingigen Bowie beim Brot- oder Schinkenschneiden. Sicher gibt es dabei viele Krümel, schiefe Schnitten und massenhaft Fleischfetzen. Mancher an hauchfeine Scheiben edlen Parmaschinkens gewöhnte Gourmet wäre entsetzt. Aber solche Ästheten hätten auch keinen Sinn dafür, was für eine Gaudi man bei so einer Barbarei haben kann.

Das Gute dabei: Viele moderne Bowies machen all solchen Unsinn mit und überleben auch grobe Attacken durch Draht, Steine oder Blech mehr oder weniger unbeschadet, das haben diverse Tests in Zeitschriften wie »Visier« bewiesen. Aber so weit sollte es nur in Notfällen kommen. Bei kurzen Fluchten aus der zivilisierten Welt ist es unnötig, sein Messer so rabiat zu behandeln. Trotzdem setzen viele ihre Schneidwaren falsch, unbedacht oder ohne Verständnis für deren eigentliche Aufgabe ein, hin und wieder tut es eine(r) sogar vorsätzlich. Nicht nur der Besuch in mancher Küche, sondern auch Western-*Meetings*, Campingplätze, Angel- und Jagdpartien oder Motorrad-Treffen bieten stets wundervolle Gelegenheiten, um missbräuchlichen Einsatz von Messern zu studieren. Daher sei im Folgenden auf einige grundlegende Aspekte im richtigen Umgang mit (Bowie-) Messern ausführlich eingegangen.

Das oberste Gebot lautet, nur mit einer scharfen Klinge zu arbeiten. Ein stumpfes, schartiges Messer ist gefährlich, wie ein einfacher Test beweist. Man nehme sich ein Aststück und werkele mit stumpfem Gerät daran herum. Irgendwann wird man feststellen, dass die Schneide abrutscht. Sie »beißt« nicht, wie die Wikinger gesagt hätten. Die Gefahr: Einen Moment nicht aufgepasst, schon schlittert das Messer weg – eventuell auf die Finger zu, welche das Scheit halten.

Stimmen zum Bowie: Robert Cadek

Robert Cadek auf einsamen Pfaden in Nordskandinavien. Foto: Robert Cadek

Robert Cadek volontierte bei der Waffenfachzeitschrift Zeitschrift »Visier«, arbeitet als Redakteur bei der Zeitschrift »Firmen Auto« und verbringt seine Freizeit am liebsten auf ausgedehnten *Outdoor*-Reisen in alle Welt.

»Wer ein Messer mit Bowie-Klinge bei einer Outdoor-Tour etwa durch den äußersten Norden Europas, durch das Outback Australiens oder den Dschungel Indonesiens verwenden will, muss vor allem anderen auf die Klingenlänge achten. Handlang ist genug! Solche Klingenblätter reichen für die üblichen Arbeiten rund ums Biwak völlig aus. Außerdem sollten diese Messer einen balligen oder derben Schliff besitzen; ihre Klingen sollten nicht zu breit und zu dick ausfallen. Hingegen scheiden hier Bowies im klassischen Stil aus – zum einen wegen der hohlgeschliffenen Klingenblätter, zum anderen wegen ihrer Klingenlängen, die ja fast schon an ein mittelalterliches Scramasax erinnert. Man bedenke: Solch große Bowies dienten in Amerika und Australien während der Vorderladerära als Waffen. Als sich aber seit Mitte des 19. Jahrhunderts zunehmend Revolver zu Selbstverteidigungszwecken etablierten, wurden die Bowies zunehmend kleiner. Wenn ein mit Entenschnabel-Spitze bestücktes Schneidgerät also eine praktische Klinge und dazu einen guten, rutschsicheren, spindelförmigen Griff mit Knauf und Handschutz (keine Parierstange!) aufweist, dann kann man es auch draußen gut einsetzen. Ich habe bei einer mehrwöchigen Tour durch Nordskandinavien mit einem preisgünstigen, Bowie-artigen Messer der finnischen Firma Marttiini beste Erfahrungen gesammelt.«

Tabu: Jeder Stich ins Erdreich stumpft das Messer ab.

Apropos Holz und Wald: Bereits Pfadfinder lernen den Kniff, dass man Stöcke mit dem Messer schneidet, anstatt sie abzuhacken. Letzteres kostet beim Einsatz leichter Messer mehr Kraft und beinhaltet für Ungeübte ein Verletzungsrisiko. Stattdessen biege man den auserkorenen Stab vorsichtig um, setze die Klinge an und schneide das Holz dort an, wo es jetzt unter Spannung steht. Das geht schneller als das Abhacken, zudem erhält es die Schärfe! Man kann das Holz nur unter zwei Bedingungen mit seinem Bowie beruhigt abhacken. Erstens sollte es ein wenigstens 20 cm langes Klingenblatt besitzen. Und das sollte zweitens wie ein Standhauer oder eine Machete über einen balligen oder derben Schliff verfügen. Nur solche Klingenblätter sind für grobe Arbeiten ausgelegt. Ein Hohlschliff nimmt hier schnell Schaden.

Absoluter Blödsinn ist es, sein Messer in den Boden zu rammen. Der Verfasser hat das oft bei Lagerköchen gesehen oder bei Anglern und Jägern, die gerade bei der roten Arbeit an ihrem erlegten Wild waren. Letzteres ist verständlich – Weidmanns und Petri Heil winken vor allem in der Dämmerung. Da stößt mancher sein Messer neben sich in Mutter Erde, um im schummrigen Licht oder im hohen Gras nicht lange danach herumtasten zu müssen. Aber in Biker- wie Western-Kreisen ist dies eine als urig eingeschätzte Macho-Geste. Wer hinterher an essbarem Gut herumschnippelt, verletzt alle küchen- wie wildbrethygienischen Grundsätze. Es soll ja so etwas wie Bodenbakterien geben. Und das, was bei Kühen und Pferden hinten herausfällt und wie eine Tretmine auf dem Wiesen- oder Waldboden des Zeltlagers liegt, steckt voller Kolibakterien. Vermoderndes Laub und Holz bergen andere Gefahren. Auch reicht ein kräftiger Stoß in die Erde, um eine Schneide abzustumpfen, ganz zu schweigen von Schlimmerem: Wer weiß vorab, was unter dem Laub oder der Grasnarbe steckt?

Man benutzt ein Bowie nicht als Ersatz für zuhause vergessene Utensilien wie Pfeifenreiniger oder Büchsenöffner. Gerade die filigrane Spitze einer Hechtklinge ist gefährdet. Wer seinen Rotzkocher auskratzen oder zur Steigerung des Zuges im glimmenden Tabak fuhrwerken muss, greife auf ein im Nu entsprechend zugeschnitztes Aststück zurück. Man schlachtet mit dem Messer auch keine Konservendosen. Wenn schon kein Büchsenöffner vorhanden ist, greife man zu Beil oder Axt – deren Schärfe bekommt das zwar auch nicht, aber wenigstens ärgert man sich hier nicht über verkratzte Klingenflächen. Mit dem Schlagzeug kerbe man den Deckel der Konserve an zwei Stellen so ein, dass die beiden Schlitze in spitzem Winkel zueinander stehen. Jetzt kann man den Deckel vorsichtig aufbiegen. Und man schlägt nicht mit einem Stein oder Hammer auf den Klingenrücken, wenn das Messer als Beil-Ersatz herhalten muss. Ein, zwei Schläge reichen, um die Kontur der Klinge zu verbeulen. Als äußerstes Mittel darf man ein Holzscheit verwenden. Aber man täusche sich nicht: Bei weichen Stählen und bei Dauergebrauch kann auch dies Spuren hinterlassen.

Noch Ärgeres droht, wenn man das Messer wie einen Meißel lotrecht mit der Spitze aufsetzt und dann mit einem harten Gegenstand zudrischt. Griffschalen oder Knäufe können splittern oder abspringen. Dann lassen die seitlich abstehenden, weil eingeklebten Griffscha-

Tabu: Dafür gibt's Dosenöffner!

Tabu, außer man mag verbeulte Klingen ...

Tabu: So splittern die Griffschalen ab, und man kann das Messer wegen der eingeklebten Griffstifte nur noch schwer packen.

lenstifte den weiteren Gebrauch schnell zur Tortur werden. Eventuell geht die Klingenspitze perdü. Im schlimmsten Fall bricht das Messer einfach mittendurch. Gerade bei der Bowie-Familie gehören Klingenblätter mit durchgeschmiedeten Flachangeln durchaus nicht zum Standard, anders als bei vielen modernen, feststehenden Messern üblich.

Viele frühe Bowies besaßen Klingen, die per Zwinge am oder im Griff befestigt wurden – diese Technik findet sich dann auch bei authentischen Reproduktionen. Verbreitet auch die Bauweise, bei der man an die Klinge eine Rundangel schweißte, darauf einen innen ausgehöhlten Griff aufsteckte und das Ganze von hinten fixierte. Derart zusammengesetzte Messer sind längst nicht aus der Mode. Man denke nur an die »*Survival Knives*«, die in den 1980er-Jahren im Gefolge der »*Rambo*«-Filme einen ungeheuren Aufschwung erlebten. Typisch für diese gern mit entenschnabelförmiger Klinge ausgestatteten Messer ist ja eben der hohle Griff, in dem phantasievolle Verkäufer vom Streichholz übers Nähzeug bis hin zum Angelhaken und Sägeblatt alles verstauen. Aber diese Griffröhren werden entweder im klassischen Stil per Zwinge gehalten oder sie sind angeschweißt, mitunter auch angeschraubt. Dass eine solche, wenig stabile Konstruktion in Sachen Verwindungssteife und Elastizität nicht mit einer einteiligen Klinge-Angel-Konstruktion mithalten kann, liegt auf der Hand.

Meißel- oder Hacktätigkeiten kommen für ein *(Survival-)*Bowie nur in Frage, wenn sich daran kein splittergefährdetes Material befindet und es komplett durchgeschmiedet wurde. Das betrifft etwa das von dem Wildnis-Experten Anton Lennartz einst für Carl Schlieper entwickel-

Nutzen, Pflege und Umgang

Zum Messerwerfen benutze man Wurfmesser – keine Bowies!

te und heute von Puma gebaute »Deutsche Expeditionsmesser«. Es gehört in die Kategorie »*Integral-Interframe*«. Integral, weil alles von Klingenspitze bis Knauf aus einem Stahlstück besteht. Und *Interframe*, weil der rahmenförmige Griff zwecks zusätzlicher Stabilisierung einen Mittelsteg aufweist. Ähnlich bruchstabil sind auch die Überlebensmesser von Chris Reeve. Er baut seine Schneidgeräte aus massivem Rundstahl, der zwecks Stauraum »einfach« eine tiefe Bohrung erhält.

Aber auch die sind nicht für die roheste Behandlung ausgelegt, die man einem Bowie angedeihen lassen kann: Werfen. Solchen Unfug trieben schon die Altvorderen. Ein Kupferstich aus dem US-Bürgerkrieg zeigt, wie sich Südstaatler in Mississippi mit dem Werfen ihrer Bowies die Abendstunden im Biwak vertreiben. Aber muss man es deswegen nachmachen? Bowies, gleich welcher Art, sind keine Schleuderware. Dagegen sprechen bruch- und splittergefährdete Griffwerkstoffe, abstehende Elemente wie Parierstangen und oft auch die asymmetrische Form der *Clip-Point*-Klingen. Und selbst wenn das Messer eine Mittelspitze hat, ist es in der Regel für die zum sicheren Werfen nötige, gleichmäßige Flug-Rotation nicht hinlänglich ausbalanciert. Apropos: In vielen Hollywood-Western schleichen auf Indianer getrimmte Akteure mit schicken Perücken und bunt angemalten Gesichtern durch die Studioflora zum bösen Feind, um ihn dann per geworfenem Messer auszuschalten – denn das macht ja keinen Lärm. Barer Unfug. Den gleichen Zweck hätten Pfeil und Bogen viel besser erledigt, ohne dass man sich dabei seiner Waffe entledigt.

Nun gehört das Werfen von Messern auf ein Ziel aus derben, bunt bemalten Holzpflöcken zu einem Westerntreffen wie das Strumpfband an das Bein des Saloon-Girls. Kein Problem, bietet der Fachhandel doch hinlänglich geeignetes Gerät. Im Freundeskreis des Verfassers sind mehrere Wurfmesser-Sets im Einsatz, wie sie die auf Vorderladerbedarf spezialisierte US-Firma Dixie Gun Works vertreibt. Diese wuchtigen Stücke wirken so, als hätte sie der Mann aus den Bergen gerade unten im Tal beim *Blacksmith* erworben. Wer will, kann die aufgenieteten Ledergriffe der Messer auch noch mit Riemen umwickeln oder mit dünnem Wildleder bandagieren, um sie optisch etwas aufzuwerten.

Nun braucht man ein zu Gebrauchszwecken gebautes Bowie nicht so zu behandeln wie ein rohes Ei. Eine robuste Bauweise und eine gut geschliffene, sorgsam gepflegte Klinge vorausgesetzt, kann man damit alle Schneid- und Schnitzarbeiten erledigen, die so anfallen. Doch helfen einige eiserne Regeln, das Leben des Messers zu verlängern. Ein Arbeits-Bowie braucht wie jedes andere Gebrauchsmesser nur wenig Pflege – die aber regelmäßig. Dazu gehört der Gebrauch eines zu Klingenmaterial und Politur passenden Wetzstahles oder eines ledernen Streichriemens, etwa des Typs Juchten. Den richtigen Umgang damit sollte man erlernen. Nur so bleibt die Klinge länger scharf. Hier noch ein wenig Wortklauberei, die aber die Problematik verdeutlicht:

Schärfen ist in unserem Fall nicht gleichzusetzen mit *Schleifen*, auch wenn beides eine spanabhebende Tätigkeit darstellt. *Schleifen* bedeutet, bei einer stumpfen Klinge erst einen schneidfähigen Bereich zu erstellen. Das gilt für noch im Bau befindliche Stücke wie für völlig stumpfe und/oder schartige Blätter. *Schärfen* dagegen bedeutet, den prinzipiell arbeitstauglichen Schliff einer Schneide auf Stand zu halten oder ihn zu verbessern. Daraus lässt sich eine Faustregel stricken: Man sollte sein Messer stets *schärfen*, damit man es möglichst wenig *schleifen* muss.

Aber beides ist kein Hexenwerk, sondern eine Sache von Übung und Fingerspitzengefühl. Zur Vermeidung von Frust sollte man nicht gleich am Sammlerstück trainieren, sondern erst einmal mit einem Küchenmesser anfangen. Erst wenn man das Schärfen und Schleifen richtig beherrscht, wage man sich an die kostspieligen Stücke. Und wer gar keine Ruhe und Geduld zu dieser Art von Arbeit hat, gehe zu jemandem, der es kann. Die meisten Messer gehen nicht beim Arbeiten kaputt, sondern infolge falschen Schleifens/Schärfens, weil da die Schliffwinkel zerstört, die Schneiden derbe verkratzt werden – um das auszugleichen, muss man viel mehr Material abtragen, als es bei korrektem Vorgehen nötig gewesen wäre.

Und noch eine Gefahrenquelle sei genannt: Manch einer überhitzt den Stahl, weil Elektro-Geräte wie Bandschleifer oder Bohrmaschinen-Aufsatz mit zu schneller Geschwindigkeit laufen. Beim Kauf neuer, zu Gebrauchszwecken bestimmter Bowies erkundige man sich nach Stahlsorte und Schliffart; auch frage man nach den geeigneten Schärf-Werkzeugen. Es gibt Schleif- und Abziehsteine in verschiedenen Körnungen – hingegen ist der Sensenwetzstahl tabu, weil viel zu grob. Viele Fachhändler und Messermacher bieten ihren Kunden an, Klingen wieder auf Stand zu bringen.

Um den Bereich Schleifen/Schärfen wird viel Geheimniskrämerei getrieben – es gibt Zig-Methoden: Nass oder trocken, Stein oder Diamant, mit kreisenden oder drückenden Bewegungen, mit freier Hand oder per Schleifapparat. Hier ist nicht der Platz, um das auszudiskutieren, doch gibt es dazu eine goldene Regel: Alles das funktioniert, sofern man über das zum Messer passende Schleifgerät verfügt und die Hand beim Freihandschärfen das Gefühl für den richtigen Schleif-/Schärfwinkel hat.*

Zum Erhalt der Schärfe reinige man die Klinge nach jedem Gebrauch, oft reicht schon bloßes Abwischen. Kam sie mit salzigem Schnittgut, klebrigem Harz respektive aggressiven Frucht- und Obstsäuren (vor allem von Äpfeln, Zwiebeln, Tomaten und Zitrusfrüchten) in Berührung, dann wasche man sie sofort mit Wasser und trockne sie ab. Pappen die Säftchen erst mal an (und das öfters), wirken sie sich ziemlich negativ auf die Schärfe der Klinge aus. Ganz zu schweigen davon, dass sie bei nicht rostträgen Karbonstählen mit gebürsteter Oberfläche gern hässliche Flecken hinterlassen. Denn Bowie-Klingen aus altüberlieferten Materialien laufen irgendwann so dunkelgrau an wie die Küchenmesser in Omas Schublade. Solange nichts rostet, gehört das stumpfe, mitunter scheckige Äußere der Klinge dazu. Flecken lassen sich nicht immer vermeiden. Wer will, kann mit Hausmitteln wie Schulkreide, Zigarrenasche oder sanften Poliermitteln wie Flitz, Wenol oder Chrompolitur nacharbeiten. Gute Pflege heißt aber nicht, das verdreckte Bowie in Wasser und Spülmittel einzuweichen, völlig tabu ist die Spülmaschine. Dann wirkt das schicke Holz des Griffs bald so schrumpelig und grau wie bei einem alten Schlachtmesser. Bein- und Horngriffe sind noch empfindlicher, wobei man hier damit leben muss, dass sie mit der Zeit etwas schrumpfen.

Wer nun ein Bowie ans Wasser mitschleppen möchte, aber keinen Griff aus Acryl oder einem anderen verrottungsfesten Kunststoff möchte, achte auf nässeunempfindliche Hölzer wie Ebenholz oder Akazie.

Ein ganz anderes Thema bilden hochwertige Sammlermesser, die nur ein Rohling zu Tätigkeiten wie Salami- oder Steak-Essen, Zuschneiden von Schusspflastern oder Anspitzen von Zeltpflöcken benutzt. Das betrifft rare Original-Bowies ebenso wie richtig teure Einzelstücke vom Messermacher, gefertigt mit der Präzision eines Uhrmachers und mit dem Geschick eines Goldschmieds verziert. Diese Luxusklasse der *custom knives* dient einzig und allein dazu, den Sammler zu erfreuen. Und je nach Zustand, Aufwand und Bekanntheitsgrad des Meisters bilden sie und die tadellos erhaltenen Originalstücke aus dem vorigen Jahrhundert auch eine krisensichere Wertanlage. Daher heißt ihr Bestimmungsort Banksafe oder Vitrine. Aber auch diese Orte sind nicht immer gefahrenfreie Zonen. Denn auch hier lauert mitunter der Feind aller Stähle – Rost. Doch kann man diesen Teufel mit ein paar Kniffen recht zuverlässig bannen. Messerexperte Dietmar Pohl (siehe Seite 129) weiß einen ganz einfachen: *»Die Klingen edler Sammlerstücke erhalten bei mir einen dünnen Überzug aus gewöhnlicher Vaseline, wie man sie in jeder Drogerie kaufen kann. Die ist nämlich säurefrei und kann somit dem Stahl nicht schaden.«*

Das nächste Gegenmittel kennen alle, die mit Kameras, Mikroskopen, Nivelliergeräten oder anderen hochwertigen optischen Apparaten hantieren: Die in unterschiedlichen Größen erhältlichen Beutel, die man bei Transport oder Lagerung in die Behälter der Instrumente packt. Hier die Definition, die der dazu befragte Ingenieur Heiner Uhrhan

---

* Der bekannte Messermacher Richard Hehn gibt in seinem Werk »Messer – Profi-Tipps für Benutzer und Sammler« (Co-Autor Norbert Klups) wichtige Hinweise zum Schleifen und Schärfen. Erschienen im Motorbuch Verlag 2001.

beisteuerte: »*Trockenmittel sind Stoffe, die wasserhaltigen Substanzen (Gase, Flüssigkeiten) Wasser entziehen. Die so bewirkte Trocknung beruht auf chemischen Reaktionen, zum Beispiel auf der Bildung von Hydraten oder Adsorptionserscheinungen. Neben Kalziumchlorid (in diesem Fall nicht so geeignet) findet vor allem Kieselgel (= Silicatgel, manchmal auch als Silikagel, Silicagel zu finden) bei der Trocknung von Gasen und Luft Anwendung. Der Kenner verwendet so genanntes Blaugel (gehört zur Familie der Kieselgele), dessen Farbe bei beginnender Erschöpfung des Trockenmittels von Blau nach Rosa umschlägt. Dann ist es so langsam Zeit für den Austausch oder die Regenerierung des Trockenmittels. Das Kieselgel ist einfach bei Temperaturen von 100–180°C zu regenerieren (also im Backofen), da im Gegensatz zu Salz-Trocknungsmitteln kein Kristallwasser gebildet wird und die Bindungen gut reversibel sind. Der Vorgang läuft so ab, dass Wasser bzw. Wasserdampf sich bei Zimmertemperatur an die ‚innere' Oberfläche der Kieselgelkörner anlagert (Adsorption) und bei Backofentemperatur wieder gelöst wird (Desorption). Bei Laborzulieferern wie Fa. Roth, Karlsruhe oder Fa. Merck / Merckeurolab, Darmstadt, kann man Trockenperlen aus Alumosilicatgel mit dem beschriebenen Farbindikator beziehen (Korngröße 2 bis 5 mm). Der Wortbestandteil ‚Alumo' soll nicht irritieren: Es handelt sich um eine Zumischung von aktiviertem Aluminium, das den Wirkungsgrad des Trockenmittels erhöht. Die Kosten liegen für 1 kg Trockenperlen Blau bei etwa zehn bis 15 Euro. Benötigt werden für den besprochenen Anwendungsfall jedoch im allgemeinen nur einige Gramm. Firmen wie Merckeurolab bieten darüber hinaus kleine Trockenmittelbeutel von 30 g an, die nur wenige Euro kosten. Sie enthalten so genanntes Standardtrockenmittel, das ganz allgemein dem Schutz vor Schäden durch Luftfeuchtigkeit dient. Es handelt sich um genormte Trockenmittel gemäß DIN 55479 A und B. Die Beutel enthalten (laut Hersteller) ein chemisch inertes, umweltfreundliches, geruchloses und hydrophiles Granulat. Dies scheint mir völlig ausreichend sein.*«

Wer sich nicht direkt an den Laborfachhandel wenden will, frage in Fachgeschäften für optisches Gerät nach. Außerdem bildet der örtliche Fotograf eine erste gute Anlaufstelle für die Recherche. Die kleinen Trockenmittelbeutel kann man zu den Luxusmessern in Safe oder Vitrine packen. Und solange die Luftfeuchtigkeit nicht andauernd auf tropischem Niveau liegt, hält das Zeug die Feuchtigkeit monate-, mitunter jahrelang von ihren Schutzbefohlenen ab. Bei einer Vitrine lässt sich dieser Effekt noch verstärken, indem man auf einen möglichst luftdicht schließenden Deckel achtet. Notfalls klebe man eine Gummidichtung an. Der Trick mit den hygroskopischen Stoffen taugt auch für den Pulverschrank von Vorderladerschützen.

Der nächste Kniff ist so simpel, dass man sich fast geniert, ihn zu nennen: Man fasse empfindliche Stücke nicht mit bloßen Händen an, sondern streife Baumwollhandschuhe aus dem Laborbereich über, wie es sich auch beim Umgang mit Antiquitäten geziemt. Lässt sich der Hautkontakt nicht vermeiden, wische man das Messer mit einem weichen, fusselfreien Tuch direkt wieder ab. Bei nicht rostträgen Materialien des Typs *carbon steel* sorgt nichts schneller für Rost als Handschweiß – »Goldfinger« sagen die Büchsenmacher zu allen Kandidaten mit stark schwitzenden und somit oxydationsförderlichen Händen.

Natürlich mögen es nicht nur die superteuren Sammlerstücke, sondern Messer insgesamt nicht feucht und klamm. Sie gehören nach Gebrauch ins Trockene! Aber sie bleiben nicht in ihrer Scheide, wenn die aus Leder besteht. Es ist egal, ob die Häute von Rind, Büffel oder Pferd stammen. Die Kombination von Lederfetten, Gerb-Rückständen und anderen bio-chemischen Inhaltsstoffen lässt auf vielen Stählen (auch einigen *Stainless*-Sorten) Rost blühen und erzeugt auf allen kupferhaltigen Metallen und Legierungen schick kontrastierenden Grünspan. Am schlimmsten ist das bei chromgegerbten Materialien. Auch das per Eichenrinde behandelte, »lohgare« Leder hat seine Tücken. Darin kann Stahl schwarz anlaufen. Daher ist alles besser für eine dauerhafte Verwahrung geeignet als Leder. Nicht umsonst liefern viele Hersteller ihre Messer nur mit in Papphüllen steckenden Klingen aus – die Scheide liegt daneben. So einen Klingenschuber kann man sich fix selber basteln. Darunter sollte man es auf keinen Fall tun. Den gleichen Effekt erfüllen auch einige Lagen Zeitungspapier, Baumwolltücher oder etwa jene Pflegetücher, wie sie speziell für Feuerwaffen entwickelt wurden.

Danach kommt das Ganze (eventuell mit ein, zwei Beuteln Silikatgel) in eine Pappschachtel und anschließend an einen trockenen Ort. Aufwändiger (und kostspieliger) sind die für Sammlermesser entwickelten, in verschiedenen Größen lieferbaren Polsteretuis. Sie lassen sich wie ein Schulmäppchen per Reißverschluss öffnen und schließen. Dann wären da noch die aus weichem Tuch bestehenden so genannten *Messerrollen*. Die funktionieren wie die Werkzeugrollen, die eifrige Autobastler im Kofferraum mitführen. Die edelste Verwahranstalt bilden natürlich maßgeschneiderte Schatullen. Welche Methode man auch immer wählt – nicht unmittelbar neben Heizung oder Ofen packen. Die dort herrschenden Temperaturschwankungen bekommen auf Dauer allen aus natürlichen Materialien bestehenden Griffschalen nicht. Und man legt die Lederscheide keinesfalls »mit Körperkontakt« direkt neben, auf oder unter das Messer, nur weil man dann beides einfacher zur Hand hat. Futterale aus diesem Material gehören separat verstaut.

Apropos Lederscheide. Auch die verlangt ein Minimum an Pflege. Meist reicht es, das Futteral gelegentlich mit

Stimmen zum Bowie: Hartmut Burger

Hartmut Burger ist Inhaber des Fachgeschäftes *Antique Firearms*. Sein von ihm und seiner Lebensgefährtin Hilkka Suikki prachtvoll dekorierter Stand bildet auf vielen Fachmessen eine der Hauptattraktionen.

»Als auf antike Waffen und Zubehör spezialisierter Fachhändler weiß ich, dass man mittels einer originellen Anordnung den Charme solcher Stücke noch unterstreichen und sie zu einem Blickfang machen kann. Gerade Bowie-Messer lassen sich auf verhältnismäßig einfache Weise schön präsentieren – durch eine Hängevitrine für die Wand. Hier eine kurze Bauanleitung: Zuerst lege man die Messer auf einem Stück Karton ungefähr so aus, wie man sie nachher in der Vitrine anordnen will. Dann messe man einmal senkrecht und einmal waagerecht drum herum, lasse etwas Platz (auch für spätere Käufe) und schon hat man die Innenmaße der Vitrine ermittelt. Dann kaufe man sich auf einem Antik- oder Flohmarkt einen schönen alten Bilderrahmen, der von der Größe her zu den ermittelten Maßen passt. Hinter den gegebenenfalls noch mit einer Glasplatte zu bestückenden Rahmen setze man einen aus vier Kantholzstücken oder Leisten sowie einer Tischler- oder Leimholzplatte schnell gezimmerten Kasten. Wichtig ist, dass der Kasten oben etwas breiter ist als unten: Hängt die Vitrine später an der Wand, neigt sich der Rahmen etwas nach vorn; dies verhindert Lichtreflexe auf der Glasplatte. Den Rahmen befestige man mittels Klavierband oder Scharnieren am Kasten, an die Gegenseite kommt ein Hakenverschluss oder eine Haspe. Nun polstere man die Innenseite mit etwas Schaumstoff aus und beziehe sie mit

Hartmut Burger

einem hübschen Stoff – Samt in einem mittel- oder dunkelgrünen Farbton etwa macht sich unter alten Messern sehr gut. Zum Aufhängen der Bowies empfehlen sich Messinghäkchen. Und sollten die Messer trotz aller Bemühungen so hängen, dass leere Flächen entstehen, kann man andere Western-Artikel hinzufügen: Sheriff-Sterne, Spielkarten oder alte Fotografien. Der Fantasie sind keine Grenzen gesetzt. Solch eine Vitrine betont den ästhetischen Reiz der Kollektion – und schützt sie vor unbefugtem Befingern durch neugierige Besucher.«

einem guten, wachshaltigen Fett dünn einzureiben oder besser zu massieren. Das lasse man einwirken und wische den Überschuss wieder ab. Bei vielen originalgetreuen Bowie-Reproduktionen verfügt die Scheide über Ort- und Mundbleche aus Messing, Neusilber, Eisen oder Stahl. So etwas lässt sich mittels eines über das Etui gestreiften Koppelschuhs (*frog*, Frosch) am Gürtel tragen. Doch drohen Grünspan und Rost, wenn man die Schlaufe nicht von Zeit zu Zeit abnimmt.

Aber weit mehr Schaden richtet an, wer mit seinem Etui nicht sachgerecht umgeht. Die Sorgfalt fängt dann an, da man das Messer erstmals probehalber ins Etui schiebt und es im nächsten Augenblick wieder zückt. Dabei lässt sich wegen der menschlichen Anatomie einiges verkehrt machen. Bei diesen Ziehbewegungen neigen die Arme dazu,

eine bogenförmige Bewegung auszuführen. Als Folge davon wird unser *Knife* so aus der Hülle fahren, dass die Schneide oben über den Nahtbereich am Mund ratscht. Je länger das Messer ausfällt, desto sicherer wird dies passieren. Über kurz oder lang nimmt das Futteral durch die falsche Ziehbewegung Schaden, besonders ärgerlich, wenn es sich um ein handgearbeitetes, kostspieliges Etui handelt. Hier liegt auch der Grund, weshalb sich mittlerweile bei fast allen guten Lederfutteralen zumindest in der entlang der Schneide verlaufenden Naht eine Zwischenlage befindet. Da liegt die Klinge beim Transport sicher an, ohne sich bei etwa auf einer Niete zu reiben oder das Garn zu durchtrennen. Doch sollte man sich nie vollkommen auf die Zwischenlage verlassen. Bei achtlosem Zücken der Klinge leidet die obere Kante dieses schützenden Elements am

Beim Ziehen wie Zurückstecken darauf achten, dass die Bewegung gradlinig ausgeführt wird und nicht im Bogen. Sonst gibt es Aufschnitt am Scheidenmund (Leder) oder stumpfe Klingen (Metallbeschlag). Wer seiner Scheide etwas Gutes tun will, benutze sie nur zum Transport und nehme das Futteral vor dem Arbeiten ab. Dies erleichtert das Zücken und Versorgen ...

meisten, da die Schneide beim Passieren des Scheidenmundes an der kritischen Stelle ihre Spuren hinterlässt. Selbst wenn die Naht hält, wirken tiefe Einschnitte am oberen, sichtbaren Lederrand einfach hässlich.

Aber viele der für die Hauptära der Bowies typischen Scheiden bestanden ja eben nicht aus so nachgiebigem Material wie Leder. Es sei an die völlig aus Metall gefertigten Etuis eines Michael Price aus San Francisco erinnert oder die mit einem Ort- und Mundblech ausgestatteten Muster, die typisch für Sheffield-Bowies waren. Und heute kommen noch die ganzen heißverklebten oder vernieteten Varianten aus Kunststoff-Materialien wie Kydex hinzu. Zieht oder reißt man da sein Messer in der beschriebenen, fehlerhaften Weise hervor, dann wird die Schneide todsicher binnen kürzester Frist stumpf sein.

Tipp Eins: Trägt man das Messer am Gurt und muss man sich im nächsten Moment damit nicht gerade gegen einen sprungbereiten Puma wehren, nehme man das Etui vorm Ziehen ab. Lächerlich? Keineswegs, wenn man sich die eigentliche Aufgabe einer Messerscheide vergewärtigt. In erster Linie soll sie die Schneide des Messers beim Transport vor Beschädigungen schützen und verhindern, dass man sich versehentlich daran verletzen kann. Dabei geht es erst in zweiter Linie darum, das Messer sicher vor Verlust am Mann zu fixieren.

Tipp Zwei befasst sich mit der Ziehbewegung selber. Dabei fasst eine Hand die Scheide, die andere das Etui. Die Finger liegen, mit den Daumen nach innen, parallel nebeneinander. Man achte nun darauf, dass die Hände sich dabei solange in gerader Linie voneinander entfernen, bis die Klingenspitze freigekommen ist. Wichtig dabei: Das Messer wird weder zu Bauch oder Rücken noch zu einer der Flachseiten der Klinge hin verkantet. Bei tiefhängenden Etuis mit den typischen, hinter dem Griff liegenden, langen Gurtschlaufen ratscht die Klingenspitze sonst im letzten Moment über das Leder hinweg. Dies lässt sich vermeiden, indem man diese Partie einfach etwas nach hinten wegbiegt

... doch nicht immer kann man das Etui vor dem Ziehen oder Versorgen abstreifen. Der Cowboy macht es richtig: Er biegt die Scheide mit einer Hand nach vorn und zieht das Messer so, dass der stumpfe Klingenrücken und nicht die Schneide am Leder anliegt.

Knifeshows sind das Eldorado der Messerfans. Aber auf Etikette achten, selbst wenn die Neugier einen fast umbringt: Man frage immer, bevor man eines der gezeigten Stücke zur Hand nimmt oder gar ziehen will.

– und eventuelle Sicherheitslaschen am besten gleich mit. Diese Ziehbewegung strengt anfangs etwas an, schont aber das Material. Soll der Stahl wieder »an Ort«, halte man die Scheide ebenfalls in der Hand und achte darauf, dass die Spitze des Blatts nicht in einem steilen Winkel aufs Leder stößt, sondern mittig in die Etuiöffnung gleitet. Dabei vermeide man auch den Kardinalfehler, der bei Bowie-Hechtklingen immer wieder auftritt. Man vergisst im Eifer des Gefechts mitunter, dass man eine zur asymmetrischen Klingenform passende Scheide in den Fingern hat. Prompt fährt das gute Stück falsch herum ins Leder. Der Autor weiß, wovon er redet, durchstieß er auf diese Weise doch ein gutes Messerfutteral. Hier hilft ein kurzer Kontrollblick, um Unheil zu vermeiden. Solche Sorgfalt ist dann vonnöten, wenn man auf einer Messerbörse unterwegs ist. Man achte einmal auf die zu den Meisterstücken gehörigen, handgearbeiteten Etuis. Manche sind mit seltenen Häuten bezogen, andere innen mit Futterleder ausgeschlagen, außen mit aufwändigen Schnitz- und Punzarbeiten verziert und so liebevoll vernäht, wie es ein Feintäschner nicht besser könnte. Mitunter hat die »Garage« mehr Arbeit gekostet als das darin geparkte Stück selber. Daher bestehen viele Messermacher darauf, ihre Schneidwaren bei Interesse selber zu zücken.

Man »*outet*« sich keineswegs als Volltrottel, wenn man sich vom Fachmann den richtigen Umgang mit Messer und Futteral zeigen lässt. Der Messermacher kann aus solchen Kundenfragen doch schließen, dass sein Erzeugnis bei eventuellem Verkauf in den Händen von jemandem landet, der es mit Hingabe behandeln wird.

Nutzen, Pflege und Umgang

Scheiden für Bowie-Messer

Viele Western-Filme belegen, dass Hollywood keine Ahnung von Messern hat. John Wayne mit Weltkrieg-II-*Ka-Bar* gegen Comanchen – kein Witz, sondern so geschehen im Klassiker *»Der schwarze Falke«*, der auch abenteuerliche Messerscheiden offeriert. Hier wie bei anderen Streifen glaubten die Requisiteure, es habe im Westen nur grobe Fellhüllen gegeben, à la Robinson Crusoe zusammengehäkelt – »genäht« wäre zu viel der Ehre.

Doch bot die Wirklichkeit viel mehr. Die Konstruktion der Futterale war weit aufwändiger. Nahezu alle bis Mitte der 1870er-Jahre entstandenen Bowie-Scheiden bekamen Mund- und Ortbleche aus Neusilber, Zinn, Eisenblech oder

Viel billiger: Mit lackiertem und gefärbtem Leder bezogene Pappscheiden waren während der gesamten Bowie-Ära des 19. Jahrhunderts üblich. Wenn sie die Zeit überhaupt überstanden haben, dann fast nur beschädigt – mal fehlt ein Beschlag (meist das Ortblech), mal ist der Halteknopf abgebrochen.

Die Grafik zeigt einen mit einem Paterson-Colt bewaffneten Wüterich, der sein Bowie hinter dem Rücken in den Gurt gesteckt hat. Ein Mundblech-Haken hält das Futteral im Gurt. Zeichnung: Verfasser

eines Schlitzes im Knopf des Ortbleches einrastete. Dann hing das Messer recht tief an der Seite, so, wie deutsche Jäger seit Jahrhunderten ihre Hirschfänger führten. Gelegentlich fand sich an den Futteralen anstelle des Knopfhakens auch ein parallel zu Mundkante montierter Bügel, der die gleiche Funktion erfüllte. Darüber hinaus gab es noch Etuis, an deren Mundblechseitenkanten ein oder auch zwei Ringe saßen, in der sich der Haken oder der Schnappverschluss einer Trage-Kette befestigen ließ. Ab und zu finden sich an diesen Seitenkanten zwei senkrechte Metallschlaufen zur Aufnahme eines schmalen Gurtes. All dies zeigt: Es war *nicht* die Regel, die Scheiden am Gurt zu befestigen. Oft steckte man das Messer so ein, wie man es mit einer Brieftasche tut. »Einsteckscheiden« waren über Jahrhunderte für Zivilisten die Norm. Heute kennt man diese Art der Verwahrung nur noch von den Etuis alpenländischer Jagdnicker, die in Seitentaschen der »Krachledernen« stecken.

Zwar hat sich für Messer seit Jahrhunderten Leder als wichtigster Baustoff durchgesetzt, doch finden sich gerade bei Bowies noch andere Fertigungsweisen. So gab es bei hochwertigen Stücken auch Scheiden, die aus einem lederbezogenen Holzkorpus bestanden: eine Bauweise, die

Messing (bei Zivilversionen eher selten). Faustregel: Man findet hier dasselbe Material wie bei den Griffbeschlägen. Das am unteren Scheidenende, dem *Ort*, montierte Blech verhinderte, dass die Messerspitze die Scheide durchstechen und so den Träger unbeabsichtigt verletzen konnte. Das Mundblech wiederum hielt das Futteral in Form und verstärkte die Öffnung, durch die die Klinge glitt. Bei einigen besonders aufwändigen Futteralen der ganz frühen Bowie-Ära sitzt an jeder Längskante noch als Einfassung je ein U-förmig gebogener Blechstreifen, dessen Enden durch das Überstülpen von Ort- und Mundblech fixiert wurden. Diese seitlichen Einfassungen stabilisieren das Etui und verhindern, das es sich verbiegt oder gar bricht.

Oft fand sich oben am Mundblech ein überstehender Knopf oder ein Haken. Dieser diente als Anschlag oder Stopper und verhinderte, dass das Futteral im Gurt oder Stiefelschaft verrutschen konnte. Er gestattete, das Messer samt Etui leicht zu ziehen oder zur Seite legen zu können, ohne den Gurt öffnen und die Schlaufe des Futterals abstreifen zu müssen. Wollte man das Futteral fest am Gurt fixieren, streifte man einen Koppelschuh drüber, der mittels

Ort- und Mundbeschläge waren typisch für Bowie-Scheiden. Der Quersteg diente als Anschlag, wenn die Scheide im Gurt steckte. Und man konnte am Knopf einen Koppelschuh, am bogenförmigen Steg eine Schlaufe befestigen. Typisch sind die Metall-bewehrten Scheidenmünder – Obacht beim Wegstecken.

Scheiden für Bowie-Messer

Londoner Meister für ihre aufwändigen *Hunting Knives* verwendeten und die sich schon bei Schwertern des Mittelalters fand. Dies diente als Vorbild für jene Futteralart, in der die Masse der klassischen Sheffield-Bowies beim Verkauf steckte: Als Korpus diente anstelle des meist aus zwei verleimten Hälften gefertigten Holzkörper gepresstes Papier oder Pappe, das man mit einem ganz dünnen Leder überzog. Üblicherweise tönten die Hersteller dieses Material in den deckend und wie lackiert wirkenden Farben Rot, Blau, Grün, Violett, Gelb und Gelbbraun. Sie verpassten ihm meist in Goldfarben eingeprägte Kantenornamente und gelegentlich auch Firmenzeichen wie I*XL oder eins jener Mottos, wie sie sich schon auf den Klingen fanden, allen voran »ARKANSAS TOOTHPICK«.

Am Anfang beherrschte aber Leder das Feld. In dasselbe prägte oder punzte man neben den mit Goldfarbe eingelegten Initialen des Besitzers oder dem Firmennamen auch von geometrischen Ornamenten umgebene Blumen- oder Wappenmuster, die knallbunte Lederfarben zur Geltung brachten. Freilich hielten diese Papp-Futterale selbst gemäßigten Witterungsbedingungen nicht lange stand. Ein oder zwei Regengüsse, mehrfach ordentlich durchgeschwitzt – und schon lösten sich die *scabbards* in ihre Bestandteile auf. Diese Bauweise war eine verkaufsfördernde Billiglösung, aber das ist nicht die ganze Wahrheit. Denn der Pappeinsatz setzte dem umhüllten Stahl weniger zu als Leder – nicht umsonst liefern viele Messerfabrikanten noch heute ihre Schneidwaren mit einem Schutzschuber aus Pappe aus.

Beschläge aus Messing in Kombination mit schwarzem Glattleder blieben fast immer militärischen Bowies vorbehalten, hier Nachbauten von Dehli Gun House aus Indien. Die Beschläge wurden mittels Klammern oder Stiften am Futteralkorpus befestigt.

Teuer waren hölzerne Scheiden mit Lederbezug. Selten waren Beschläge aus Eisen, noch rarer solch extrem robuste und lange Gurthaken.

Im Unterschied zu Sheffield verwendeten die Amerikaner für die frühen Bowie-Varianten stabiles schwarzes, seltener braunes Leder, das sie bei zivilen Mustern oft mit streng geometrischen, eingedrückten oder geprägten Linienmustern verzierten. Dazu gab es ebenfalls Mund- und Ortbeschläge, die aber schlichter gerieten als ihre britischen Gegenstücke. Eine solche Bauweise war auch typisch für die frühen Militär-Bowies à la Hicks und Ames. Allerdings neigte Messing stärker als das Neusilber dazu, Grünspan zu bilden. Vor allem, wenn der Koppelschuh zu lange auf dem Mundblech saß und lange nicht zum Reinigen des Beschlages abgenommen wurde. Doch sowohl bei den

Eine Arbeit von Lederkünstler Andy Rombach: Das mit Stickereien im lateinamerikanischen Stil verzierte Etui erhielt anstelle von Mund- und Ortbeschlag Verstärkungen aus Leder.

Militär- wie bei den frühen Zivil-Bowies zeigten sich die Scheidenbleche meist völlig schmucklos.

Ausnahmen: Die Scheidenbeschläge an den Etuis von Henry Huber aus Philadelphia wiesen bogenförmig verzierte Kanten und Gurthaken in Form von Mini-Löwenköpfen auf. Oder die Beschläge von Samuel Bell aus Tennessee, der dafür ab und zu verziertes Münzensilber verwendete. Er erstellte die Etuis seiner hochklassigen Messer meist vollständig aus Metall, entweder aus Silber, aus Eisen oder aus Neusilber. Solche aus zwei gezogenen Metallteilen zusammengelöteten Hüllen kamen allerdings erst im Zusammenhang mit den exorbitant hochpreisigen Versionen der California-Bowies *en vogue*. Deren Hersteller statteten ihre *scabbards* entweder mit Gurthaken oder mit Federklemmen aus; auf solch ein Element hielt die Firma Will & Finck ein Patent. Damit ließen sich die Hüllen nicht nur am Gürtel oder im Stiefelschaft befestigen – diese Clips hielten auch eine zur Schonung des eigentlichen Futterals gefertigte Überscheide aus Leder fest. Derlei war für die Jagd praktisch, da mattes Leder ja kein Sonnenlicht reflektiert.

Allerdings gingen Metallscheiden respektive Mundbleche mit einem Nachteil einher. Passte man beim Ziehen und Versorgen des Messers nicht auf, schrammte die Schneide über das Metall und stumpfte in Windeseile ab. Deshalb konnten sich Einsteckeutis so lange halten. Die konnte man in die Hand nehmen und das Messer beim Aus- wie Einparken der Klinge so akkurat führen, dass die Schärfe der Schneide nicht litt. Diess ging (und geht) besser, als das Messer aus einer seitlich am Körper oder hinten am unteren Rücken hängenden Scheide zu ziehen oder wegzustecken. Einige englische Scheiden der klassischen Bowie-Ära erhielten statt Beschlägen lederne Ort- und Mundverstärkungen. Derlei fand sich auch bei teuren Futteralen aus mexikanischer Fertigung. Aus dem Lande Montezumas kamen besonders prächtige Lederarbeiten mit Stickereien aus Pflanzenfasern oder – noch edler und teurer – aus Silberdraht.

Es gab eigentlich nur eine einzige Bowie-Unterart, die sich vom Start weg in Rindsleder kleidete: Die Cowboy-Bowies aus amerikanischer Fertigung. Deren fast ausschließlich aus Sattelleder gefertigte Futterale entstanden nach zwei Standard-Bauweisen. Bei der Ersten bog der Sattler ein Stück Leder über der Klinge und nähte es (immer ohne hölzernes oder papierenes Innenleben) zusammen. Die Naht verlief dabei entweder entlang der Schneide oder vorn auf der Mitte der Klinge. Bei der Zweiten fixierte er zwei Lederstücke aufeinander, an der Spitze und den beiden oberen Nahtenden oft durch Nieten verstärkt. All diese Etuis waren fast immer für eine Trageweise am Gürtel bestimmt und ließen sich entweder per Schlaufe oder per Doppelschlitz aufziehen.

Eine Sonderform dieser Messer bilden die *Mexican loop*-Scheiden (*loop* = Schlaufe). Hier ragte nach dem Vernähen ein Stück des Rückenteiles in die Höhe. Es erhielt zwei parallel liegende Querschlitze. Bog man es um, konnte man den eigentlichen Scheidenkorpus hindurchstecken, ganz wie bei einem Revolverholster aus den 1880er-Jahren. Diese Bauweise fiel enorm stabil aus, weil die Scheide sich selbst an ihrer Schlaufe fixierte. Vor allem *Texas Rangers* schätzten solche Hüllen. In ihren Einheiten fanden sich um 1900 auch Etuis, bei denen das Rückenteil enorm breit aus-

Eine im Westen weit verbreitete Sitte: Das Bowie im Stiefelschaft.

F.J. Recktenwald Filmproduktion, München

Wer sein Westernhobby Ernst nimmt, achtet auf Einzelheiten. Die Scheide der Sheffield-Replika ziert einen in Frakturschrift ausgeführten Wahlspruch: »Für unser neu Heimatland Tejas« – so könnte das Futteral eines Deutsch-Texaners um 1850 ausgesehen haben ...

... oder so: Die per mühevoller Kleinarbeit ins Leder gearbeitete Kopie einer Freiheitsgöttin, wie sie sich auf einer alten Fahne aus der Texas-Revolution findet.

Noch eine Hobby-Arbeit: Ein Besteckgriff-Bowie in einer Scheide, deren »Rückwand« von einem hinten am Mundblech sitzenden Quersteg fixiert wird. Der Scheidenkorpus wird durch vier Schlitze im Leder gesteckt und sitzt unverrückbar fest.

Mit viel Liebe schnitt und punzierte eine bayrische Hobbyistin texanische Motive in den selbstgenähten Gurt und das selbstgebaute Messerfutteral.

Holstermacher und Western-Schütze Matthias Marten baute diese Scheide mit Naht auf der Frontseite.

Lederkünstler Willi Baumann fertigte diese prachtvoll mit Ranken- und Blütenmustern verzierte Scheide. Rechts daneben eine prächtig beschlagene, so genannte *Ranger-Scheide*, die wie ein Revolverholster des späten 19. Jahrhunderts mittels umgeklappter Rückwand und *Mexican-loop*-Schlaufe am Gurt befestigt wird. Auch dieses Muster stammt aus Baumanns Werkstatt.

fiel, während das aufgenähte Frontleder passend zu dem darin steckenden Utensil sehr schmal gehalten war. Das versprach keinen praktischen Nutzen, folgte aber der damaligen Mode. Denn der Sattler konnte nun das Etui entsprechend dem Geschmack der Zeit nach Lust und Laune mit eingeschnittenen oder gepunzten Mustern verschönern. Um 1885 kam es wie bei den anderen Lederwaren des Westens zudem in Mode, die Scheiden mittels silberner oder vernikkelter Ziernägel (*spots*) und halbschalenförmig gewölbten Metallscheiben (*conchas*) und ähnlichen Utensilien zu verschönern.

Leute aus den »Rockies« trugen um 1880 gern mit Stickereien aus Glasperlen oder Stachelschweinborsten verzierte Köcherfutterale aus Rohhaut oder Hirschleder. Die hatten meist eine simple Schlaufe: Man bohrte in die Rückseite des Etuis zwei Löcher, fädelte die beiden Enden eines schmalen Lederstreifens hindurch und machte in jedes Ende einen Knoten. Robust war (und ist) das nicht, doch wer es authentisch mag, kommt daran nicht vorbei. Eine stabilere Scheidenart bevorzugten Trapper und Indianerkrieger: Beim Zuschnitt der aufeinanderliegenden Lederpartien ließ man seitlich mehr Material übrig, als man für das eigentliche Futteral brauchte. Dann verpasste man dem Etui an dieser Seite nicht eine, sondern zwei Nähte oder Nietenreihen. Und dazwischen schnitt man einen breiten Schlitz, durch den man den Gürtel stecken konnte. Vorteil dieser Trageweise: Der Gurt lag über dem Futteral, drückte es beim Tragen eng an den Körper und schützte so das Messer vor Verlust. Nachteil: Da es sich um Köcherscheiden handelte, taugte diese Bauweise nicht für

Indianer und Trapper verzichteten auf Gurtschlaufen. Statt dessen gaben sie mehr Material zu und schnitten einen Durchlass für den Gurt ins Leder.

Bowies mit breiten Parierstangen. Darin steckten meist handschutzlose Metzgermesser.

Soweit die Historie. Kommen wir zum praktischen Teil: Eine Kurzanleitung zum Bau einer Scheide des Typs Cowboy-Bowie. Leute mit zwei linken Händen bitte nicht weiterblättern – die Grundzüge lassen sich im Nu erlernen.

Man benötigt folgendes Material
1) Absolut nötig:
Rindsleder (mindestens drei Millimeter stark)
Bastel- und Zeichenmaterial (inklusive Stahllineal und Stricknadel)
Cutter-Teppichmesser (am besten ein Stanley-Modell, bei dem sich die Klingen wechseln lassen)
Schuh- oder Lederklebstoff
Schneidahle
Rundahle
Locheisen / Revolverkopf-Lochzange
Zwei Sattlernadeln
Flachkopfzange
Nähfaden (entweder Kunstfaser oder Naturgarn)
Sattlerpech und Wachs
Hammer
Schleifpapier verschiedener Körnungen
Wasser
Küchenschwämmchen
Nieten aller Art
Und ganz wichtig: Helle Beleuchtung bzw. gutes Tageslicht

Wie man sieht, handelt es sich bis auf das Leder, die Ahlen, den Kleber und das Nähmaterial um ganz alltägliche Gegenstände, so dass man für kleines Geld loslegen kann. Wer es ganz sparsam will, kann die Ahlen weglassen und die Löcher per Nagel oder Handbohrer ansetzen.

2) Wer öfters basteln will und Wert auf Schönheit legt
Falzbein (gibt's aus Knochen, billiger sind Plastikversionen)
Abstandsmarkier-Rad (*overstitch wheel*)
Kantenhobel
Furchenzieher
Nähkluppe
Diverse Punzeisen
Diverse Rollprägestempel

Nicht der Revolver hing im Westen tief, sondern das Bowie am Koppelschuh.

Rundmesser zum Lederschnitzen
Rohhauthammer
Schraubendreher
Ziernägel
Conchas

Entwurf erstellen

Im ersten Schritt entsteht eine Papierschablone. Dazu legt man das Messer auf und zeichnet die Umrisse mit einem Bleistift nach. Dann entwirft man drum herum die äußere Form der Scheide und berichtigt so lange, bis die gewünschte Form steht. Wer ganz auf Nummer sicher gehen will, fertigt sich von der fertigen Skizze mehrere Fotokopien an und schneidet sich mit der Schere schon einmal die Teile aus, klebt sie vielleicht auch noch mit Kreppband zusammen. Dann lege und klebe man sie um das Messer herum zusammen. So kann man sich einen ersten Eindruck von Form, Sitz und Passgenauigkeit des Entwurfs verschaffen und noch Verbesserungen vornehmen. Zweierlei ist noch wichtig: So arbeiten, dass das Messer mit dem Handschutz oben

Die Rückwand nach hinten umlegen und den Scheidenkorpus durchstecken – fertig ist die Gurtschlaufe à la *Mexikan loop*. Die Aufnahme verdeutlicht, warum zum Anzeichnen kein Filzstift verwendet werden sollte.

Skizzieren und Schablonenanfertigen stehen am Anfang einer *Do-it-yourself*-Scheide.

auf der Mundkante und nicht unten mit der Spitze im Ort aufliegt – notfalls etwas Platz nach unten einplanen; das taten die *Westerners* auch. Daran denken, dass Leder dikker ausfällt als das Papier. Man fährt nicht verkehrt, wenn man vom Fleck weg nach allen Seiten genug Material zugibt. Faustregel: Dreimal so viel, wie das Leder dick ist, zwischen 8 mm bis 15 mm also.

Schablone bauen

Ist der Entwurf fertig, überträgt man ihn auf Zeichenkarton oder auf ein Stück Pappe. Dann schneidet man die Schablone mit einem wirklich scharfen Messer aus. Je sauberer man hier arbeitet, desto weniger Verschnitt gibt es hinterher an Leder. Dann legt man die Schablone auf das Leder auf. Ganz wichtig: Man achte darauf, nicht seitenverkehrt aufzulegen. Hat man das kontrolliert, beschrifte man die Schablone entsprechend, vielleicht braucht man sie ja noch ein zweites Mal für ein anderes Messer gleichen Typs. Dann überträgt man sie aufs Leder, indem man mit Bleistift oder Ahle an ihren Kanten entlang auf das Leder zeichnet. Notfalls tun es auch eine gerundete Nagelspitze oder eine Stricknadel mit einem im Nu aus geknülltem Papier und Kreppband improvisierten Griff. Tabu sind Kugelschreiber oder Filzstifte. Deren Farbe sieht man zwar prima auf dem Leder. Doch dringt die auch tief ein, vor allem, wenn man von der Fleischseite her arbeitet. Und man täuscht sich in der Annahme, dass die Farbe beim Schleifen und Beschneiden des Leders schon wieder verschwinden wird.

Leder zuschneiden

Ist die Kontur richtig herum auf dem Leder gelandet, schneide man selbiges aus. Dabei hält man das Messer möglichst senkrecht. Am besten verwendet man ein Küchenbrett oder eine Kunststoff-Unterlage, wie sie die Metzger benutzen, notfalls tut es auch ein Stück fester, glatter Pappe von wenigstens 2 mm Stärke. Die Unterlage sollte keine Kerben oder tiefe Schnittlinien von früheren Arbeiten aufweisen. Diese können die Arbeitsklinge beim Schneiden in die Irre führen. Es muss nicht unbedingt ein Teppichmesser sein. Der Fachhandel bietet Lederscheren an, doch die setzen Übung und Kraft in den Fingern voraus. Der Verfasser hat gute Erfahrungen mit den kleinen, knapp 4 cm langen Beiklingen gemacht, wie sie sich an vielen Schweizer Messern finden. Wer hat, kann auch Skalpelle verwenden. Was man aber auch auserwählt – ganz wichtig ist dabei, das Arbeitsmesser möglichst senkrecht zu halten. Sonst hat man schludrig geschnittene, wellige Kanten, deren Nacharbeit Zeit kostet. Aber keine Angst: Kleinere Patzer sind normal und lassen sich mit grobem Schleifpapier einebnen.

Pro und Contra Nahtzwischenlage

Das weitere Vorgehen hängt von der Art der Scheide ab. Wer will, kann eine zirka 10 mm breite Nahtzwischenlage aus Leder zuschneiden. Fachleute nennen sie *Keder*. Der *Keder* verhindert, dass die Schneide beim Zücken und Versorgen die Naht zersäbelt. Daher folgt der *Keder* mit seiner nach innen zeigenden Kante der Kontur der Klinge. Die äußere Kante kann man vorerst vernachlässigen, sie wird beim Endschliff der Scheidenkante bearbeitet. Achtung: So sehr dieses Element auch nützt – authentisch ist es nicht. Die meisten Scheiden der Cowboy-Bowies kamen ohne. Doch kann man tricksen: Man schneide den *Keder* auf seiner gesamten Länge keilförmig zu, so dass die ausgedünnte Schmalseite zur Naht und das dicke Ende zur Schneide hin zeigt. Diesen Vorgang nennt der Sattler *Ausschärfen*. Aber genau arbeiten, auf dass man bei der fertigen Scheide die Zwischenlage nicht von außen erkennt.

Verzieren

Bei einem schmucklosen Futteral geht es jetzt an das Nahtbett. Dazu zieht man mit dem Furchenschneider eine Rinne, in der die Naht versenkt und damit aufribbelsicher liegt – keine Angst, das Nahtbettziehen ist nicht weiter schwer, da sich am Werkzeug eine justierbare Anschlaghilfe befindet. Man kann sich notfalls mit einem Falzbein oder einem Löffelstil behelfen. Soll die Scheide aber Zierrat wie Rollpräge-, Schnitz- oder Punzmuster aufweisen, muss man das Muster jetzt anbringen. Zuerst glättet man mit Kantenhobel und Schleifpapier die Kante am Mund des Etuis, weil daran nach dem Vernähen nur noch schwer heranzukommen ist. Zum eigentlichen Verzieren: Am einfachsten lässt sich die entlang der Außenkante verlaufende Linie, der *Border*, erzeugen. Hierzu kann man die Spitze des Falzbeines benutzen, es tut aber auch ein Schraubendreher mit verrundeter Spitze. Bei alldem sollte das Leder auf einer festen, glatten Unterlage liegen. Der Verfasser hat sich ein paar Marmor-Abfallstücke besorgt und auf einem stabilen, wackelfreien Unterbau deponiert – ein Baumstumpf des Typs Hackklotz ist optimal. Dann zeichne man die Konturschmucklinie, wobei das Nahtbett und die äußeren Kanten als Orientierungshilfe dienen.

Einfache Linienmuster

Um den *Border* ins Leder zu drücken, muss man die Haut vorher anfeuchten. Das Material sollte nicht so nass sein, dass beim Draufdrücken Wasser hervorquillt, aber auch nicht so trocken, dass man nach der Arbeit tagelang bei jeder Bewegung Handgelenk und Finger spürt. Man tunke das Leder kurz in Wasser und warte, bis es wieder seine ursprüngliche, hellere Farbe annimmt. Danach kann man es immer wieder kurz mit dem nassen Schwämmchen betupfen. Nun drückt man den *Border* mit dem Falzbein ein. Langsam, Stück für Stück. Und man setze die Spitze des Falzbeines immer wieder auf dem bereits gezogenen Teil an, um eine möglichst übergangslos »tiefergelegte« Linie zu erhalten. Natürlich kann man auch mehrere solcher Linien nebeneinander legen. Das sorgt an den Ecken für ein schönes Muster, dort wo sich die Linien kreuzen. Und auf die Art und Weise lassen sich auch andere geometrische Muster im Leder unterbringen. Tipp: Sollte man sich beim Ziehen dieser Kantenlinien »verfahren«, feuchte man die Partie ordentlich an, drehe das Falzbein um und halte es quer. Dann »radiere« man die fehlerhafte Linie aus. In ganz schlimmen Fällen lässt sie sich auch mit einem abgerundeten Holzstück halbwegs kaschieren.

Verschiedene Punzeisen.

Lederpunzieren und -prägen

Etwas mehr Aufwand erfordern Punzmuster – doch vorab dies: Solche Hobbyarbeiten finden bei berufstätigen Menschen häufig nachts statt und sind mit Geräusch verbunden. Wer sein Ehegespons und die Kinder oder den netten Nachbarn nicht in der Nachtruhe stören will, packe einen dämpfenden Stoß Zeitungen oder eine Decke unter die Arbeitsplatte. Punzen mit einzelnen Stempeln erfordert vor allem Geduld. Man muss die Werkzeuge jedes Mal passgenau ansetzen, sie abhängig vom gewünschtem Motiv gerade oder leicht schräg halten und dann präzise ins Leder einschlagen. Je nach Größe des Werkstücks sollte man sich dafür Zeit nehmen, sonst sitzen die Marken krumm und schief. All das funktioniert nur, wenn das gut durchfeuchtete Material auf einer harten Unterlage liegt. Federt oder schwingt diese nach, kann sich der Stempel nur halbwegs eindrücken. Das Punzieren sollte man an einem Stück Abfallleder des gleichen Typs ausprobieren. Auch kann man mit einer Zirkel- oder Messerspitze vorsichtig eine Hilfslinie ins Leder ritzen, aber nur, wenn die Marken dicht an dicht nebeneinander liegen sollen. Hat man all das erlernt und umgesetzt, folgt die nächste Stufe: Man entwerfe ein Muster, drücke es per Transparentpapier und hartem Bleistift, Stricknadel oder leerer Kugelschreibermine ins Leder und punze entlang der Linien.

Aufwändige Kantenmotive werden ins Leder gerollt. Der Fachhandel bietet Griffe für die Rollen an. Obacht: Man muss noch mehr als beim Borderziehen aufpassen, dass man in der Spur bleibt – solange an Abfällen ausprobieren, bis man das Gefühl für das Gerät hat. Noch etwas: Einen gut eingerichteten Bastelkeller mit einem Satz feinster Schlüsselfeilen vorausgesetzt, kann man sich seine Punzeisen auch selber anfertigen. Wer es superauthentisch mag, wird sich an den Präge- und Punzmustern der Altvorderen orientieren. Es gibt in den USA Spezialfirmen, die alte Schlageisen und Prägerollen kopieren. Aber da muss man für ein Eisen auch schon mal Preise von 100 Dollar einkalkulieren. Und mit einem Stempel allein wird man nicht auskommen. Die handelsüblichen, weit günstigeren Eisen im Stil von Firmen wie Leather Factory und Tandy gibt es bei Spezialisten wie dem Schuhmachermeister Reinhold Elbel in Schwäbisch Hall. Auch gut sortierte Western- sowie Messerbedarfshändler bilden eine gute Quelle. Und Fragen beantwortet auch die in München ansässige Leder-Gilde e.V., die sich der Förderung des künstlerischen Arbeitens mit gegerbten Tierhäuten verschrieben hat.

Womit schlägt man auf die Eisen? Tabu: Schreinerhammer. Der ruiniert die Stempel im Nu. Wer viel arbeitet, kommt an einem Spezialhammer mit Rohhautkopf nicht vorbei, der Punzeisen und Handgelenk schont. Denn der Schlag überträgt sich ja nicht nur auf Stempel und Leder, sondern auch auf den darunter liegenden Marmor (Prellschlag). Auf Dauer merken das die Knochen. Wer aber in einer Welt voller Provisorien lebt und nicht jeden Abend punzieren möchte, der kommt für gelegentlich hereinbrechende Bastelattacken mit einem ausgedienten Ausbeulhammer aus dem Autozubehörhandel aus.

Lederschnitzen

Die Hohe Schule bildet die Verknüpfung von Punzen und Schneiden der Motive. Wer aus Kostengründen improvisieren will, kann mit Zirkeln, Reißnadeln und Schraubendrehern arbeiten; es sind schon sehr gute Ergebnisse mit solch spartanischen Hilfsmitteln erzeugt worden. Auf Dauer kommt man nicht an einem Rundmesser vorbei. Im Englischen kennt man das Werkzeug als *swivel knife*, so benannt wegen seines drehbar gelagerten, ausziehbaren Kopfstücks. Das Messer sieht aus wie eine Mini-Krücke: Die wannenförmige »Schulterstütze« dient als Auflage für das erste Glied des Zeigefingers. Darunter folgt der zylindrische, zwecks Rutschsicherheit rundum kreuzschraffierte Schaft, an dem der Daumen und die übrigen Finger anliegen. Unten im Fuß sitzt die Klinge. Auch hier heißt es üben: Gerade Linen schneiden, dann Kurven, dann Loopings, bis man das Teil locker führt.

Es würde zu weit führen, hier alles aufzulisten, das beim Arbeiten mit diesem Gerät für Spaß oder Frust sorgt. Wichtig ist nur eines: Mit dem Rundmesser schneidet man die Umrisslinien eines künstlerischen Entwurfs ins Leder. In unserem Fall wird es sich dabei gemäß den historischen Vorbildern fast immer um halbplastische Blüten- und Rankenornamentmotive handeln. Das Leder muss dabei feucht sein, sonst klaffen die Schnitte nicht auseinander. Die Schnitt-Tiefe sollte ungefähr bei einem Drittel der Materialstärke liegen. Üblicherweise schneidet man immer mit der Kante des Messers, die am weitesten vom Körper wegliegt. Das heißt, dass sich das Werkzeug mit dem Oberteil etwas nach vorn zu neigen hat. Ganz wichtig: Man muss das Werkstück drehen, damit man das Messer immer quer oder in einem spitzen Winkel vor dem Körper führen kann – jedenfalls in der Haltung, in der die arbeitende Hand ganz frei und entspannt arbeiten kann. Das Rundmesser *muss* haarscharf sein, sonst hat man ruckzuck das Muster versaut: Also immer abziehen und nie für etwas anderes benutzen! Sind die Schnitte fertig, arbeitet man die Vertiefungen und erhabenen Partien ein. Dabei benutzt man Stempel mit glatten oder strukturierten Füßen, Letztere oft angewinkelt, um so erhabene Konturen zu erzeugen. Diese Art von Eisen nennt man *beveler*, also Anschräger. Es gibt auch den *shader*, der für Schatten-Kontraste sorgt – zwei von vielen Stempeln, die dem Leder das gewollte, reliefartige Erscheinungsbild verleihen.

Rund ums Nähen

Dann geht es an die Vorbereitung der Naht. Bei einem Etui mit *Mexican-loop*-Lasche bestreicht man die angerauten Kontaktpartien von Front und Rückpartie des Scheidenköchers (gegebenenfalls auch den *Keder*) mit Kleber und lässt das Ganze etwa 20, 30 Minuten lang antrocknen. Dann drückt man das vorsichtig und möglichst passgenau zusammen und klopft die Klebekanten per Hammer (mit möglichst rundem Kopf) fest. Bei einem Etui mit separat anzusetzenden Gurtschlaufe muss man diese vor dem Verkleben und Vernähen des Köchers fixieren. Wer will, kann nähen. Die Altvorderen fixierten solche Schlaufen gern mittels Kupfernieten – vom Baustil her die gleichen, wie man sie an Jeans findet. Ist der Kleber trocken, fährt das *overstitch wheel* durch die Nahtfurche und markiert die Stichabstände. Wer es sich zutraut, kann gleich nach Augenmaß arbeiten.

Welchen Faden? Puristen nehmen nur echtes, organisches Material, das entsprechend behandelt wird. Der Verfasser lernte die Grundlagen des Ledernähens mit den so genannten *Sauborsten* aus dem Schuhmacherbedarf – hier musste man sich nicht mit dem Auffädeln der Nadeln befassen. Nachteil: Wenn man nicht aufpasst, reißen die Borsten

Das Rundmesser (*swivel knife*) dient ausschließlich dazu, die Konturen eines aufwändigen Musters ins Leder zu schneiden.

Das Ledernähen mit der Kluppe, hier demonstriert von Holstermacher Frank-Ulrich Garbe. Einstechen der sich überkreuzenden Nadeln – Durchziehen – Strammziehen.

auch schon mal ab. Besser geht es mit zwei Sattlernadeln. Und natürlich gibt es auch anderes Material: Seidenersatzfaden, Zwirn oder Leinen-Bestechgarn von Herstellern wie etwa Hoogen oder Gruschwitz. Für Anfänger in der Kunst des Handnähens eignet sich hingegen der altbekannte, ursprünglich für Durchnähmaschinen konzipierte Forellenfaden. Aber egal, womit man auch arbeitet – der Düsseldorfer Grafiker und Leder-Fachmann Ulrich Look (siehe Seite 137) erklärte in *VISIER-Special – Messer II:* »*Ich wachse auch Synthetikfäden, weil das die Nahtlöcher schön versiegelt und den Stichen einen besseren Halt gibt.*« Wie kommen die Nadeln auf den Faden (oder ist es andersrum)? Zuerst schneide man genügend Material ab. Man orientiert sich an der Dicke des Materials und an der Länge der Nahtfurche. Der Faden muss mindestens dreimal so lange ausfallen – also nicht an der falschen Stelle geizen und lieber ordentlich Reserve lassen.

Nun schabt man auf einer Länge von rund 3 cm oder 4 cm mit dem Messer etwas Material vom Faden ab. So wird er dünner. Die Enden wachsen und verzwirbeln. Dann führt man ein Ende in das Nadelöhr ein, so dass die Spitze des Fadens vielleicht 1 cm weit herausschaut. Das Ende festhalten und Faden entlang der Nadel bis zur Spitze führen. Die stößt man nun durch den Faden. Das Ganze wiederholt man noch einmal, bis der Faden auf der Nadel eine Serpentinen-ähnliche Zweifachschlaufe bildet. Das Ganze lässt sich nun mittels eines Rucks fest verknoten, man führt dazu das lange Ende der Schnur über das Nadelöhr nach oben. Die Prozedur mit Nadel Nr. 2 am anderen Ende der Schnur wiederholen. Jetzt kann es losgehen. Wer eine Nähkluppe (Holzklemme für Lederarbeiten) besitzt, fixiere hier sein Werkstück, notfalls tun es auch die Knie.

Beim Nähen führt man die klassische Sattlernaht aus. Dazu sticht man mit der Schwertahle vor und bohrt mit der Rundahle nach, ehe man die Nadeln durchschiebt. Zuerst steckt man dabei von links eine Nadel ins erste Loch, bis dieselbe auf der anderen Seite zu zirka zwei Dritteln herauslugt. Jetzt legt man die andere Nadel darauf so an, dass

Rund ums Nähen

ihre Spitze himmelwärts zeigt und die beiden ein Kreuz bilden. Nun beide mit Zeigefinger und Daumen festhalten, die linke Nadel ganz herausziehen und die ganze Chose um 90% drehen, so dass man die rechte Nadel ins Loch stecken und durchziehen kann. Nun braucht man nur beide Nadeln anzuziehen, bis man die Mitte des Fadens ermittelt hat.

Man verfährt wie gehabt weiter – mit einem Unterschied. Ab jetzt bildet sich hinter jeder Nadel eine Schlaufe, so dass das Ganze von der Seite her gesehen einer Acht oder einem Looping gleicht. Das nutze man zum Naht-Verknoten. Sobald man die in Richtung Scheidenrückseite zeigende Nadel durchsteckt, schlingt man die auf dieser Seite herabhängende Schlaufe einmal um die Spitze. Zieht man das Garn stramm, bildet sich im Nahtloch ein Knoten. Er verhindert, dass sich die komplette Naht aufribbeln kann, wenn das Garn an einer Stelle reißen sollte. Und wozu braucht man die Flachkopfzange? Die Löcher fallen nicht alle gleich groß aus, so dass die Nadeln mal leichter und mal schwerer durchgehen. Da hilft die Zange weiter. Hat man das Ende erreicht, nähe man um einige Löcher zurück und schneidet den Faden ab. Vorher verknoten? Klasse Diskussionsthema. Tipp: Synthetikfaden lässt sich per Feuerzeug verschmoren. Noch ein Tipp: Bei einer Scheide mit zwei Nähten beginnt man unten an der Spitze und näht nach oben zur Mundkante eine Seite fertig. Dann präpariert man Nadeln und Faden aufs Neue, sticht wieder ins unterste Loch und näht jetzt die andere Seite. Warum? Nun, bei näherem Hinsehen erkennt man deutlich die Partien, in denen zum Beenden der Naht nach rückwärts genäht wurde. Wenn man aber nun von unten nach oben arbeitet, finden sich diese Doppelnähte auf beiden Seiten. Das sieht professioneller aus.

Danach noch die Kanten zurechtschneiden, mit Schleifpapier brechen und beischleifen. Zum Glätten benutzt man ganz einfach Wasser und ein Stück derbes Tuch, etwa ein altes Geschirrtuch oder einen Fetzen Jeansstoff. Man feuchte die Kante an und reibe mit raschen Bewegungen das Tuch darüber, bis das Leder glänzt – fertig ist die Laube.

Hersteller von A bis Z

Im Folgenden eine Namensliste der meist englischen und amerikanischen Schneidwarenhersteller, Fachhändler und Importeure, zu deren Sortiment zumindest zeitweise auch Bowie-Messer gezählt haben. Aus Platzgründen finden sich hier die Hersteller vor allem der Zeitspanne zwischen 1830 und 1900.

Eine Auswahl von Herstellerstempeln

E.T. Allen & Sons »HAND FORGED«-Stempel.

Joseph Allen & Sons

Wieder Joseph Allen & Sons: Hier sein bekannter »NON-XLL«-Stempel.

Beardshaw, darüber der Queen-Victoria-Stempel. »CAST STEEL«, also Fließguss-Stahl.

Noch einmal Beardshaw: »TEXAS / BOWIE« in Flaggenmotiv.

George Butler & Co., Trinity Works, mit Schlüssel-Stempel.

J. Russell & Co., Green River Works – bekannt für ihre Schlachtmesser.

John Henry & Co.

Henry Hobson & Sons

J. F. Jackson

C. Johnson

M. Klaas »Crane«, mit Kranich-Motiv.

Mappin, Webb & Co.

John Newton & Co., mit Frosch-Motiv.

William Rodgers und der bekannte »I CUT MY WAY«-Slogan, in dessen Mitte sich ein Wiegemesser-Symbol findet.

Slater Bros. – Markenname »VENTURE«.

Superior Cutlery

Taylor und der »WITNESS«-Schriftzug, dazu das Symbol des geöffneten Auges.

Whiting und sein Symbol des springenden Fisches.

Wingfield, Rowbotham & Co.

Einige Erklärungen zur Liste: Die Historie der einzelnen Firmen auf beiden Seiten des Großen Wassers ist oft nur bruchstückhaft bekannt; viele Unternehmen firmierten im Laufe ihrer Existenz unter mehreren Adressen sowie wechselnden Bezeichnungen. Deshalb werden zwecks möglichst eindeutiger Identifizierung folgende Daten genannt (so weit sie sich beschaffen ließen):
– Inhaber-/Firmenname(n),
– Ort und – im Fall der in Sheffield ansässigen Werke – auch Straßennamen,
– Markenzeichen,
– chronologische Angaben.

Zum letzten Punkt: Leider ließ sich nicht immer feststellen, was die in der Literatur genannten Jahreszahlen bezeichnen – die Zeit, in der eine Firma bestand, oder jene Spanne, in der sie Bowie-Messer gebaut hat? Die meisten Zeitangaben beziehen sich allem Anschein nach auf den letzten Punkt. Überall, wo es sich feststellen ließ, wurden die Daten zum Bestehen eines Unternehmens beigefügt. Und die Angabe der Straßennamen schien bei den engen familiären und geschäftlichen Verflechtungen diverser Sheffielder Unternehmen unumgänglich, um Verwechslungen auszuschließen.

Natürlich versucht die Liste auch, so viele Marken- und Warenzeichen (*(Trade Marks)*) als möglich zu nennen, um Sammlern maximale Hilfestellung zu bieten. Zusammen mit den vorangegangenen Datierungshilfen hilft dies (hoffentlich) dabei, zumindest den größten Teil der industriell gefertigten Bowie-Messer aus den circa 70 Jahren nach Jim Bowies Tod im Alamo 1836 ungefähr zeitlich einordnen zu können. Aus Platzgründen beschränkt sich die Liste auf die genannte Zeit; Angaben zu modernen Herstellern und Firmen des 20. Jahrhunderts würden den Rahmen sprengen. Das gilt auch für eine Auflistung all jener US-Unternehmen aus der Bowie-Blütezeit, bei denen sich bislang nicht feststellen ließ, ob sich unter ihrem Sortiment auch Bowies befunden haben.

Ein weiterer Hinweis: Die zum großen Teil erhaltenen Handelsregister der Stadt Sheffield beginnen Ende des 18. Jahrhunderts und laufen bis 1974 durch; dies kann im Zweifelsfall bei einem richtig teuren Stück schon mal näheren Aufschluss geben. Hier findet sich Wissenswertes zu den Themen Firmengeschichte, Adressen, Sortimentverzeichnisse und den Warenzeichen. Allerdings sollte man bedenken, dass die Daten der Register alles andere als vollständig sind und dass nicht jeder Stempel auf der Klingenangel den Hersteller bezeichnet. Viele davon markieren statt dessen Zwischenhändler oder Importeure. Selbst bei zweifelsfrei identifizierbaren, vielleicht gar berühmten Namen ist nicht immer zu 100 Prozent sicher, ob dieser Hersteller das vorliegende Stück auch tatsächlich gefertigt hat. So erledigte die berühmte Firma Rodgers für die ebenso berühmte Firma Wostenholm jahrelang Auftragsarbeiten. Allerdings lässt sich bei solchen Fällen der tatsächliche »Erzeuger« solcher »Bastarde« so gut wie nicht mehr feststellen.

Ganz wichtig in dem Zusammenhang auch dies: Viele Bowie-Hersteller an der damaligen US-Westgrenze lieferten, was immer der Markt von ihnen verlangte: Scheren, Uhren, Besteck, Geschirr, Flinten, Büchsen, ja sogar Präzisions-Geräte zum Zuschneiden und Zinken von Spielkarten. Der legendäre Samuel Bell handelte zeitweise mit Fensterglas, der als »Natchez« bekannte Meister aus San Francisco betrieb nebenher den Service des Ladens und Entladens von Vorderlader-Pistolen und -Revolvern. All dies erschwert es natürlich, genau festzustellen, wann welcher Meister was gefertigt hat.

Wo immer sich Informationen fanden, ergänzte der Autor die Angaben mit Angaben zur Fertigung, zu firmentypischen Spezialitäten oder historischen Details. Und natürlich ließ er auch Raum für Anekdoten, damit sich das Ganze nicht zu trocken liest. Dass dies über das beschränkte Bowie-Feld hinausgehen muss, liegt in der Natur der Sache – ebenso wie der Umstand, dass diese Liste alles andere als vollständig ausfällt, allen Bemühungen zum Trotz.

Zu den Stempelungen: Schon seit 1624(!) führte die ortsansässige Sheffielder Innung ein eigenes Register. Um 1791 verzeichnete »*das Große Marken-Buch*« zirka 6600 einzelne Zeichen. Danach stieg man bis 1814 auf Nummern um, beginnend mit 91 und fortlaufend bis 3694. Einige dieser Nummern wurden von ihren Besitzern auch noch später verwendet, weil sie sich als Gütesiegel durchgesetzt hatten, etwa Joseph Allens Nummer »3415«. Sheffield galt zu Napoleons Zeiten als die Hochburg der Warenzeichen. Meist handelte es sich dabei um einprägsame Buchstabenkombinationen, aber noch öfter um stilisierte bildliche Darstellungen. Denn viele Firmen aus Sheffield lieferten in Regionen, in denen niemand der abendländischen Schrift mächtig war. Außerdem handelte es sich auch im Europa und Amerika des 18. und 19. Jahrhunderts bei einem Großteil der Bevölkerung um Analphabeten. Doch konnten der englischen Sprache und lateinischen Schrift nicht mächtige Araber, Indianer oder Chinesen aber beispielsweise das Symbol eines Widders von dem einer rauchenden Pistole unterscheiden. Dies half, Bestellungen sicherzustellen.

Fast alle Hersteller serienmäßiger Bowies verwendeten zur Markierung ihrer Messer Versalien, also Großbuchstaben. Daher werden die Stempel hier ebenfalls in Großbuchstaben wiedergegeben. Oft erstrecken sich aber die Angaben auf den Messern über mehrere Zeilen, die aus Platzgründen nicht vollständig übernommen werden konnten. Zeilenwechsel sind daher durch das Zeichen »/« markiert – hier ein Fantasiebeispiel: »Thomas Atkins/Lady Diana Cutlery/Sheffield, England« steht für eine dreizeilige Stempelung. Findet sich bei einem Hersteller die Angabe »CSA«, dann steht dies für »Confederate States of America«, also die Südstaaten während des US-Bürgerkriegs 1861-65. Es bedeutet auch, dass sich die Betreffenden nachweislich nur in dieser Zeit mit dem Bowie-Bau befasst haben.

Der Autor versuchte, für möglichst viele Firmen wenigstens ein oder zwei charakteristische Fertigungsweisen oder Baustile herauszufiltern. Doch handelt es sich dabei oft um Spekulation, weil selbst bekannte Unternehmen kaum die Zeit fanden, ihre Geschäftsunterlagen für eine spätere historische Auswertung herzurichten. Bei einigen wenigen Herstellern wie English & Hubers oder Rochus Heinisch war das Bestimmen und Erkennen typischer Entwürfe und Formen leicht, weil sie absolut unverwechselbare Stücke schufen. Bei anderen dagegen fiel dies enorm schwer. Ein Hauptgrund: Je mehr sich das Geschäft mit den Bowies ausweitete, desto stärker begannen die Firmen, die Produktionsabläufe zu vereinfachen. So gab es schon bald per Formpressverfahren hergestellte Neusilber-Elemente wie die Pferdekopf-Kanonenknäufe und die Griffabschlüsse mit dem berühmten Motiv »Halb Alligator, Halb Pferd« oder Portraits von Zachary Taylor, James Bowie oder David Crockett fix und fertig bei größeren Herstellern und speziellen Zulieferern zu kaufen. Kaum eine Messer-Manufaktur mit zwei, drei Leuten konnte derlei selber produzieren.

Ähnliches gilt wohl auch für die zum Ätzen der Klingen benötigten Vorlagen. Zwar brachten die Sheffielder Hersteller zwischen 1840 und 1870 einen enormen Formenreichtum bei den Bowies hervor, doch verschwammen dank der Zukauf-Teile die Unterschiede zwischen den Produkten der einzelnen Firmen zusehends. Und heute erschwert es jeden Versuch, für die jeweiligen Betriebe charakteristische Formen oder Stilrichtungen herauszuarbeiten. Ein solches Unterfangen kann man bei der Masse der gegen Ende des 19. Jahrhunderts in ihrer Blüte stehenden Cowboy-Bowies völlig vergessen. Zu diesem Zeitpunkt hatte sich die Fertigung schon so standardisiert und vereinfacht, dass fast alle Firmen ihren Messern handlange Entenschnabel- oder Mittelspitzen-Klingen verpassten und die Angeln mit symmetrischen, ovalen Neusilber-Parierstangen sowie Schalen aus Hirschhorn oder gepresstem Bein bestückten. Hier bilden dann die Ricasso-Stempel das wichtigste Unterscheidungsmerkmal. Was nicht heißt, dass es sonst keine gäbe.

Ebenso lässt sich in der Regel nicht mehr feststellen, wie viele Bowie-Messer einer Modellreihe oder insgesamt die jeweiligen Häuser verlassen haben. Das gilt für prominente Firmen wie Wostenholm genauso wie für die Masse der Sheffielder Unternehmen, die weniger bekannt und erfolgreich waren. Daher lässt sich meist nicht feststellen, ob die im Zusammenhang mit den Firmengeschichten beschriebenen Muster aus großen oder kleinen Serien stammen oder ob es sich gar um Einzelstücke handelt – anders als Schusswaffen besitzen Messer in der Regel eben keine fortlaufenden Seriennummern.

Dankenswerterweise haben Journalisten und Buchautoren wie Bruce Voyles, Bernard Levine und Houston C. Price, Geoffrey Tweedale und Harold L. Peterson, Sammler und Fachleute wie Kenneth Burton, Ben Palmer, Bill Moran, Jim Phillips und Robert Abels im Lauf der letzten fünf Jahrzehnte die Hersteller-Adressen zusammengetragen. Und die Fotografen von Auktionshäusern wie Butterfields in den USA erleichterten es durch ihre prachtvollen und genauen Aufnahmen sehr, zumindest die Stempelungen einiger extrem seltener Muster (etwa des kalifornischen Meisters Kesmodel) zu überprüfen oder gar festzustellen. Ohne all diese Vorarbeiten hätte sich die folgende Liste nicht erstellen lassen.

A

Abbott, James M.; Oxford, Vermont, USA. Um 1860. *Wahrscheinlich Messerschmied.*

Alexander; Sheffield, England, keine Angabe, wie lange die Firma bestand. *Der Name findet sich häufig auf Seitenwaffen aus der Bürgerkriegsära; allerdings ist es unklar, ob es sich dabei tatsächlich um einen Hersteller, einen Zwischenhändler oder einen Importeur gehandelt hat.*

Allen, Edgar & Co.; Imperial Steelworks, keine Ortsangabe. Ungefähr 1870 bis 1925.

Alldeon, R.; Memphis, Tennessee, USA.

Allen, George; zwei Adressen bekannt: Eyre Lane Sheffield und 41 Duke Street, Sheffield. Zirka 1837-70.

Allen & Sons; Granville Works, Granville Street, Sheffield. 1818-1902. *Spezialisiert auf Feder- und Taschenmesser, nutzte die Firma das Freimaurerzeichen eines Zirkels für ihre Produkte.*

Allen, Joseph & Sons; mehrere Adressen bekannt: New Edward Street, Rockingham Street, Solly Street, Sheffield, England, ungefähr 1864-1925.

Möglicherweise gründete ein Mitglied der Familie Allen das Unternehmen schon um 1810, jedoch lässt sich erst für die 60er-Jahre ein auf Rasiermesser spezialisierter Hersteller namens Joseph Allen nachweisen, der nach mehreren Umzügen schließlich in den Oak-Works, also den Eichen-Werke, in Sheffields New-England-Street residierte. Allen nutzte seine Kenntnisse aus dem Anfertigen von Rasiermessern und übertrug den hier üblichen Hohlschliff auch auf andere Messer - diese Klingenart sollte typisch für das Unternehmen werden. Gegen Ende des 19. Jahrhunderts gehörte Allen's zu den wichtigsten Sheffielder Rasiermesser-Herstellern. Doch mit den Nassrasierapparaten à la Gillette zu Beginn des 20. Jahrhunderts die traditionellen Klapprasiermesser in eine tiefe Krise gerieten, verlegte sich Allen's stärker als vorher auch auf andere Schneidwaren. Man fertigte nachweislich die heute als Cowboy-Bowie klassifizierten Messer; wann Allen & Sons damit begann, liegt im Dunkeln. Jedenfalls kennzeichnete das Werk die Bowies genau wie die Rasiermesser auch mit der Kennung »NON-XLL«, die sich die Firma Unwin & Rogers ursprünglich im Jahr 1838 hatte registrieren lassen. Doch 1865 stieg Unwin & Rogers auf ein neues Warenzeichen um, und so wurde der Weg für Allen & Sons frei. Allen & Sons nutzte außerdem das Logo der gekreuzten Fische, das eines Schwertes, die (1810 registrierte) Ziffernfolge »3415« und das Bild eines Reiters. Die Firma wird 1959 letztmalig in den Verzeichnissen von Sheffield geführt.

Allen, George & Sons; Leicester Street, Sheffield, ungefähr 1837.

Allen & Darwin; 55 Arundel Street, Sheffield. 1887-1927.

Allender, Stephen; 1 Love Street, Sheffield, England. Um 1837.

Allsop, Thomas; 123 Allen Street, Sheffield, England. Um 1837.

American Cap and Flask Company, USA.

American Knife Company; Reynolds Bridge, bei Plymouth Hollow (ab 1875 Thomaston), Connecticut. 1849-1911.

Vor allem von Bedeutung als einer der ersten amerikanischen Hersteller von Klappmessern. Die Firma war auch für ihre mit Löffel und Gabel ausgerüsteten, in drei Teile zerlegbaren Besteck-Taschenmesser bekannt, wie sie im US-Bürgerkrieg viele der Nordstaaten-Soldaten als privat beschafftes Utensil mit ins Feld führten. Solche Kombinationen hießen »Slot-Knife«, also Schlitz-Messer, weil die Zwischenplatinen der Einzelteile sich via Knopf und Schlitz auf- und auseinanderschieben ließen. Man verwechsle diese frühen US-Messer nicht mit denjenigen der gleichnamigen Firma aus Winsted, ebenfalls Connecticut, die von 1919-55 produziert hat.

Amery, Abraham; 19 Bernard Street, Sheffield, England. Um 1837.

Ames, Nathan Peabody, Nathan Peabody jr. und James T.

Gründer einer der wichtigsten Blankwaffenschmiede der USA. Als offizielles Gründungsdatum gilt 1829, aber laut den Recherchen von Peterson beendete Nathan P. Ames anno 1791 seine Ausbildung und eröffnete in Chelmsford, Massachusetts ein Geschäft. Hier schulte er seine Söhne, und anno 1829 verlegte der Ames-Clan den Geschäftssitz nach Chicopee-Falls. Fünf Jahre später: Gründung der Ames Manufacturing Company mit einem Kapital von 30.000 Dollar, zu damaligen Zeiten eine schier unglaubliche Summe. Danach entstanden Zweig-Niederlassungen in Cabotville und Springfield. Als Folge verzweigten sich die Geschäfte immer mehr. Ab Mitte des 19. Jahrhunderts firmierten die Ames-Werke unter mehreren verschiedenen Namen, nachdem die Brüder ihre Geschäftsbeziehungen voneinander getrennt hatten. Der alte Ames galt übrigens nicht als reiner Messer- oder Blankwaffenhersteller, sondern eher als Fachmann für alle Arten von Metallgeräten und -Werkzeugen; Waffen, Klingen und Messer fertigte man wohl eher nebenher. Dies ändert sich erst unter seinen Söhnen. Ihnen gebührt das Verdienst, den US-Markt für einheimische Schneidwaren vorzubereiten - nicht umsonst nennt Bruce Voyles sie »Schwertmacher der Nation«. Wobei unter »Sword« eher Offiziersdegen zu verstehen sind. Das bekannteste Messer mit Ames-Stempel: Das für das während des Amerikanisch-Mexikanischen Krieges (1846-48) aufgestellte Regiment der »Mounted Riflemen« (= berittene Schützen) unter dem Kommando von Persifor Smith entwickelte Bowie. Es kam erst später an die Truppe und trägt daher die nicht ganz korrekte Sammler-Modellbezeichnung M 1849. Außerdem fertigte Ames das Dahlgren-Bowie-Bajonett. Ein vor allem auf die militärischen Säbel und Degen zugeschnittenes Standardwerk zum Thema heißt »The Ames Sword Company 1829-1935«, Verfasser: John D. Hamilton. Zur Chronologie und Geschichte der einzelnen Ames-Firmenzweige liefern Spezialisten wie Ben Palmer, Bruce Voyles, R.L. Wilson, Kenneth Burton und Harold L. Peterson einander durchaus widersprechende Angaben. Unter diesem Vorbehalt die folgenden Angaben:

Ames Cutlery Company; Chelmsford & Chicopee Falls, Massachusetts. Ungefähr 1791-1990.

Ames, James T.; Chelmsford & Chicopee Falls, Massachusetts. Ungefähr 1829-1860er Jahre.

Ames Manufacturing Company; Cabotville and Chicopee, Massachusetts. Ab Mitte der 1830er-Jahre.

Ames, Nathan Peabody; Chelmsford & Chicopee Falls, Massachusetts. Um 1829.

Ames, Nathan Peabody Jr.; Chicopee, Massachusetts, USA. 1829-47.

Andrew, J.H. & Co.; Toledo Works, Sheffield. Um 1860.

Aragon; 7 Aldama & 44 Rayon, Oaxaca, Mexiko. Seit Mitte der 1860er-Jahre bis in die jüngste Zeit. Einer der ältesten Messerhersteller aus der Heimat Montezumas.

Arnachellum; Salem, Madras, Indien. Keine Angaben zur Zeit ihres Bestehens.

Indien? Kein Witz. Einige dieser mit »ARNACHELLUM, SALEM« gestempelten Messer tauchten während der Zeit des australischen Goldrausches in den 1850er- und 1860er-Jahren unter dem Kreuz des Südens auf; die wenigen erhaltenen Stücke zeugen von exzellenter Machart. Die Klingen besitzen eine Rückenschneide mit links und rechts tief hinabreichendem Schliff.

Arnold, William; 75 Trippet Lane, Sheffield. Um 1837.

Ash, Joseph & Sons; 57 Trafalgar Street, Sheffield. Um 1850.

Ashbury, James; 23 Lambert Street, Sheffield. Um 1837.
Ashforth, Joseph; 50 Holly Street, Sheffield. Um 1864.
Ashmore, John; Philadelphia, Pennsylvania, zirka 1850-58. Firmierte vielleicht auch unter **Mary Ashmore**.
Ashmore, George; 15. Nursey Street, Sheffield. Um 1856-64.
Ashton, Abraham; 17 Meadow Street, Sheffield. Ab 1848.
Ashton, J.; Sheffield, England. Keine weiteren Angaben.
Askham, John; 55 Broad Lane, Sheffield, England. Um 56-1968.

Wie viele andere auch, begann der 1818 in Sheffield geborene Askham von Kindesbeinen mit dem Herstellen von Schneidwaren, hauptsächlich Tafelbestecken. Nach seiner Lehre tat er sich mit seinen Kollegen Samuel Frost und Thomas Mosforth zusammen und gründete die wegen des hohen Alters von Askhams Partnern recht kurzlebige Firma Frost, Askham & Mosforth. Seit 1856 arbeitete Askham alleine, vor allem spezialisiert auf die Besteckfertigung; Bowies spielten nur eine untergeordnete Rolle, obwohl Askham sich sehr stark auf den US-Markt konzentrierte, mehrfach die Neue Welt bereiste und damit warb, speziell auf die Vereinigten Staaten zugeschnittene Produkte zu bauen. Wie sehr John Askham Amerika im Blick hatte, beweist schon sein Markenzeichen des »TOBOGGAN« (also Schlitten) fahrenden Mannes: Das aus dem Dialekt franko-kanadischer Siedler und »Voyageurs« stammende Wort geht auf indianische Wurzeln zurück.

Asman, Frederick Charles; 14 Northumberland Road, Sheffield. Um 1850.
Atkin Bros, Truro Works, MatildaStreet, Sheffield. Ungefähr 1824-1980er-Jahre.

Markenzeichen: die Buchstaben »HA« in einem Rechteck. Als Silberschmiede gegründet, firmierte das Unternehmen bis 1824 als Atkin & Oxley, ehe Henry Atkin die Firma komplett übernahm. Nach seinem Tod im Jahr 1853 führten drei seiner Söhne, Harry, Edward und Frank, den Betrieb weiter; jetzt aber unter dem Namen »Atkin Bros« (Bros = kurz für Brothers, also Gebrüder) und im neuen Firmengebäude »Truro Works«. Harry Atkin vertrat die Geschäftsinteressen in London, während seine Brüder zuhause den Laden schmissen. Als Ed Atkin anno 1907 als letztes Mitglied des Trios das Zeitliche segnete, gehörte die Firma zu den zehn angesehensten, auf Verarbeitung edler Metalle spezialisierten Firmen in Sheffield; immerhin arbeiteten fast 400 Personen in den Truro-Werken. Doch danach ging es langsam, aber stetig bergab, Mitte der 50er-Jahre übernahm man Zuarbeiten für andere Unternehmen, ehe man Mitte der 80er-Jahre endgültig die Pforten schloss. Laut Geoff Tweedales Recherchen beherbergt das zwischenzeitlich renovierte Werksgebäude heute ein Studentenwohnheim.

Atkin, David; zwei Adressen: Club Gardens und 84 Backfields, beides Sheffield. Um 1849-56.
Atkins, William & Co., Reliance Works; Sheffield. Zirka 1848.
Atkinson Brothers; Milton Works, Sheffield. Um 1870 bis 1980er-Jahre.

Atkinson ist ein alteingesessener Name in Sheffield; ein Familienmitglied gehörte zu den Gründern der Regionalzeitung »Sheffield and Rotherham Independent«. Kein genaues Gründungsdatum bekannt, die angegebene Jahreszahl ist ein Schätzwert. Gründer: Edward Atkinson (1848-1904) und sein Bruder John F. Atkinson (1850-1914). In den Unterlagen der städtischen Industrie- und Handelskammern wird Atkinson Brothers als Hersteller und Händler gelistet - die Produktpalette umfasste hauptsächlich Rasiermesser und -klingen, Scheren und Schärfgeräte, Federmesser, Taschenmesser sowie Schuhmacher- und Schlachtermesser. Atkinson Brothers stellte als eines der ersten Sheffielder Unternehmen um 1880 auf Maschinenfertigung um, während der Großteil der örtlichen Konkurrenten noch auf Handarbeit setzte. Ende des Jahrhunderts zur GmbH umgewandelt, verschaffte sich das Werk eine führende Position im Bereich des Silberplattierens (Silver-Plating) und Galvanisierens von Metallen. John F. Atkinson zählte zu den prominentesten Bürgern der Stadt, betätigte sich als Lokalpolitiker und bekleidete mehrere Ehrenämter. Das Unternehmen blieb bis in die 1980er-Jahre bestehen. Ihr Markenzeichen beinhaltet ein Wortspiel: »BEAR IN MIND« heißt wörtlich übersetzt »an etwas denken«. Doch steht »bear« auch für »Bär«. Deswegen zeigt das Logo einen stilisierten Meister Petz über dem Schriftzug »IN MIND«.

Austin & Dobson; Cambria Works, Sheffield. Ungefähr ab 1835-1925.
Ayer, W.W. Brothers; USA.

B

Babbitt. L.W.; Cleveland, Ohio, USA. Um 1832-38. *Jagdmesser-Hersteller.*
Bacon, William; New York City, USA. Um 1843. *Schneidwarenhersteller und Büchsenmacher.*
Bagshaw, R.; 52 Stanley Street, Sheffield. Um 1856.
Bagshaw, William; 15 Spring Street, Sheffield, Um 1837.
Baines, William; 11 Hawley Croft, Sheffield. Um 1852.
Baker, John & Sons; Momouth Works, Sheffield.
Baker, W. Jno; 597 George Street und später 3 Hunter Street, Sydney, Australien.
Baker, John; 40 Garden Street, Sheffield. Um 1837.
Baker, John; Georgia, USA. Um 1862.

Peterson in seinem Standardwerk »American Knives« dazu: »Adresse unbekannt. Fertigte Bowie Messer für den Staat Georgia, lieferte in den Monaten April und Mai 1862 wenigstens 300 Stück.«

Baker, William; 140 Milton Street, Sheffield. Um 1864.
Baldwin & Hill; New York, USA. Zirka 1857-? (Großhandel).
Ball, Henry; Upper Howard Street, Sheffield. Um 1852.
Ball Brothers; Penistone Road, Sheffield. Um 1865.
Ball, Samuel, Baltimore, Maryland. Zirka 1796-1830.
Balfour, Arthur & Co.; Dannemora Steel Works, Sheffield. 1870.
Bamford, John; 19 Allen Street, Sheffield. Um 1937.
Banks, James; 30 Furnace Hill, Sheffield. Um 1837.
Barber, Isaac; 38 New Meadow Street, Sheffield. Um 1837.
Barber John & Son; 29 Norfolk Street, Sheffield. Um 1849-52.
Barclay Brothers; Sheffield, England.
Barker & English; Havelock Works, Shalesmoor, Sheffield,1875.
Barlow, J & Sons; Sheffield, England.
Barlow, Obadiah Company; Comp Lane, Sheffield. Ungefähr 1677-1978.
Barlow, Samuel; Neepsend, Sheffield, England. Um 1837.
Barnascone Lewis & Henry (zirka 1850 bis 1930er-Jahre)

Ursprünglich schweizerischer Herkunft, etablierten sich die Barnascones zu Beginn des 19. Jahrhunderts in der Sheffielder Klingenindustrie. Lewis Barnascone war von Hause auch Optiker, verlegte sich aber schon bald auf den Handel mit Metallwaren. Mehrere Büros, darunter eines in Paris. Markenzeichen: Ein Grashüpfer. Lewis' Bruder Henry half anfangs seinem Bruder, ehe er sich mit dem Markennamen »PROLIFIC« (fruchtbar) selbstständig machte.

Barnes, Edward & Sons; 239 Solly Street, Sheffield (1833-1888).

Seit 1833 in Sheffield nachgewiesen, begann er in seiner Werkstätte in der Meadow Street mit dem Bau von Federmessern und Essbestecken. Nach einigen Umzügen eröffnete er um 1845 in der Solly Street zusammen mit seinen Söhnen (wahrscheinlich Edward Jr. und Isaac) eine neue Firma. Das Trio konzentrierte sich in den folgenden Jahren mit Erfolg auf den amerikanischen Markt und verlegten sich schwerpunkt-

mäßig auf den Bau von Bowie-Messern. Passenderweise führte Barnes & Sons das Markenzeichen »U*S«. Nach Ende des US-Bürgerkriegs und dem Tod des Seniorchefs 1876 gingen die Geschäfte flauer; jetzt kamen Rasiermesser, Knöpfhilfen und Ähnliches ins Programm.

Barnes, Fred C., Tower Hill.
Barnes, F. & Co.; 220 Solly Street, Sheffield. Um 1864.
Barnes, George; 31 Campo Lane, Sheffield. Um 1837.
Barnes, Isaac; zwei Adressen: 109 Broad Lane und Suffolk Street, Sheffield. Um 1837-70.
Barnes, Josiah; 20 Solly Street, Sheffield. Um 1837.
Barnes Matthew; 13 Allen Street, Sheffield. Um 1837.
Barnes, Thomas; 27 Solly Street, Sheffield. Um 1837.
Barnsley, George & Sons; Cornish Works, Sheffield. Seit 1836.
Bis heute vor allem für ihre Schuhmacher- und Ledermesser bekannte Firma.
Batt, William & Sons; Sycamore Street, Sheffield. Um 1864.
Batty, William: 196 Solly Street, Sheffield. Um 1864.
Baum Bros.; 40 Nursery Street, Sheffield. Um 1870.
Baxter, Robert & Company; Sheffield, zirka 1850.
Beadle, William; 35 Spring Street, Sheffield. Um 1837.
Beal, J.J.; 8 Silver Street, Sheffield. Firmiert auch unter **Beal, Joshua & Sons**; Sheffield, England. Gründungsdatum unbekannt, tätig bis in die späten 1950er-Jahre.

Das in Sheffields alter Water Road gegründete Unternehmen bestand wohl schon einige Zeit, als es in den 1850er-Jahren seine Geschäfte erheblich ausbauen konnte. 1856 listeten örtliche Verzeichnisse einen James Beal als Hersteller von Scheren sowie Schuh- und Schlachtermessern auf, ansässig in der Silver Street. In den 1870er-Jahren hatte die Firma ihren Sitz in den Red-Hill-Werken. Und Ende der 1880er-Jahre vermerkten die Sheffielder Annalen, dass es bei Beal drei riesige Dampfmaschinen gäbe und dort zirka 350 Leute in Lohn und Brot standen. Außerdem gab es noch eine zweite Werkstätte außerhalb. Um 1890 produzierte das Unternehmen Schlachtermesser, Bowies, Jagdmesser, Tafel- und Taschenmesser für den einheimischen und den »kolonialen« Markt, wie die Briten völlig unbescheiden alle überseeischen Absatzgebiete bezeichneten. Beal besaß mehrere Markenzeichen:

»Best JOSH. BEAL & SONS« daneben senkrecht und im Halbkreis das Wort »ENDURE« (zu deutsch: ertragen, aushalten, dulden).
Ein Widderkopf über dem Wort »ENDURE« und »JOSH. BEAL & SONS«, darunter die Angabe »V.R.« (Victoria Regina, also Queen Vicky), dazwischen eine Krone und darunter »SHEFFIELD«.
Ein Pferd über dem Wort »ENDURE«.
Ein Nagel und zwei Hufeisen, dazu die Schrift (im Nagel): »GOOD LUCK«.
Zwei Eingeborene an einem Kessel, darunter »ENDURE«.
Ein stilisiertes Kirchengebäude, darunter die Schriftzüge »CONSERVATIVE« und »RED HILL«.

Beckman & Anderson; Sheffield, England. Keine weiteren Angaben.
Beckett, Alfred & Sons; Green Lane, Sheffield. Um 1870.
Beckett, John; zwei Adressen: 12 Silver Street und 7 Suffolk Street, Sheffield. Um 1837-54.
Beckett John, Washington Works, Sheffield. Um 1852.
Arbeitet Beckett für Wostenholm, den Eigner der Washington Works?
Beckett, William & Co.; Sheffield. Keine weiteren Angaben.
Blecher, W.J. & Co.; Sheffield, England. Keine weiteren Angaben.
Belknap, Amos; Sleepers River, St. Johnsbury, Vermont, USA. Keine weiteren Angaben.

Belknap Hardwear Company; Louisville, Kentucky, USA. Um 1840.
Bell A & Co. ; 70 West Street, Sheffield. Um 1876.
Bell Samuel; Knoxville, Tennessee 1819-52, dann San Antonio, Texas, USA. *Geboren 1798, gestorben 1882. Silberschmied, Messermacher, Importeur, der im Lauf der Zeit mit verschiedenen Partnern arbeitete und zu den wichtigsten frühen US-Bowie-Makern gehört. Bell wurde in Knoxville von seinem Stiefvater George Harris, einem Silberschmied, ausgebildet. Allem Anschein nach baute Bell bereits 1819 sein erstes Dolchmesser. Doch wie die meisten seiner als »Einzelkämpfer« tätigen Zeitgenossen lebte Bell nicht vom Bau der Messer allein, im Gegenteil: dies bildete nur einen Teil seines Geschäftes. Er baute statt dessen viel mehr Löffel und Schöpfkellen, versuchte sich als Juwelier und lieferte sogar Fensterglas. Einer erhalten gebliebenen Annonce zufolge bot sein »shop« zeitweise neben edlem Metallgeschirr und -besteck noch Uhren und mathematische Instrumente an. Laut Mark Zalesky, dem Herausgeber der US-Zeitschrift »Knife World« und dem wichtigsten Bell-Spezialisten, gibt es bislang allenfalls 18 Messer, die sich diesem Hersteller zuschreiben lassen. So handelt es sich bei den mit »BELL/KNOXVILLE« gestempelten Stücken um Messer, die Bell in Sheffield orderte. Dabei folgte die Klinge Bells Entwürfen, während die Briten den Griff in gewohnter Sheffield-Manier bauten. Bell entwickelte aber zudem einen völlig eigenen Stil, der sich von dem der englischen Hersteller wie auch dem seiner Landsleute völlig unterschied. Charakteristisch ist seine asymmetrische Bauweise: Dabei erhielt nur eine Klingenseite etwa Hohlkehlen oder eine angeschliffene Ortpartie. Und anders als die allermeisten Messerhersteller gestaltete er die Flachseiten der Griffe ebenfalls nicht gleich. Ein echter Bell-Entwurf zeigt einen aufwändigen, im Querschnitt viereckigen symmetrischen Griff ohne Parierstange oder Handschutz, statt dessen mit einer rundum sich verjüngenden Zwinge am vorderen Griffansatz. Typisch sind Griffe aus Elfenbein, kunstvoll verschnitten; Knauf und Zwinge graviert, wobei jede der meist vier Flachseiten ein anderes geometrisches Muster aufweist. Diese Muster schnitt Bell in die Griffe und betonte ihre Linienführung durch hauchfeine Silbernägel, oft Hunderte an der Zahl. Die Klingen wirken von der Seite her gesehen fast schon dreieckig, wobei der Klingenrücken meist in gerader Linie zum Griffrücken liegt. Einige Stücke haben eine angedeutete Rückenschneide, einige eine Spanische Kerbe. Da diese Messer an die im Süden weit verbreiteten Spanischen Dolche erinnern, bezeichnen Sammler den Bell-Stil gern als »Mediterranean Bowie«. Insgesamt erinnert dieses Messer entfernt an mediterrane Stichwaffen. Nach seinem Weggang aus Tennessee fertigte Bell auch Bowies mit Parierstangen - eines seiner berühmtesten Stücke wartet mit einem Ebenholzgriff auf, verziert durch in Münzensilber eingelegte Texas-Sterne. Und die über 30 cm lange Klinge mit den beiden Hohlkehlen auf jeder Seite wirkt, als habe Bell sie aus einem alten Säbel- oder Lanzenblatt geschliffen. Dieses Messer wurde vor einigen Jahren bei Butterfield & Butterfield in San Francisco zu einem Rekordpreis versteigert. Faustregel: Für ein Sheffield-Bell kann man Preise von 25.000 bis 35.000 Dollar einplanen. Und seine handgefertigten Prachtstücke rangieren zwischen 30.000 und 150.000 Dollar. Heute zählen die US-Messermacher Harvey Dean aus Texas, Ken Durham aus Alabama, Wayne Goddard aus Oregon und Bill Herndon aus California zur Creme derer, welche sich auf handwerklich perfekte Meisterstücke im Bell-Stil spezialisiert haben.*

Bell &Davis; Atlanta, Georgia, CSA, um 1861. *Peterson: »Der Name, die Adresse und das Datum 6. Juli 1862 stehen eingraviert auf einem Bowie-Messer mit knuckle-bow (zu deutsch: Griffbügel).«*

Berkshire Cutlery Company. Keine Adressangaben. *Der Name steht laut Peterson auf einem Klappdolch der 1870er-Jahre.*
Berry, Will, Georgia, CSA. Keine weiteren Angaben.
Best English Cutlery. Keine weiteren Angaben.
Beach; Salisbury. Um 1860.
Bearder, Joseph; 39 Trippet Lane, Sheffield. Um 1837.
Beardshaw, George; Spitalfield Place und 36 Tomcross Lane Sheffield. Um 1849-64.
Beardshaw J. & Son; Baltic Steel Works; Sheffield. Zirka 1850.
Beatson, George; 16 Moore Street, Sheffield. Um 1849-60.
Beattie, J.; Messerschmied aus London, keine weiteren Angaben.
Beaver William; Upper Edward Street; Sheffield. Um 1837.
Bedford Jon & Sons; Mowbray Street, Sheffield. Um 1865.
Bednall, John & Company; Eyre Lane, Sheffield. Um 1865.
Bee, Frances; 50 Rock Street, Sheffield. Zirka 1856.
Beesley W.T. & Company; Universal Steel Works, Sheffield. Um 1870.
Beet, Edward; 45 Duke Street, Sheffield. Um 1852.
Beet, Jonathan & Sons; 180 Broad Lane, Sheffield. Um 1849.
Beet, Thomas; 47 Trippet Lane; Sheffield. Um 1837.
Belknap, Amos; St. Johnsbury, Vermont, USA. 1839-1883 und
Belknap, John, gleicher Ort, zirka 1860. *Messermacher und Schmiede.*
Benn, James; Zwo Adressen: 18 Bailey Street, Edward Street, Sheffield.
Bennett, James; High Street Park, Sheffield, Um 1837.
Bernhagen, A.; Berlin. Um 1880.
Bessemer, Henry & Company; Carlisle Street, Sheffield. Um 1865.
Biggin, T.; Sheffield. Keine weiteren Angaben.
Biggin, Joshua & Co.; Sheffield. Um 1864.
Billings, Charles E.; Hartford, Connecticut. Um 1868. *Baut patentierte Bowie-Messer-Pistole.*
Bingham & Ogden; Sheffield, 1858-1938.
Eins ihrer Markenzeichen bestand in dem Wort »Select« (auswählen), weswegen die Firma auch als Select-Werke bekannt war. Meist wurde das Wort mit dem Symbol eines Pfeiles kombiniert; gelegentlich findet man den Pfeil auch zusammen mit dem Firmennamen. Das Fachgebiet von Bingham & Ogden lag im Bau hochwertiger Gentleman-Taschenmesser.
Bingham & Rogers; Sheffield. Keine weiteren Angaben.
Bingham, Thomas; Rockingham Street, Sheffield. Um 1837.
Bingham, W.W. Company; Cleveland,Ohio. Um 1841-1946.
Birch, Walter; 113 Broad Lane, Sheffield. Um 1875.
Birkinshaw, Henry; Zwei Adressen: Sands Paviors und 13 Orchard Lane, Sheffield. Um 1852-56.
Bishop, George; Dunfields, Sheffield. Um 1837.
Black, James; Washington, Arkansas. Ungefähr 1830.
Untrennbar mit dem Mythos um James Bowie und sein Messer verknüpfter Messerschmied - mehr dazu im Kapitel zum Leben dieses Mannes.
Blackshaw, John; 12 Cricket Inn Road, Sheffield. Um 1837.
Blackwell, J. & Sons; Sheffield. Keine weiteren Angaben.
Blackwell, George; Sheffield. Ungefähr 1837.
Blackwell, Joseph; 13 Jerico, Sheffield. Ungefähr 1837.
Blake; Thomas Henry; 19 Holly Lane, Sheffield. Um 1860.
Blitterdorf, C.J.; 143 N. 4th. Street, Philadelphia, Pennsylvania. Um 1850.
Blyde, A.J.; Clintock Works, Milton Street, Sheffield. Um 1865.
Blyde, Edwin & Company; Clintock Works, Milton Street, Sheffield. Um 1870.
Blyde, James Henry; Hallcar Street, Sheffield. Um 1868.
Blyde, John; Burges Street, Sheffield. Ab 1841.
Von John Blyde in der Burgess Street gegründet, baute das Unternehmen anfangs alles von der Schere über jede Art von Messer bis hin zur Lampe, um sich nach 1900 voll auf Chirurgen-Scheren zu verlegen. Markenzeichen: Ein stilisiertes Bild des Saturn und seiner Ringe, darunter das Wort »Genius«.
Blyde, W. & E.; 53 Howard Street, Sheffield. Um 1864.
Blocking, George; 80 West Street, Sheffield. Zirka 1849-64.
Blocking, Samuel; 16 Street Mary's Road; Sheffield. Um 1856-64.
Bolsover, Thomas & Sons; Mosborough Moor, Sheffield. Um 1855.
Bocking, William; Gell Street, Sheffield. 1838 bis 1940er-Jahre.
Gegründet von George Bocking, schilderte ein Reisejournalist das Werk als groß und ausgedehnt - laut Tweedales Recherchen eine Übertreibung, da Bocking nie mehr als 30, 40 Personen beschäftigte. Umfangreich hingegen das Programm, unter anderem Tafelmesser, Taschenmesser und das Anfertigen von Widmungsgravuren auf Silber, also Pokalen, Widmungstellern, Schusswaffen-Medaillons und Ähnliches. Markenzeichen (seit 1858): Das Wort »TRUE«.
Boker, Hermann & Co., Newark in New Jersey und New York, seit 1837.
In der Mitte des 19. Jahrhunderts einer der wichtigsten Großhändler Amerikas. 1829 von den Solinger Brüdern Hermann und Robert Böker gegründet, spezialisierte man sich alsbald äußerst erfolgreich auf den Bau von Säbeln. 1837 entstand die Firma »Hermann Boker & Co., Guns & Hardware«, das Duo hatte inzwischen den Nachnamen anglisiert und das »ö« durch ein »o« ersetzt. Der Betrieb fertigte nun Schneidwaren aller Art und beschäftigte bald über 100 Personen. Doch das eigentliche Geschäft der Bokers lag im Handel mit dem Militär: Im US-Bürgerkrieg galt man als einer der Hauptlieferanten für die Yankee-Armee; später unterhielt man Niederlassungen in aller Welt, auch in Solingen. Ulrich Eichstädt in der Zeitschrift »Visier«: »Denn der Kaufmann in Boker hatte längst erkannt, dass die Qualität der in den USA hergestellten Klingen nicht an die Ware herankam, die er aus Solingen importierte. Dort hatte sein Vetter Heinrich Böker 1869 mit dem Messerschmied Hermann Heuser eine Fabrik gegründet.« Und daraus entwickelte sich das bis heute bestehende Solinger Heinrich Böker Baumwerk, dessen Messer in den USA mit dem Motiv eines Bäumchens und den Worten »TREE BRAND« und in Spanisch sprechenden Ländern als »ARBOLITO« verkauft werden. In jüngster Zeit hat Böker mehrere Erinnerungs-Bowies gefertigt, unter anderem eines für die Firma Colt. Neuestes Modell: Sonderversion des MACV/SOG Bowies, das Conrad »Ben« Baker für diese Spezialeinheiten des Vietnam-Krieges gebaut hat.
Booker & Dickinson; Dunn Street, Sheffield. Um 1837.
Booth, John; 6 Silver Street, Sheffield. Ungefähr 1837.
Booth, Henry Carr; 20 Norfolk Lane, Sheffield. Zirka 1852-76.
Booth, Luke; zwei Adressen: 41 Norfolk Street und 38 Arundel Street, Sheffield. Um 1849-56.
Bowden, Joseph; Newcastle Street, Sheffield. Um 1837.
Bower, David; 39 Regent Street, Sheffield. Um 1837.
Bown & Tetley; Enterprise Gun Works, 136-138 Wood Street, Pittsburgh, Pennsylvania. Um 1848-62. Firmenname ab 1862: **James Bown**, ab 1871-?: **James Bown & Son**. (Messer- und Büchsenmacherbetrieb, bauten im Krieg zwischen den Staaten einige Bowies und Bowie-Bajonette; Kennzeichen: Messinggriffe).
Boyle & Gamble; Richmond, Virginia, CSA. Im US-Bürgerkrieg 1861-65.
Boyle, Gamble & MacFee; Richmond, Virginia, CSA. Im US-Bürgerkrieg 1861-65.
Bradbury, Samuel; Cumberland Street, Sheffield. Um 1837.

Bradford, M.L. & Company, Boston, Massachusetts. Keine weiteren Angaben.

Bradford, T.M. ; Milledgeville, Georgia. Im US-Bürgerkrieg 1861-65.

Bradshaw, Ebenezer; 6 Wheeldon Street, Sheffield. Um 1839.

Bradshaw, William; Chester Street, Sheffield. Um 1836.

Bradshaw, W. ; 91 Broomhall Street, Sheffield. Ungefähr 1849-60.

Bradshaw, Wm. & Son; 22 Orchard Street, Sheffield. Ungefähr 1849-64.

Unklar, ob die drei vorangegangenen Messerhersteller nicht ein- und dasselbe Unternehmen bezeichneten.

Branham, James; Hammond Street, Sheffield. Um 1852.

Brammal, Joseph; 35 Norfolk Street, Sheffield. Um 1849-60.

Bridgeport Gun & Implement Company, Bridgeport, Connecticut, USA.
Die Firma wird bei Palmer und Burton als Bowie-Messer-Hersteller genannt. Berühmt wurde sie aber durch den Bau eines völlig anderen Geräts: Am 17. Januar 1882 ließ sich der texanische Sheriff Louis S. Flatau eine Vorrichtung patentieren, dank der man einen Revolver bequemer als in einem Holster tragen und ihn auf jeden Fall schneller zücken konnte. Flataus Konstruktion bestand aus einer gabelförmigen Federstahlschiene, mittels dreier Nieten auf einem Blechträger fixiert. Diese Platte wiederum wurde auf den Revolvergurt genietet. Der Revolver erhielt einen mit der Hahnschraube gekoppelten Kopfzapfen, über den sich der Kracher im Schlitz der Federstahlschiene einhängen ließ. Zum Schießen musste man den Revolver also nicht aus einem Holster ziehen, sondern nur um 90° hoch schwenken – da hätte auch Lucky Luke keine Chance gehabt. Und für einen gezielten Schuss brauchte man den Revolver nur nach vorn abzuziehen. Das Militär lehnte den »Bridgeport Rig« freilich ab, weil er die Revolver nicht gegen Schmutz und Witterungseinflüsse schützte; außerdem hätte bei dauernden Schüssen aus der Hüfte das seitlich aus der Trommel spritzende Feuer sicher die Hosen des Trägers beeinträchtigt. Doch erfreute sich das Utensil ungefähr 20 Jahre lang bei Gesetzeshütern des Westens einer begrenzten Beliebtheit; darunter auch beim legendären Texas-Ranger James B. Gillett. Die Firma fertigte einige späte Bowies und stempelte sie mit »B.G.I.CO.«, die Schnellschieß-Vorrichtung dagegen trägt das Patent-Datum und den zweizeiligen Schriftzug »BRIDGEPORT/G.I.CO.« Möglicherweise gibt es auch einige Messer mit diesem Stempel.

Bridgeport Knife Company; Washington & Hallett; Bridgeport, Connecticut, USA. Um 1876.

Briggs; London, England. Keine weiteren Angaben.

Brittain, S.S. & Co. ; Shoreham Street, Sheffield. Um 1860.

Britzius & Goldstrass; 12 a Wellington Street, Sheffield. Um 1870.

Broadhurst, P.H.; Washington Works, 91 Fargate. Sheffield. Zirka 1852-64.
Ein Untermieter oder Arbeiter von George Wostenholm, dem Besitzer der Washington-Werke?

Bromley, Fisher & Turton; Shoreham Street, Sheffield. Zirka 1870.

Brookes & Crookes, Atlantic Works; 55 St. Phillip's Road, Sheffield. 1858-1957.
Mit seiner 99-jährigen Geschichte eins der langlebigsten und dazu wichtigsten Unternehmen aus Sheffields goldener Zeit. Wichtiger Bowie-Hersteller. Die Gründer hießen John Brookes, der neben Messerwaren auch Artikel aus poliertem Stahl anfertigte, und Thomas Crookes, ein im internationalen Geschäft erfahrener Kaufmann (1825-1912). Vom Start weg kombinierten sie ihre Werkstatt mit einer Schleiferei und einem Warenhaus, um so ihren Wettbewerbsnachteil auszugleichen. Brookes & Crookes war ein Nachzügler in einer Zeit, als sich die anderen berühmten Großen von Sheffield wie Joseph Rodgers & Sons oder George Wostenholm längst etabliert hatten. Nachdem sich Brookes bald in den Ruhestand verabschiedet hatte, machte Crookes zuerst allein weiter, ehe er seine Söhne in die Firma holte. Als Markenzeichen wählten sie das Symbol einer Glocke. Und das bildete schon bald das Erkennungszeichen für außerordentlich gut verarbeitete Artikel, die ab Ende der 1860er-Jahre auf mehreren Weltausstellungen mit Goldmedaillen geehrt wurden. Weil Crookes nicht auf schiere Massenfertigung setzte, kam das als »Atlantic-Werke« bekannte Unternehmen selbst in seiner Blütezeit mit höchstens 200 Arbeitern aus. Zu den Spezialitäten gehörten aufwendige Springmesser und trickreiche Taschenmesser – so erhielt Brookes & Crookes das Patent auf die später von aller Welt kopierten Schrotpatronen-Auszieher-Messer. Nach dem Ersten Weltkrieg aber ereilte Brookes & Crookes das Schicksal der meisten Sheffielder Hersteller, nämlich das eines langsamen Verfalls. Zwar konnten die Atlantic-Werke ihren althergebrachten Fertigungsmethoden länger treu bleiben als die meisten Mitbewerber, doch Ende der 1950er-Jahre war endgültig Schluss.

Brooksbanks, Abram; Malinda Street, Sheffield. Um 1849-64.
1847 gegründet, hatte die mit Lederhandel befasste Familie des Firmeninhabers ursprünglich keinen Bezug zum Messerbau; Abram Brooksbank war der Erste und blieb der Materie bis zu seinem Tod im Jahr 1896 treu. Vor allem Küchenmesser und Klappmesser mit geraden Schneiden. Markenzeichen: Das Symbole einer Kanone, umfasst von den Worten »REAL DEFIANCE KNIFE« (Real = echt, Defiance = Herausforderung). Die Firma ging um 1932 in den Besitz der »Eye Witness Works« (= Augenzeugen-Werke) über, blieb aber bis 1965 im Sheffielder Handelsregister.

Broomhead & Thomas; Sheffield, England. Keine weiteren Angaben.

Broomhead, Geo. ; 41 Bailey Street, Sheffield. Um 1852.

Broomhead, M. ; 56 Burgess Street, Sheffield.

Brown, Edward; Henry Street, Sheffield. Um 1856-65.

Brown & Son; Grey Street, Newcastle. Keine weiteren Angaben.

Brown, John & Co. ; Atlas Works, Sheffield. Um 1875.

Brown, Walter & Frank; Hollis Croft, Sheffield. Um 1870.

Brumby & Middleton; zwei Adressen: 11 George Street u. 10 Howard Street. Um 1849-70.

Buck Brothers, John, Charles und Richard; Worcester, Massachusetts, USA. Keine weiteren Angaben.

Buck Brothers; Pennsylvania, USA. Keine weiteren Angaben.

Buck Knives; San Diego, Kalifornien.
Einer der bekanntesten US-Hersteller, heute berühmt durch sein Klappmesser Modell 110, das eine ganze Generation so genannter Foldern (zu deutsch: Faltern) prägte und nach wie vor Maßstäbe in Sachen Qualität setzt. Buck baute auch Messer mit Bowie-Klingen. Der Gründer des Unternehmens war der Schmied Hoyt Heath Buck, der um 1900 in Washington und Idaho alte Hacken und Beile auffrischte, indem er ihre Schnittpartien mit geschmolzenem Stahl von alten Hufraspeln bestückte. Irgendwann fragte ihn einer seiner zufriedenen Kunden, ob er ihm ein Messer bauen könne. Als ihr Sohn Alfred nach seiner Dienstzeit bei der US-Küstenwache in Kalifornien blieb, zogen seine Eltern zu ihm. Der Vater überredete den Sohn, mit ihm in den Versandhandel seiner handgefertigten Messer einzusteigen. Im »Iron-Mistress«-Boom fertigten sie auch einige mit Lederscheiben-Griffen ausgerüstete, wuchtige Bowies, die dem Messer von Kinoheld Alan Ladd glichen. Doch meistens bauten sie Jagd-, Angel- und Outdoor-Messer mit Drop-Point und Bowie-Klingen. Dafür verwerteten alte Feilen und die Blätter von Schreddern; die Griffe fertigten sie aus dem glatten Lucite-Kunststoff, den es in allen Farben gab. Die Wahl dieses Plastik-Materials war bahnbrechend für die

Mitte des 20. Jahrhunderts, in der sonst kein allein arbeitender Hersteller derlei benutzte. Ende der 50er-Jahre stieg Alfreds Sohn Charles T. »Chuck« Buck in das Geschäft ein. Zusammen mit seinem Vater gründete er 1961 die Firma Buck Knives, die bis heute existiert. Dabei schreckten sie zu Beginn auch nicht davor zurück, mittels alter Familienkutsche landauf, landab die Händler abzuklappern. Das Duo entwickelte das bis heute gebaute Grundsortiment des Buck-Programmes, zu deren feststehenden Modellen auch die beiden Bowie-Versionen »General« und »Special« gehören. Die Buck-Werke zeigten als erstes US-Unternehmen, dass sich hochwertige Klingen und Griffe aus modernen Werkstoffen wie glatten Phenolharz-Kunststoffen und Aluminium sehr wohl vertrugen. Als strenggläubige wiedergeborene Christen hielten (und halten) die Bucks es nicht mit ihrer Moral für vereinbar, minderwertige Ware zu verkaufen. Lange Jahre vernichteten sie alle Messer, die nicht ihren Ansprüchen genügten. Und heute gehen alle Messer mit kosmetischen Fehlern an Missionare in der Dritten Welt. Die Firma selber gilt als eines der berühmtesten US-Unternehmen im Messersektor.

Bunting, R. & Sons; zwei Adressen: 39 Regent Street und Howard Street, Sheffield. Um 1837-68.

Bereits seit 1825 als Feder- und Taschenmessermacher tätig, verlegte sich Robert Bunting seit 1833 vor allem auf Messer für den amerikanischen Markt: Er lieferte als einer der ersten Bowies nach Übersee. In den 30er-Jahren bildeten »Selbstverteidigungs-Messer« eine seiner Spezialitäten, später kamen natürlich Bowie-Messer hinzu. Die Firma schloss 1883 ihre Pforten.

Burch, William; 9 Osborn Street, Sheffield. Um 1838.

Burdekins & Greening; 12 Norfolk Lane, Sheffield. Um 1849-59.

Burger & Brothers; Richmond, Virginia. Um 1859-62.

Unter anderem Schleifereibetrieb, dazu (Bowie-) Messer- und Sägenmacher, Letzteres zeitweise mit Boyle, Gamble and MacFee.

Burgon & Ball; Malin Bridge, Sheffield. Um 1874.

Burkinshaw, Joseph; zwei Adressen: 5 Lambert Street und Duncombe Street, Sheffield. Um 1852-76.

Burkinshaw Knife Company; Pepperell; Massachusetts. Ungefähr 1853-1923.

Burley, Benjamin; 23 Bailey Street; Sheffield. Zirka 1836.

Burley, James & George; 5 Eyre Lane, Sheffield. Um 1848-52.

Burnand, James & Sons; Leicester Street, Sheffield. Um 1850 bis 1920er-Jahre.

1850 gegründet, verfügte Burnand über eines der wohl auffälligsten Markenzeichen: Die Zeichnung eines muskelbepackten, messerbewehrten Indianerkriegers über dem Schriftzug »SELF DEFENCE« (Selbstverteidigung). Natürlich legt dies nahe, dass Burnand vor allem die Vereinigten Staaten im Visier hatte. Das Werk fertigte Bowies, Jagdmesser, Dolche, Schlachtermesser, Macheten und andere Hauer für Busch und Dschungel. Außerdem lieferte man auch nach Südamerika und Indien, ehe man in den 1920er Jahren aufgab. Tweedale vermutet, dass Wostenholm die Überbleibsel übernahm. Jedenfalls würde dies erklären, wieso in den Archiven dieses Unternehmens Tusche-Zeichnungen mehrerer Burnand-Bowies aus der Mitte des 19. Jahrhunderts überleben konnten. Diese in akkurater englischer Schreibschrift beschrifteten Blätter verraten viel über die Fertigungsmethoden in der Mitte des 19. Jahrhunderts. So kamen die Burnands mit polierten Klingenspiegeln, aber satinierten Schneiden (»glazed«). Die Klingen besaßen eine stumpfe Rückenschneide von ungefähr einem Drittel der Gesamtlänge. Burnand verwendete »verbessertes Hirschhorn-Imitat« und besaß ein Patent über eine Vorrichtung, die das Messer in der Scheide arretierte: Auf der Quartseite der Klinge saß am Ricasso ein wippenförmig gelagerter Haken, der in der Scheide einrastete. Um das Messer zu lösen, musste man einfach den unten am Griff anliegenden Knopf am anderen Ende der Arretierung drücken. Auch über die Scheiden erfährt man einiges: Burnand sah für ein Modell braunes Leder vor, im Ortbereich zweilagig – dies anstelle eines Beschlagteiles. Zur Scheide gehörte auch eine »lange Schlaufe« (long loop) und ein »Halteriemen« (strap), um den runden Griff festzumachen..

Burnell, William; 2 Randall Street, Sheffield. Um 1876.

Burton, Thomas; 21 Hermitage Street, Sheffield. Um 1835.

Burys & Co.; Regent Works, Pennistone Street, Sheffield. Um 1850.

Butcher, William & Samuel; Sheffield, England. 1819-1959.

Einer der wichtigsten Hersteller von Bowie-Messern aus der Zeit vor dem US-Bürgerkrieg – aber nicht nur das. Denn die beiden Butcher-Brüder spielten im englischen Messerbau eine Sonderrolle. Sie beschränkten sich nicht auf die Schneidwarenfertigung, sondern stellten auch Feilen und Werkzeuge aller Art her – und widmeten sich seit 1822 erfolgreich der Produktion von Fliessgussstahl. Die Butchers stammten aus einer alteingesessenen Sippe, deren erste Mitglieder sich vor Ort schon zu Beginn des 18. Jahrhunderts nachweisen lassen. Und sie verdankten ihren Erfolg fast ausschließlich dem Handel mit den USA. Das standardmäßige Markenzeichen des Unternehmens bestand in einem liegenden »B«, daneben ein Pfeil, dann ein Malteserkreuz. Doch sind es vor allem zwei Schriftzüge, angesichts dessen die Frauen von Bowie-Sammlern den Geldhahn zudrehen: Zum einen »WR/W.BUTCHER/SHEFFIELD«, zum anderen »WADE & BUTCHER«. Letzteres hat folgenden Hintergrund: Als sich die Brüder in den USA etablieren, gründeten sie ein Büro in New York, das von einem Mann namens Robert Wade geleitet wurde. Das Werk lieferte sowohl feststehende Bowies wie auch die eher seltenen Versionen mit klappbaren Klingen. Und wie die anderen Unternehmen aus Sheffield verzierte man Klingen und Griffe mit Motiven, die vor allem auf den seinerzeit als vulgär verschrienen Geschmack der Amerikaner gemünzt waren. Dazu gehörten die Pferdekopf-Knäufe ebenso wie die in die Klingenflanken geätzten, patriotischen Schlagwörter. Anno 1860 verdienten die Gebrüder Butcher ungeheure Summen mit den Südstaaten und dem Wilden Westen: Das Werk beschäftigte ungefähr 1000 Personen – wohlgemerkt, das ist mehr als bei Wostenholm, den man gemeinhin für jene Zeit als Sheffields größten Fabrikanten ansieht. Doch wie gewonnen, so zerronnen: Nach dem US-Bürgerkrieg sank der Bedarf an britischen Messern schlagartig, außerdem verblichen die Brüder 1869 und 1870. Nach ihrem Tod führte ein Mitglied der Familie das Werk noch weiter, doch konnte (wollte?) er keine Wende herbeiführen: Die einzelnen Abschnitte des über England verstreuten Firmenkomplexes wechselten zum sprichwörtlichen Butterbrot-Preis den Besitzer. Freilich besaß der Name Wade & Butcher als solcher immer noch genug Klang, um Käufer anzulocken. Ein Mitglied der New Yorker Familie Kastor versuchte ihn zu erwerben, um damit meist in Solingen gebaute Produkte zu bestempeln und sie so »aufzuwerten«. Allem Anschein nach stemmte sich ausgerechnet mit George Wostenholm einer der ehedem größten Konkurrenten gegen eine derartige Verramschung eines ehedem bedeutende Solinger Markennamens. Verhindern konnte er es nicht. 1913 übernahm Sigmund Kastor die Rechte. Fünf (so Levine) respektive acht (so Tweedale) Jahre später erwarb das US-Unternehmen Durham-Duplex die alten Fabrikanlagen in der Arundel-Street, um hier Rasiermesser zu bauen. Und als man in den 20er-Jahren in den USA die ersten Jagdmesser aus rostfreiem Stahl zu lancieren versuchte, trugen sie ebenfalls den berühmten Schriftzug »WADE & BUTCHER«. 1959 verließ das letzte Messer dieser legendären Firma das Werk.

Butler, George & Company; Trinity Works, Sheffield. Zirka 1848-1926.
Ein altes Sheffielder Unternehmen – ihre älteste Handelsmarke des »KEY« (Schlüssel) wurde bereits 1681 registriert. 1861 kam noch das »ART«-Zeichen hinzu; die drei Buchstaben standen in einem Kreis. Außerdem führte man das Markenzeichen »CAVENDISH«. Alle Arten von Taschen- und Tischmessern, außerdem gegen Ende des 19. Jahrhunderts Spezialist für galvanisch beschichtete Metallartikel. Man fertigte gelegentlich auch für die königliche Familie; anno 1883 baute Butler ein komplett mit Elfenbeingriffen bestücktes, 600-teiliges Besteck für den Prinzen von Wales. Bekannt war außerdem ihr unter dem Markennamen »KEEN« vertriebenes Rasiermesser. Wechselhafte Geschichte im 20. Jahrhundert: Geschlossen, mit Erfolg neugegründet und mehrfach weiterverkauft, gehört der Markenname Butler's heute einer englischen Firma, die ihn vor allem für Tafelbestecke nutzt.

Butler, John; 207 Portobello Street, Globe Works; Sheffield. Um 1852-80.

Buxton, George; 162 Tudor Street, Sheffield. Ungefähr 1848-56.

Buxton, James; 113 Thomas Street, Sheffield. Um 1848-64.

C

Cabau; Beginn der 1830er-Jahre.
Französischer Messermacher aus Paris, der auch einige extrem aufwendige Kampfmesser zum Verkauf in den Südstaaten fertigte.

Cadman, Thomas R. & Sons; 211 St. Mary's Road, Sheffield. Zirka 1870.
Aus Derbyshire stammender Bauernclan, der im 18. Jahrhundert mit dem Bau von Rasiermessern begann und hauptsächlich diesem Metier bis ins 20. Jahrhundert treu blieb. Marken: »BENGALL« und »SENEGALL«. Die Firma existierte bis 1965.

Caire, Justinian, San Francisco, Kalifornien. 1851-97. *Importeur.*

Calton, C. ; 54 Eyre Lane, Sheffield. Um 1852.

Cam, Charles; Trafalgar Street, Sheffield. Um 1835.

Cameron & Winn. Keine Adresse bekannt.
Lieferte zwischen April und Juni 1862 zirka 452 Bowies an den Staat Georgia.

Camillus Cutlery Company; Camillus, New York, USA.
1892 gründete Charles Sherwood einen kleinen Betrieb zum Bau von Taschenmessern, den er eine Zeitlang an die US-Firma Robeson verpachtete. Kurz nach der Jahrhundertwende verkaufte Sherwood seine Firma an den New Yorker Großimporteur Adolph Kastor & Bros, der das Werk in Camillus Cutlery Company umbenannte – so heißt es heute noch. Unter anderem bekannt als einer der Hersteller des wohl bekanntesten amerikanischen Militärmessers seit dem Zweiten Weltkrieg, dem im Volksmund nach dem ursprünglichen Hersteller als »Ka-Bar« bekannten »USMC 1219C2 / Navy Mark II« mit der Bowie-Klinge, dem charakteristischen Lederscheibengriff in Spindelform und den fünf rundum laufenden Querrillen.

Cliffe (auch Clifft), Jesse; Marksville, Avoyelles Parish, Louisiana, zirka 1823-30.
Untrennbar mit der Legende des Ur-Bowie verbundener Name. Um 1800 im Pittsylvania County (Landkreis) von Pennsylvanien geboren, soll er in Louisiana als Schmied gearbeitet haben. Lebte den regionalen Überlieferungen zufolge zeitweise in der Nähe des Bowie-Clan. Angeblich baute er wenigstens ein Messer für Rezin Bowie. Nach 1830 in Texas.

Camm, Bagshaw & Co. ; Queen's Road, Sheffield. Zirka 1850-1925.

Cantrill, Joseph; BathYard, zwei Adressen: Green Lane & 7 Eldon Street (um 1856) , Sheffield. Um 1853-1875.

Cantrell, William; Washington Works, Sheffield. Zirka 1851-75.
Subunternehmer oder Arbeiter für Wostenholm, den Eigner der Washington-Werke?

Carlisle, William; 23 Orchard Lane, Sheffield. Um 1850-67.

Carr, J. & Riley; Bailey Lanes Work, Sheffield. Um 1870-1925.

Carr, Stephen; Green Lane, Sheffield. Um 1834
Diese Jahresangabe findet sich bei Palmer wie auch bei Kenneth Burton. Falls Carr da schon Bowies gefertigt haben sollte, wäre das sehr früh – der Name »Carr« findet sich jedenfalls nicht unter den frühen Bowie-Produzenten aus Sheffield. Und Tweedale listet ihn nicht.

Cartwright, M. ; Pea Croft, Sheffield. Um 1836.

Case, W.R. & Sons Company; Bradford, Pennsylvania.
Heute vor allem als Hersteller von exquisiten Taschenmessern für Sammler bekannt, baute das Werk im Zweiten Weltkrieg unter anderem zeitweise das Survival-Bowie für Piloten, basierend auf der Collins-Bowie-Machete No. 18.

Casson, James & Son; 20 Garden Street, Sheffield. Um 1870.

Castor, Adolph; 242 Rockingham Street, Sheffield. Um 1878.
Nicht klar, inwieweit es sich da um ein Mitglied der Köster/Kastor-Familie handelte, die sich von Amerika aus im internationalen Messer- und Metallwaren-Handel etablierte.

Cawton, Thomas; zwo Adressen: 13 Broomspring Lane und 43 Radford Street, Sheffield. Um 1848-76.

Cecil, John; 19 Norfolk Lane, Sheffield. Um 1850-65.

Champion & Company; 169 Broad Lane, Sheffield. Zirka 1849-61.
Gegründet 1791, geschlossen 1995, genoss Champion im 19. Jahrhundert vor allem wegen seiner Scheren einige Popularität.

Chevalier, John D. : 360 Broadway, New York, USA. Um 1835-59, firmiert ab 1861/62 als **John D. Chevalier & Sons**.
Taucht in den New Yorker Akten unter vielen verschiedenen Adressen auf. Ursprünglich Instrumentenmacher für Zahnärzte, baute er für die Gebissklempner noch Praxisstühle und falsche Zähne. 1852-55 betätigte er sich auch als Messerschmied. Die bis dato bekannten Chevalier-Bowies bestechen durch exzellentes handwerkliches Können. Einige davon tragen seinen Namen und die Adresse »360 BROADWAY«, andere präsentieren die Inschrift: »CHEVALIER'S CALIFORNIA KNIFE«. Fertigte eins der schwersten und klotzigsten Bowies seiner Zeit; die Klinge des mit klassischer Hechtklinge und auffällig breiter, ovaler Hohlbahn bestückten Messers fiel über 12 mm dick aus. Dazu passend wog das 44 cm lange Trumm mit dem im Elfenbeingriff eingelegten Silberpfeil satte 1130 g!

Chobert, L.; zwei Adressen: Rue Lafayette 16 und R. Taitbout 27, Paris, Frankreich. Keine weiteren Angaben.
Möglicherweise einer jener wenigen französischen Meister-«Couteliers», die für die Pflanzeraristokratie des amerikanischen Südens aufwändige Bowies anfertigten.

Christie, James & Sons; 246 West Street, Sheffield. Um 1872.

Clarenbach & Herder, Philadelphia, Pennsylvania 1847-71, dann **L. Herder & Son**, ab 1879 **Charles Herder**, heute bekannt als **Herder's**.
Mit Clarenbach & Herder gestempelte Bowies sind nachweisbar; ob das Unternehmen nach 1870 noch auf diesem Feld tätig war, ist offen.

Clarke, Daniel; Middle Ward, Philadelphia, Pennsylvania. Um 1850.

Clarke, John & Son; Harvest Lane, Neepsend, dann ab 1914 Mowbray Street, Sheffield.

1848 gegründet, ging das Werk unter Leitung von Thomas Clarke, dem Sohn des Firmengründers, seinen besten Zeiten entgegen. 1873 übernahm man das Geschäft und die Warenzeichen von William Rodgers (1830 gegründet). Nach diesem Zeitpunkt gefertigte Messer mit »Wm. RODGERS« und dem mit dem Symbol eines Wiegemessers Logo kombinierten Spruch »I.CUT MY WAY« (Ich schnitt mir meinen Weg) stammen also von Clarke. Zu deren eigenen Markenzeichen gehörten das 1856 geschützte »N.E.V.A.« (in englischer Schreibschrift), das Wort »EXPRESS« und das Symbol eines Ringes. Clarke & Sons fertigte eine breite Palette von Schneidwaren, neben Rasiermessern, Tafelmessern und Tranchierbestecken gehörten auch Bowies dazu. Ein exquisites Muster mit einteiligem, geschnitztem Elfenbeingriff und per Rankenornament-Ätzung verzierter Klinge liegt in Sheffield Cutler's Hall.

Clarke, Shirley & Co. ; Eyre Lane, Sheffield. Um 1865.
Clarkson & Co. ; 106 Main Street, Richmond, Virgina, CSA. Zirka 1861. Firmiert auch unter **Clarkson, Anderson & Company**.

Zu Beginn des Bürgerkriegs bewarb das kurzlebige Unternehmen mehrfach Pistolen und Schneidwaren mit Annoncen wie »In Virginia hergestellte Bowie-Messer zu herabgesetzten Preisen«.

Clayton, George; zwei Adressen: 5 Love Street und 7 Workhouse Lane, Sheffield. Um 1850-63.
Clement Cutlery Company; Northampton, Massachusetts, USA. Um 1855.
Clifton & Company; Meadow Street, Sheffield. Um 1882.
Close, Joseph; Broad Street, Sheffield. Um 1839.
Cocker Brothers; Fitzalan Works, Sheffield. Zirka 1858.
Cocker, Joseph; 21 Pond Street, Sheffield. Ungefähr 1838.
Cockerill, John; Aetna Works, Sheffield. Keine weiteren Angaben.
Coe, John & Co.; Albion Works, Sheffield. Zirka 1850.
Coe, John; zwo Adressen: Burgess Street und 18 Green Lane, Sheffield. Um 1847-73.

Möglicherweise handelt es sich bei den zwei Vorgenannten um ein und dasselbe Unternehmen.

Coldwell, John; 74 Osborne Street, Sheffield. Um 1836.
Colley, Lancre, Frankreich. Keine weiteren Angaben.
Collins & Company; Hartford (Collinsville), Connecticut, USA. 1826-1966.

Von Samuel W. Collins, Daniel C. Collins und William Wells gegründet, kennt man Collins & Company vor allem für ihre Pflugscharen, Äxte und Macheten. Ihre Buschmesser waren weltweit so bekannt, dass die Solinger Hersteller schon um 1850 Nachbauten davon als »Collins-Hauer« vermarkteten. Im Bürgerkrieg kamen Degen- und Säbelklingen hinzu, allem Anschein nach, so Peterson, sah diese Zeit auch die begrenzte Fertigung von Messern. Später wurden einige Collins-Modelle von den US-Streitkräften offiziell reglementiert. In Zusammenhang dieses Buches wichtig: 1934 führte die als Model No. 18 bekannte Collins-Bowie-Machete als Teil der Überlebensausrüstung für Piloten ein. Das gut 35 cm lange Messer wurde später auch von den US-Firmen wie Case, Western und Kinfolks gebaut; außerdem gab es australische Kopien davon; zum Teil mit D-förmigem Griffbügel. Da einige im Pazifik stationierte Einheiten der US-Marineinfanterie solche Messer im II. Weltkrieg führten (die bekannteste: Carlson's 2nd Marine Raiders), tauchten inzwischen auch schon Stücke mit »USMC«-Stempelung auf – das sind Fälschungen (USMC = United States Marine Corps). Collins gilt den Recherchen von Levine zufolge wohl als das erste US-Unternehmen, welches in großem Stil Griffe aus aufeinandergepressten, verleimten und anschließend geschliffenen sowie polierten Lederscheiben anfertigte – gut 50 Jahre, ehe die Firma Marble's dies um 1900 herum zu einem ihrer Markenzeichen und somit hoffähig machte. Freilich ist dies keine amerikanische Erfindung: Finnische Messer zum Beispiel haben diese Griffe schon seit Jahrhunderten.

Colquohoun & Cadman, Sylvester Works, Sheffield. Um 1870.
Colver Brothers, Pilot Works, Sheffield. Ungefähr 1860.
Colver, Joseph; Willey Street, Sheffield. Zirka 1850.
Confederate States Armory; Kenansville, North Carolina, CSA. 1861-65.
Congreve, Charles; Sheffield, Zirka 1865.
Conning, James; Mobile, Alabama, 1840-71.
(Messer-Importeur und Blankwaffenbau).
Cook & Bros. , New Orleans, Louisiana, später Athens, Georgia. Bürgerkriegszeit.

Die beiden Briten Ferdinand W.C. und Francis Cook bauten zu Beginn des Bürgerkrieges einige Tausend nach britischem Vorbild gestaltete, für Minié-Geschosse eingerichtete Vorderlader-Gewehre, -Musketons und -Karabiner für die Südstaaten. Als die US-Armee zum Mississippi vorrückte, verlegten die Cook-Brüder ihre Produktion nach Athens. Levine listet sie auch als Hersteller von Bowie-Messern.

Cook, William & Sons, Washford Road, Sheffield. Zirka 1861.
Cooper, Robert; 15 Bailey Lane, Sheffield. Um 1852.
Copley, John & Sons; 107 Creswick Street, Sheffield. Um 1876-1924.

1821 gegründet, bis in die 1930er-Jahre tätig. Dreizeiliges Markenzeichen: »JOHN COPLEY & SONS/SHEFFIELD/XX«.

Corby, I. ; Sheffield. Zirka 1850-66.
Corsan, Dentin; Burdekin & Company, Sheffield. Keine weiteren Angaben.
Cotton, W.M. ; Leominster, Massachusetts, USA.
Coulson, Jukes & Co.; Sheffield. Keine weiteren Angaben.
Cousins, John; 31 School Croft, Sheffield. Um 1852-63.
Courtney, Tennent & Co. ; Charleston, South Carolina. Zirka 1856-64.
(Schneidwaren-Importeur und -Handel).
Cowne, James; 18 Holly Street, Sheffield. Um 1839.
Cowlishaw, Richard; 31 Orchard Place, Sheffield. Zirka 1850-63.
Cox, James; 58 Solly Street, Sheffield. Um 1834.
Cranswick, London. Um 1870.
Crawshaw, James; 39 High Street, Sheffield. Um 1838.

Tätig von ungefähr 1817-50, waren anspruchsvolle Taschenmesser das Fach von James Crawshaw. Er gilt als Erfinder des »Lobster« (Hummer)-Klappmessers, bei dem zumindest vier Klingen von einer einzigen Feder gestützt werden. Anders als bei gängigen Taschenmessern saß die Feder nicht im Griffrücken, sondern längs in der Mitte; außerdem waren die Enden geschlitzt, um auf wenigstens vier Klingen wirken zu können. Crawshaw ließ sich diese bis heute verwendete Bauweise nie patentieren.

Crenshaw, Lewis; Hope Hull (Montgomery), Alabama, CSA. Im US-Bürgerkrieg.
Schmied und Messermacher.
Crookes, A. ; 31 Pea Croft, Sheffield. Um 1837.
Crookes, H. & Co. ; Sheffield. Zirka 1835.
Crookes, G. ; zwo Adressen: 2 Anson Street und 95 Norfolk, Sheffield. Um 1849.
Crookes & Co. ; Sheffield. Um 1836-67.
Crookes, J. ; Chapel Yard, Bow Street, Sheffield. Um 1835.
Crookes, Jonathan & Son, mehrere Adressen: Rockingham Lane, Bailey Lane, 89 Idon Street, Sheffield.

Kein großer Hersteller, aber einer, der eine Sheffielder Legende schuf: Er erfand und baute im Auftrag von Joseph Rodgers das 1822 erstmals vorgestellte »Jahresmesser« – ein prachtvolles Schaustück in Form eines

Kreuzes mit genau 1822 einzelnen Klingen. Seitdem im Turnus von fünf Jahren um zusätzliche Kneips ergänzt, steht dieses einzigartige Messer bis heute im Guinness-Buch der Rekorde. Ende der 1820er-Jahre machte sich Jonathan Crookes selbstständig und sicherte sich das Warenzeichen einer gespannten Pistole und eines querstehenden Herzens, das ein bisschen aussicht wie aus der Mündung entweichender Pulverqualm. Laut Sheffield-Fachmann Tweedale datiert das Warenzeichen bereits von 1780. Doch dasjenige von Jonathan Crookes zeigt eindeutig eine Perkussions-Taschenpistole vom Typ Terzerol – etwas, das es im 18. Jahrhundert definitiv noch nicht gegeben hat. Möglicherweise hat Crookes ein altes Zeichen modernisiert. Irgendwann nach seinem Tod anno 1888 und dem Beginn des Ersten Weltkriegs übernahm Rasierklingen-Hersteller Joseph Allen den Markennamen von Crookes, vielleicht auch seine Werkstatt. In den 1950er-Jahren erwarb H.M. Slater das Crookes-Markenzeichen. Jedenfalls prangt dieses Zeichen auf allen Arten von Messern, darunter auch Bowies. Crookes Name findet sich auf typischen Cowboy-Bowies der Ära 1880 bis 1930 – sie müssen also zum Teil wohl auch von Allen gefertigt worden sein. Mal handelt es sich da um gängige Stücke mit Mittelspitzen-Dolchklinge, Beingriffen und ovaler Parierstange, mal um ein eher unübliches Muster, die eine Entenschnabelspitze mit einem spindelförmigen, rundum mit Fischhautmuster versehenen Griff kombinieren, der mit seiner Zwinge und wegen der fehlenden Parierstange entfernt an den Griff eines finnischen »Puukko« erinnert.

Crookes, Roberts & Co. ; Shorehm, Street, Sheffield. Zirka 1874.
Crossland, John; Eclipse Works, New George Street, Sheffield. Um 1868-1924.
Crossland; John; Parkhill Lane. Firmierte ab 1856 unter Crossland & Turton. Zirka 1948-1880.
Cryer, John; Lambert Place, Sheffield. Zirka1835.
Cutsworth, P. ; 70 South Street, Sheffield. Um 1836.
Cutler, H. & Son & Chambers; Castle Hill, Sheffield. Um 1840-62.
Cutts; I.P. & Sons; Sheffield. Keine weiteren Angaben.

D
Dalton, George; 102 Wellington Street, Sheffield. Zirka 1847-60.
Darling, John; Forge Lane, Sheffield. Zirka 1834.
Davy, Abraham; Brookhall Street, Sheffield. 1856 Wechsel der Firmenbezeichnung – jetzt **Davy, Abraham & Sons**. Headford Street, Sheffield. Ungefähr 1836-70.
Davy, David; Exchange Works, Egerton Street, Sheffield. Zirka 1876.
Day, Thomas; Bellfield Street, Sheffield. Zirka 1835.
Deakin Brothers; 28 Challenge Alley, Sheffield. Um 1848-64.
Deakin, George & Co. ; 28 Eyre Street, Sheffield. Um 1847-70.
Deakin, Sons & Co.; Tiger Works, West Street, Sheffield. 1868-1908.
Konzentrierte sich vom Fleck weg auf den spanischen und lateinamerikanischen Markt, wohin man alle Arten billiger Rasier-, Taschenmesser sowie Dolche und Messern mit Dolchklingen lieferte. Markenzeichen: Ein gehender Tiger oder ein Tigerkopf, darunter ein Pfeil, darunter in Großbuchstaben »TIGER«.
Deacon, James & Sons, Matilda Street, Sheffield. Um 1865.
Denton, Corsan & Sons; Sheffield. Ungefähr 1850.
Derby John & Sons; 260 Phillips Road, Sheffield. Um 1845.
Dickinson, E.M.; Murray Works, mehrere Adressen: Division Street, Rockingham Street, Arundel Street, Sheffield. Ab ungefähr 1880.
Edwin Dickinson arbeitete zuerst als Handelsvertreter einer anderen Messerfirma, ehe er sich selbstständig machte. Alle Arten von Messern, auch Bowies und Dolche. Unter anderem auch »Hunting Bowies« im Stil der US-Firma Marble's. Fertigung bis Ende der 1930er-Jahre. Bekanntestes Warenzeichen: Das Bild einer Schraube, mitunter ergänzt um den Schriftzug »E.M. DICKINSON/SHEFFIELD«. Weitere Trade Marks: »INVICTA« und »EL DORADO«.
Didsbury, Richard; 21 Smithfield, Sheffield. Um 1835.
Dixon, James & Son; Cornish Place, Sheffield. Ab 1830.
In der Viktorianischen Zeit eines der größten Sheffielder Unternehmen, neben Messern aller Art auch spezialisiert auf die Entwicklung diverser Legierungen und den Bau feinster Luxusartikel für herrschaftliche Tafeln. Außerdem Schießsportzubehör wie Pulverflaschen, Wiederladezangen u.ä.m.). Als sich in den 1950er-Jahren rostträge Stahlsorten durchsetzten, ging es mit Dixon bergab; in den 1990er-Jahren war Schluss. Markenzeichen: Eine wimpelbewehrte Fanfare und das Wort »DIXON«, mitunter auch beides zusammen – dann aber stehen die fünf Lettern des Wortes jedes für sich auf kreisförmigem, schwarzem Grund.
Dobson, Anthony; 63 Hollis Croft, Sheffield. Um1835.
Dobson, John; 7 Trinity Street, Sheffield. Um 1835.
Dodds, Henry; 21 Division Street, Sheffield. Ungefähr 1846-60.
Dodge, J.R. ; »Just Judicato«, Sheffield. Keine weiteren Angaben.
Dodge, N. & R. ; 68 West Street, Sheffield. Um 1848-60.
Dodge, Simon F. ; Winchester, Virginia, CSA. Um 1863.
Baute Bowie-Messer für die konföderierte Armee..
Dodworth, James & Co. ; Bolsover Street, Sheffield. Ungefähr 1850-62.
Dodworth, Joseph; zwo Adressen: 20 Chester Lane und 57 Eldon Street, Sheffield. Um 1856-70.
Dodworth, Matthew; 83 Carver Street, Sheffield. Um 1839.
Dore, John; 37 Lambert Street, Sheffield. Um 1834.
Dove & Company; 30 White Building, Sheffield. Um 1868.
Drabble, Charles B. ; Fitzwilliam Street, Sheffield. Um 1836.
Drabble, Enoch; 28 Bailey Street, Sheffield. Um 1838.
Von der Firma ist laut Tweedale bekannt, dass sie sich schon recht früh auf Bowies spezialisierte. Nähere Informationen fehlen hingegen.
Drabble, George & Co.; 27 Carver Street, Sheffield. Ungefähr 1850-63.
Drabble, James, Orchard Works, Orchard Lane, später **Trafalgar Works**, Trafalgar Street, Sheffield. Zirka 1862-1888.
Eines der ersten Werke, das soweit wie möglich auf maschinelle Produktion umstellte. Alle Arten von Messern, darunter auch Bowies mit in die Klinge eingeätzten Wahl- und Sinnsprüchen wie »NEVER DESPAIR« (niemals verzweifeln), »A SURE DEFENCE« (eine sichere Verteidigung), »DRAW ME NOT WITHOUT OCASSION / SHEATHE ME NOT WITHOUT HONOR« (Ziehe mich nie ohne Anlass, stecke mich nie ohne Ehre zurück). Der Spruch ist eine Übersetzung des spanischen Mottos »No Me Saques Sin Razon / No Me Embaines Sin Honor«. Das findet sich übrigens auch bei einigen raren Bowies, die für den mexikanischen Markt bestimmt waren.
Drabble, John; 19 Garden Street, Sheffield. Um 1839.
Drew, J. & Sons; zwei Adressen: 33-37 Picadilly Circus, 156 Leadenhall Street, EC London. Keine weiteren Daten.
Dufilho, Alfred H. ; New Orleans, Louisiana, USA. 1853 bis um 1878.
1833 in Paris geboren, wanderte der Messerschmied und auf den Bau chirurgischer Instrumente spezialisierte Handwerker in die Neue Welt aus. Starb 1907 in New Orleans.

E
Eades, William; Lambert Street, Sheffield. Um 1834.
Eadon, Moses & Sons; President Works, Sheffield. Um 1875.

Easterbrook, Allcard & Co.; Penistone Road, Sheffield. Um 1870.
Eaton, Jacob; 5 Copper Street, Sheffield. Ungefähr 1836.
Eaton, Thomas W. & co.; zwo Adressen: 43 Radford Street und New Church Street, Sheffield. Zirka 1849-52.
Edwins Celebrated Cutlery; Sheffield.
Eickhoff, August; New York. Um 1848-1900. *Messerschmied.*
Ellin, Thomas & Co.; 273 Arundel Street, Sheffield. Um 1850-1920.
Ellin, Thomas & Co.; Sylvester Works Sheffield. Um 1860-1920.
Die Firmengeschichte reicht zurück bis 1779, als ein Mann namens James Ellin nach dem Tod seiner jungen Frau plötzlich verschwand. Zurück blieben vier Söhne, die daraufhin in die Obhut ihres Großvaters kamen. Und der ließ sie zu Messerschmieden ausbilden. 1792 beendete Thomas Ellin, der Älteste, seine Lehre, 1797 heiratete er die Tochter seines Partners Joseph Oldale, mit dem er seine Firma eröffnete. 50 Jahre später saß Thomas Ellin & Co. in den Sylvester-Gärten der Arundel Street, allem Anschein nach eins der ersten Unternehmen der Stadt, das seine Maschinen mit Dampfkraft antrieb und zum Schneiden von Elfenbein, Horn und Knochen spezielle Kreissägen einsetzte – sozusagen die Vorläufer der modernen Oberfräse. Zu Ellins umfassendem Sortiment gehörten auch Bowies. Um 1850-60 baute er etwa Stücke mit zweiteiligen Besteckgriffen aus Neusilber, eines davon kam 1997 bei der bis dato größten Bowie-Auktion (der Versteigerung der Williamson-Sammlung im Januar 1997 bei Butterfield & Butterfield) unter den Hammer. Solche Messer stempelte das Werk schlicht mit »THOMAS ELLIN/SYLVESTER WORKS/SHEFFIELD«. Allerdings fanden sich auch noch folgende Stempelungen auf seinen Artikeln:
»TRADE MARK/«
darunter: Motiv von Schmied an Amboss/
»VULCAN«,
»TRADE MARK/«
Segelschiff-Motiv/
»CUTTER«,
»LACROSSE/«
Schlägermotiv«
(Lacrosse ist ein ursprünglich indianisches Ballspiel, das wie eine Mischung auf Fußball, Tennis und Hockey wirkt.)
Tranchierbestecke mit der Bezeichnung »VULCAN« stammen ebenfalls von Ellin. Das Werk schloss seine Pforten um 1933; das Gebäude gehört heute der Firma J. Elliot & Sons.
Elliot, Tuckey St.; Cork, England. Um 1845.
Elliot, Joseph & Sons; Hollis Croft, Sheffield. Ab ungefähr 1795.
Im 19. Jahrhundert vor allem für seine Tafelmesser bekannt, setzte das Werk erst in der Zeit zwischen den beiden Weltkriegen zu seiner Blüte an. Markenzeichen (seit 1805): Ein spiegelverkehrt abgebildetes »C«, ein Malteserkreuz, dann ein normales »C«. Außerdem übernahm das Werk seit 1902 die Rechte verschiedener Sheffielder Hersteller samt ihren Warenzeichen:
1902: Allen & Son
Um 1921: &John Wigfall
Um 1933: Thomas Ellin & Co, Sylvester Works, Lockwood Bros.
Um 1910(?) John Wilson
Das heißt, dass damit gestempelte, späte Cowboy-Bowies auch von Elliot stammen können. Die Firma bestand bis 1990, als der letzte Direktor mit über 80 Jahren in den Ruhestand ging. Für die an alten Fertigungsmethoden interessierten Forscher war Elliot ein Glücksfall, da man hier noch bis in die 1980er-Jahre Klingen für Jagd- und Taschenmesser von Hand schmiedete und schliff.

Elliott, Richard; zwei Adressen: 86 Wellington Street, seit 1860 in 105 Arundel Street, Sheffield. Um 1850-75.
Von 1819-1892 tätiger Messerschmied, hauptsächlich spezialisiert auf Tafelmesser. Warenzeichen: »EXTRA.« Nach seinem Tod anno 1892 übernahm die Firma John Sellers die Recht an Namen und Warenzeichen.
Ellis, D.; Steel House Lane, Sheffield. Um 1847-68.
Ellis, Isaac & Sons; zwei Adressen: 56 Garden Street, 188 West Street, Sheffield. Um 1845-1925.
Der Beginn der Firmengeschichte reicht möglicherweise bis ins 18. Jahrhundert zurück, doch taucht erst 1839 mit dem Besteckmessermacher Isaac Ellis ein nachweisbarer Inhaber auf; das Unternehmen betrieb Herstellung und Handel gleichermaßen. 1851 bei der Großen Londoner Weltausstellung mit einer Medaille geehrt. Markenzeichen (seit 1868): Das Wort »PRIMUS«, mitunter hochkant neben dem Firmenschriftzug »ISAAC ELLIS & SONS/SHEFFIELD«. Laut Tweedale 1932 geschlossen und an Edwin Blyde verkauft.
Elrick, A.; Aberdeen, United Kingdom. Um 1860. (Aberdeen liegt in Schottland).
Elsworth, John & Sons; Malinda Street, Sheffield. Um 1880.
Empire Knife Company; West Winstead, Connecticut, USA. Um 1850.
Achtung: Das Markenzeichen »EMPIRE« gehörte nicht diesem Unternehmen, sondern der US-Firma Voos.
English, J(oseph). & Huber, F.A.; Sheffield Works, Philadelphia, Pennsylvania, USA.
Um dieses Unternehmen gibt es in der Bowie-Literatur früherer Jahre etwas Verwirrung. Wegen der Bezeichnung »Sheffield Works« nahmen viele Autoren an, sie sei in Englands Messerkapitale ansässig gewesen. Doch das stimmt nicht: Zu Beginn des 19. Jahrhunderts gründeten Frederick A. Huber und Henry Huber in Philadelphias Stadtteil Germantown eine Sattlerei und begannen, Reitartikel zu importieren. Von 1826-37 firmierte der Betrieb unter Joseph English & Hubers, Sheffield Works. In dieser Zeit ergänzte man das Sortiment noch um importierte und selbstgefertigte Eisen- und Metallkurzwaren, außerdem entstanden die in US-Sammlerkreisen berühmten English & Hubers-Bowies. Typisch für diese Messer ist ihr im Querschnitt viereckiger, aber von der Seite her entfernt sanduhrförmiger Griff. Der ist üblicherweise auf jeder seiner vier Seiten mit zwei Reihen von je vier Ziernägeln beschlagen. Deren Köpfe stehen wie bei einem modernen Buck-Taschenmesser halbkugelig in die Höhe. Die Klingen besitzen eine Entenschnabelspitze, die Länge ihrer Rückenschneide beträgt ungefähr ein Drittel der Klingenlänge vom Parierstück bis zum Ort – aller Wahrscheinlichkeit nach wandte Huber dieses Element als einer der ersten in der Bowie-Produktion an. Typisch für die Englisch & Hubers-Klingen ist der ballige Schliff, der üblicherweise bis in die Mitte der Klinge reicht. Sammler erkennen die Messer außerdem an ihren Schriftzügen: »J. ENGLISH/ & HUBERS« (linke Ricasso-Seite) und dem im Halbkreis stehenden »SHEFFIELD WORKS« (rechte Ricasso-Seite). Unter der Firmenangabe stehen noch Ziffern wie »2« oder 3«, die sich auf das nach der Klingenlänge benannte Modell bezogen. Typisch für die Scheiden der Messer: Der zur Befestigung eines Koppelschuhs bestimmte Knopf am oberen Scheidenbeschlag (= Mundblech) besitzt die Form eines Eberkopfes. English & Hubers gehörte zu den Firmen im amerikanischen Osten, die schon sehr früh groß in den Bowie-Bau einstiegen. Dies beweist folgende Anzeige aus dem Jahr 1834, die fast für jeden Westerner etwas bot: »Indianer-Tomahawk mit Pfeife und Speer, Indianer-Messer, Biberfallen, Bowie-Messer, Jagdmesser, Hirschhorn-

Griff, 9 $ pro Dutzend; Jagdmesser, Lederscheide, Messingbeschläge, 36 $ pro Dutzend; Jagdmesser, Lederscheide, Ebenholzgriff, Silberbeschläge für 72 $ pro Dutzend; Jagdmesser, Silberscheide, 96 $ pro Dutzend ... » Ungefähr 1837 zog Joseph English nach Newark in New Jersey um. Danach firmierte das Unternehmen wieder für fünf Jahre unter seiner Gründungsbezeichnung: Anno 1842 starb Frederick Huber. Daraufhin führte Henry Huber das Werk allein weiter – wann es seine Produktion einstellte, konnten die Experten bislang nicht klären. Die Zeichnung eines English & Hubers-Bowie dient heute als Logo der amerikanischen Sammlervereinigung »Antique Bowie Knife Association«.

Epworth, Joseph; Arundel Lane, Sheffield. Um 1835.

Epperson, W.C.; USA (ohne weitere Angaben). Um 1850-75.

Etowah Iron Works; Georgia, CSA. Zirka 1861.

Geleitet von Mark A. Cooper fertigten die Etowah-Werke im Bürgerkrieg für die Südstaaten-Einheit »Atlanta Greys« Bowie-Messer, über die es hieß, sie seien »schön beschlagen, von herausragendem handwerklichem Können und mit schönstmöglichem Finish.«

Evans & Co.; London, England.

Eyre, B.J. & Co.; Sheffield, firmiert auch unter **Eyre, Ward & Co.; Sheaf Works**, Sheffield. Um 1850-67.

B.J. Eyre führte seit 1867 das Markenzeichen »CHALLENGE«. Mehr siehe weiter unten bei William Greaves & Sons.

F

Falyon; Edinborough, Schottland. Keine weiteren Angaben.

Farquharson, James & Sons; 22 Rockingham Street, Sheffield. 1870.

Farr, John; 76 Rockingham Street, Sheffield. Um 1836.

Farr, Joseph; 14 Peacroft, Sheffield. Um 1839.

Fenton Brothers; Earl Street, Sheffield. Um 1861.

Bestand von 1856-1938. Hauptsächlich als Silberschmiede tätig, eröffneten John Frederick Fenton und sein Bruder Frank in den 1860er-Jahren auch einen Ausstellungsraum in London. Fertigten in sehr begrenzter Anzahl auch (Bowie-)Messer. Falls das Unternehmen nach 1919 noch derlei gebaut hat, dann tragen sie möglicherweise das Zeichen zweier gekreuzter Klingen ohne Griffe.

Fenton, Ezra; 38 Scotland Street, Sheffield. Um 1839.

Fenton, Joseph & Sons; ab 1870 Sykes Works, Matilda & Eyre Street, Sheffield.

Bereits 1795 gegründet, besteht das seit 1796 geschützte Firmenzeichen aus einem Malteserkreuz und darüber den Buchstaben »WW«, eins davon kopfüber auf dem anderen sitzend. Im letzten Viertel des 19. Jahrhunderts zählte Joseph Fenton & Sons zu den größeren Sheffielder Betrieben: Man unterhielt ein dreistöckiges Werkstattgebäude, in dem zwischen 300 und 400 Personen arbeiteten. Das Werk lieferte in alle Ecken der Welt: Kanada, Australien, Neuseeland, Afrika und China. In Europa versorgte man vor allem das schneidefreudige Irland. Die Firma baute alle Arten von Schneidwaren, hauptsächlich Taschen-, Tafel- und Schlachtermesser sowie Feilen, aber auch Bowies und »Sportsman's Knives« aller Art. 1968 schloss sich das Werk mit Gregory Bros. zu Gregory Fenton Ltd. (Limited, steht für GmbH) zusammen.

Fenton, Thomas; 47 Solly Street, Sheffield. Ungefähr 1840.

Fenton & Shore; zwei Adressen: 46 Division Street und Suffolk Street, Sheffield. Um 1850-70.

Field, Alfred & Co.; Westfield Terrace, Sheffield. Zirka 1869.

Stempelt mit »ALFRED/FIELD &CO/SHEFFIELD«. Bekanntes Stück: Ein Bowie mit glatten, eckigen Hornschalen, Knauf abgerundet, Klinge mit symmetrischer Mittelspitze. Inwieweit hier mehr als nur eine Namensgleichheit mit der New Yorker Firma Alfred Field vorliegt, ist offen. Letztere vertrieb um 1880-90 für ihn gefertigte, gängige Cowboy-Bowies mit Hirschhorn-Griffen und dem Ricasso-Stempel »H. CROMWELL/CRITERION«.

Fielding, John; zwei Adressen: 6 Leadmill Road, Suffolk Street, Sheffield. Zirka 1848-67.

Fistram, Booth & Murray; Sheffield. Um 1850.

Firth, Thomas & Sons; NorfolkWorks, Sheffield. Um 1850-1925.

Fisher, Harry & Co.; Rockingham Street, Sheffield. Zirka 1865.

Fisher, Henry W.; 51 Westbar, Sheffield. Um 1855.

Fitzpatrick, Captain Rees; Natchez, Mississippi, USA.

Geboren um 1808 im Staat Ohio, gestorben 1868 in Natchez. Im Juni 1861 erschien Harold Petersons Recherchen zufolge ein Artikel in der Zeitung »Richmond Examiner«, in dem es um ein von Fitzpatrick konstruiertes Bowie-Messer ging, das sich im Besitz eines Dr. Blackburn befand. Der wollte dies den für Beschaffungsmaßnahmen zuständigen Beamten in Louisville zeigen; Blackburn hielt dieses Messer für ideal, um es als Vorlage für die Seitenwaffen der Soldaten zu nehmen. Ob Fitzpatricks Design tatsächlich in Massen an Milizen oder reguläre Truppen des Südens ging, bleibt strittig – nicht aber das, was der »Examiner« noch berichtete, nämlich dass Fitzpatrick in unmittelbarem Kontakt zu Bowie gestanden hatte. Wie Jesse Clifft (oder Cliffe) und James Black ist auch sein Name untrennbar mit dem Bowie-Mythos verbunden, da er vor seiner Zeit in Natchez wohl schon Mitte der 1830er-Jahre in Baton Rouge arbeitete. Als im Umgang mit Silber und Gold erfahrener Kunsthandwerker arbeitete er dort möglicherweise auch für den Büchsenmacher und Messerschmied Daniel Searles. Vielleicht stammen die Verzierungen eines legendären frühen Bowie-Knifes von ihm – die Inschriften, Gravuren und Griff-Verschneidungen an dem Exemplar, das Rezin P. Bowie bei Searles als Geschenk für den US-Dragonerhauptmann Henry Waller Fowler bestellte (das Messer liegt heute im Alamo-Museum). US-Fachautor R.L. Wilson berichtet von einer aufwändigen Searles-Jagdbüchse im Kaliber .41, deren gravierte Silberbeschläge, darunter eine mit feinsten Durchbrüchen und Rankenornament-Gravuren verzierte »Patchbox« (Kolbenfach), Fitzpatrick beisteuerte. Viele Autoren des 19. und frühen 20. Jahrhunderts behaupten, Fitzpatrick habe Bowies gefertigt. Doch tauchte bis jetzt kein Messer auf, das nur seinen Namen trägt. Wie gesagt: Fitzpatricks Spezialität bestand wohl vor allem im Veredeln von Waffen, im Gravieren und Beschichten. Laut den Recherchen von Bowie-Crack William R. Williamson zählte er im Süden zu den besten Meistern, die sich je mit dieser Kunst befassten. So beherbergt das Mississippi State Historical Museum zwei Präsentations-Degen aus seiner Werkstatt. Einer ging an General Quitman, einen Helden des Amerikanisch-Mexikanischen Krieges (1846-48). Dazu Fitzpatrick: »Das war für mich ein Werk der Liebe, und ich verwendete nahezu den ganzen Betrag (500 Dollar) für das Material. Die feine Damaszener-Klinge und das massive Gold allein kosteten über 300 Dollar. Die Juwelen im Knauf und die Ätzungen der Inschriften und Schlachtenszenen sowohl auf der Klinge wie auch auf dem Futteral waren teuer.«

Flather, David & Sons; Sheffield. Um 1855.

Fletcher, Jarvis; Duke Street, Sheffield. Um 1835.

Ford, J.J.; Milledgeville, Georgia, CSA. Um 1862.

Bowies für den Staat Georgia.

Ford & Medley; Arundel Street, Sheffield. Um 1872.

Foster Brothers; »**Buffalo Cleaver**«, USA. Um 1860-80.

Messer mit der Aufschrift »BUFFALO CLEAVER« und der Darstellung eines Pfeil-durchbohrten Diamanten.

Fowler, Benjamin; Doncaster Street, Sheffield. Um 1839.
Firth, A.H. ; 169 Fitzwilliam Street, Sheffield.Um 1863.
Firth, John; Globe Works; Sheffield. Zirka 1850-70.
Froggat, Thomas; zwei Adressen: 51 Lambert Street, 58 Carver Street, Sheffield. Zirka 1858-73.
Frost, Samuel; 57 Broad Lane, Sheffield. Um 1851-62.
Furniss, B. ; Castle Green, Sheffield. Ungefähr 1849-62.

G

Garfitt, Thomas & Sons; Cross Scythes Works; Sheffield. Zirka 1863.
Garlick, Samuel; Steel Bank, Sheffield. Um 1837.
Gill, A.; Cutlery Works, Sheffield.
Gill, Benjamin; 45 Garden Street, Sheffield. Um 1835.
Gill, Harry & Co.; Chandos Works, Rockingham Street, Sheffield. Um 1868.
Gill, J. ; Percy Street, London. Um 1860.
Gill, William; 4 School Croft, Sheffield. Um 1836.
Gilleland, H. ; Georgia, CSA. Um 1862.
Gillott, John; 12 Coalpit Lane, Sheffield. Um 1848-63.
Gitter & Moss; Beal Street, Memphis, Tennessee, USA. Um 1861.
Gledhill, James; 261 Solly Street, Sheffield. Um 1851-69.
Glossop, Edward; 26 Pea Croft, Sheffield. Um 1835.
Glossop, Henry; 79 Eyre Lane, Sheffield. Um 1839.
Goergen, F. C. ; New Orleans, Louisiana, USA. Importeur, 1849 verschieden.
Gorrill, Robert & Co. ; 16 Holland Street; Sheffield. Um 1868.
Gould, Charles; 39 Pinstone Street, Sheffield. Zirka 1838.
Goulding, William R. ; New York, USA. 1837-53.
Grandy, W. & Co. ; 5 Westhill Lane, Sheffield. Um 1870.
Gravely & Wreaks, New York, Circa 1830er Jahre.
Der Name findet sich auf einem frühen Messer von W. & S. Butcher aus Sheffield. Die New Yorker Handelsregister weisen diesen Namen nicht auf, doch lassen sich Mitglieder der Wreaks-Familie als im Import-Geschäft tätig nachweisen.
Graves, J.G. ; Durham Road, Sheffield. Ungefähr 1869.
Gray, George; Rockingham Lane, Sheffield. Um 1839.
Gray, John D. ; Graysville & Columbus, Georgia, CSA. Um 1862.
Liefert 1862 um 600 Bowie-Messer an den Staat Georgia.
Grayson, John; 43 Scotland Street, Sheffield. Um 1834.
Greaves, Francis; 48 Radford Street, Sheffield. Um 1850-75.
Greaves, Isaac; Sheffield.
Greaves, William. & Sons; Sheaf Works; Sheffield. Um 1849-70.
Seit Beginn des 18. Jahrhunderts lässt sich die Greaves-Familie in Sheffield nachweisen, doch kam sie erst nach dem Ende des Englisch-Amerikanischen Krieges so richtig zum Zug, als sie sich als eines der ersten Sheffielder Unternehmen verstärkt in den USA engagierte. Dies hatte den Recherchen von Tweedale gemäß Folgen: 1823 errichtete William Greaves das erste richtig große Fabrikgebäude Sheffields. Man versorgte die Neue Welt nicht nur mit rauen Massen von Bowies, sondern auch mit Bestecken, Rasiermessern, Feilen, Schärfgeräten, ja sogar mit Federn für Lokomotiven und Waggons sowie mit Stahl. Die Firmengeschichte nach 1850 zeigt sich etwas verwickelt: Die Herren B.J. Eyre und F. Ward kauften den Schneidwarenbereich, T. Turton übernahm den Werkzeugsektor-Sektor. Doch ging das auf Dauer nicht gut, da Turton auch die Rechte an dem bestens etablierten Warenzeichen »Sheaf Works« innehatte. Daraufhin zog B.J. Eyre & Co. um. Aber 1876 musste er verkaufen. Seine New Yorker Niederlassung ging an das dortige Großhandelskaufhaus von Frederick Wiebusch und William Hilger. Einmal dabei, übernahm Wiebusch & Hilger auch Eyres Markenzeichen »CHALLENGE«, das sich auf einigen Cowboy-Bowies findet. Und eigens für dieses Zeichen gründete er 1891 in Bridgeport die Firma »Challenge Cutlery & Co.«. Wenn Tweedales Informationen stimmen, dann heuerte man in Sheffield dafür 130 geschulte Arbeiter an. Und als die in Connecticut eintrafen, brachten sie außer ihren Werkzeugen auch Wasser aus der Heimat mit. Wichtig für Bowie-Fans: Wegen all dieses Drumherums konnten Wiebusch & Hilger bei der Bestempelung der Messer wohl auch den absatzfördernden Zusatz »Sheffield« verwenden.
Green, James & Co. ; 13 Arundel Street, Sheffield. Um 1836.
Green, John; 15 Cooper Street, Sheffield. Um 1839.
Green River siehe John Russell Cutlery Company.
Green, William; 31 Scotland Street, Sheffield. Um 1839.
Gregory, George; 6 Bailey Lane, Sheffield. Um 1839.
Gregory, J. & Co. ; Sheffield.
Gregory, William & Sons; Sheffield.
Zwischen 1843 und 1907 tätige Firma. Markenzeichen: »W/Symbol eines Hammers/G« und die Worte »ALL RIGHT« kombiniert mit zwei gekreuzten Werkzeugen, einer Säge und einem Beil.
Guy John & Co.; Cymic Works, Warren Street; Sheffield..Um 1870.

H

Hadfield, John; 85 Backfield & Jessop Street, Sheffield. Um 1850-70.
Hadfield, Thomas; Duke Street, Sheffield. Um 1836.
Hadfield, Thomas; 6 Cross Smithfield, Sheffield. Um 1834.
Hadfields; Hecla Works; Sheffield. Um 1861.
Hague, Samuel; Devonshire Lane, Sheffield. Zirka 1835.
Hail, F.M. ; Georgia, CSA. Um 1862.
Hales Brothers; Moorfields Works, Snow Lane, Sheffield. Um 1871.
Hall, Charles; zwei Adressen: 100 Fargate und 5 New Church Street, Sheffield (1849). Um 1836-72.
Hall & Co. ; 22 High Street, Sheffield. Um 1873.
Hall & Colley; zwo Adressen: 32 Arundel Street, 9 Eyre Lane. Sheffield (1856). Um 1849-76.
Hall, H.G. & Co. ; zwei Adressen: 22 Norfolk Lane, 8 Union Lane. Sheffield. Um 1852.
Hall, Isaac; 9 Hollis Croft, Sheffield. Um 1852.
Hall, James & Son; 1 Duke Street, Sheffield. Um 1839
Hall, John; 12 Cornhill, Sheffield. Um 1837.
Hall, John & Sons; zwei Adressen: 119 Edward, 119 Cornhill, Sheffield. Zirka 1848-65.
Hall, Joseph; 799 Carver Street, Sheffield. Zirka 1839.
Hall, S. ; 66 Pond Street, Sheffield. Um 1834.
Hall, Thomas; Dyers Hill, Sheffield. Zirka 1838.
Hall & Waterson; 57 Coalpit Lane, Sheffield. Um 1835.
Hall, William; 54 Porter Street, Sheffield. Ungefähr 1848-61.
Hall, William; Alma Works, Sheffield. Um 1872.
Hall, William; 45 Eyre Street, Sheffield. Um 1849-61.
Hallam, James & Sons; 53 Upper Edward Street, Sheffield. Um 1836.
Hallam, James; 6 Castle Hill, Sheffield. Um 1852.
Hallam, Robert; zwei Adressen: 35 Eyre Street, 13 Garden Street, Sheffield (1852). Um 1836-63.
Hammond, George; zwei Adressen: 69 Stanley Street, St. Phillips Road, Sheffield. Um 1848-68.

Hancock & Sons; 25 Cornhill, Sheffield. Um 1850.
Hancock, G.; 15 South Street, Sheffield. Um 1834.
Hancock, H.W. & Sons; 89 New Edward Street, Sheffield. Zirka 1876.
Hancock, Samuel & Son; 55 Peacroft (Mazeppa Works), Sheffield. Um 1836-1924.

Stempelt mit MAZEPPA/S.HANCOCK & SON/PEACROFT WORKS/SHEFFIELD«. Außer Bowies alle Arten von Messern. Der erstmals 1787 benutzte Markenname »Mazeppa« bezieht sich auf den russischen »Hetman« (Kosakenführer) Iwan Mazeppa (1652-1709) und ein daraus abgeleitetes Versepos des englischen Dichters Lord Byron. Hintergrund: Als Page am polnischen Hof verführte Mazeppa die Frau eines Edelmannes. Der Gehörnte ließ den Ehebrecher zur Rache nackt auf den Rücken eines Wildpferdes binden und das Pferd mittels Peitschenknallen und Schüssen so erschrecken, dass es über Stock und Stein durchging. Jedenfalls überlebte Mazeppa die Tortur blutüberströmt. Im Nordischen Krieg (1700-21) verbündete er sich mit dem schwedischen König Karl XII, musste aber nach dessen Niederlage fliehen. Im Wilden Westen feierte das aus seinem Schicksal abgeleitete, leicht anrüchige Bühnenstück »Mazeppa or The Wild Horse of Tartary« Triumphe. In der Schlüsselszene banden die »Tataren« anstelle des ursprünglichen Mannes eine weibliche Heldin rücklings auf ein Pferd und ließen beide durch die Kulissen traben – wobei halb durchsichtige und somit umsatzträchtige Schleiergewänder den Körper der Lady umwehten.

Hancock, William; Upper EdwardStreet, 120 Solly Street, Sheffield (1852). Um 1837-69.
Hanson, J.; Rockingham Street, Sheffield. Um 1834.
Hardesty, George; 13 Norfolk Lane, Sheffield. Um 1850-62.
Hardy, Hall Arms Co.; USA.
Hardy, R.E.; Sheffield.
Hardy, Thomas & Son; 4 Milton Street, Sheffield. Um 1868.
Hargreaves, Smith & Co.; 28 Eyre Lane, Sheffield. Um 1866-1920.

Markenzeichen: »J. SMITH & Co./SHEFFIELD« und »FRYERS«. Spezialität: Tafel-, Brot- und Vorlegemesser mit Elfenbeingriffen. Das Werk importierte und vertrieb seit den 1850er-Jahren auch schwedischen Stahl. Die Firma bestand seit den 1820er-Jahren. Nachdem Werksgründer William Hargreaves 1874 bei einem Besuch des türkischen Bades der Stadt gestorben war (sic!), leitete der Quäker Isaac Milner die Geschicke des Unternehmens bis 1926.

Hargraves, W. & L.; 28 Eyre Lane, Sheffield. Um 1850-62.

Wahrscheinlich ein- und dasselbe Werk unter verschiedenen Firmierungen.

Harrington, John, Co.; Southbridge, Massachusetts, USA. Um 1850-1935.
Harrison Bros. & Howson; 45 Norfolk Street, Sheffield. Ungefähr 1853-1919.

Gemäß den Recherchen von Tweedale Ende des 18. Jahrhunderts gegründet, hieß die Gründerfamilie Sansom und das Werk Thomas Sansom & Sons. Seit 1847 firmierte das Werk unter Harrison Bros. & Howson. Um 1900 eines der größten Sheffielder Unternehmen mit einem neuen Firmengebäude, das angeblich über 1000 Fenster aufwies und in seiner Blütezeit über 700 Personen beschäftigte. Legendär waren die riesigen, gut beleuchteten Kellerräume, in denen man Nilpferdzähne und Elefantenstoßzähne verwahrte, »welche die Firma direkt in immensen Quantitäten importiert und die dazu bestimmt sind, schließlich als Messergriffe ihren Weg zur Dinnertafel zu finden«, so ein Bericht vom Ende der 1880er-Jahre. Das sehr stark auf Amerika konzentrierte Werk unterhielt Vertretungen in San Francisco und New York und schaffte es so, das durch die Verschärfung der US-Importregulierungen ausgelöste Firmensterben zu überleben, ja zu expandieren: Dem eigenen, 1836 geschützten Warenzeichen von Krone und dem Wort »ALPHA« fügte man 1894 noch das Hirschkopf-Zeichen des Besteckherstellers William Webster und 1902 das »SLASH« von Charles Ibbotson & Co. hinzu. Außerdem verwendete Signets: Das Wort »CORONA« und das von den Worten »EARLY BIRD« eingerahmte Symbol eines Spatzes mit einem Wurm im Schnabel – das spielt auf das Sprichwort »Früher Vogel fängt den Wurm« an. Ab 1907 gingen die Geschäfte zurück, massive Einbrüche gab es zwischen den Weltkriegen. 1959 wurde das Unternehmen an die Firma Viners verkauft.

Harrison, Fisher & Co.; Wellington Street, Sheffield. Zirka 1868.
Harrison, James; Wicker Lane, Sheffield. Um 1836.
Harrison, John & Sons; Dronfield, Sheffield. Um 1880.
Harrison, Thomas; 4 Regent Street, Sheffield. Um 1848-64.
Harrop & Son; Sheffield. Zirka 1860-70.

Stempelt mit: »AARON HARROP & SONS/CUTLERS SHEFFIELD«. Eines der seltenen Stücke dieser Firma kommt mit säbelförmig geschwungener Klinge und weit über den Rücken hinaus gezogener Spitze; insgesamt gut 19 cm lang – eine recht seltene Klingenform bei Bowies!

Harvey, John; mehrere Adresseen: Duke Street, Park und 17 Orange Street, Sheffield. Um 1851-70.
Haslam, John Henry; 188 West Street, Sheffield. Um 1858-72.
Haslam, Samuel; 11 Lambert Street, Sheffield. Um 1834.
Haslam, William; 188 West Street, Sheffield. Um 1853.

Die beiden Haslams John Henry & William arbeiteten wahrscheinlich zusammen, den Schluss legen Adresse und Daten nahe.

Hassam Brothers, Frederick & Roswell; 146 Washington Street, Boston, Massachusetts, USA. Um 1860.

Die Namen »HASSAM« und »HASSAM BROTHERS« finden sich auf mit stählernen S-Parierstangen und runden Griffen aus Hirsch-Abwurfstangen bestückten Bowies aus der Zeit vor dem US-Bürgerkrieg.

Hatch Cutlery Company, Bridgeport, Massachusetts. Ab 1886.

Lieferte für Wiebusch & Hilger in New York. Vor 1890 nach Michigan umgezogen, um 1899 nach Wisconsin.

Hawcroft, W. & Sons; »Renown«; Sheffield.
Hawksley, Joseph; Sheffield.
Hawksworth, Joseph; Club Gardens, Sheffield. Um 1849-1871.
Hawksworth, Wilson; Sheffield. Um 1850.
Hayes, M.J. & Son; San Francisco, Kalifornien, USA. Um 1887-1901.
Haynes, O.S.; Georgia, CSA. Zirka 1862.
Haywood, Joseph; zwei Adressen: 25 Victoria Street, 31 Holly Street, Sheffield. Um 1850-69.
Haywood, Joseph & Co.; mehrere Adressen: Victoria Streeet, Holly Street, Garden Street, seit 1880: Little Pond Street, jetzt in den Glamorgan-Werken. Sheffield. Zirka 1857-1870.

Haywood & Company führten eins der wohl britischsten Markenzeichen schlechthin, nämlich das Motiv eines Teekessels. Die Firma baute gemäß einer alten Anzeige: »Plattierte Dessertteller, Feder-, Taschen und Sportsmen's-Messer, Gärtnermesser, Schlachtermesser, Rasierer.« Zu seinen schönsten Stücken zählt ein parierstangenloses Multifunktions-Bowie mit Fischhautmustern-versehenen (gecheckerten) Elfenbeinschalen. Der Griff besitzt wie das Heft eines Taschenmessers oben und unten Backen aus Neusilber und einige Werkzeuge, darunter ein Hufkratzer. Und wie ein Katalog aus der Mitte des 19. Jahrhunderts zeigt, bot Haywood neben Verlängerungsmessern mit Entenschnabelspitze eine ganze Palette gän-

giger Bowies an. 1902 übernahm Needham, Veall & Tyzack die Glamorgan-Werke, Haywoods Kessel-Zeichen ging an Thomas Turner.

Heathcote, R. ; Bernard Street, Sheffield. Ungefähr 1835.

Heathcote, George; Siddal Street, Sheffield. Ungefähr 1838.

Heeley, Thomas; 65 West Street, Sheffield. Zirka 1841.

Heeley, W. & S. ; Sheffield.

Heiffor, John; 3 Paradise Square, Sheffield. Um 1861.

Heinisch, Rochus; Newark, New Jersey, USA.

Aus Böhmen stammender Messer- und Scherenschmied, der sich um 1825 in Newark, New Jersey niederließ. Gemäß Levines Recherchen liegt sein großes Verdienst in der Erfindung der modernen Scheren für Schneiderei-Arbeiten -typische Kennzeichen: die Anordnung der Klingen und die ergonomischen Griffe (ein kleiner für den Daumen, ein größerer für die Finger); das Patent stammt von 1863. Mit den weltweit exportierten Scheren wurden der Erfinder und sein Nachfolger Jacob Wiss reich. Heinisch ließ seine Scheren in Kalifornien über den Messerschmied Frederick Kesmodel (siehe dort) vertreiben. Aber natürlich fertigte Heinisch auch Bowies. Und zwischen 1860-70 versorgte er diese Messerfamilie mit einzigartigen Stücken. Ein Heinisch-Bowie erkennt man an dem asymmetrischen Vogelkopfknaufgriff aus gepresstem Blech. Dessen Oberfläche verfügt zwecks maximaler Griffigkeit über eine rundumlaufende, gepresste Riffelung in Waben-Struktur und erinnert entfernt an die Griffwicklung japanischer Schwerter. Die Griffe wurden in einem als »Japanned Finish« bezeichneten Verfahren mit einer Art schwarz glänzendem Lack überzogen. Heinisch-Bowies besitzen meist gerade Klingen mit angedeuteter Entenschnabelspitze und S-förmige, rundum abgerundete Parierstangen. Die Klingenlängen der bekannten Stücke betragen zehn Inches (knapp 25,5 cm) respektive 12 3/4 Inches (knapp 32,5 cm). Diesen schlichten, aber qualitativ hochwertigen Mustern geht jeglicher viktorianisch-überkandidelte Zierrat ab. Stempelung: »R. HEINISCH«.

Heinz, Charles ; Columbia, South Carolina und Atlanta, Georgia. Um 1855-1905. Büchsenmacher und Messerschmied.

Hemsoll, Joseph; 6 Pond Street, Sheffield. Um 1840.

Herriott, E. ; 51 Backfields, Sheffield. Um 1872.

Heward, W. ; Lambert Street, Sheffield. Um 1842.

Hibberd, John; Parkhill Lane, Sheffield. Ungefähr 1851-66.

Hibberd, Spencer, Bartlett & Co. ; Chicago, Illinois, USA. Zirka 1855-1960.

Hicks, A.G. ; Cleveland, Ohio, USA. Zirka 1830-59.

Laut Harold L. Peterson ein Messerschmied und Werkzeugmacher. Bekannt für seine »Rifleman's«-Messer, die er wahrscheinlich um 1840 anfertigte. Damit ist Hicks neben Ames einer der beiden Hersteller, die in den 1840er-Jahren ein großes Kampfmesser für diese Elite-Einheit lieferte. Das Hicks besaß eine Zehn-Zoll-Klinge, einen Messinghandschutz und eine aus dem gleichen Material gefertigte Einfassung des Griffs. Die Messer hatten entweder eine stählerne Abschlussplatte am Knauf oder eine Messingplatte, die in einen halben Griffbügel auslief. Dies ist das wohl ungewöhnlichste Detail des Hicks-Bowie, da halblange Griffbügel üblicherweise eine Verlängerung des Parierstücks bildeten. Die bekannten Stücke besitzen allerdings keine offiziellen US-Abnahmestempel. Daher bleibt offen, ob die »Riflemen« die Bowies auch tatsächlich geführt haben.

Hides, Robert; 61 Hollis Croft, Sheffield. Firmiert ab 1852 unter **Hides, George & Robert**. Ungefähr 1836-73.

Eines der ältesten Unternehmen von Sheffield, blieb es laut Tweedale über sieben Generationen im Besitz der Familie Hides. Baute für und betrieb Handel mit den Kolonien und Süd-Afrika. Erfand um 1890 ein spezielles Klappmesser für Radfahrer, das »Cycle Knife«. Wurde wahrscheinlich gegen Ende des Ersten Weltkrieges aufgelöst. Markenzeichen: »EXCELSIOR«.

Hill & Co.; London, Ende des 19. Jahrhunderts.

Unter anderem: Nobel-Bowies mit Griffen aus Walrosszahn. Stempelt mit: »HILL & CO./4 HAYMARKET/LONDON«, auf der anderen Ricasso-Seite stehen mitunter einzelne Ziffern, deren Sinn die Fachleute noch nicht enträtselt haben..

Hill, Robert; Jessop Street, Sheffield. Um 1853.

Hill, John & Son; 17 Sheaf Street, Sheffield. Um 1832.

Hinchcliffe, John; Hermitage Street, Sheffield. Um 1839-62.
Früher Bowie-Bauer, keine näheren Daten verfügbar.

Hinde, Benjamin; 44 Westbar Green, Sheffield. Um 1850-70.

Hirst, Harris, South & Murray; Sheffield.

Hobson, Henry & Sons; 28 Eyre Lane, Sheffield. Um 1868.

Hobson, John; Sheffield. Um 1855.

Hobson, Houghton & Co.; Don Steel Works, Sheffield. Um 1863.

Hodgkins, Daniel C. & Son; Macon, Georgia. 1860er Jahre.

Holdsworth, George & Sons; Wellington Street, Sheffield. Um 1835.

Hollin, William; 22. S. St. Park, Sheffield. Um 1835.

Holmes, Charles; zwei Adressen: 90 Wellington Street, und S.St., Sheffield. Um 1850-72.

Holmes, Joseph; 5 Cross Smithfield, Sheffield. Firmiert wahrscheinlich auch unter **Holmes, Joseph**; Rockingham Street, Sheffield. Um 1841.

Fertigte Bereits gegen Ende der 1830er-, Anfang der 1840er-Jahre. Eins seiner Stücke wurde in allen wichtigen US-Publikationen abgebildet. Es besitzt einen so genannten Hundeknochen-Griff, dessen einteilige Basis aus Neusilber besteht und mit Elfenbein belegt ist. Die knapp 32 cm lange Klinge mit Mittelspitze besitzt ein fast 5 cm langes Ricasso mit einem erhaben gearbeiteten Dreieck darauf, dessen Spitze zum Ort der Klinge zeigt. Dieses Dreieck ist beidseitig gestempelt mit: »JOSEPH HOLMES No.5/Malteserkreuz-Symbol/SMITH FIELD SHEFFIELD/ARKANSAS TOOTHPICK«. Wieviele Messer diese Firma gebaut hat, ist unklar. Allem Anschein nach gibt es weltweit höchstens eine Handvoll davon.

Holtzapffel & Co.; 64 Charing Cross, London. Um 1860.

Holy, Daniel & George; 4 Eyre Lane, Sheffield. Um 1835-55.

Hooper, Major Mark A.; »Iron Works«, Georgia, CSA.
Baute für die Einheit der »Atlanta Greys« Bowie-Messer.

Hoppe & Co. ; Bow Street, Sheffield. Um 1869.

Horrabin, W. & S. ; 12 Red Hill, Sheffield. Um 1848.

Robert Abels präsentiert in »Classic Bowie Knives« ein Messer dieses Unternehmens, das eine Hommage an General Zachary Taylor darstellte: Neusilberbeschläge, 8-Inch-Klinge mit eingeätztem Reiter-, Hunde- und Büffel-Szenario sowie den Worten »ROUGH AND READY« und »BUENA VISTA«. Die dazugehörige grüne Lederscheide zeigt geprägte und in Gold eingelegte Portraits des als »Old Zack« bekannten Generals und den für jene Jahre allgegenwärtigen US-Wappenadler. Beides hat historische Gründe: In den 1840er-Jahren führte die USA die Politik des »Spread Eagleism« – man bemühte sich, weite Teile des Kontinentes unter die Fittiche des US-Adlers zu bekommen. Und »Buena Vista« bezieht sich auf eine Schlacht im Amerikanisch-Mexikanischen Krieg: Am 24. Februar 1847 besiegten die in einem Zahlenverhältnis von Eins zu Vier unterlegenen US-Truppen unter Zach Taylor bei der Hacienda Buena Vista (»Schöne Aussicht«) die mexikanischen Truppen unter Santa Anna nach zweitägiger Schlacht. Mit dabei: Die Männer des »

First Mississippi Rifles«-Regiment unter dem Kommando des späteren konföderierten Präsidenten Jefferson Davis. Hier der Bericht des Augenzeugen Sam Chamberlain, der mit seinem wundervoll kolorierten Tagebuch eines der wichtigsten Dokumente des Krieges hinterließ: »Dieses tapfere Regiment passierte uns mit jenem leichten, schwingenden Schritt, wie er Indianern und Jägern zu eigen ist, ihre Uniform ein rotes Hemd, getragen über ihren weißen Hosen, und schwarze Schlapphüte, bewaffnet mit Windsor-Büchsen [gemeint ist das Modell M 1841] und Achtzehn-Zoll-Bowie-Messern.«

Howe, George; 46 Coalpit Lane, Sheffield. Um 1841.

Howe, John; mehrere Adressen: Wellington Street, 27 Broomspring Street, Milton Street, Sheffield. Zirka 1840-50.

Howe, William; 17 & 83 Hollis Croft, Sheffield. Um 1841-70.

Hulley, George Henry; 17 Cambridge Street, Sheffield. Um 1873.

Hudson, John; Sheffield. Um 1850.

Hughes, R.J.; Georgia, CSA. 1862.

Liefert 1469 Messer an den Staat Georgia.

Humphreys, W.R. & Co.; Denby Street, Sheffield. Um 1875.

Markenzeichen: Eine Lampe, mitunter mit dem halbkreisförmig darunter stehenden Wort »RADIANT«. Stempelt den Ricasso mit: »HUMPHREYS/& Co/SHEFFIELD«.

Hunt, Jonathon; Division Street, Sheffield. Um 1840.

Hunt, Nathaniel, Boston Massachusetts, zirka 1840-53. Später von den Hassam Brüdern (s.d.) übernommen.

Hunter, Alfred; zwei Adressen: 145 Quarry Street, 25 Sheffield Street, Newark, New Jersey, USA. Um 1840, möglicherweise auch im Bürgerkrieg.

Unklar bleibt, ob es sich hier um einen Ami oder um einen Engländer handelt. Mit dem Namen gestempelte, qualitativ hochwertige Bowies aus der Vor-Bürgerkriegsära sind erhalten geblieben. Baut vor dem Bürgerkrieg Bowie-Messer. Eines seiner bekannteren Stücke prunkt mit einem aufwändig geschnitzten Elfenbeingriff.

Hunter, Michael & Sons; zwei Adressen: Shelton Row, 55 Andrew Street, Sheffield. Um 1835-65.

Seit dem 17. Jahrhundert nachweisbare Familie mit der Marotte, Söhne auf den Namen »Michael« zu taufen. Aufstieg ab Mitte des 19. Jahrhunderts. Neben Ellins Sylvester-Werken eine der ersten Firmen, die den Zuschnitt von Griffschalen durch den Einsatz von Kreissägen rationalisierten. Laut Tweedale verwendete Michael Hunter als erster Maschinen zum Schmieden der Klingen. Vollsortiment. Agenturen in Australien, Cape Town, Montreal, Hamburg und vielen südamerikanischen Städten. Bis kurz nach der Jahrhundertwende erfolgreich, schluckte Michael Hunter & Sons nacheinander die Firmen Parkin & Marshall sowie Slack & Grinold, ehe man 1911 in den Besitz von Needham, Veall & Tyzack überging. Die Warenzeichen von Hunter übernahm später die Firma Herbert M. Slater.

Hunters Marken: Ein Signalhorn, darüber »CORPORATE MARK«, Ein Bison, darüber »CORPORATE MARK«, darunter das spanische »FUERTE« (also: stark), ein Llama-Kopf, darunter »LLAMA«, darunter in einer Schleife »REGISTERED TRADE MARK«.

Huntsman, B.; Tinsley Park Road, Sheffield. Um 1865.

Hutchinson, W. & H.; Garden Street, Sheffield. Um 1878.

Hutton, W.C.; 22 South Street, Sheffield. Zirka 1840.

Hutton, William & Sons; West Street, Sheffield. Um 1869.

Hauptsächlich auf Silberartikel spezialisiert, nur wenige Jagd- und Gebrauchs-Messer. Warenzeichen: Sechs gekreuzte Pfeile.

Hyde Manufacturing Co.; Southbridge, Massachusetts, USA.

I

Ibberson, George & Co.; mehrere Adressen im 19.Jahrhundert: Mary Street (1805-42), Exchange Gateway (1842-61), Central Works (1861-1911), Rockingham Street (1911 bis 1980er-Jahre), Sheffield. Um 1873.

Von der Mitte des 17. bis zum Ende des 20. Jahrhunderts tätiges Familienunternehmen. Fertigt im 19. Jahrhundert das übliche Messerprogramm, wird aber vor allem durch seine Taschen- und Sportmesser bekannt. Typische Schalenmaterialien: Elfenbein, Perlmutt und Schildkrötenpanzer. Markenzeichen: Eine Violine, darüber »CORPORATE MARK«. J.W. Ibberson (wie auch die Firma von R.F. Mosley, s.d.) unterstützte Harry Brearley anno 1914 beim Schmieden der ersten Klingen aus rostfreiem Stahl.

Ibbotson; Brothers & Co.; Globe Works; Penistone Road, Sheffield. Um 1841-1925.

Ibbotson, Peace & Co.; 84 Russell Street, Sheffield. Um 1847-64.

Stempelt mit »IBBOTSON PEACE & CO/SHEFFIELD«, mitunter ergänzt um den auf der Klingenseite eingeschlagenen Slogan »OF THE BEST QUALITY«, umgeben von einer Ätzung mit fein ziselierten Ranken- und Blattmotiven. Zu den bekannten Stücken zählt etwa ein Muster mit einem massiven Elfenbeingriff, dessen Knauf wie derjenige einer Schachfigur vollplastisch geschnitzt wurde. Außerdem gibt es noch ein Exemplar mit eigenwillig geformtem Griff – im Profil wirkt er spindelförmig, besitzt aber abgeflachte Seitenpartien. Ibbotson verwendete für dieses Muster einen auf die Angel gesteckten Rahmengriff aus Neusilber, dessen Seitenflächen mit Elfenbein belegt wurden. Die beiden hier beschriebenen Griffe sind aufwendig und fallen aus dem Rahmen des Gewöhnlichen – was dafür spricht, dass dieser Hersteller viele Sonderaufträge ausgeführt hat.

Ibbotson; Thomas 6 Co.; 81 Charles Street, Sheffield. Um 1847-63.

Iver-Johnson; Adams Square, Boston, Massachusetts, USA.

J

Jackson, Samuel, Baltimore, Maryland, USA. Um 1850.

Jackson, George; 20 Solly Street, Sheffield. Ungefähr 1840.

Jackson, J.F.; Sheffield.

Jackson, Newton & Co.; Pondhill, Sheffield. Um 1866.

Jackson, William & Co.; Sheaf Island Works, Sheffield. Um 1850-60.

Stempelt mit »WM JACKSON & CO/SHEAF ISLAND WORKS/SHEFFIELD«. Einige seiner Messer tragen zusätzlich den Schriftzug »RIO GRANDE CAMP KNIFE«: Wuchtige Messer mit knapp 25 cm langen Mittelspitzenklingen, deren Ricasso hinter dem Ende der Schneide fast 1 cm nach innen zurückspringt. Symmetrischer Griff, wird zum Ende hin dünner, Seitenflanken wölben sich leicht nach innen. Hirschhornschalen. Ovale Parierstange aus Neusilber.

Jackson, William & Co.; Pond Hill, Sheffield. Um 1858.

James, Fred

In Sheffield noch heute bekannt als der Bowie-Mann, genießt er in Sammlerkreisen einen weniger guten Ruf – warum?: Um 1911 geboren, absolvierte der aus einer alten Sheffielder Familie von Messerschmieden stammende Fred James Mitte der 1930er-Jahre seine Lehrzeit als Hersteller von Rohmaterialien für den Bau von Taschenmessern. Nach einem Intermezzo als britischer Soldat kehrte er nach Sheffield zurück und wechselte 1956 schließlich zu Wostenholm. Dort begann er, immer häufiger Sonderaufträge auszuführen. Tweedale zitiert ihn so: »Da war ein Maharadscha aus Indien, der immer Messer bestellte, drei Messer jedes Jahr, Großwild-Jagdmesser, schöne Dinger. Er richtete immer eine Safari für Freunde aus, wissen Sie, wobei man auf Tiger und Leoparden schoss – oder worauf auch immer sie schossen. Wir pflegten diese drei Elfenbein-beschalten Jagdmesser zu machen, schöne Dinger. Ich habe das so gern gemacht.« Und als er in den Washington-Werken tätig war, stieß er auf viele alte Klingenstempel, Ätzvorlagen und andere Restteile aus dem 19. Jahrhundert. Und da Wostenholm immer noch gelegentlich Aufträge von US-Kunden über ein Messer mit dem legendären »I*XL«-Logo erhielt, begann Fred James eben mit dem Bau von Bowie-Messern. Anno 1971 machte er sich selbstständig, als sich die ehedem größten Firmen Sheffields, Wostenholm und Rodgers, vereinigten. James baute mit Hilfe einiger Zulieferer und Zuarbeiter nach alter Väter Sitte vor allem große Bowie-Messer. Und hier liegt der Hase im Pfeffer: James ätzte oft in die Klingen alte Motive aus Wostenholms großer Zeit, während er den Griffen gern jene Beschlagteile mit dem Motiv »Halb Pferd, Halb Alligator« verpasste. Und zu allem Überfluss neigte er dazu, diese Messer auch noch mit »I*XL« oder alten Wostenholm-Marken zu stempeln. Schon bald gelangten diese als Nachbauten verkauften Stücke auf den US-Markt, wo viele Sammler trotzdem darauf hereinfielen. Das ist nicht allein die Schuld von James. Oft verwendete er für seine Messer moderne Stähle. Außerdem gerieten diese sehr späten Wostenholms im Vergleich zu den Originalen fast immer zu schwer und klotzig. Und gemessen an den aufwändigen Pressmustern der alten Beschlagteile wirken seine Montierungen oft viel zu schlicht, unbeholfen und wuchtig. Freilich fertigte er auch Messer, die seine Stempel tragen, also »F.W. JAMES/SHEFFIELD« oder »JAMES & LOWE/SHEFFIELD« (zeitweise arbeitete er mit einem Griffmacher namens Sandy Lowe zusammen). Laut Tweedale stehen diese Muster in Sammlerkreisen noch immer hoch im Kurs.

Jennings, William; 536 George Street, Sydney, Australien. Um 1850.
Jepson, W.; zwei Adressen: 6 Meadow & 73 South Street, Sheffield. Um 1843-61.
Jessop; William & Sons; Brightside Steel Works, Sheffield. Zirka 1870.
Johnson, Christopher & Co.; »**Western Works**«, 207 Portobello Road, Sheffield. Um 1865-1920.
Vor allem auf Südafrika und Australien spezialisierter Hersteller. Markenzeichen: »TRADE MARK«, dazwischen eine Flagge mit den Initialen »C.J.«.
Johnson, C. & Henry; 5 Howard Street, Sheffield. Zirka 1841.
Johnson, Chpr.; zwo Adressen: 116 Rockingham Street, 13 Howard Street, Sheffield. Um 1847-1865.
Johnson, George & Co.; 4 & 13 Porter Street, Sheffield. Um 1835-67.
Johnson, Thomas; 55 Bailey Street, Sheffield. Um 1853-63.
Jones, G.R. & Co.; Malinda Street, Sheffield. Um 1847.
Jordan, A.J.; East India Works; mehrere Adressen: Radford Street, Baker's Hill, Furnival Street, Sheffield. Um 1886.
Eines der wenigen Sheffielder Unternehmen, das von einem Einwanderer geführt wurde: Andrew Jackson Jordan stammte aus Baltimore in Maryland und hatte schon in St. Louis/Missouri Erfahrungen als Inhaber einer Messerschmiede-Werkstatt gesammelt. Auf der Suche nach Spitzenmaterialien für seinen Laden kam er nach Sheffield, wo er 1886 eine Firma eröffnete – unter anderem, eine zweite betrieb er in Deutschland. Logischerweise konzentrierten sie sich nahezu komplett auf die USA. Als Gegner minderwertiger Ware bestand Jordan auf einem außerordentlich hohen Qualitätsstandard und bewarb seine Messer mit aggressiven Werbeslogans wie »The Best in Earth« (das Beste der Welt). Levine rühmt ihn vor allem für seine exzellent gearbeiteten Küchen- und Schlachtmesser, die meist mit Griffen aus persischem Buchsbaum aufwarteten. Auch wenn er nur wenige Bowies fertigte, so ist Jordan nicht aus der Geschichte des späten Wilden Westens wegzudenken: Einen Großteil seiner Messer lieferte er in diese Region der USA. Und er betrieb allem Anschein nach regen Handel mit Indianer-Nationen wie den Gros-Ventre, Blackfeet, Blood und Absaroka (Crow). Nach seinem Tod 1929 beendete die Firma ihre Tätigkeit.
Jowett, John; Countess Road, Sheffield. Um 1878.
Judge, John; Mill Lane, Sheffield. Um 1855.

K

Ka-Bar, 1923 eingetragenes Warenzeichen einer seit zirka 1890 bestehenden Firma, die seitdem wegen wechselnder Besitzverhältnisse unter sieben verschiedenen Namen auftauchte. Die Bekanntesten: Union Cutlery, Kabar Cutlery. Der Name Ka-Bar wurde seit dem Zweiten Weltkrieg zum Synonym für das meistverkaufte Militärmesser des 20. Jahrhunderts und damit das am weitesten verbreitete Bowie der Welt, das »USMC 1219C2 / Navy Mark II«. Seit 1996 gehören die Rechte am Namen Ka-Bar der amerikanischen Alcas-Corporation.
Kayser, Ellison & Co.; Carlisle Works, Sheffield. Um 1862.
Keeler, John; 104 Wellington Street, Sheffield. Um 1853-74.
Keeler & Saville; 3 Burgess Street, Sheffield. Ungefähr 1847-62.
Kenyon, John & Co.; Millsands, Sheffield. Um 1873.
Kershaw, John; zwo Adressen: 104 Wellington Street, 3 Burgess Street, Sheffield. Ungefähr 1848-70.
Kesmodel, Fredrick; 904 Powell Street, San Francisco, Kalifornien, USA
Der Mann aus Maryland war neben Hugh McConnell (s.d.) einer der ersten, der Mitte des 19. Jahrhunderts in San Francisco als Messer- und Instrumentenmacher arbeitete. Da er ein hundebetriebenes Schwungrad für seine Schleifsteine nutzte, hatte er vor seiner Zeit in Kalifornien vielleicht eine Reise durch Frankreich unternommen: Dort war Hundeantrieb in wasserkraftlosen Gegenden eine weithin verbreitete Arbeitsmethode der Klingen- und Scherenschleifer. Kesmodel kam um 1852 nach Kalifornien und betätigte sich zuerst als Schirmmacher. Mitte der 50er-Jahre hatte er sich aber auf das Klingen- und Scherenschleifen sowie den Messerbau verlegt. Denn 1856 erschien ein Zeitungsbericht, der sein Schwungrad samt seinem ungewöhnlichen, tierischen Antrieb ausführlich beschrieb. Und seitdem die Handwerker San Franciscos 1857 erstmals ihre als »Mechanics' Fair« bezeichneten Ausstellungsmessen abhielten, gehörte Kesmodel mit seinen medizinischen und chirurgischen Instrumenten zum festen Inventar der Schauen. Er vertrieb die patentierten Schneiderscheren des Rochus Heinisch (siehe dort), reparierte Waffen und fertigte außerdem Barbierscheren und Rasiermesser und medizinische Schienen, Bruchbänder und Rückgratstützen (Filmfans mögen da an den verkrüppelten Eisenbahnmagnaten aus »Spiel mir das Lied vom Tod« denken). Auch lieferte er wohl als einer der ersten »cutler« der Stadt einen Kartenschneider – also ein Gerät, mit dem Croupiers die Kanten abgenutzter Spielkarten nachschneiden konnte. Diese »card trimmers« waren vor allem beim »Faro« oder »Pharao« nötig, weil hier die Karten aus einem so genannten Schlitten serviert wurden und daher saubere Kanten brauchten. Falschspieler nutzten diese Apparate aber auch, um etwa die Asse durch minimales Verkanten keilförmig zuzuschneiden und so zu zinken. Und was ist mit den Bowies? Die fertigte er nur auf Kundenwunsch. Damit wiederum unterschied er sich nicht von allen anderen kalifornischen Messermachern der Goldrauschära. In typischer Manier der California-Bowies besaßen auch seine Stücke meist sechs Zoll, also gut 15 cm lange Mittelspitzenklingen mit im Ort leicht angeschrägter Rückenpartie, einer ovalen, im Querschnitt flachen Parierstange und einem sich zum

Knauf hin verdickenden Griff etwa aus Elfenbein. Kesmodel blieb bis 1868 im Geschäft. Als dann die Stadtväter die Straße, in der seine Werkstatt lag, modernisierten und mehr Gebühren verlangten, löste er seinen Laden auf.

Key, Calvin, um 1848-66.

Büchsenmacher und Messerschmied, der in Tennessee, Alabama und Texas arbeitete.

Kinfolks, Inc., Little Valley, New York. 1927 bis 1948.

Bei den Gründern handelte es sich um Vettern, genauer um Verwandte der Case-Familie. Kinfolks lieferten alle Arten von Messern, darunter auch im Zweiten Weltkrieg den M 3-Grabendolch.

Kirk, John & Sons; 4 Rockingham Street, Sheffield. Um 1848-72.

Kirkby, Joseph & Sons; 104 Rockingham Street, Sheffield. Zirka 1848-72.

Kirkby, Samuel & William; Eyre Street, Sheffield. Um 1836.

Kirkshaw, Joseph; 1 Devonshire Lane, Sheffield. Um 1842.

Kitchin, S & J.; mehrere Adressen: Hollis Croft, Summerfield Street (Soho Works), Sheffield. Ungefähr 1868.

Seit dem 18. Jahrhundert bekannte Firma. Erweiterte ungefähr zum Ende der 1860er-Jahre hin die Fertigung vor allem um Bowie- und Jagdmesser. Die Firma sitzt heute in Chesterfield und baut Landmaschinen.

Markenzeichen: Diverse Schlangen-Motive, zum Teil mit dem Namen »SAMUEL KITCHIN« und dem Kürzel »XCD«.

Kitchen, S.; 22 Hollis Croft, Sheffield. Um 1865.

Kitchen, Thomas E. & Co.; Soho Street, Sheffield. Um 1868.

Koehler, Ferdinand G. Otto & Augustus; ab Beginn der 1850er-Jahre als Messerschmiede und Hersteller medizinischer Instrumente in New York tätig.

Knight's Blacksmith Shop; Amelia, Virginia, CSA.

Kraft, Peter W.; 184 Main Street, Columbia, South Carolina, USA. Um 1860.

Händler, unter anderem Bowie-Messer.

L

Lamson & Goodnow Mfg. Co. ; Shellbourne Falls, Massachusetts. Um 1842.

1842 begannen die Sensenbauer Nathaniel und Ebenezer Lamson mit dem Schneidwarenbau. Zwei Jahre später schlossen sie sich mit Abel und Ebenezer Goodnow zusammen. Um 1860 galten sie als größter Schneidwarenhersteller der USA. Nach dem US-Bürgerkrieg war es vor allem der L & G-Manager Joseph Gardner, der mit der Entwicklung moderner Massenfertigungsmethoden begann, um so die US-Firmen wettbewerbsfähig zu machen. Bauten nach 1880 auch die »Cowboy-Bowies«, die in US-Sammlerkreisen auch »Bowie-Style Hunting Knives« heißen. Außerdem fertigte man Jagdmesser mit Schlachter-Klingen, so genannte Butcher-Style Hunting Knives, also mit eckigen Holzgriffen ohne Parierelement. Typische Stempel (laut Levine): »LAMSON GOODNOW & CO./S. FALLS WORKS« (datiert von zirka 1844-55), »LAMSON GOODNOW MFG. CO./S. FALLS WORKS« (1855 bis 1870er-Jahre). Außerdem noch die gestempelten Zeichen eines Ankers und einer US-Landkarte. Eine Anekdote: Anno 1865 sank auf dem Missouri das Dampfboot, als es sich auf dem Weg nach Fort Benton befand. Als man später die Überreste barg, fand sich darunter ein Posten Schlachtermesser mit stählernen Grifffront-Abschlüssen und den Stempeln »LAMSON GOODNOW MFG. CO./PATENTED MARCH 1860«.

Lamonthe; New Orleans, Louisiana, USA.

Lamb, Thomas; Washington City, District of Columbia. Um 1840.

Messerschmied und Instrumentenbauer.

Lan & Sherman; 9 Cary Street, Richmond, Virginia, CSA. Um 1861.

Warben bei Kriegsausbruch damit, dass sie Bowie-Messer von feinstem Stahl bauen könnten.

Landers & Frary & Clark; New Britain; Connecticut, USA. Ab der zweiten Hälfte des 19. Jahrhunderts.

1865 gegründet, lief die Produktion erst 1866 an. Man startete mit Tischmessern und erweiterte das Sortiment stetig. Um 1903 zählte die Firma zu den größten der Welt. Nach 1890: Große und kleine Cowboy-Bowies mit Hirschhorn-Griffen und Steckscheiden, deren Naht vorn mittig über den Köcher läuft. Stempelung: »L.F.&C«, oft auch »UNIVERSAL«. Bauten neben anderen Firmen im Ersten Weltkrieg den unter der Bezeichnung »Mark I Trench Knive« bekannten US-Dolch mit Schlagring-Griff.

Laserre, J.P.; New Orleans, Louisiana.

Latham, George; 2 Brocco Street, 22 Wheeldon Street, Sheffield. Um 1852-76.

Law, Joseph; Sheffield. Um 1850.

Stempelt mit: »JOSEPH/LAW/13 SPRING LN/SHEFFIELD«. Bekanntes Stück: ein zierlicher Dolch mit dem bekannten Pferdekopf-Kanonen-Knauf.

Lawton, Samuel; 111 Scotland Street, Sheffield. Um 1853-74.

Leadbetter & Scott; Penistone Road, Sheffield. Um 1873.

Ledger, Charles; zwo Adressen: 83 Carver Street, 69 Broad Lane, Sheffield. Um 1854-65.

Lee, Arthur & Sons; Crown Steel & Wire Mills, Sheffield. Ungefähr 1874.

Ricasso-Stempel: »ARTHUR LEE/CELEBRATED/CUTLERY/SHEFFIELD«. Eines seiner schönsten Stück erhielt einen weißen, spiralförmig gedrechseltem Knochengriff.

Lee, Henry & Co.; Mulberry Street, Sheffield. Zirka 1841.

Lee, William & Sons; Harwood Street, Sheffield. Um 1872.

Leech & Rigdon; Memphis, Tennessee; Columbus, Mississippi und Greensboro, Georgia.

Thomas Leech und Charles Rigdon schlossen sich wahrscheinlich zuerst in Tennessee zusammen, wo Leech die Firma »Memphis Novelty Works« finanzierte. Diese Fabrik spezialisierte sich zu Beginn des Bürgerkrieges auf die Blankwaffen-Produktion, darunter wahrscheinlich auch »D-Guard«-Bowies. 1862 verlegte das Duo den Firmensitz nach Columbus und begann mit dem Nachbau von Colt-Revolvern Navy 1851, wovon zirka 1500 Exemplare entstanden. 1864 lösten Leech und Rigdon ihre Firma auf. Rigdon gründete daraufhin in Augusta, Georgia, die Firma Rigdon, Ansley & Company.

Lees, Paul & Sons; zwei Adressen: 89 Scotland Street, Brightmore Street, Sheffield. Um 1859-75.

Leon, A.; Sheffield.

Levesley Brothers; Mary Street, Sheffield. Um 1879.

Linacre, R & J; Norton Woodseats, Sheffield. Um 1875.

Lillyman, Thomas; zwei Adressen: 22 Peacroft Street, 14 Blueboy Street. Sheffield.

Lingard, Joseph; 158 Matilda Street, Sheffield. Um 1850.

Lingard, John; Sheffield. Um 1850.

Stempelt mit: »JOHN/LINGARD/CLEBRATED BOWIE KNIFE/PEACROFT/SHEFFIELD.«

Lingard, Robert; Arundel Street, Sheffield. Um 1850.

Linley, Arthur & Sons; 21 Union Street, Sheffield. Um 1854.

Linley, Cutts & Co. ; 29 Carver Street, Sheffield. Um 1866.
Linley, John; 29 Holly Street, Sheffield. Um 1841.
Linley, Thomas; 21 Suffolk Street, Sheffield. Um 1848 63.
Lockwood Brothers; 74 Arundel Street, Sheffield.Um 1849-1921.
Unter anderem: Besteckgriff-Bowies mit extra langer 10 7/8-Inch-Klinge (knapp 28 cm). Stempelt mit »C : X/LOCKWOOD BROTHERS/SHEFFIELD«, »REAL PAMPA KNIFE« oder »PAMPA« und darunter dem Bild eines laufenden Straußes. Die Firma existierte von 1767 bis 1919; Hauptmärkte des 19. Jahrhunderts waren Lateinamerika und Australien, für Letzteres gab es Messer mit der Stempelung »BUSHMAN'S FRIEND«. Nach 1919 schloss man sich unter Führung von Needham, Veall & Tyzack mit diversen anderen Herstellern zusammen. In den 30er-Jahren verschwand der Name aus den Stadtverzeichnissen.
Lockley, J.; Sheffield. Um 1850-60.
Stempelt mit »J.LOCKLEY/Krone mit VR/WARRANTED«. Ein Stück bekannt: Dolch mit einteiligem Griff aus gegossenem Neusilber, belegt mit schwarzen Hornschalen. Im Knauf der mexikanische Wappenadler.
Lockwood, James; 70 Union Street, Sheffield. Zirka 1858.
Lockwood, Jonathan; 70 270 Beet Street, Sheffield. Um 1859.
Long, H.G. & Co.; 220 Rockingham Street, Sheffield. Um 1846-1852. Firmiert mit wechselnden Partnern unter diversen Namen, darunter auch **Long, Hawksley & Marples**; 220 Rockingham Street, Sheffield. Um 1846-1920. Markenzeichen: Ein Schild mit zwei gekreuzten Schwertern, darüber »CORPORATE MARK«, darunter »Granted 1833«.
Longden; W.; Sheffield.
Lowcock; 38 Cornhill, Sheffield.
Lower, J.P.; Denver, Colorado, USA.
Ludham, William; Sheaf Banks, Sheffield. Um 1848-60.
Lund; Fleet Street, London. Um 1870.
Baut unter anderem Bowie-Messer mit runden Hirschhorn-Griffen und massiven Stahl-Parierstangen. Auffällig: Lederscheiden mit silbernen Beschlägen und ans Mundblech genieteten Gürtel-Federklemmen (Clips). Stempelt mit: »LUND/CORNHILL/LONDON«.
Lyall, Thomas; zwei Adressen: 8 Sussex Street, 6 Andrew Street, Sheffield. Um 1848-68.

M

McClory; John & Sons, Continental Works; Milton Street, Sheffield. Um 1870.
Warenzeichen: »SCOTIA« mit einer Distel. In den 1860er-Jahren gegründet, konzentrierte sich McClory ganz bewusst auf möglichst schlichte und damit preisgünstige Messer. Nach längerem Auf und Ab gehörte die Firma zu den ersten Unternehmen, die nach dem Ersten Weltkrieg Klingen aus rostträgem Stahl erzeugten. Ihre Existenz endete in den 1980er-Jahren.
McConnell, Hugh; mehrere Adressen: 116 Pacific Street und mehrere Adressen in der Jackson Street, San Francisco, Kalifornien, USA. Ungefähr 1852-63.
Er gilt als einer der ersten überhaupt nachweisbaren Messermacher der Goldrauschära: Angeblich baute der aus der Grafschaft Tyrone stammende Irländer schon um 1852 Schlachtermesser und Bowies in San Francisco, doch lässt er sich in den Stadtregistern erst ab 1854 nachweisen. Da sagten ihm Zeitgenossen nach, er baue Bowies »von bester Vergütung und in einer Weise beschlagen mit Silber und sogar Gold, dass ein Messer 100 $ oder mehr kostet.« McConnell beschäftigte einige der später berühmten Schneidwarenproduzenten des Goldlandes in seinem Laden – das galt für den Schweizer Jakob Hermann Schintz und für den New Yorker Frederick Will. Wie sein Hauptkonkurrent Frederick Kesmodel spezialisierte sich der Ire nicht auf eine Schneidwarenart, sondern baute alles, was die Kunden verlangten: Lanzetten für Tierärzte, Multifunktionsklappmesser, Hörrohre, Zahnarztzangen, Gärtnerscheren sowie Bruchbänder »mit einer Elfenbein-Unterlage, welche als viel sauberer angesehen wird als die gewöhnlich verwendeten und die sich durch eine Stellschraube in jeder gewünschten Position fixieren und auf jeder Seite verwenden lässt.« Und natürlich schuf er Bowies. Eins seiner erhaltenen Stücke wartet mit durchgeschmiedeter Angel, Hirschhornschalen, Silberparierstange und der für Kalifornien obligaten Mittelspitzenklinge mit angeschrägter Ortpartie auf. Zum Messer gehört eine Lederscheide mit eingeprägtem Rautenmuster und silbernen Beschlägen; das Mundblech besitzt einen langen, lanzenspitzenförmigen Gurthaken. McConnells erster Firmensitz lag in der Pacific Street. Dort siedelten sich schon um 1853 all jene gottlosen Gesellen wie die aus Australien stammenden Gangs der »Sydney Ducks«, die Spieler vom Mississippi sowie die aus New York angereisten Luden mit ihren Trink- und Spielhöllen sowie den Bordellen an, in denen man einige Jahrzehnte lang Landeier plünderte und Seeleute shanghaite: All dies trug der Ecke später den Beinamen »Barbary Coast« (Barbarenküste) ein. Höchstwahrscheinlich zählten die gemäß damaliger Mode schreiend bunt gekleideten und mit Goldzähnen bewehrten Zocker dieses Milieus zu McConnells Stammkunden. McConnell bildete seine beiden Söhne ebenfalls zu Messerschmieden aus. Einer fiel wohl im Bürgerkrieg, während der andere später für McConnells Konkurrenten Michael Price arbeitete. Als McConnell 1863 mit nur 44 Jahren verstarb, übernahm die Firma Will & Finck sein Geschäft.
McElroy, W.J.; Macon, Georgia. Im US-Bürgerkrieg.
Eigentlich Zinnschmied, verlegte er sich bei Beginn des Krieges auf die Herstellung von Heereszeugwaren. Folgt man zeitgenössischen Angaben, dann fertigte er 20 Infanteriesäbel, Bowie-Messer, Marine-Entermesser, »sergeant's swords«, Seitenwaffenkoppel und -Beriemungen pro Woche, in der gleichen Zeit lieferte er 50 Paar Kavalleriesporen aus Messing und eine nicht näher zu beziffernde Menge von Bajonetten, Zinnfeldflaschen und Piken. US-Fachleuten wie Peterson gemäß waren diese Produkte durch die Bank von bester Qualität.
McKinstry, Alexander; Alabama, CSA. Um 1861.
Der Staat Alabama kaufte bei ihm 1000 Bowie-Messer für das 48. Regiment der Alabama-Miliz.
Makin, Thomas & Son; 28 Carr Lane; Sheffield. Um 1847-73.
Makin & Rees; Cincinnati, Ohio, USA.
Mahar & Grosh Cutlery Co.; Clyde, Ohio, USA. Ungefähr 1877.
Maleham & Yeamans; 49 Bowdon Street, Sheffield.
1876 gegründet, siedelte sich das Werk in der Nähe der berühmten Firma von Wostenholm an und konzentrierte sich auf ein ähnliches Sortiment wie diese, vor allem aber feine Taschenmesser und Rasierzeug. Das Warenzeichen bestand aus einem Malteserkreuz sowie den Buchstaben M und V. Die Firma bestand bis in die 1960er-Jahre, ehe sie von Rodgers übernommen wurde. Die Verzeichnisse von Sheffield erwähnen Maleham & Yeomans 1970 zum letzten Mal.
Manson, Sheffield.Um 1865.
Stempelt mit: »MANSON/SHEFFIELD«. Unter anderem schlichte Bowies mit ballig geschliffener Mittelspitze und angedeuteter Rückenschneide. Flache, glatte Rinderhornschalen. Kein Hersteller, sondern ein Exporthändler. Klingenätzungen wie: »Never Draw Me Without Reason/Nor

Sheath Me Without Honor« (Zieh mich nie ohne Grund, und steck mich nicht ohne Ehre zurück).
Manhattan Cutlery Company; Sheffield.
Mappin
In England bringt man Mappin & Webb (derzeit im Besitz eines Londoner Kaufhauses für Nobelartikel) immer mit hochklassigen Juwelenarbeiten und Silberschmuck in Verbindung. Doch liegen die Wurzeln in Sheffield, es ist einer der ältesten Namen der Messerstadt. Mit Frederick Mappin leitete der älteste von vier Söhnen in der Mitte des 19. Jahrhunderts ein Unternehmen, das in einem Tohuwabohu von Hütten und Verschlägen zeitweise über 500 Personen in Lohn und Brot hielt – das platziert die »Königin-Werke« in die gleiche Liga wie die führenden Firmen der Stadt, Wostenholm und Joseph Rodgers. Wie bei reichen Familienbetrieben häufiger üblich, gab es aber bald Krach unter den Brüdern. Laut Tweedale ging es dabei vermutlich um die künftige Ausrichtung – also, ob man sich stärker auf Sportmesser oder stärker auf plattierte und beschichtete Geschirrwaren konzentrieren sollte. Da schied Frederick Mappin aus, ging zur Konkurrenz (Thos Turner & Sons) und machte noch Karriere in der Politik. Mit Erfolg: Queen Victoria schlug ihn 1880 zum Ritter. Sein Bruder John Newton Mappin gründete Mappin & Webb Royal Cutlery & Silver Plate Works, während die anderen Geschwister, Edward und Joseph Charles, das von Fredrick verlassene Unternehmen als Mappin Bros (Gebrüder Mappin) weiterführten. Es wechselte in den 1880er-Jahren den Besitzer, um 1903 von der Firma des einst im Zorn geschiedenen Bruders John Newton Mappin übernommen zu werden. Zu der Zeit strotzte Mappin & Webb vor viktorianischem Prunk: Mit schwarzem und weißem Marmor belegte und mit Walnussholz getäfelte Büroräume kündeten vom Erfolg, der vor allem den Geschirrartikeln und nicht etwa Bowie- und anderen Messern zu verdanken war. Ja, Mappin & Webb reduzierte die Messerfertigung peu à peu, um sie um 1920 ganz zu beenden. Die edlen Gedeck- und Besteckwaren sorgten dafür, dass der Name noch heute ein Begriff ist. Hier die einzelnen Firmennamen:

Mappin Brothers; Queens Cutlery Works, Sheffield.
Alle Arten von Bowies. Stempeln mit »MAPPIN/BROTHERS« und gegenüber »QUEEN'S/CUTLERY WORKS/SHEFFIELD«. Einige Exemplare ihres auf der Klinge mit »THE HUNTERS COMPANION« gestempelten Modells verfügen über eine 25 cm lange Mittelspitzen-Klinge mit einer voluminösen geraden Stahlparierstange; gut 12 cm lang, knapp 4 cm breit und gute 7 mm dick! Eine (vermutlich als Einzelstück gefertigte) Edel-Version des »Hunters Companion« prunkt mit griechisch anmutenden Silber-Rosetten im Elfenbeingriff. Die Klinge trägt den Schriftzug »WARRANTED NOT TO BE/EXCELLED IN QUALITY«.
Mappin, Joseph; Mulberry Street. Um 1840-1863.
Mappin, Joseph & Bros.; Sheffield. Um 1840-63
Mappin, Joseph & Son; 42 Norfolk Street, Sheffield. Um 1848-63.
Mappin & Webb Co.; 76 Eyre Street, Sheffield. Um 1866-1921.
Kennzeichnet mit: »M/TRUSTWORTHY/MAPPIN & WEBB/ROYAL CUTLERY WORKS/SHEFFIELD«. Von dieser Firma stammt eines der skurrilsten Bowies überhaupt: Ein Messer mit einem Satz Wechselklingen, bestehend aus einer kürzeren Klinge und einem Sägeblatt. Um das zu verwenden, musste man zwei Schrauben am Griff lösen, die beiden Schalen abnehmen und konnte dann die Klingen austauschen. Und wie bei einem Schweizer-Armee-Messer steckte noch mehr im Griff: Ein Korkenzieher, eine Pinzette, eine Mini-Schere, eine Ahle und eine knapp 3 cm lange Zusatzklappklinge oben im Knauf. Das Ganze kam in einer Multifunktions-Lederscheide mit seitlicher Zusatztasche – für die Wechselklingen und den mitgelieferten Wetzstahl. Fertigungszeit: Vermutlich Ende des 19. Jahrhunderts. Aber wie bereits weiter oben ausgeführt, handelte es sich bei Messern um ein absolutes Nebenprodukt.

Marks & Rees, Cincinnatti, Ohio, USA.
Um 1833 als Werkstatt von Messerschmieden und Herstellern chirurgischer Instrumente gegründet, gehört das Werk zu jenen Unternehmen, die wohl als erste »Coffin-Grip«-Bowies gefertigt haben – ob beeinflusst durch die Entwürfe des legendären James Black, ist unbewiesen. Um 1839 übernahm William Z. Rees den Laden, der wahrscheinlich bis in die 1860er-Jahre weiterbestand.

Marples, George; Bernard Street, Sheffield. Um 1847-63.
Marples, Joseph; 19 Rough Bank, Sheffield. Ungefähr 1847-63.
Marples, Robert Henry; 65 Hermitage Street, Sheffield. Um 1871.
Marples, William & Sons; Westfield Terrace, Sheffield. 1873.
Marrian, Wells & Co. ; Cornhill Place Works, Sheffield. 1880.
Marriott & Atkinson; Cross Smithfield, Sheffield & Attercliffe, Sheffield. Um 1840-75.
Marsden Bros. & Silverwood; 51 Bridge Street, Sheffield. Um 1848-73.
Marsden, Samuel Albert; 124 Eyre Street, Sheffield. Um 1848-61.
Marsh, Augustus; Sheffield. Ab zirka 1850.
Unter anderem kleine Besteckgriff-Bowies mit »Spearpoint«-Mittelspitzenklinge, Rückenschliff und auffälligen Verschneidungen: An beiden Rückenkanten je zwölf schräg angesetzte Daumenrillen. Stempelung: Markenzeichen »AMS« im Band und Schriftzug »SILVER STEEL«. Ätzung: »Good as Gold/California Bowie Knife/Americans/Must and Shall/Rule/America«. (So gut wie Gold/Kalifornien-Bowie/Amerikaner/müssen und sollen Amerika beherrschen.) Letzteres spielt auf die unter dem Slogan »Amerika den Amerikanern« bekannte Monroe-Doktrin von 1822 an: US-Präsidenten James Monroe legte darin zwei Kriterien für die US-Außenpolitik fest, die bis zur Jahrhundertwende Bestand hatten: Die USA duldeten keine neuen europäischen Kolonien in Amerika und mischten sich nicht in die Politik und Konflikte Europas ein.

Marsh, Arthur; Eyre Street, Sheffield. Um 1845-68.
Marsden, William; 86 Hoyle Street, Sheffield. Um 1855.
Marsden, William; zwo Adressen: 3 Burgess Street, 7 Backfields, Sheffield. Um 1852-70.
Marsh Brothers & Co.; Forge Lane, Sheffield. Um 1853-1920.
Stempelung: »MARSH/BROS. & CO./PONDS WORKS/SHEFFIELD«. Sonderfall: Auffällig schmale, runde und sich zum Knauf verjüngende Griffe, hinten kaum dicker als ein Filzstift. Gegründet anno 1631, ist dies eines der ältesten Unternehmen der Stadt, das bis in die 1960er-Jahre bestand. Zu den Warenzeichen zählte unter anderem ein Rinderkopf mit integriertem Schafskopf und dem Schriftzug »MARSH«. Seinen Durchbruch schaffte das Werk aber erst in den 1830er-Jahren, als ein breiter Strom von Stahl, Sägen, Feilen und vielen Arten von Schneidgeräten Geld in die Kassen spülte. Man fertigte jede Art von Messer, vor allem für die USA, wo man Vertretungen in Philadelphia, New York, New Orleans und Boston unterhielt. Als die USA in den 1880er-Jahren begannen, den Warenstrom aus Sheffield durch zollrechtliche Beschränkungen einzudämmen und die McKinley-Regierung 1890 schließlich den »Tarriff Act« verabschiedete, verlegte sich das Werk auf den Bau von Werkzeugen.

Marsh, Thomas; Cricket Inn Road, Sheffield. Um 1836.
Marshall, David; 9 & 49 West Street, Sheffield. Um 1840-67.
Marshall, Samuel; zwei Adressen: 94 Rockingham Street, 25 Eyre Street, Sheffield. Um 1836-63.
Marshes & Shepherd; Forge Lane, Sheffield. Um 1841-60.

Martin Bros. & Naylor; 7 Pepper Alley, Sheffield. Um 1841-60.
Martin, Stephen; 29 Norfolk Street, Sheffield. Um 1835-62.
Maschwitz, C. junr.; Sheffield. Um 1850.
Stempelt mit »C.MASCHWITZ JUNR/SHEFFIELD«. Fertigt unter anderem Bowies mit Neusilber-Besteckgriffen und in die Klinge eingeätzten Adlermotiven und Sinnsprüchen wie: »I Can Dig Gold From Quarz/A Californian Asks For Nothing But What's Right/An Submit To Nothing What's Wrong/California Bowie«.
Masdin, Joshua; Masdin Lane, Sheffield. Um 1837.
Mason, Charles; 10 Blueboy Street, Sheffield. Um 1854.
Mason, George; 60 Westbar Green, Sheffield. Um 1848-1967.
Mattewman, B. & Sons; 44 Milton Street, Sheffield. Um 1858.
Mawhood Brothers; Palm Tree Works, Sheffield. Um 1866.
Mayer, Thomas; Sheffield.
Medina, Teodora; Monterrey, Mexico.
Mellor, John; 25 Sims Croft, Sheffield. Ungefähr 1835.
Meriden Cutlery Company; Meriden, Connecticut, USA. Ungefähr 1855.
In Saccarapa/Maine und Meriden/Connecticut ansässig, hieß der Gründer des 1832 eröffneten Unternehmens David Ropes. Auf der Suche nach einem Elfenbein-Liefertanten für seine Griffe fand er den auf Elfenbeinknöpfe spezialisierten Handwerker Julius Pratt aus Meriden. 1846 verlegte Ropes sein Unternehmen dorthin; es entstand die Pratt Ropes Company. 1855 wandelte sich der Firmenname zu Meriden Cutlery Company. Das Werk zählte neben der John Russell Company und Lamson & Goddnow zu den ältesten US-Unternehmen, die sich der Sheffielder Übermacht entgegenstemmten. Jagdmesser und Bowies entstanden aber wahrscheinlich nur am Rande; Meriden galt als Spezialist für Klappmesser. Die reinweg auf Schneidwaren spezialiserte Meriden Cutlery Company ist nicht (wie des öfteren in älterer Fachliteratur geschehen) zu verwechseln mit zwei anderen Unternehmen aus diesem Ort: Die »Meriden Firearms Company« fertigte von 1900 bis 1915 Schrotflinten, die an Versandhausfirmen gingen und dann deren Namen erhielten. Und die »Meriden Manufacturing Company« baute im US-Bürgerkrieg unter anderem den Triplett & Scott-Karabiner. Einer ihrer Teilhaber gründete 1866/67 das bis 1942 bestehende Werk, deren doppelläufige Schrotflinten in den Staaten einen ähnlich legendären Ruf genießen wie die Waffen von Colt und Winchester: »Parker Brothers«.
Mickelthwate, John; Glossop Road, Sheffield. Um 1841.
Middleton, John; Sheffield.
Middleton, J.E. & Sons; Rockingham Street, Sheffield. Um 1870.
Middleton, R.H. & Co.; Neepsend Rolling Mills; Sheffield. Um 1870.
Middleton, S.S. & Co.; zwei Adressen: 54 Eyre Street, 157 Arundel Street, Sheffield. Um 1847-73.
Middleton, R.R.
Dieses Unternehmen baut wohl als eines der letzten Bowies nach alter Väter Sitte, zu einem großen Teil auf Grundlage alter Klingenrohlinge aus dem 19. Jahrhundert.
Midland Manufacturing Co.; Savile St. East, Sheffield. Um 1875.
Miller Brothers Cutlery Co.; Meridian, Connecticut. Um 1886-1925.
Miller, David & Son; Sheffield.
Mills, London.
Mills, Joseph; Essex Works, Scotland Street, Sheffield. Um 1875.
Milner, John; Orient Works, Matilda Street, Sheffield. Um 1870.
Über die 1848 gegründete Firma ist nur wenig bekannt. Ihr Schwerpunkt lag wohl auf Essbestecken, Taschenmessern und Rasiermessern. Markenname: »INTRINSIC« (wörtlich »innewohnend«, gemeint ist wohl »innere Werte«). Ob das Werk Bowies gebaut hat, ist unklar.

Minervus, Frankreich.
Miris Steel Col; Neepsend Lane, Sheffield. Um 1880.
Moreton, John; Sheffield.
Baut um 1870-80 Bowies für gehobene Ansprüche: Die Hornschalen erhielten das aufwändige, kunstvoll verschlungene Motiv eines Vogels in einer Weinranke; als Material diente hier Abalone-Muschel und Silberdraht. Die Klinge erhielt eine Ätzung: Eine von Rankenornament-Gravuren umschlungene Schleife mit der Inschrift: »SELF PROTECTOR«. Stempel: »J.MORETON & CO./SHEFFIELD«.
Moore, J.W. & L.L.; Georgia, CSA. Um 1862.
Liefert 843 Bowies an den Staat Georgia.
Moore, William; Sheffield.
Morgan, Benton & Burdekin & Co.; Sheffield. Um 1850.
Morrison, Murdoch; Rockingham County, North Carolina, CSA. Um 1862.
Morton, B.K. & Co.; Bailey Lane, Sheffield. Um 1875.
Morton, Daniel; 12 Tudor Street, Sheffield. Zirka 1848-63.
Morton, James; zwei Adressen: 58 Bailey Street, 32 Garden Street, Sheffield. Zirka 1854-68.
Morton, John & Co.; Eyre Street, Sheffield. Um 1876.
Morton, William & Sons; 175 Rockingham Street, Sheffield. Um 1877.
Als Rockingham-Werke bekannt, baute Morton & Söhne vor allem Tafel-, Feder-, Taschen-, Rasier- und Sportmesser sowie Scheren. Die Firma blieb bis zu ihrem Ende in den 1970er-Jahren in Familienbesitz. Warenzeichen: Eine Schalenwaage.
Morton, William; Norris Field Works, Sheffield. Um 1840.
Moseley, Thomas; zwei Adressen: 51 Broad Street, 92 Cricket Road, Sheffield. Um 1847-76.
Mosley, R.F. & Co.; Sheffield
Um 1878 gründete Robert Fead Mosley in den Portland-Werken sein eigenes Unternehmen, das alle Arten von edlen Schneidwaren erzeugt. Ganz wichtig: Hier führte Harry Brearley 1914 einige seiner Experimente durch, die in der Erfindung des rostfreien Stahles gipfelten: Zusammen mit Werksleiter Ernest Stuart schmiedete Brearley hier seine ersten Klingen aus dem neuen Stoff. Die Firma wurde 1968 aufgelöst.
Moss & Gamble Brothers; Franklin Works, Russell Street, Sheffield. Um 1876.
Mottram, T & Co.; Charlotte Street, Sheffield. Um 1867.
Mottram, T & Sons; 3 Regent Terrace, Sheffield. Um 1869.
Murray, Lewis; Sheffield.
Murray, John P.; 46 Broad Street; Columbus, Georgia, CSA. Um 1862.

N

Naylor, Samuel Jun.; zwei Adressen: 76 Eyre Street, 12 Howard Street, Sheffield. Um 1848-70.
Needham Brothers, Commercial Works; 8 Baker's Hill, Sheffield. Bowies: Um 1860-1900.
Needham ist Tweedale zufolge ein gängiger Name in Sheffield. Dieses Unternehmen wurde von Joseph Needham und seinem Bruder Edwin um 1851 gegründet. Vor allem für Taschenmesser aller Art bekannt; Markenzeichen »REPEAT«. Das Werk beendete seine Produktion nach dem Zweiten Weltkrieg; danach übernahm die Firma Slater das Markenzeichen.
Needham, Veall & Tyzack; Eye Witness Works, Milton Street, Sheffield. 1820-1965.
Hinter der Firma standen die Männer Thomas Brown Needham, James Veall und Walter Tyzack; das Unternehmen war ein Vollsortimenter und

vor allem für seine Taschenmesser und Rasierer bekannt. Seine Blütezeit erreichte es um 1900. Nach dem Ersten Weltkrieg fusionierte die durch den Nachfrageschwund bei Klapp- und Rasiermessern gebeutelte Firma notgedrungen mit einigen renommierten Konkurrenten, unter anderem mit Joseph Elliot, den Gebrüdern Lockwood, Nixon & Winterbottom, Southern & Richardson sowie Thos Turner. Dieser Schachzug sicherte die Zukunft der Firma, bis sie 1965 von dem Grossisten Harrison Fisher & Co. übernommen wurde. Fraglos hat Needham, Veall & Tyzack auch Bowies gefertigt, doch lässt sich keine eigene Stilrichtung ermitteln. Man achte auf diese Warenzeichen, darunter das bekannteste Emblem des Unternehmens: »CORPORATE MARK / das Motiv eines geöffneten Auges / WITNESS« (Ein Wortspiel: Durch das Augenmotiv und das Wort darunter ergibt sich der Firmenname »Eye Witness«, zu Deutsch: Augenzeuge). Außerdem »TRADE MARK / das Motiv eines Turbinenrades / PROGRESS«.

Neil, Charles & Co.; 72 Bridge Street, Sheffield. Um 1860.
Neill, James & Co.; Napier Street, Sheffield. Um 1872.
Newbould Bros.; zwei Adressen; 27 High Street, 4 Eyre Lane, Sheffield. Um 1847-1872.
Newbould, Edwin; 68 Campo Lane, Sheffield. Um 1854-72.
Newbould, Henry; 4 Hawley Croft; Sheffield. Um 1847-61.
Newbould, John; 4 Eyre Lane, Sheffield. Um 1852-70.
Newbould, Samuel; Sheffield.
Newton, Francis & Sons; 127 Portobello Street, Sheffield. Um 1838-?.
Eines der wohl beständigsten Unternehmen aus Sheffield, es überdauerte den Zusammenbruch der Messerproduktion, der nach dem Zweiten Weltkrieg einsetzte und seinen Höhepunkt in den 70er-Jahren fand. Warenzeichen: »PREMIER«, oft kombiniert mit einem Schwan; auf dem Vogel der Schriftzug »TRY« – eine Anspielung auf den Lohengrin-Mythos. 1884 kam noch der »JUSTE JUDICATO«-Schriftzug der Firma Joseph & Robert Dodge hinzu..
Newton, James & Co.; 25 Workhouse Croft, Sheffield. Zirka 1848-1859.
Newton, John & Co., Manhattan Cutlery; Sheffield.
1861 gegründet und bis 1926 in den Verzeichnissen von Sheffield geführt, deutet der Name auf die Verflechtung mit dem US-Handel hin. Das Werk fertigte und vertrieb Bowies, Rasier-, Tafel- und Taschenmesser. Der US-Partner von Newton & Co. hieß Herman Boker, Ahnvater der heutigen Böker-Werke. Und umgekehrt importierte man als eines der ganz wenigen Sheffielder Unternehmen auch blanke Waren aus den Staaten nach England, hier sind vor allem die patentierten Schneiderscheren von Rochus Heinisch zu nennen. Warenzeichen: »MANHATTEN / CUTLERY CO., / SHEFFIELD« kombiniert mit dem Bild eines Frosches.
Newton, Mary & Sons; Furnace Hill, Sheffield.
New York Knife Co.; Walden, New York, USA. Um 1853.
Nicholson, Austin; 38 Victoria Street, Sheffield. Um 1870.
Nicholson, I.; Sheffield.
Nicholson, John & Sons; zwei Adressen: 69 Charles Street, 19 Union Street, Sheffield. Um 1847-1921.
Nicholson, M.H.; Meadow Works, Sheffield. Um 1850.
Nicholson, William; 17 Sycamore Street, Sheffield. Um 1846-64.
Nicholson, Hoole & Co.; Green Lane, Sheffield. Um 1836.
Nixon, C. & Sons; Sheffield.
Nixon, George & Co.; Mount Pisgah, Sheffield. 1841-64
Nixon, G.W.; New York, USA.
Nixon & Winterbottom; Pyramid Works, Pond Street, Sheffield. 1865-1897.

Gemäß ihres Namens führte die Firma im Warenzeichen ägyptische Pyramiden kombiniert mit den Nachnamens-Initialen der Firmengründer Joseph Nixon und Jabez Winterbottom, also »N« und »W«. In den ersten zwei Jahrzehnten konzentrierte man sich vor allem auf den Bau von Bowies mit Schnabel- und Mittelspitzen sowie von »Camp Knives«, neben den USA bildete auch Südamerika einen wichtigen Markt. Das Werk leistete Pionierarbeit auf dem Gebiet der Ausstattung mit Maschinen und installierte schon zu Beginn der 1870er-Jahre Schnittpressen und Geräte zum Formen von Griffschalen – wichtig für die Bowies: Rinderknochen wurde gepresst und mit künstlicher Struktur versehen, um Hirschhorn-ähnlich zu wirken. Dieses Verfahren wurde um die Jahrhundertwende noch verfeinert, vor allem im Bereich von Taschenmessern: US-Sammler können zur Verblüffung von Laien anhand der aufgepressten Struktur erkennen, wann ungefähr welcher Hersteller das fragliche Messer gebaut hat. Per Hitze- und Kraftverformung bearbeitete man aber auch Horn von Büffel und Rind. Gegen Ende des 19. Jahrhunderts verlegte man sich zusehends auf Essbestecke und Tafelmesser. 1897 übernahmen Needham, Veall & Tyzack das Unternehmen und damit auch das Warenzeichen.

Northampton Cutlery Company; Northampton, Massachusetts, USA. Zirka 1871.
Northfields Knife Co.; Northfields; Connecticut, USA. Um 1858-64.
Nowill, John & Sons; zwei Adressen: 17 Meadow, 119 Scotland Street, Sheffield.
Alteingesessenes Familienunternehmen, das von Beginn des 18. Jahrhunderts bis zum Ende der 1940er-Jahre in Familienbesitz blieb und vor allem für seine Silbermesser berühmt war. Warenzeichen: Sternmotiv (»«) über einem »D« rechts daneben zweizeilig »J. NOWILL & SONS / SHEFFIELD« gefolgt von zwei gekreuzten Schlüsseln. Einer der letzten Nowills baute noch bis in die 1960er-Jahre Bowie-Messer.*
Nowill, William & Joseph; 7 Meadow Street, Sheffield. Zirka 1838.

O

Oakes, E.M.; 188 Solly Street, Sheffield. Um 1862.
Oates, Albert; 64 St. Phillips Road, Sheffield. Um 1872.
Oates, Frederick William; St. Phillips Road, Sheffield. Zirka 1873.
Adresse und Zeitangaben legen bei den beiden Oates familiäre Beziehungen und gemeinsames Arbeiten nahe.
Ogden Brothers & Derby; 7 Eyre Lane, Sheffield. Um 1858.
Ogden, Edward & Co.; 6 Castle Hill, Sheffield. Um 1848-65.
Ogden Brothers; 6 Castle Hill, Sheffield. Um 1852-65.
Oglesby, James; zwei Adressen: 12 Broad Street, Division Street, Sheffield. Um 1840.
Oppleman, L.; Lynchburg, Virginia.
Osbaldiston, Louis & Co.; 53 Bath Street, Sheffield. Um 1875 bis 1940er-Jahre.
Warenzeichen: »HYDRA«.
Osborne, Benjamin; zwei Adressen: 10 Smithfield, 99 Allen Street, Sheffield. Ungefähr 1835-67.
Osborne, Samuel & Co.; Clyde Steel Works, Sheffield. Um 1878.
Osborne, T. & Sons; 49 Carver Street, Sheffield. Um 1835-68.
Otto & Koehler, New York.
Um 1853 von Ferdinand C. Otto und Augustus Köhler gegründet, arbeitete das deutschstämmige Duo als Messerschmiede und Hersteller chirurgischer Instrumente. Nach Köhlers Tod schloss sich Otto um 1860 für die nächsten anderthalb Jahrzehnte mit John Reynders zusammen.
Owen, A.G.; 170 Queen's Road, Sheffield. Um 1878.

Owen, Edward & Co.; Headlord Street, Sheffield. Zirka 1879.
Owen, Thomas; zwei Adresseen: 27 Pinstone Street, 23 Wellington Street, Sheffield. Zirka 1847-67.
Oxley, James; 56 Garden Street, Sheffield. Um 1820-1980.
Berühmt für seine patentierte Brotschneidemaschine, führte das Werk im Warenzeichen ein Metzgermesser gekreuzt mit einem Wetzstahl und dazu die Buchstaben »JO«. Vollsortiment und somit fraglos auch Bowies.
Okley, John; 18 Hollis Croft Works, Rotherham, Sheffield. Zirka 1883.

P

Padley, Adam; 6 S. St., Sheffield. Um 1834.
Paget; 185 Picadilly, London.
Parker Brothers; 76 Eyre Street, Sheffield. Um 1847-60.
Parker, E.; zwei Adressen: Little Sheffield, Rockingham Street, Sheffield.
Parker E. & Sons; Sheffield. Um 1836-72.
Parker & Linley; 21 Union Street, Sheffield. Um 1848-58.
Parkin, Jonathan; Thomas Street, Sheffield. Um 1835-49.
Parkin & Marshall; 25 Furnival Street, Sheffield. Um 1846-1910.
Entstanden durch Übernahme der Firma Smith & Moorhouse, führte das Werk die Warenzeichen »XL ALL« und »SHARP EDGE« (Scharfe Schneide). Blütezeit um 1890: Da gehörte Parkin & Marshall zu den 20 größten Häusern der Stadt. Vollsortiment.
Parkin, Samuel; 3 Burgess Street, Sheffield. Zirka 1852.
Parkin, William & Co.; Sylvester Street, Sheffield. Um 1868.
Parkinson, James; 50 Pea Croft, Sheffield. Um 1834.
Pashley, Francis; zwei Adressen: 87 Edward Street, 37 Carver Street, Sheffield. Um 1852-70.
Paterson, A.; Forthworks, Sheffield. Um 1850.
Patterson & Co.; Moorgate; Sheffield.
Peace, Joseph & Co.; Rutland Street, Sheffield. Um 1865.
Peace, Joseph Henry; 64 Button Lane, Sheffield.Um 1872.
Peace, Samuel & Sons; Well Meadow Steel Works, Sheffield. Um 1871.
Peace, W.K. & co.; Eagle Works; Mowbray Street, Sheffield. Um 1867-1925.
Peaces, Spafford & Co.; 84 Russell Street, Sheffield. Um 1857.
Peacock, J.T.; Boardmans Bridge; Sheffield. Um 1838.
Pearson, James; Old Street, Sheffield. Um 1839.
Pearson, Samuel & Co.; 107 Eldon Street, Sheffield. Um 1820-1925.
Pearson, T.W.; Leadmill Street, Sheffield. Um 1874.
Pearson & Winks; 61 Eldon Street, Sheffield. Um 1847-60.
Peabody, Hiram; High Street, Richmond, Virginia, USA. Um 1852.
Peckitt, William; 15 Carver Lane, Sheffield. Um 1848-63.
Perigo, John; 22 Rockingham Street, Sheffield. Um 1876-1925.
Perkington, Josua; zwei Adressen: 35 Holy Street, 66 Button Lane, Sheffield. Zirka 1839-61.
Perkington, William; 29 Orchard Lane, Sheffield. Um 1847-68.
Petty, John Thomas; Garden Street, Sheffield. Eng verzahnt mit der Firma:
Petty, John & Sons; Garden Street, Sheffield. Um 1860-1986
Warenzeichen: Ein querliegendes Fass, Firmennamenstempelung: »JOHN PETTY / & SONS / SHEFFIELD«. Petty war ein allenfalls mittelständisches Unternehmen, übernahm aber im Lauf der Zeit mehrere andere Firmen. Um die Jahrhundertwende lieferte man sogar Kopien der amerikanischen »Green River«-Messer.
Picault; Paris, Frankreich.
Laut Levine fertigte er zwischen 1840 und 1880 noble, handgefertigte Bowies, möglicherweise mit Damaststahl-Klingen.

Pich, Alejandro; Buenos Aires, Argentinien. Keine weiteren Angaben.
Pickslay, Charles & Co.; 60 Solly Street, Sheffield. Um 1841.
Pinder, Edward; 1 Regent Street, Sheffield. Zirka 1834.
Platts, George & Son; Mary Street, Sheffield. Um 1871.
Platts, Henry; Bridge Street, Sheffield. Ungefähr 1855.
Platts, Isaac; zwei Adressen: 30 Angel Row, 39 Wicker Street, Sheffield. Um 1837-62.
Poldi Steel Works; Napier Street, Sheffield. Um 1880.
Potter, J.H.; Division Street, Sheffield. Um 1878.
Potts, Baxter & Brumby; 4 Arundel Street, Sheffield. Um 1836.
Pradel, A.; New Orleans, Louisiana, USA.
Price, Michael; mehrere Adressen: Montgomery Street (1859), 221 Montgomery Street (1861), 238 Montgomery Street (1862), 110 Montgomery Street (1863), 415 Kearny Street (1868). San Francisco, Kalifornien, USA.
Fraglos jener Messerschmied am »Golden Gate«, dessen Entwürfe den größten eigenen Stilwillen und damit die meiste Originalität verraten: Price gilt als wichtigster Messermacher von »Old California«. 1833 geboren, stammte Michael Price junior aus der Hafenstadt Limerick im Südwesten Irlands (die Stadt gab später den Namen für die heute berühmten, fünfzeiligen Ulk- und Nonsens-Gedichte mit der Reimfolge AABBA). Hier in der traditionell vom Schiffsbau und von Eisengießereien geprägten Bucht des Shannon-Flusses erfuhr er als Sohn des Messerschmieds Michael Price senior eine erstklassige Ausbildung. Er trainierte jeden einzelnen Arbeitsschritt von der Auswahl des geeigneten Stahles (sowie der Griffmaterialien), er lernte Schmieden, Härten, Glühfrischen, Anlassen, Schleifen und Polieren, übte sich im Griffmontieren und Reiden aller Arten von Schneidwaren und erwarb ein fundiertes Können auf dem anspruchsvollsten Gebiet seines Berufs: Dem nach Kundenvorgaben gefertigten, wertvollen und aufwändigen Einzelstück (»custom knife«). Es saßen außer der Price-Familie noch andere Messermacher in Limerick, die bis Mitte des 19. Jahrhunderts dort ihr Auskommen fanden. Aber dann setzte Sheffield zu seinem Höhenflug an und überflutete den Markt mit Massenware. Die Folgen bekamen die Messerschmiede in anderen britischen Städten zu spüren. Daraufhin beschloss Price, auszuwandern. Er kam Mitte der 1850er-Jahre nach Kalifornien. In dem spanisch geprägten Land war das politische Klima für einen irischen Katholiken weitaus angenehmer als in anderen Regionen der USA. Im Osten fanden sich vom Hass auf Katholiken und Juden, auf Iren und Deutsche geprägte Gruppierungen wie die »American Mechanists Party« oder die »All American Party« in der »Know Nothing«-Bewegung zusammen; eine wichtige Rolle spielte dabei ein Mann namens E.Z. Judson, der später als Schriftsteller unter dem Pseudonym Ned Buntline und der Scout Buffalo Bill zu Weltruhm führen sollte. (»Know Nothing« deshalb, weil die Geheimlogen-ähnlich organisierten Mitglieder auf Fragen nach Untaten oder Fremdenhass stets antworteten: »Know nothin' – weiß nix«). In San Francisco hingegen gab es zwar auch anti-irische Ressentiments, doch saßen dort viele Landsleute von Mike Price an den Schaltstellen. Und so boten sich dem jungen Messerschmied hier günstigste Voraussetzungen. Allerdings konnte er nicht gleich in seinem Beruf starten, sondern verdiente sich zu Anfang etwas Startkapital, indem er den Bau von Überland-Wasserleitungen überwachte. Doch kann er diesem Gewerbe nicht lange treu geblieben sein. Denn 1856 fand David S. Terrys weithin berühmte Bowie-Attacke gegen den Vigilanten Sterling Hopkins statt, als dessen Folge man Terry aus der Stadt wies. Und Horace Bell, eine Nebenfigur dieses Ereignisses, berichtete in seinen Memoiren, wie ihn Freunde Terrys mit einigen

Revolvern und »einem von Prices besten Messern« zu bestechen versuchten: Bell sollte dafür sorgen, dass Terry zurückkehren und einen Trupp gegen die Vigilanten anführen konnte; ein Vorhaben, das sich aber flugs zerschlug. Jedenfalls belegt diese Anekdote, dass Price zu dieser Zeit schon in San Francisco an Messern arbeitete und man seinen Namen sehr wohl kannte. Einen eigenen Laden betrieb er wohl aber noch nicht, statt dessen hatte er sich bei dem unter dem Spitznamen »Natchez« bekannten Büchsenmacher und Waffenhändler Andrew J. Taylor (s.d.) eine Ecke gemietet. Es lässt sich bis heute nicht völlig einwandfrei klären, ob Price für Natchez arbeitete und dieser die Messer des Iren unter seinem Namen vertrieb, oder ob der auch selber Messer baute. Jedenfalls machte sich Price nach dem Unfalltod von Natchez Taylor 1858 selbständig, ließ sich einbürgern und heiratete. 1865 holte er seinen Vater von der Grünen Insel herüber in den Goldenen Westen. Zusammen sollten sie noch bis Mitte der 1880er-Jahre werkeln, ehe 1885 zuerst der Senior und schon vier Jahre später der Junior verstarben. Der als begeisterter Sportler bekannte und wegen seines schrulligen Humors beliebte Price junior verschied Levines Recherchen zufolge, als er sich nach einer monatelang verschleppten Erkältung eine Herzerkrankung zugezogen hatte. Zwar versuchte er halbherzig, sich zu schonen, doch als er nach einem Theaterbesuch mit einem Sprint die Straßenbahn einzuholen versuchte, erlitt er einen Ohnmachtsanfall. Wenige Tage später war er tot. Wie seine Konkurrenten baute Price Bowies mit im Schnitt 6 Zoll langen Klingenblättern des Typs »Spear Point« und langen, flachen und sanft geschwungenen sowie stumpf belassenen Rückenschneiden. Standardmäßig gehörte dazu eine aus Metall gefertigte Steckscheide – pures Silber, wer sich das leisten konnte, und versilbertes Blech für alle anderen. Typisch für Price waren die am Mund befestigten Federstahlklemmen, mit deren Hilfe sich seine Etuis etwa in einem ledernen Überzieh-Futteral befestigen ließen. All das zeigte sich häufig graviert, wobei Price aller Wahrscheinlichkeit nach dafür auf einen Meister dieses Fachs zurückgriff. Doch die meiste Fantasie verwandten er und seine Angestellten auf die Griffe. So gibt es Stücke, bei denen die Flachangeln breiter ausfallen als die Schlitze in den Parierstangen – einzig mögliche Erklärung: Man schmiedete die Angeln nach dem Montieren der Parierelemente aus. Noch aufwändiger gerieten seine berühmten Rahmengriffe. Dabei handelte es sich um aus einem Stück Münzsilber gefertigte, innen hohle Elemente. Sie verfügten an beiden Flachseiten über hakenförmige Einfassungen. Hier schob Price die üblicherweise aus Elfenbein gefertigten Schalen hinein, gelegentlich fixiert durch Nieten aus Edelmetallen. Wegen des hohen Preises dieser Rohmaterialien wurden Elfenbein und Wand des Griffes von innen miteinander vernietet; die Nieten gingen also nicht komplett durch den hohlen Griffrahmen hindurch. Darin fand sich außer Luft nur noch der Rundangel der Klinge, am Knauf durch ein prächtig geformtes Käppchen fixiert. Der Griff selber saß mittels seines zur Zwinge ausgeformten Frontstückes fest und vor Verdrehung geschützt auf dem Klingenansatz. (Wahrscheinlich fertigten außer Price noch andere Frisco-»Knifemaker« wie Hermann Jakob Schintz nach solchen und ähnlichen Methoden. Die Messermacher bildeten damals eine sehr kleine Gemeinde und wechselten, oft in kürzester Frist, von einem Brotgeber zum anderen. Da blieben neue Techniken nicht lange geheim.) Natürlich lebte Price nicht vom Bowie allein. Er baute alle Arten edelster Metallwaren, darunter Korkenzieher (natürlich mit Elfenbeingriffen, siehe dazu aber auch Hermann Jakob Schintz). Neben seinen Bowies ging der auf Ausstellungen vielfach ausgezeichnete Price vor allem aber wegen seiner Tranchiermesser (carver knife), in die Messerhistorie ein, auch hier zog die Konkurrenz binnen kürzester Frist nach. Selbige kamen natürlich nicht allein, sondern immer als wenigstens dreiteiliges, mitunter auch fünfteiliges Besteck, also inklusive einer Gabel zum Vorlegen und mit einem Wetzstahl. Typische Kalifornien-Tranchierbestecke weisen an den Griffen der Gabel und des Wetzstahles je vier drahtförmige Arme mit verdickten Enden auf, die wie die Tentakel eines Polypen abstehen. Diese Gebilde dienen als Handschutz. In der Blütezeit war Prices Laden noch vor Frederick Will & Julius Finck das erfolgreichste Messergeschäft San Franciscos – wobei sich auch hier die Auswirkungen des US-Bürgerkrieges bemerkbar machten: Seine US-Kundschaft rekrutierte sich vor allem aus Demokraten und Sezessionisten, außerdem natürlich auch aus Iren und Katholiken. Die Unionsanhänger und Republikaner hingegen kauften bevorzugt bei Will & Finck. Die Deutschen wiederum teilten ihre Sympathien, da einige ihrer in San Francisco tätigen Landsleute wie Adolph Burckhardt und Friedrich (Frederick) Otto Hartenstein zumindest zeitweise für Price arbeiteten; Hartenstein betrieb übrigens von 1869-76 eine eigene Werkstatt. Und dann ging noch jeder zu dem Iren, der sich für Leibesübungen interessierte. Denn bei dem sportverrückten Price gab es Boxhandschuhe, Rugby-Bälle, Schwerathleten-Keulen und -Hanteln sowie Florette, Degen und die dazugehörigen Fechtmasken. Ob Ringen, Rudern, Fechten oder Boxen, Price gehörte so gut wie jedem Sportverein der Stadt an und ertüchtigte sich selber intensiv. Er galt als einer der besten und stärksten Athleten der Stadt. Da nimmt es nicht wunder, dass Price im Keller seines in der Kearny Street gelegenen Geschäftes sogar einen privaten Trainingsraum vor allem für Boxer einrichtete – wenn man so will, bildete dies den Beginn des heute weltumspannenden, kalifornischen Muskel- und Körperkultes.

Prieu, Pelotas; Brasilien. Keine weiteren Angaben.
Purdy, Joshua; zwei Adressen: 154 Fitzwilliam Street, 17 Wheeldon Street, Sheffield. Um 1846-61.

R

Ragg, John & William; Eldon Street, Sheffield. Ab 1831.
Warenzeichen: »NAPOLEON« (samt einer kunstvollen Strichzeichnung des Korsen zu Pferd, abgeleitet vom berühmten Gemälde »Bonaparte am Bernard Pass« des Künstlers Jacques Louis David), »PARAGON« und »PLANTAGENET« (Familienname von König Richard Löwenherz). *Produktpalette:* Rasierer und, Scheren, aber auch Federmesser.
Ramsbottom, W.J.; St. Phillip's Road, Sheffield. Um 1871.
Ramsden; Charles; Loxley Steel Works, Sheffield. Um 1872.
Ranfield, William; Brammall Lane, Sheffield. Um 1840.
Rawson Brothers; Carver Street, Sheffield. Um 1860.
Rau & Kohnke, San Francisco.
Gegründet von Adolph Rau und John Kohnke, 1871-75. Danach schloss sich Rau mit John Todt zusammen und firmierte als Rau & Todt. Ab 1880 bis 1915: John Todt. Messermacher der späten California-Periode.
Rayner, William & Co.; 3 St. Jame's Street, Sheffield. Um 1834.
Read, Isaac; 34 Lambert Street, Sheffield. Um 1848-70.
Reaves, W.C.; Sheffield.
Reed, J.; Fresno, Kalifornien, USA.
Reinhardt & Brother; Baltimore, Maryland, USA. Um 1865.
Reinhardt; South Carolina, CSA. Im US Bürgerkrieg.
Reinhardt, Charles C.; 9 Light Street, Baltimore, Maryland, USA. Um 1840-45. Firmiert auch unter **Reinhardt, Charles C. & Co.**
Reinhard, Charles Jr.; Um 1868.
Reising Arms Co.; Hartford, Connecticut, USA.
Rembrant; Baltimore, Maryland, USA.

Renwick & Co.; Sheffield.
Reuss & Co.; West Street, Sheffield. Um 1861.
Revitt, Frank; Allan Street, Sheffield. Um 1868.
Revitt, William; zwei Adressen: 6 Meadow Street, 93 Edward Street, Sheffield. Um 1833-70.
Rich, Henry; Sheffield.
Richards, Sheffield, 1932-1983.
1932 von einem Solinger namens Stephan Richartz ins Leben gerufen, einem Mitglied jener Familie, die um 1900 die für ihre Ambiente-Messer berühmte Firma Gebrüder Richartz und Söhne gründete. In der Bowie-Geschichte deswegen wichtig, weil die Firma Richards (Markenzeichen: Laternenmast) 1975 die Rodgers-Wostenholm-Gruppe erwarb. Und dahinter stecken ja die einst berühmtesten Bowie-Bauer Englands.
Richardson, Richard; Scotland Street, Sheffield. Um 1872.
Richardson, William; zwei Adressen: 4 Monmouth Street, Cavendish Street, Sheffield. Um 1846-71.
Richter; Massachusetts, USA. Um 1845.
Riley, William; zwei Adressen: 4 Northfolk Lane, 83 Norfolk Street, Sheffield. Ungefähr 1847-63.
Roberts & Belk; Furnival Street, Sheffield. Um 1870.
Roby, C. & Co.; West Chelmsford, England. Um 1862.
Roby Christopher; West Chelmsford, Massachusetts, USA.
Achtung: Gefälschte Roby-Bowies haben meist Messing-Montierungen; die Originale erhielten Beschläge aus Eisen und patinierter Bronze.
Robinson, Herbert & Co.; **Cantan Works**, Young Street, Sheffield. Um 1873.
Robinson & Oates; 47 Eyre Lane, Sheffield. Zirka 1870.
Robinson, Samuel; Sheffield. Um 1840.
Rodgers, C.W.; Lambert Street, Sheffield. Um 1836-65.
Rodgers, G. & Sons; 5 Silver Street, Sheffield. Firmiert ab ungefähr 1850 unter **Rodgers, G. & Co.**, 13 Norfolk Lane, Sheffield. Zirka 1840-62.
Rodgers, Henry Sons & Co.; Eyre Street, Sheffield. Um 1878.
Rodgers, Joseph & Sons No.6, Norfolk Street, Sheffield.
Baut alle Arten von Bowies, in der Goldenen Ära mehr davon als jedes andere Unternehmen der Welt, großenteils in bester Qualität. Nichts, was es nicht gäbe. Das Werk stempelte einer alten Anzeige zufolge »Bowies, camp & dagger knives, dirks etc.« mit zwei Markierungen:
1) *»V (Motiv der Königkrone) R / JOSEPH RODGERS & SONS / CUTLERS TO HER MAJESTY«, links daneben stehen untereinander Malteserkreuz und Stern.*
2) *»V (Motiv der Königkrone) R / JOSEPH RODGERS & SONS / CUTLERS TO THEIR MAJESTIES / No 6 NORFOLK STREET / SHEFFIELD«, links daneben stehen untereinander Malteserkreuz und Stern.*
Die Geschichte Sheffields ließe sich ohne Berücksichtigung dieses Unternehmens nicht schreiben. »Messer der Könige und Könige der Messer«, so lautete hintersinnig einer der Werbesprüche aus der Blütezeit um 1890, als das Unternehmen um die 2000 Personen beschäftigte. Zeitweilig kam allein aus dieser Firma ein Siebtel all dessen, was Sheffield nach Amerika verschiffte. Den Namen Rodgers kannte man rund um den Erdball. In Indien und Südafrika kam es immer wieder zu Begegnungen zwischen britischen Abenteurern und Einheimischen, die nach »Rodgers« verlangten – oft, so die zeitgenössischen Autoren, war dies das einzige englische Wort, dessen die Eingeborenen mächtig waren. In Persien, Indien oder Ceylon galt »Rodgers« als Synonym für erstklassigen Stahl und ging in die jeweiligen Sprache als Bezeichnung für ein Ding von herausragender Güte ein. Glaubt man der Firmenlegende, dann benutzte Buffalo Bill bei seinen Show-Kampfszenen mit Sioux-Häuptling Sitting Bull ein Rodgers-Bowie. Und auch US-Schriftsteller Herman Melville verewigte den Hersteller in seinem Roman »Moby Dick« in jener Szene, in der sich Queequeg mit seiner Harpune rasiert. Sein Kompagnon Ismael daraufhin: »Da denk ich mal, Queequeg, du weißt, wie man Rogers beste Stahlwaren am besten nutzt.« (In einigen deutschen Übersetzungen wird der – von Melville falsch buchstabierte – Firmenname aber durch Umschreibungen wie »Hoflieferant des Königs« ersetzt). Die Geschichte dieses Unternehmens begann um 1724, 40 Jahre später ließ sich Joseph Rodgers das berühmte Warenzeichen, bestehend aus einem Stern und einem Malteserkreuz, bei der Gilde der Messerschmiede eintragen. Ursprünglich auf den Bau von feinsten Federmessern spezialisiert, setzte die Firma aber erst unter der Leitung von John Rodgers (1779-1859) zu ihrem Höhenflug an. Dabei schreckte der junge Manager auch nicht davor zurück, in ganz England die Klinken zu putzen – wozu er oft wochen- und monatelang mutterseelenallein quer durchs Land ritt. 1821 kam schließlich der Durchbruch, als Rodgers dem damaligen britischen Prinzregenten ein einzigartiges Meisterwerk verehrte: Ein Messer mit 57 Klingen, das zusammengeklappt gerade mal 2,5 cm lang ausfiel. Im Gegenzug erhielt Rodgers eine königliche Garantie, fortan durfte sich das Werk als »cutlers to her/his majesty« bezeichnen, also als Hoflieferant. Und Rodgers schmiedete das Eisen, so lange es warm war: Er errichtete kurz danach einen einzigartigen Ausstellungs- und Verkaufsraum – seinerzeit etwas Besonderes, da keiner der meist kleinen Sheffielder Betriebe auch nur die leiseste Ahnung von Direktvertrieb und Marketing hatte. Dieser aufwendig gestaltete Raum galt schon bald als Touristenattraktion. 1862 folgte ein vergrößerter Schauraum, der bei den Touren hochgestellter Persönlichkeiten durch diese Region Englands zum Pflichtprogramm zählte. In den Folgejahren eröffneten rund um den Globus Vertriebsfilialen des Unternehmens, ähnlich gediegen und geschmackvoll eingerichtet wie das Original in Sheffield. Doch die eigentlichen Sehenswürdigkeiten erblickte kein Außenstehender – die riesigen Hallen, in denen Tonnen von Elfenbein, Horn und Perlmutt lagerten. Um 1894 begann man außerdem mit der Erzeugung eigenen Stahls, wahrscheinlich, um die Kosten zu senken und die Qualität besser kontrollieren zu können. Doch in den Jahren vor dem Ersten Weltkrieg überschritt Rodgers & Sons seinen Zenit; 1914 hatte sich der Personalstamm von 2000 auf 1500 Personen verringert. Und als nach 1918 die Nachfrage vor allem nach hochwertigen Klappmessern ausblieb und neue Materialien wie der rostträge Stahl auch nach neuen Maschinen verlangten, da ging es allmählich bergab. Zwar sorgte der Zweite Weltkrieg noch einmal für kurzfristigen Auftrieb, doch konnte man auf Dauer nicht gegen die Konkurrenz deutscher und schweizerischer Klappmesser bestehen. 1966 spielte sich die Produktion nur noch in einer von ehedem vier Fertigungsstätten ab, 1968 übernahm ein Londoner Finanzkonsortium den Laden und erwarb drei Jahre danach auch noch in Rodgers Namen den ehemaligen Erzkonkurrenten Wostenholm. 1975 kaufte Richards das, was noch übrig war. Heute befinden sich die Warenzeichen im Besitz anderer Unternehmen, das weltberühmte Emblem mit dem Stern und dem Malteserkreuz gehört der Firma Egginton.
Rodgers, James; Sheffield. Um 1850.
Rodgers, John; 16 Silver Street, Sheffield. Ungefähr 1849 umbenannt in **Rodgers, John & Sons**; 8 Bridge Street, Sheffield. Um 1832-62.
Rogers, J.B.; York, Maine.
Rogers, William; Sheffield.
Rose, Peter; New York, USA. Um 1845.

Rossell, Henry & Co.; Waverly Works, Sheffield. Um 1877.
Der Firmenname leitet sich aus der Literatur her: »Waverly, oder so war's vor 50 Jahren« hieß ein 1814 erschienener Roman, mit dem die Karriere des schottischen Schriftstellers Sir Walter Scott begann, heute vor allem durch »Ivanhoe« bekannt.
Round, John & Son; Tudor Street, Sheffield. Um 1865.
Rowell, H.H.; Sawmill Flat, Kalifornien, USA. Um 1870.
Rowland, S.; Arundel Street, Sheffield. Ungefähr 1837.
Ruddiman; Edinburgh. Um 1875.
Russell, Horsefield & White; Charles Street, Sheffield. Um 1877.
Russell, John; Green River Works, Deerfield, Massachusetts, USA. Seit 1834.
Ryals, James; Era Works, Wheeldon Street, Sheffield. Um 1875.
Ryals, James; Solly Street, Sheffield. Zirka 1846-73.
Ryalls, William; Little Sheffield, Sheffield. Um 1837.
Ryalls & Heathcote; 14 Hereford Street; Sheffield. Um 1836.

S

Sanderson, Bros. & Newbould; Newhall Road, Sheffield. Um 1860.
Sanderson, Charles; 47 Hollis Croft, Sheffield. Um 1833.
Sanderson, William & Sons; 96 Carver Street, Sheffield. Um 1856-67.
Sansom, Thomas & Sons; 45 Norfolk Street, Sheffield. Zirka 1835-52.
Sansom, William & Co.; 36 Norfolk Street, Sheffield. Zirka 1832.
Sauerland, Hatch & Co. Keine weiteren Angaben.
Saville, Charles W.; 37 Townhead Street, Sheffield. Um 1853.
Saville, J.J. & Co.; Shoreham Street, Sheffield. Zirka 1860.
Saynor, Sheffield
Wahrscheinlich arbeiteten alle folgend gelisteten Firmen eng miteinander zusammen, da es sich bei ihren Gründern und Inhabern um Mitglieder ein- und derselben Familie handelte. Schwerpunkt: Gärtnermesser jeder Art.:
Saynor, S. & Sons; 29 Eyre Street, Sheffield. Um 1865.
Saynor, Cooke & Ridal; Edward Street, Sheffield. Um 1860-1948.
Warenzeichen: »RAONBOW / SaYNOR«.
Saynor, S. & Sons; 13. Edward Street, Sheffield. Ungefähr um 1852 umbenannt in **Saynor & Cooke**. Zirka 1833-70.
Saynor, William; 29 Eyre Street, Sheffield. Um 1873.
Warenzeichen: »DEPEND«
Schintz, Jakob Hermann (Jacob Herman); San Francisco, Kalifornien, USA.
Um 1856 ließ sich der 1827 in der Schweiz geborene Messerschmied von Hugh McConnell anheuern, wo er bis 1860 arbeitete. Dann eröffnete Schintz zusammen mit einem Verwandten ein eigenes Geschäft in der Kearny Street No. 417. Seine berühmteste Arbeit stammt aus dieser Zeit: Im Auftrag einiger deutschstämmiger Bewohner San Franciscos fertigte er für Polizeichef Martin J. Burke ein Mittelspitzen-Bowie mit knochenähnlichem Griff, beschlagen mit Elfenbeinschalen und verziert mit goldenen Nägeln. Doch nach dem US-Bürgerkrieg begann er angesichts Hunderttausender kriegsversehrter Veteranen auch mit dem Bau von künstlichen Gliedmaßen: »Dieses Bein besteht aus leichtem Holz, überzogen mit Trommelhaut und lackiert. Es hat, soweit machbar, alle Bewegungsmöglichkeiten eines natürlichen Körperteils …«, so eine Ausstellungsbeschreibung von 1865. Schintz verdingte sich in den folgenden Jahren aber auch wieder als Angestellter, sowohl für Will & Finck als auch für Mike Price. Und er verlegte sich vor allem auf den Bau von Korkenziehern aller Art. In den Jahrzehnten bis zur Jahrhundertwende arbeitete er noch als Schaffner der Straßenbahn von San Francisco und für seinen ehemaligen Lehrjungen Reinhold Hoppe. Anders als seinen Kollegen Julius Finck oder Michael Price war Schintz kein großer geschäftlicher Erfolg vergönnt. Er starb 1906 an den Folgen eines schweren Sturzes.
Schively, Henry; 75 Chestnut Street, Philadelphia, Pennsylvanien, USA. Bowies: Um 1831.
Die Schively-Familie lässt sich seit dem 18. Jahrhundert in Pennsylvanien nachweisen; ihre Mitglieder fertigten vom Fleck weg Messer und ärztliche Instrumente. Der in diesem Zusammenhang wichtige Vertreter des Clans heißt Henry Schively junior. Er betrieb sein Geschäft wohl zwischen 1810 und zirka 1849 und fertigte zu Beginn der 1830er-Jahre wenigstens ein Messer für Rezin Bowie an. Außerdem verbesserte Schively den Entwurf des Ur-Bowie entscheidend. In den letzten Jahrzehnten des 20. Jahrhunderts tauchten einige Messer auf, die ihm zugeschrieben werden. Dazu gehört auch ein Exemplar, das möglicherweise aus dem Besitz von David Crockett stammt. Wahrscheinlich endete die Messerproduktion der Schively-Familie um 1875.
Scholfield, George; zwei Adressen: 26 Thomas Street, Washington Street, Sheffield. Um 1848-56.
Schofield, Isaac; 9 Adressen: 9 Broomspring Lane, 9 Spring Lane, Sheffield. Um 1832-57.
Scholefield, William; 14 Joiner Lane, Sheffield. Um 1847-1858.
Schmid, John M.; 158 Westminster, Providence, Rhode Island. Zirka 1857-1979.
Schmid Albert; 174 Westminster, Providence, Rhode Island. Zirka 1867-1936.
Searles, Daniel; Baton Rouge, Louisiana, USA. Um 1835.
Sharpe, Joseph; 30 Workhouse Street, Sheffield. Zirka 1852.
Shaw, William; Broomspring Lane, Sheffield. Um 1847-71.
Saw, R. Keine weiteren Angaben.
Shearer, J. & Son; 74 Bath Street, Sheffield. Um 1865.
Sheldon, Nash; 8th St. Cincinnatti, Ohio. Um 1853.
Shepherd, Samuel; 6 Burgess Street, Sheffield. 1830er-Jahre.
Shepherd, Thomas; 202 Fitzwilliam Street, 77 Division Street. Sheffield. Um 1847-62.
Shepherd, W.H.; Trent Street Works, Sheffield. Um 1872.
Shirley's Celebrated OIO Cutlery, Sheffield. Um 1850.
Shirtcliff, C & M; 48 Garden Street, Sheffield. Um 1839.
Shirtcliffe, Charles & Co.; 188 Solly Street, Sheffield. Um 1853-63.
Short, Thomas Jr.; Sheffield. Um 1850.
Shortland, George & Son; 70 Carver Street, Sheffield. Um 1832-71.
Siddal, George; zwei Adressen: 74 Edward Street, 160 Solly Street, Sheffield. Zirka 1853-78.
Siddall, John; 35 Wesbar Green, Sheffield. Um 1837.
Silver, S. W. & Co.; Cornhill & Old Bond Street, London, England. 1875.
Simpson, J. & Sons; Oxford Road, Sheffield. Um 1865.
Simmons; Keen Kutter
Singleton & Priestman; 58 Arundel Lane, Sheffield. Um 1861.
Singleton, William & Co.; Bakers Hill, Sheffield. Um 1870.
Sirhenry
Skelton, C.T. & Co.; Sheaf Banks Works, Sheffield. Um 1865.
Slack & Grinold; 53 Bath Street, Sheffield. Um 1867.
Slack, Sellers & Co.; Lancaster Street Works, Sheffield. Zirka 1858-1925.
Slater Brothers, Beehive Works; Fitzwilliam Street, Sheffield. Später auch unter **Slater, Heribert Marriatt, Venture Works**, 105 Arundel Street, Sheffield.

1858 von Warrington Slater gegründet, konzentrierte sich das Werk auf Feder- und Taschenmesser sowie Bowies und kleine Dolchmesser (Dirks), viele davon bestimmt für den südamerikanischen Markt. Das Werk führte ein Bienenstock-Motiv, Tweedale zufolge wahrscheinlich abgekauft von John Hinchcliffe, von dem man auch gleich die Herstellung der Bowie-Messer übernahm. Das Werk gedieh prächtig bis zur Jahrhundertwende, dann übernahm sich Warrington Slater und ging pleite. Sein Sohn Herbert Marriott baute das Ganze neu auf, aber jetzt mit Sitz in den »Venture-Works« (zu deutsch sinngemäß: Risiko-Werke). In späteren Jahren arbeitete man als Zulieferer von Herstellern wie Wostenholm oder Rodgers. Um 1993 schloss mit Dennis Slater das letzte noch aktive Familienmitglied die Pforten des Unternehmens, das seit 1945 reichlich Fremd-Warenzeichen angekauft hatte, darunter auch das berühmte Herz- und Pistolen-Motiv von Jonathan Crookes. Eigene Warenzeichen: Bienenstock-Motiv mit dem Firmennamen »SLATER BROS / SHEFFIELD«, das Wort »VENTURE« und »Y.NOT.«

Slater Brothers; Eyre Street, Sheffield. Um 1860.
Smedley, Charles; 73 Eyre Lane, Sheffield. Um 1847-60.
Smedley, William; Sydney Street, Sheffield. Zirka 1853.
Smith, & Co.; Sheffield. Um 1855.
Smith, H. & J.; 95 Rockingham Street, Sheffield. 1830er-Jahre.
Smith, Joseph; 44 Coalpit Lane, Sheffield. Um 1838-62.
Smith, James & Brothers; Coalpit Lane, Sheffield. 1830er-Jahre.
Smith, John C.; Georgia, CSA. Um 1862.
Smith, Samuel; 82 Carver Street, Sheffield. Um 1838.
Smith, William; 235 Allen Street, Sheffield. Zirka 1848-61.
Smith, Moorhouse & Smith; 2 Furnival Street, Sheffield. 1830er-Jahre.
Smithwick, Noah; San Felipe, Texas. Um 1835.

Früher Texas-Pionier, seine Lebenserinnerungen »Evolution of a State« (Entwicklung eines Staates) gehören zur Pflichtlektüre über jene Zeit, auch wenn Smithwicks Tochter das Ganze allem Anschein nach noch kräftig verzuckert hat. Laut einem Artikel von A. Frank Greenhill in der US-Zeitschrift »Arms Gazette« vom März 1979 stammte Smithwick (*1808) entweder aus South oder aus North Carolina und kam nach einer Zwischenstation in Kentucky 1827 nach Texas. 1861 zog er nach Kalifornien um. Smithwick betrieb in San Felipe de Austin eine Schmiede samt Büchsenmacherei und will hier Bowie um 1828 zum ersten Mal getroffen haben – eine durchaus mögliche Konstellation. Danach lief er allem Anschein nach Bowie noch mehrfach über den Weg und kämpfte wohl auch unter Bowies Kommando bei Concepcion gegen mexikanische Verbände. Smithwick behauptet, Bowie noch in San Felipe de Austin ein Messer gebaut und daraufhin zeitweilig viele Aufträge über solche Messer erhalten zu haben. Ob's stimmt, ist offen: Kein auf die Geschichte des frühen Texas spezialisierter Forscher konnte bislang ein Messer aus Smithwicks Werkstatt vorzeigen. Jedenfalls handelt es sich hier um noch einen dicken Baustein am Gebäude der Legende über das originale Bowie-Knife.

Snow, C.C.; Portsea, England. Um 1840.
Snow, J.P. & Co.; Hartford, Connecticut und Chicago, Illinois, USA. Um 1860.
Sommis; Providence, Rhode Island, USA. Keine weiteren Angaben.
Sorby, I & H; Sheffield.
Sorby, Robert & Sons; Trafalgar Street, Sheffield. Zirka 1825-1925.
South, Edward; 117 Fitzwilliam Street, Sheffield. Ungefähr 1848-69.
Southern & Richardson; zwei Adressen: 239 Solly Street, Doncaster Street, Sheffield.

Ursprünglich als Wilson & Southern anno 1828 gegründet, konzentrierte man sich anfangs vor allem auf den Mittelmeerraum. 1847 änderte das Werk seinen Namen, als Wilson ausschied und Samuel Richardson seinen Platz einnahm. Vier Jahre später zog die Firma in die Don Cutlery Works in der Doncaster Street um (»Don Schneidwaren Werke« hieß die Firma als Reverenz zu dem durch Sheffield fließenden Wasserlauf). Doch seine eigentliche Blüte erreichte die Fabrik erst Ende der 1880er-, Anfang der 1890er-Jahre unter Samuel Gray Richardson, einem der Söhne des alten Samuel. Da zählte das Unternehmen zu einem der 20 größten in der Stadt und bot ein Vollsortiment feil, darunter auch Bowies. Nach 1918 gehörte Southern & Richardson zu jenen Unternehmen, die sich unter Führung von Needahm, Veall & Tyzack in einem Konsortium zusammenschlossen. In späteren Jahren bildeten Sicherheitsrasierer des Typs »Shaveesi« das Haupterzeugnis. Seit 1975 gilt Southern & Richardson als erloschen.

Spear & Jackson; Etna Works; Savile Street, Sheffield. Um 1850-1925.
Spencer, M. & Sons; 107 Pea Croft, Sheffield. Um 1848-21.
Spencer, Walter & Co.; Crescent Steel Works, Sheffield. Um 1862.
Spencer, W. & Son; Malinda Street, Sheffield. Zirka 1866.
Spooner, John; 36 Hollis Croft, Sheffield. Um 1847-63.
Stacey Brothers; 17 Orange Street, Sheffield. Um 1847-1920.
Staley, William; Rockingham Street, Sheffield. 1830er Jahre.
Standfield, Newbould & Baildon; 7 Eyre Lane, Sheffield, später: Newbould & Baildon, **Sheffield**. Um 1846-53.
Staniforth, A.W.; Cardiff, Wales. Um 1855.
Staniforth, Thomas & Co.; Hackenthorpe, Sheffield. Zirka 1852.
Staniforth, W.T.; 190 Rockingham Street, Sheffield. Um 1863.

Noch ein typischer Name aus Sheffield, lassen sich Mitglieder der Staniforth-Familie schon seit dem 16. Jahrhundert im Messerbau nachweisen. Das Unternehmen existierte von 1849 bis zum Ersten Weltkrieg und belieferte auch den US-Markt, so dass Bowies zum Sortiment gehört haben müssen. Zwei Warenzeichen:
1) Das Symbol zweier Schwingen / »ASCEND« / (GRANTED 1852)
2) Motiv eines zweiteiligen Klappmessers, eingerahmt von den Worten »VALUE RECEIVED«.

Staton, John L.; Scottsville, Virginia, CSA. Im US-Bürgerkrieg.
Steer Brothers; Castle Hill, Sheffield. 1830er-1840er Jahre.
Stenton, E.S.. Keine weiteren Angaben.
Stevenson, Charles; 12 Green Street, Sheffield. Um 1848-60.
Stewart, George; Norwich, Connecticut, USA.
Stoner & Co.; Sheffield.
Stones, Henry; John Street, Sheffield. Um 1871.
Stones, James; 101 Carver Street, Sheffield.
Stubs, Peter, Rotherham, Sheffield. Zirka 1867.
Sutherland, Samuel; 132 Main Street, Richmond, Virginia, USA. Um 1859.
Swift, Levic & Sons; Leveson Street, Sheffield. Um 1863.
Swift, William; Young Street, Sheffield. 1830er-Jahre.
Swindle, James; 110 Scotland Street, Sheffield. Um 1848-72.
Sybry, Searls & Co.; Cannon Steel Works, Sheffield. Um 1875.

T

Taft, Steven; Milbury, Massachusetts, USA.
Tagg, W.; 60 Westbar Garden, Sheffield. Zirka 1832.
Taylor, Andrew J. »Natchez«, San Francisco, Kalifornien.

1812 in Natchez am Mississippi geboren (daher der Spitzname), betätigte sich Taylor seit 1854 als Büchsenmacher und Hersteller von Bowie-Messern; hier arbeitete auch Michael Price in seinen Anfangsjahren.

Dazu eine Anzeige von 1854: »*A.J. TAYLOR, Büchsenmacher, No. 209 Clay Street, gibt bekannt, dass er dauernd echte Waffen, Büchsen und Pistolen, importiert direkt von den gefeiertsten Herstellern, zur Hand hat und zum Verkauf bereithält, zusammen mit allen Materialien, die Sportler zur ihrer Ausrüstung benötigen, darunter etwa echte Derringer-Pistolen, Mississippi-Büchsen und eine breite Auswahl von Englischen Duell-[Pistolen] und Colt's Pistolen. Alle neuen Erfindungen im Bereich Schusspflaster und Zündhütchen werden hier angeboten, sobald sie im Osten auf den Markt kommen. Er bietet außerdem exquisit gehärtete und polierte Bowie-Messer feil, gebaut von ihm persönlich, welche erfolgreich neben jedem importierten Artikel ähnlichen Charakters bestehen können. Jede Art Feuerwaffen-Reparatur wird durchgeführt. Im rückwärtigen Teil seines Geschäfts befindet sich ein Büchsen- und Pistolenstand, wohin alle, welche sich zu praktischer Übung veranlasst sehen oder ihre Waffe ausprobieren wollen, respektvollst eingeladen werden.*« *Dazu einige Anmerkungen: Ob Natchez Taylor die Bowie-Messer selber gebaut hat oder sie von Fachleuten wie Price fertigen ließ, lässt sich nicht mehr klären; ein mit seinem Namen gestempeltes Exemplar tauchte bislang noch nicht auf. Das Wort Sportler steht hier als Übersetzung für »sportsmen«, das war seinerzeit aber auch eine Umschreibung für reiche Nichtstuer wie auch für Berufsspieler und Zuhälter. Und mit Schusspflaster (»wadding«) sind die jedem Schwarzpulverschützen vertrauten Zwischenmittel gemeint, die man zwischen Geschoss und Pulverladung deponiert, um die Power zu reduzieren und die Präzision zu steuern. Taylor war einer der wichtigsten Waffenspezialisten von Old San Francisco. Er bot den Service an, die Perkussionswaffen seiner Kunden zu laden respektive zu entladen; den alten Unterlagen zufolge so, dass sie nur bei Druck auf den Abzug und nicht etwa bei einem Schlag auf den Hammer auslösen konnten (das aber hätte dann eher damit zu tun haben, dass Natchez an der Mechanik der Waffen etwas geändert hätte – möglicherweise fehlte dem anonymen Zeitungsmann hier das technische Verständnis). 1858 ließ sich ein Kunde namens John Travers von Natchez einen Colt Pocket zeigen und wollte die Funktion von Abzug, Hahn und Schlagfeder testen. Also spannte er die kleine Taschenwaffe im Kaliber .31 und schlug ab, ehe der Ladeninhaber ihn darauf hinweisen konnte, dass der Colt geladen war. Die Kugel traf Natchez in den Kopf und tötete ihn auf der Stelle.*

Taylor Brothers; »**Boomerang**«, **Adelaide Works**, Sheffield. 1851.
Taylors, Charles; Sheffield Tools, Bishop Street, Sheffield. Um 1878.
Taylor, George H. & Brother; Times Works, Sheffield. Um 1851.
Taylor, G.W.; Kalifornien. Um 1860-75.
Taylor, H.H.; St. Peter's Close, Sheffield. Zirka 1855.
Taylor, Henry; Sheffield. Zirka 1862.
Taylor, Joseph; zwei Adressen: 36 Castle Mills, 106 High Street, Sheffield. Zirka 1846-59.
Terry, Edwin Henry; Bolsover Street, Sheffield. Zirka 1855.
Teufe, J.; Philadelphia, Pennsylvanien, USA. Keine weiteren Angaben.
Thompson & Sons; 31 Charles Street, Sheffield. 1830er-Jahre.
Thornsby, George Henry; 46 Garden Street, Sheffield. Um 1856.
Thornhill, W. & Co.; London. Um 1870. Firmiert später unter:
Thornhill, Walter; 44 Bond Street, London. Um 1880.
Thorpe, Glossop, Middleton; Carver Street, Sheffield. 1830er-Jahre.
Thorpe, Joseph; zwei Adressen: 0 Workhouse Croft, Paradise Street, Sheffield. Um 1853-73.
Tidmarsh, James; Sheffield. Keine weiteren Angaben.
Tiffany & Co.; Union Square, New York, USA.
Tiffany verkaufte einige silberbeschlagene Präsentations-Degen und -Messer. Laut US-Fachleuten handelt es sich dagegen bei völlig schlichten Mustern mit dem Stempel »TIFFANY« tutto completto um Fälschungen.
Tillotson & Co.; Columbia Place, Sheffield. Um 1850.
Tillotson, T. & J.; Coalpit Lane, Sheffield.
Die Tillotsons gehörten zu den Honorationen Sheffields, so standen zwischen 1789 und 1817 gleich drei Mitglieder dieser Familie der städtischen Gilde als »Master Cutler« vor. Die Gebrüder John und Thomas Tillotson fertigten Scheren und Tafelmesser; sie bauten zudem Bowies aller Art. Und da das Unternehmen schon 1863 seinen Betrieb aufgab, in den Staaten bis heute aber viele Tillotson-Bowies im Umlauf sind, können Sammler diese Messer vergleichsweise einfach datieren. Aber Achtung: Die Tillotsons betätigten sich auch als Händler und Verkäufer, so dass nicht alle Stücke mit ihrem Namen auch in ihren Manufakturen gefertigt worden sein müssen.
Tillerton Brothers; Pond, Hill, Sheffield. Um 1869.
Todd, John; New Orleans, Louisiana, USA. Um 1833.
Toothill, Neat; England. Um 1860.
Townend, George R. & Co.; Radford Street, Sheffield. Um 1845.
Townsend, Francis; 198 Solly Street, Sheffield. Zirka 1848-73.
Trebor, Robert; »**Yarra-Yarra**«, »**Kangaroo**«, Sheffield. Um 1860.
Trickett, James; 85 New Edward Street, Sheffield. Um 1879.
Trickett, Walter; Charleston Works, Sheffield. Um 1869.
Tryon, Edward K. & Co., Philadelphia, Pennsylvanien, USA. Ab 1841.
Tryon, George W. & Co., Philadelphia, Pennsylvanien, USA. 1830er-Jahre.
Turner, G. & Co.; Sheffield. Keine weiteren Angaben.
Turner, I.; Sheffield. Keine weiteren Angaben.
Turner, Naylor & Co.; Northern Tool Works, Sheffield. Um 1850.
Turner, Ryalls & Co.; 10 St. Thomas Street, Sheffield.
Turner, Thomas & Co.; Suffolk Works, Sheffield.
1802 von Thomas Turner gegründet, erhielt das Werk 1805 das Warenzeichen »ENCORE«. Spezialität: Werkzeugbau. Turner lieferte in die USA reichlich feststehende und Klappmesser, oft gestempelt mit Schriftzügen wie »MADE EXPRESSLY FOR AMERICA«, »WARRANTED REALLY GOOD«, »ALABAMA HUNTING KNIFE«. 1893 verkaufte Thomas Turner junior mit Eintritt in den Ruhestand an Sir Albert Hobson (1861-1923) und seinen Bruder Wilfred, Inhaber der Firma Joseph Hobson & Sons, die 1898 auch das Unternehmen Wingfield, Rowbotham & Company übernahm. Erst unter der Hobson-Ägide stieg das Werk zu einem bedeutenden wirtschaftlichen Faktor in der Stadt auf. Nachdem Hobsons Söhne im Ersten Weltkrieg gefallen waren und es somit keine Familienerben gab, trat Turner & Co. der Firmenvereinigung unter Leitung von Needham, Veall & Tyzack bei. 1932 ging Turner aber pleite und wurde von dem Grossisten Viners geschluckt. (Viners wurde von deutschstämmigen, jüdischen Geschäftsleuten namens Viener gegründet und entwickelte sich nach dem Zweiten Weltkrieg zum größten Schneidwarenhersteller Sheffields, bis Ruben Viner sich anno 1980 aufs Altenteil zurückzog. Zwei Jahre später wurde das Unternehmen verkauft. Heute stempelt man einen der renommiertesten Sheffielder Namen des 20. Jahrhunderts auf koreanische Importwaren.) Die verwickelte Firmenhistorie hat für Bowieaner folgende Konsequenz: Der Löwenanteil der Turnerschen »ENCORE«-Cowboy-Bowies mit »Sheffield« und »England« im Stempel entstand unter Hobsons Firmenleitung, da ja seit 1890 der von der US-Regierung verabschiedete Tariff Act in Kraft war und dieses Gesetz genaue Kennzeichnungen vorschrieb.
Turner, William & Son; Caledonia Works, Sheffield. Um 1855.

Turtle, Louis Henry; 113 Arundel Street, Sheffield. Um 1878.
Turton Brothers & Matthews; Wentworth Street, Sheffield. Um 1878.
Turton, Thomas & Son; Sheaf Works, Sheffield. Um 1845.
Twigg, William; 28 Westbar & 96 Bridge Street, Sheffield. Um 1847-78.
Tyzack, Joseph & Son; Valley Road, Heely, Sheffield. Um 1842.
Tyzack, W.A. & Co.; Stella Works, Hereford Street, Sheffield. Um 1850.
Tyzack, W. & Sons & Turner; Little London Works, Sheffield. Um 1861.

U

Ulster Knife Co.; New York, USA. Zirka 1872.
Underwood; Haymarket Street, London.
Union Car Works; Portsmouth, Virginia/USA. Um 1860.
Unwin & Rodgers; 124 Rockingham Street, Sheffield. 1833 bis zirka 1910.

*Fraglos eine der Firmen, angesichts deren Produktpalette das Herz jedes an skurrilen Waffen Interessierten höher schlägt: Neben Bowies mit feststehenden wie klappbaren Klingen hatte das Haus als Spezialität auch mit klappbaren Klingen bestückte Schießmesser im Sortiment, die man erstmals 1839 ins Programm nahm – Name: »Life und Property Preserver« (also: Schützer von Leben und Besitz). Angeblich konnte man mit den Perkussionspistölchen noch auf 50 Yards (ca. 49 m) jemanden kaltmachen, doch darf bezweifelt werden, dass jemand mit diesen visierlosen Geräten, ihren Griffstummeln und ihren Faltabzügen auf die genannte Distanz noch etwas Kleineres als eine Ritterburg traf. Um 1833 gegründet, zählte Unwin & Rodgers zu den ersten Firmen Sheffields, die sich auf Selbstverteidigungsmesser für den US-Markt verlegten. Tweedale: »Die Firma bewarb außerdem »Indian Hunting«-Messer, doch war es nicht klar, ob die zur Jagd auf Indianer oder für Indianer zur Jagd bestimmt waren.« 1849 in den Rockingham-Werken angesiedelt, erweiterte Unwin & Rodgers sein Sortiment, blieb aber den Bowies und Klappdolchen als wichtiger Produktlinie treu. Stempelungen: Zu Anfang benutzte Unwin & Rodgers das berühmte »NON*XLL«, das jedoch später an den für seine Rasiermesser bekannten Joseph Allen überging. Als Unwin & Rodgers 1865 die Globe Works von John Walters & Company übernahmen, da wechselte man zu dessen Stempel »SUPERLATIVE«, welcher sich üblicherweise in einer geschwungenen Schleife zeigt.*

V

Verdes; Argentinien. Keine weiteren Angaben.
Voillard; Frankreich. Keine weiteren Angaben.

W

Wade, Wingfield & Rowbotham; 82 Tenter Street, Sheffield. Um 1833-52.
Wain, John; Alpha Works, Clough Road, Sheffield. Um 1853.
Walden Knife Co.; New York, USA. Zirka 1870-1923.
Walker & Hall; Howard Street, Sheffield. Um 1867.
Walker, James; Eldon Street, Sheffield. Um 1845-62.
Walker, William; Salt Lake City, Utah, USA. Ungefähr 1851.
Walker, Silas; Bennington, Vermont.
Wallis & Biggin; 75 Pea Croft, Sheffield. Um 1853.
Walters, John & Co.; zwei Adressen: Carver Street, Globe Works, Sheffield. Um 1846-65.

Wenig bekannter Hersteller, der aber in seiner kurzen Existenz einige prachtvolle Bowies hervorbrachte. In Sheffields Cutler's Hall etwa liegt ein zu Schauzwecken gebautes Riesen-Bowie von gut 50 cm Länge und einer Klinge, die einen großen Entenschnabel, eine wuchtige Eisenparierstange und einen ornamentverzierten Griff aus formgepresstem Neusilber aufweist. Die Stempelung lautet: »J. WALTERS & Co. / GLOBE WORKS / SHEFFIELD«. Sehr schön die vielen, zu Schauzwecken in einer Reihe parallel zur Rückenlinie auf der Klinge verewigten Handelszeichen, darunter ein Löwe, ein kniender Indianer mit Pfeil und Bogen, ein Büffel (darin die Marke »XLNT«), rennende Hunde (darunter die Worte »BEST QUALITY«), ein Reiter (über dem Motto »ROUGH & READY«) und der US-Adler samt »HUNTING KNIFE« und »CALIFORNIA KNIFE«. Doch das bekannteste Warenzeichen der Firma war wohl das Motiv eines geflügelten Pferdes samt dem Wort »SUPERLATIVE«. Außerdem kennt die Fachwelt von Walters noch ein Bowie mit vollplastischem Pferdekopf-Knauf aus Neusilber und Beschalung aus Schildkrötenpanzer sowie ein Muster mit grauen Büffelhornschalen und dem »Half Alligator, Half Horse«-Knauf. Walters verkaufte aus nicht bekannten Gründen 1865 an Unwin & Rodgers.

Warburton, Joseph; 20 Wicker Street, Sheffield. 1830er-Jahre.
Ward & Payne; West Street, Sheffield. Um 1850.
Ward, T. W.; Albion Works, Sheffield. Um 1853.
Ward, Thomas; 2 Bacon Island, Sheffield. Um 1847-63.
Wardlow, S. & C.; Portobello Street Works, Sheffield. Um 1855.
Wardrobe & Pearce; 31 Orchard Street, Sheffield. Um 1866.
Wardrobe & Smith; Arley Street, Sheffield. Um 1850.
Warner, Joseph Sims; zwei Adressen: 37 Victoria Street, Portobello Street, Sheffield. Um 1853-61.
Warner, Percy; Mary Street, Sheffield. Um 1875.
Watkinson, S. & T.; 6 Clarence Street, Sheffield. Um 1852.
Waterfall, H. & R. & Barber; Bridge Street, Sheffield. Um 1862.
Watson, Henry; 50 Division Street, Sheffield. Um 1848-53.
Watson, Saville & Co.; Mowbray Street, Sheffield. Um 1865.
Watts, John; Lambert Street, Sheffield. Um 1855.
Weakley, S. & J.; England. Keine weiteren Angaben.
Webster; J.A. & Sons; Clydesdale Works, Effingham Road, Sheffield. Um 1862.
Webster & Sutton; 19 Lambert Street, Sheffield. 1830er-Jahre.
Webster, William; zwei Adressen: 245 Rockingham & 20 Jessup Street, Sheffield. Um 1847-68.
Webster, V.& W.; Sycamore Street, Sheffield.1 830er bis 1850er-Jahre.
Weed, N.; Georgia, CSA. Zirka 1862.
Welch, James; Richmond, Virginia, CSA. Im US-Bürgerkrieg.
Wells, S. & Sons; zwei Adressen: Trafalgar Works, 58 Wellington Street, Sheffield. 1830er bis 1850er-Jahre.
Wells, Uriah; Petersburg Iron Works; Petersburg, Virginia, CSA. Im US-Bürgerkrieg.
Westa, James; Lord Street, Sheffield.

Wahrscheinlich kein Hersteller, sondern ein Zwischenhändler.

Westby, Joseph & Co.; Congo Works, Sheffield.
Whaley, Thomas; 28 Cooper Street, Sheffield. Um 1845-60.
Wheatley Brothers; Wheatsheaf Works, Sheffield. Um 1853.
White, Matthew; zwei Adressen: 20 Earl Street, 40 Porter Street, Sheffield. Um 1847-69.
Whitely, William; 29 Rockingham Street, Sheffield. Um 1850.
Whiteham, Henry & Son; 74 Arundel Street, Sheffield. Um 1880.
Whitehead, W. & H.; Sheffield.
Wiebusch & Hilger; 36 Matilda Street, Sheffield. Um 1878.
Wigfall, John & Co.; 35 Howard Street, Sheffield. Um 1857-70.

Wigfall, Thomas; zwei Adressen: 105 Scotland Street, 58 St. Phillip's Road, Sheffield. Um 1846-65.
Wild, Hiram; 62 Carver Street, Sheffield. Zirka 1858.
Wild, James; Hollis Croft, Sheffield. 1830er-Jahre.
Wild, Joseph; 25 Castle Mills, Sheffield. Um 1845-59.
Wild, Peter; zwei Adressen: 10 Surrey Street, 86 Leadmill Road, Sheffield. Um 1835-63.
Wilde, John Thomas; Mary Street, Sheffield. Um 1855.
Wilkinson, Henry; Pall Mall, London. Um 1850.
Wilkinson, H.; Hartford, Connecticut, USA. Ungefähr 1860.
Wilkinson, H. V. & Co.; Sheffield.
Wilkinson, Thomas; Workhouse Lane, Sheffield. 1830er-Jahre.
Wilkinson, Walter & Son; 29 Rockingham Street, Sheffield. Um 1760-1900.
Wilks Brothers & Co.; Furnival Road, Sheffield. Um 1859.
Will, J.N.O. & Sons; Sheffield. Um 1855.
Will & Finck; 605 Jackson Street, San Francisco, Kalifornien, USA. Um 1863-1932.

Neben Michael Price der bekannteste Hersteller von California-Bowies. Frederick Will (1837-1912) stammte aus Albany in New York, lernte möglicherweise bei dem Messerschmied Herman Spangenberg (einem der vielen Mitglieder einer ursprünglich aus Suhl stammenden Büchsenmacherdynastie; G.F. Spangenberg betrieb seit Ende der 1870er-Jahre das wichtigste Waffengeschäft von Tombstone/Arizona, damals die Wirkungsstätte berühmter Revolverhelden wie Wyatt Earp und Doc Holliday). Will kam um 1859 nach Frisco. Nachdem er für Frederick Kesmodel und Hugh McConnell gearbeitet hatte, übernahm er 1863 schließlich dessen Werkstätte in der Jackson Street. Julius Finck (1831-1914) kam in Baden-Baden zur Welt. Seine Familie wanderte 1842 in die USA aus; ihn selber verschlug es schon 1850 nach Kalifornien, wo er sich als Sägenmacher, Glockenbauer und Schlosser betätigte. Außerdem baute er noch Spielerartikel, doch dazu weiter unten mehr. Die Partnerschaft der beiden bestand bis 1883, als sich Fred Will aufs Altenteil zurückzog und seine Geschäftsanteile dem Bankier Samuel Levy verkaufte. Levy brachte seinen Schwiegersohn Simon Blum mit in die Firma. Und Blums kaufmännischem Geschick war es zu verdanken, dass sich der Name Will & Finck in den nächsten Jahrzehnten zu einer festen Größe in Kalifornien entwickelte. Denn W & F errichtete ein großes, prachtvolles Kaufhaus, indem sich unter anderem auch die prächtig und geschmackvoll eingerichteten Verkaufsräume befanden – der »Bazaar«, in dem es nur so von lackiertem Edelholz und Glas prunkte. Der Clou des Unternehmens waren die entlang der Decke laufenden Warenkorb-Fördersystem: Nachdem der Käufer im Schauraum seine Entscheidung gefällt hatte, legte der betreuende Verkäufer die Rechnung, das Geld sowie einen Bestellzettel mit der oder den Nummern der gewünschten Artikel in einer der Drahtkörbe und befestigte denselben an einem der dauernd vorbeilaufenden Förderhaken. Im Lager wurde der Korb befüllt und kehrte zurück. W & F hatte sich als eines der ersten Kaufhäuser des Westens für diese Anlage entschieden, um so die Gefahr von Überfällen zu mindern und die Angestellten nicht der Versuchung von Unterschlagungen auszusetzen. Doch funktionierte das filigrane Fördersystem nicht perfekt – mitunter löste sich der ein oder andere Warenkorb und krachte samt den darin befindlichen, mitunter zerbrechlichen Artikeln in die Vitrinen. Worauf Julius Finck kurzerhand das ganze System überarbeitete und sich 1892 die Verbesserungen patentieren ließ. Das Unternehmen bestand bis in die 1930er-Jahre, nach dem Tod von Julius Finck geführt von dessen ehemaligem Angestellten und seiner rechten Hand, William Litzius. Der stand seinem Chef näher als die eigenen Söhne und wurde schließlich Miteigentümer des Geschäfts. Und auf Drängen Fincks benannte sich Litzius schließlich offiziell um – in William Frederick Will. Damit blieb der Name Will & Finck gesichert. Als aber Litzius/Will 1932 bei einem Verkehrsunfall starb, erlosch das Unternehmen schließlich.

All dies begann 1863, nachdem Frederick Will und Julius Finck jahrelang Tür an Tür gewohnt hatten und dabei die ärgsten Konkurrenten gewesen waren, unter anderem auf dem Gebiet einer damals brandneuen Entwicklung, der elektrischen Türklingel. Solche Installationen sowie Alarmanlagen bildeten auch lange ein Standbein des Unternehmens, das sich aber von Anfang an auch mit dem Bau und dem Import aller Arten von Schneidwaren, Küchenartikeln, Spezialwerkzeugen sowie zahnärztlichen Instrumenten befasste. Dazu zählten Sattlernadeln, Barbierscheren, Rasier- und Gärtner-Messer, Limonenpressen und jene Zangen, mit denen Schaffner Fahrkarten abknipsten. Ja, man entwarf sogar für einen einarmigen Mann ein spezielles, klappbares Essbesteck. Dabei handelte es sich um eine Klappmesserklinge, deren Spitze sich in einer Kurve um 90° nach oben bog und dort Zinken aufwies. Im Lauf der Zeit arbeiteten in Sammlerkreisen bekannte Messerschmiede bei W & F, neben Hermann Schintz sind hier vor allem Jim McConnell, Adolph G. Burkhardt und Henry Antony zu nennen. Als Kesmodel sein Geschäft an Will & Finck verkaufte, übernahmen diese auch den Vertrieb der Heinisch-Schneiderscheren. 1868 eröffneten sie auch in der Kearny Street, Friscos damaliger Flaniermeile, einen Laden, der vor allem ihre teuren Messer und Spielerartikel zeigte. Will & Finck erhielten eine Reihe wichtiger Patente, darunter eines für den Universalgriff medizinischer Instrumente und eines für eine Federklemme zum Festhaken einer metallenen Messerscheide an der Kleidung. Dieses Patent verwandten sie ab 1872. Dabei war der Gurthaken an seinem oberen Ende drehbar gelagert. Darüber saß eine Stellschraube, unten fand sich eine peitschenförmig gebogene Blattfeder, welche sich fest gegen den Stoff der Kleidung oder den Hosengurt drückte. Sobald man die Schraube löste, ließ sich der Gurthaken lösen und das Futteral abnehmen. Die W & F-Bowies unterschieden sich in ihrer Klingenform nicht wesentlich von den Mustern etwa eines Michael Price. Auch in puncto Griffe entwickelte man nicht viel Neues; bei Verwendung von Elfenbein etwa blieb man im Wesentlichen bei den für Kalifornien üblichen, spindelähnlichen Formen treu. Allerdings begann W & F schon um 1870 damit, Bowies und Dolche für die zahlreichen in San Francisco lebenden Chinesen zu bauen. In jener Zeit begann Kalifornien mit steigendem Asienhandel auch Waren aus dem Orient zu importieren; als Folge entwickelten die Handwerker auch Waren in fernöstlichem Design – zum einen für die zahlungskräftige Kundschaft, die etwas Ausgefallenes suchte; zum anderen für die eingewanderten Japaner und Chinesen, die man durch Produkte in heimischem Design zu ködern trachtete. Heute sind noch einige Bowie-ähnliche W & F-Messer bekannt, die auf den Entwürfen eingewanderter Chinesen beruhen. Aber vor allem die California-Bowies von Michael Price und Will & Finck werden schon seit Jahrzehnten in den USA nachgebaut. US-Messermacher wie Ted Dowell, der Damaszenerstahl-Spezialist Jerry Rados, Bob Oleson, Buster Warenski, Herman Schneider (bekannt als Designer eines Messers für den Film »City Cobra« mit Sylvester Stallone) oder der auch auf »Fantasy«-Messer spezialisierte Virgil England haben haargenaue Kopien oder abgewandelte Formen gefertigt. Einst wie jetzt verschlingen diese Stücke aber horrende Summen.

Doch außer ihren Messern und sonstigen gängigen Schneidwaren rund um Haus und Hof wurden Will & Finck vor allem noch durch Utensilien für Glücksspieler berühmt. Zum einen war dies ein Erbe, das noch von McConnells erstem, an San Franciscos Zockermeile Barbary Coast gelegenen Laden herrührte. Zum anderen dürften sich hier die Erfahrungen von Julius Finck niedergeschlagen haben. Denn der stammte aus Baden-Baden, seine Heimatstadt bildete eines der größten Spielerzentren des Alten Europa. Levine vermutet, dass Fincks Familie möglicherweise Erfahrungen im Bau von Spielerbedarf hatte. Will & Finck beherrschte im Westen fraglos den Handel mit solchen Artikeln. Das Sortiment umfasste schlicht alles, was der gutsituierte Zocker von Halbwelt benötigte, vom kompletten Kartenspieltisch bis hin zum Messingschlagring über den Sporn für die Beine von Kampfhähnen über jene Geräte, mit denen man bei Spielkarten die Ecken runden respektive die Kanten nachschneiden konnte. Letztere hießen Kartenschneider (»card trimmer«) und waren vor allem für die Betreiber eines Faro-Tisches unverzichtbar. An der Außenkante montierte Will & Fink entweder eine Schere oder ein an der Spitze angeschraubtes Messer mit bogenförmig zum Bauch gewölbter Klinge. Die Schneide fuhr beim Herabsenken passgenau an der Trägerplatte vorbei und rasierte die Kante der Karte ab. Neben solchen ehrlich wie unehrlich nutzbaren Utensilien hatte sich Will & Finck aber ganz unverfroren auf das spezialisiert, was die Spieler als »advantage tool« bezeichneten, also als Werkzeuge des Vorteils. So hielt Will & Finck alle Arten gezinkter Karten feil und offerierte spezielle Nägel, mit denen sich Karten hauchfein punktieren ließen und so ein ebenfalls nur von meisterlich geschulten Fingern zu lesendes, blindenschriftähnliches Relief erhielten. Das Haus lieferten Säuren, um die lackierten oder beschichteten Rückseiten der Karten anzuätzen. Je nach Lichteinfall erkannte der Spieler dann an den stumpfen Stellen, was der Gegner in Händen hielt. Unverzichtbar waren auch die »shiners« – vor dem Spiel verdeckt zu installierende Minispiegel oder -reflektoren, mit deren Hilfe man anderen in die Karten gucken konnte. Damit die »shiners« nicht auffielen, deponierte man sie in Tabakpfeifen, montierte sie in Ringe oder gleich im Tisch. Dann gehörten zum Sortiment auch Faro-Schlitten mit einem kunstvollen Innenleben aus Federn, Plättchen und Hebeln, über das sich das Verteilen der Karten genau steuern ließ. Die Spieler nannten diese mit hoher Präzision gearbeiteten W & F-Geräte Kaffeemühle, Sanduhr oder auch Kneifkäfer.

Einen weiteren Höhepunkt im Sortiment bildete fraglos der Fußboden-Telegraph. Auch dies war einfache, aber clevere Mechanik, setzte aber voraus, dass der Eigentümer einer Kaschemme mit von der Partie war. Das Ganze funktionierte so: Man sägte ein Stück des Dielenbodens heraus, befestigte es drehbar oder wippenförmig und koppelte es mit einigen stabilen Drähten, die unter dem Boden in einen anderen Raum verliefen. Auf diesem Holzstück ruhte der Fuß des Mannes, der mit dem ahnungslosen Opfer am Spieltisch saß. Gauner Nr. 2 hingegen befand sich hinter einer Trennwand und spähte durch ein Guckloch direkt auf das Blatt der Person, die es zu rupfen galt. Bei diesem Kiebitz liefen die Drähte zusammen, mit deren Hilfe er seinem Partner Signale geben konnte. Sobald er an seinem Drahtende zog, stieß das drehbar gelagerte Dielenstück gegen den Fuß des Mannes am Tisch; je nach vereinbartem Code wusste der dann ganz genau, was sein Gegenüber in den Fingern hatte.

Natürlich dachte W & F auch an die Freunde des rollenden Gebeins, also die Fans von Würfelspielen wie Craps, Würfelpoker, Hasard oder Chuck-a-Luck. So gab es kleine Apparate, in die man einen Würfel schieben und dann die Punkte akkurat punktgenau anbohren und beschweren konnte. W & F vertrieb Spezialwürfel, bei denen man auf der Seite der Eins ein Stück Eisen und auf der Seite mit der Sechs etwas Blei implantiert hatte, während man die Mitte mit Kork verfüllte, um das Gewicht auf dem üblichen Niveau zu halten. Als Folge konnte der Spieler immer eine Sechs werfen und viel Geld abräumen – wenn er vorher den verborgen im Würfeltisch untergebrachten Elektromagneten aktiviert hatte und auch daran dachte, den Schalter wieder loszulassen. Sonst klebte der Würfel am Tisch und es gab sechs aus dem 45er. Und damit niemand beim Installieren der damals noch neuen Elektrotechnik Fehler machen konnte, lieferte W & F für 150 $ auch gleich den kompletten Würfeltisch.

Willey & Sons; Button Lane, Sheffield. Um 1840.
Willey, Charles; 47 Chester Street, Sheffield. Um 1846-57.
Williamson; Oxford, England. Zirka 1860.
Williamson, Charles; 34 Charlotte Street, Sheffield. 1830er- bis 1850er-Jahre.
Williamson, Samuel & Sons; 84/5 Hollis Croft, Sheffield. Um 1860.
Wilson, Albert & Sons; 56 Bowden, Sheffield. Um 1873.
Wilson, Hanksworth, Ellison & Co.; zwei Adressen: 1 Arundel Lane, Carlisle Works, Sheffield.

Sehr früh im US-Geschäft, schränkte das Werk den Messerbau ein, als im US-Bürgerkrieg erstmals mächtige Schutzzölle auf britische Schneidwaren erhoben, gegen die Südstaaten eine Seeblockade errichtet und so ein großer Markt der Sheffielder Firmen trockengelegt wurden. Später vor allem als Stahlhersteller bekannt. Warenzeichen in den 1880er Jahren:
1) Motiv eines Vorhängeschlosses
2) Schriftzug »MANUFACTURING / UNION / COMPANY«

Wilson, I. & Sons; Sycamore Street, Sheffield. Um 1825-1925.
Wilson, John; 26 Coalpit Lane, Sheffield. Um 1847-62.
Wilson, Joseph; 4 Eyre Lane, Sheffield. Um 1845-61.
Wilson & Southern; Upper Edward Street, Sheffield. 1830er-Jahre.
Wilson & Swift; Brood Street, Sheffield.
Wilson, T.H. & Co.; Boston Street, Sheffield. Um 1860.
Windle, Joseph & Samuel; 14 Lambert Street, Sheffield. 1830er-Jahre.
Wingaard, C.J. & Co.; 58 Wellington Street, Sheffield. Um 1859-68.
Wingfield & Rowbotham & Co.; 82 Tenter Street, Sheffield.

1825 als Wade, Wingfield & Rowbotham gegründet, war die Firma früh im Bowie-Bau tätig. Später konzentrierte sie sich vor allem auf das britische Weltreich. Im australischen Sydney unterhielt sie einen eigenen Agenten. Schlechtes Management brachte das einst renommierte Werk an den Rand des Ruins; 1898 übernahm Thomas Turner (sprich: Joseph Hobson & Sons) das marode Unternehmen. Warenzeichen:
1) »S« über gekreuzten Tonpfeifen
2) Schriftzug »AIGO«

Winks, B. & Sons; Eyre Street, Sheffield. Um 1852-68.
Winter, Robert; 11 Copper Street, Sheffield. Um 1875.
Wolf & Clarke, 1840.
Wolstenholme, Joseph; zwei Adressen: 6 Brocco Street, 116 Broad Lane, Sheffield. Um 1836-68.
Wood & Atkinson; 96 Rockingham Street, Sheffield. Um 1839.
Wood, Francis & Co.; 69 Henry Street, Sheffield. Um 1854-1925.
Wood, Frank; Arundel Street, Sheffield. Um 1885.
Wood, Benjamin & Son; Castle Hill, Sheffield. 1830er- bis 1850er-Jahre.
Wood, Samuel; 107 Thomas Street, Sheffield. Um 1848-63.
Woodcock, Luke & Thomas; 44 Howard Street, Sheffield. 1830er-Jahre.
Woodhead, George; 36 Howard Street, Sheffield. Um 1845-59.
Woodhead & Hartley; 36 Howard Street, Sheffield.
Woodhouse, James; 175 Rockingham Street. Um 1833-59.

Worth, B. & Sons; 195 Arundel Street, Sheffield. Um 1874.

Wostenholm, George & Son; Rockingham Works & Washington Works, Sheffield.

*Diese Firma ist wichtiger für den US-Markt als jeder andere Messerbauer aus England. Denn sie konzentrierte sich im 19. Jahrhundert nahezu ausschließlich auf dieses Gebiet und machte das Werks-Warenzeichen »I*XL« weithin populär. Heute gilt diese Marke in Kreisen der Bowieaner als die wichtigste westerntypische Messermarke überhaupt – ja, es kursierte zu Beginn des Bowie-Booms in den 1950er-Jahren sogar die Mär, dass man neben Jim Bowies Leichnam im Alamo ein Messer mit diesem Stempel gefunden habe. Das ist freilich Unfug. Denn überraschenderweise stieg das Unternehmen erst vergleichsweise spät in den Bau und Handel mit Bowies ein – um 1848, als die USA den Krieg gegen Mexiko und damit ungeheure Landmassen nördlich des Rio Bravo gewonnen hatten, als die Pioniere scharenweise nach Oregon und die Goldschürfer nach Kalifornien strömten. All diese Leute verlangten nach Ausrüstung sowie Waffen. Gekauft wurde, was verfügbar war. Erst jetzt stieg Wostenholm in großem Stil auf Bowie-Messern um. Dafür gibt es ein untrügerisches Indiz: Zwischen 1815 und 1848 befand sich der Stammsitz des Unternehmens in den Rockingham-Werken. Doch mit dessen Zeichen gestempelte Bowies sind extrem selten. Die Masse der Wostenholm-Bowies trägt den Stempel »Washington Works« – also den Verweis auf jene Fabrik, die der Hersteller 1848 errichten ließ und die er als Reverenz vor seiner wichtigsten Klientel nach dem ersten US-Präsidenten benannte.*

*Zur Firmengeschichte: Seit dem 18. Jahrhundert widmeten sich Mitglieder der aus Stannington stammenden Familie mit dem alten sächsischen Namen »Wolstenholme« dem Messerbau; 1803 gründete George Wolstenholme in Sheffield einen neuen Betrieb. 1815 errichtete er die Rockingham-Werke, eines der ersten Unternehmen der Stadt, das auf Dampfkraft anstelle der sonst üblichen Wasserkraft setzte. Wolstenholmes im Januar 1800 geborener Sohn erhielt ebenfalls den Namen George. Doch verkürzte der seinen Nachnamen zu Wostenholm, weil das die Aussprache vereinfachte, im Schriftbild gefälliger wirkte und in der Korrespondenz zu weniger Missverständnissen führte. Von seinem Vater in allen Sparten des Messerbaus ausgebildet, galt der kleine, stämmige George Wostenholm mit der grimmigen Miene unter der funkelnden Glatze als knallharter, mit allen Ölen gesalbter Geschäftsmann. 1826 zum vollwertigen Mitglied der Gilde Sheffields aufgestiegen, ließ er sich stehenden Fußes mit dem Signet »I*XL« ein Warenzeichen sichern, das erstmals 1787 auf den Namen W.A. Smith eingetragen worden war. Danach machte er sich zielstrebig daran, sein eigenes Messer-Imperium aufzubauen. Wie John Rodgers verbrachte er Monate im Sattel, wenn er quer durchs Inselreich ritt, um neue Geschäftskontakte zu knüpfen. In dieser Zeit entwickelte sich sein Geschäftssinn zur vollen Blüte.*

*Wostenholm war die Verkörperung des für jene Zeit typischen, britischen Manchester-Kapitalisten schlechthin. Er band seine Mitarbeiter durch zweifelhafte Vorauskredite und Gegenleistungen in Form überteuerter Waren an sein Unternehmen und trat ihnen gegenüber mit gnadenloser Strenge auf: Ein zu heftigen Wutausbrüchen neigender Chef, der sich aber selber nicht im mindesten schonte und jeden Tag derart pünktlich ins Werk ritt, dass die am Weg ansässigen Bewohner Sheffields die Uhren nach ihm stellten. Hinter seinem Rücken als »Georgie« bespöttelt, kannte Wostenholm nur das Geschäft; selbst beim Gottesdienst wühlte und kritzelte er in Firmenpapieren. Als die nach dem Britisch-Amerikanischen Krieg einsetzende US-Westwanderung Ende der 1820er-Jahre eine erste Blüte erreichte, bestieg Wostenholm 1831 ein Schiff, um sich die Sache persönlich anzuschauen. Dies war nur die erste von gut 30 Geschäftsreisen, die ihn quer durch die USA führen sollten. Wostenholm erklärte das Land der Freien und die Heimat der Tapferen zu seinem persönlichen Territorium. Fürderhin konzentrierten sich alle Anstrengungen seines Betriebes auf den Handel mit den Vereinigten Staaten, die er mit Rasierern, Taschenmessern sowie großen feststehenden Jagd- und Bowie-Varianten aller Art überschüttete – das alles auch in den Zeiten schärfster Nachfrage unerschütterlich in der bestmöglichen Qualität ausgeführt. Einer von Sheffields Annalisten merkte denn auch schon zu seinen Lebzeiten an, dass wohl keiner der Hersteller und Händler Sheffields in den Staaten so bekannt sei wie George Wostenholm. Als der in den 1850er-Jahren davon Wind bekam, dass irgendwer im fernen Kalifornien Messer mit gefälschtem »I*XL«-Warenzeichen an den Mann brachte, schreckte er nicht davor zurück, die lange Seereise um Kap Hoorn auf sich zu nehmen und die Angelegenheit persönlich vor Gericht zu klären, sprich unterbinden zu lassen. Die einzige »Erholung« fand er in der erfolgreichen Landspekulation; eine Frucht davon war sein Herrensitz, den er Kenwood taufte. Hier lebte er mit einer seiner insgesamt drei Frauen, wenn er denn einmal zuhause war. Nachdem Wostenholm 1848 die Washington-Werke bezogen hatte, schnellten binnen weniger Jahre die Beschäftigtenzahlen in die Höhe. Um 1855 arbeiteten fast siebenhundert Personen in dem U-förmigen, von einem riesigen Schornstein überragten Gebäudekomplex, dessen höchstes Bauwerk schon um 1860 mit sechs Stockwerken aufwartete und in dessen Hof Dutzende von mannshohen Schleifsteinen lagen und standen. Doch wenige Jahre später zeigten sich erste Zeichen dafür, dass der Erfolg Wostenholms seinen Zenit überschritten hatte. Infolge des US-Bürgerkrieges und der Blockade der Südstaaten sanken die Absatzzahlen, so dass das Werk seine Mitarbeiterzahlen fast um die Hälfte reduzieren musste. Trotz allem schrieb das Unternehmen schwarze Zahlen, als sich George Wostenholm 1875 ans Sterben machte – noch bis zum letzten Augenblick bemüht, die Firmenangelegenheiten in seinem Sinne geregelt zu sehen. Halbherzig versuchten Wostenholms Erben nach seinem Tode neue Märkte zu eröffnen, etwa in Australien. Doch scheiterten diese Bemühungen, da von den neuen Führungskräften sich keiner die Mühe machte, dort einmal persönlich die Lage zu sondieren. Zwar stieg die Mitarbeiterzahl in den nächsten anderthalb Jahrzehnten wieder deutlich an, doch folgte der große, endgültige Einbruch, nachdem die USA 1890 die mehrfach erwähnten zollrechtlichen Verschärfungen in die Tat umgesetzt hatten. Um 1915 arbeiteten gerade einmal 200 Personen in der Firma, die 36 hochqualifizierten Messerschmiede in den Schützengräben Flanderns verlor. Mit Müh und Not gelang es dem dynamischen Firmenleiter Frank Colver (1873-1954) noch einmal, das Werk nach Kriegsende zumindest zu bescheidenen Erfolgen zu führen. Als aber im Zweiten Weltkrieg eine deutsche Bombe einen Großteil der Fabrik zerstörte, erlitt Wostenholm einen Schlag, von dem man sich nicht mehr erholen sollte. In den 1950er- und 1960er-Jahren kam dann zudem die Konkurrenz fernasiatischer Billig-Erzeugnisse hinzu, die dem ehemaligen Giganten endgültig das Genick brachen. 1971 rissen Bagger die Reste dessen ab, was von den ehrwürdigen Washington-Werken noch erhalten geblieben war. Der Name ging an Joseph Rodgers über, ehedem der Hauptkonkurrent Wostenholms. Hier das weitere Schicksal dieser Gruppe: 1975 kaufte Richards die Firma Rodgers-Wostenholm, 1977 übernahmen das US-Unternehmen Imperial Knife Richards, doch beide kamen damit auf keinen grünen Zweig. 1983 galt Richards-Rodgers-Wostenholm als zahlungsunfähig. Heute nutzt die Sheffielder Firma*

*Egginton Brothers das legendäre I*XL-Zeichen für kleine Taschenmesser, die keinen Vergleich mit den Klapp-Bowies oder den multifunktionalen Reitermessern des 19. Jahrhunderts bestehen können.*

Wostenholm, Joseph & Co.; 64 Rockingham Street, Sheffield. Um 1848-54. Dann **Wostenholm, Joseph & Sons**; 42 Leicester Street, Sheffield. Um 1854-67.
Wragg, C.; Netherthorpe Street, Sheffield. Um 1868.
Wragg, John; zwei Adressen: 49 Bailey Street, 120 Scotland Street, Sheffield. Um 1832-60.
Früher Bowie-Hersteller. Warenzeichen: Zwei grifflose, gekreuzte Feilen. In Sheffield auch berühmt als Importeur eingelegter Hühnereier.
Wragg, S.C.; 25 Furnace Hill, Sheffield. Um 1845.
Wragg, Long & Co.; 27 Eyre Street, Sheffield. 1830er-Jahre.
Wright, Bindley & Gell; Penistone Road, Sheffield. Um 1880.
Wright, Thomas; Highfield, Sheffield. Um 1839.
Wynn, E. & Sons; Sheffield.

Y

Yates, Joshua; 35 Howard Street, Sheffield. Um 1847-53.
Yeomans, John & Co., Sheffield. Um 1845-63.
Yeomans, Yates & Standfield; Eyre Lane, Sheffield. 1830er-Jahre.
Young, Charles F.; 45 High Street, Sheffield. 1830er-Jahre.
Yudelmann, Israel; Westfield Terrace, Sheffield. Um 1880.

Z

Zimmerman, J.C. & Co.; Georgia, CSA. Um 1862

Anhang

Bowie-Chronologie

1784	Heirat von Reason Pleasant Bowie und Elve ap Catesby, den Eltern von Jim, John und Rezin Bowie.
1785	Geburt von John Bowie.
1793	Geburt von Rezin Pleasant Bowie.
1796	Geburt von James Bowie im Logan County von Kentucky.
1800	Die Bowie-Familie zieht nach Spanisch-Missouri.
1802	Die Bowie-Familie zieht nach Louisiana.
1803	Louisiana geht als Territorium in den Besitz der USA über.
1812	Ausbruch des Amerikanisch-Britischen Krieges.
1814	Rezin und James Bowie lassen sich als Feiwillige gegen die Briten anwerben. Spätestens jetzt baut oder beschafft sich Rezin Bowie erstmals ein großes Jagdmesser: Das Ur-Modell aller Bowies.
1815	James Bowie baut sich ein Haus und fällt Bäume.
1819	James Bowie zieht mit dem politischen Abenteurer Dr. James Long nach Texas. John, James und Rezin Bowie steigen in den Sklavenhandel mit dem Piraten Jean Laffite ein. Vielleicht führt James Bowie schon ein nach seinen Kriterien gebautes Messer.
1824	James Bowie beginnt mit Landspekulationen, sein Hauptlebensunterhalt neben diversen, zusammen mit den Brüdern betriebenen Plantagen. Er zieht nach Alexandria und wird in die regionale Politik verwickelt.
1826	Erster gewalttätiger Streit zwischen Jim Bowie und Major Norris Wright.
1827	Am 19. September entbrennt auf einer Mississippi-Sandbank nach einem unblutigen Duell ein Handgemenge. Erster Auftritt des Bowie-Messers: Bowie tötet Wright in Notwehr.
1828–30	James Bowie zieht nach San Antonio im mexikanischen Texas. Er konvertiert zum katholischen Glauben und wird mexikanischer Staatsbürger.
Um 1829	Einer Anekdote der Bowie-Legende zufolge schenkt Jim Bowie dem Schauspieler Edwin Forrest sein berühmtes Messer.
Beginn der 1830er-Jahre	Die Messerschmiede Henry Schively, Henry Huber und Daniel Searles verbessern die von Rezin Bowie eingereichte Messervorlage und legen die Grundlage für das Bowie-Messer. Auch die Firma Marks & Rees fertigt erste Bowies, möglicherweise auch James Black. Bowie-Messer setzten sich zusehends als zuverlässige Selbstverteidigungs-Instrumente durch.
1831	Am 25. April heiratet Bowie Ursula Maria de Veramendi, die Tochter des neuen Vizegouverneurs des Staates Coahuila y Tejas. Im November/Dezember geht Bowie mit seinem Bruder Rezin und einem Trupp von Freunden auf die Suche nach der San-Saba-Silbermine. Sie geraten dabei in einen weithin berühmten Kampf mit Indianern. Der Messerschmied Henry Schively fertigt das erste nachweislich aus dem Besitz der Bowie-Familie stammende Messer. Messerhersteller George Wostenholm aus Sheffield unternimmt eine erste Geschäftsreise in die USA. In Texas kommt es zu ersten ernsthaften Konflikten zwischen meist amerikanischen Einwanderern und der mexikanischen Obrigkeit. Dabei macht der Anwalt William Barret Travis von sich reden.
1832	Bowie unternimmt im Raum San Antonio Expeditionen gegen Indianer. Bowie begleitet seinen Bruder Rezin nach Philadelphia. Rezin gibt weitere Messer in Auftrag. Im Süden den USA steigt die Nachfrage nach Messern wie dem von Bowie an. In Texas verschärft sich die Lage.
1833	In ganz Mexiko gärt es. Bowie gehört zu den »Falken«, die für den Kampf gegen Mexikos Diktator Santa Anna Stimmung machen. Bowie wird festgenommen und flieht in einer aufsehenerregenden Tour aus mexikanischer Gefangenschaft nach Norden. Seine Frau und ein Großteil ihrer Familie sterben bei einer Cholera-Epidemie.
1834	English & Hubers annoncieren in Philadelphia Bowie-Messer.
1835	Der texanische Unabhängigkeitskrieg beginnt. Mexikanische Truppen unter General Santa Anna marschieren nordwärts, um die Rebellion zu beenden. Jim Bowie schlägt ein Messer des Bowie-Typs als Seitenwaffe für die Freiwilligen vor.
1836	Im März erobert Santa Anna nach mehrtägiger Belagerung die zur Festung umgewandelte Missionsstation »Alamo«. Jim Bowie stirbt zusammen mit William Barret Travis, David Crockett und der restlichen Besatzung des Forts. General Samuel Houston besiegt Santa Anna bei San Jacinto. Texas wird unabhängige Republik. Der große Ansturm auf die Bowie-Messer bricht aus. Sheffields Unternehmen übernehmen die Massenfertigung.
1837	Das Parlament von Alabama erlässt erste Verbotsregelungen zum Bowie-Messer. In den folgenden Jahren ziehen andere US-Staaten nach.

1838	Rezin Bowie beschreibt in einem Leserbrief erstmals das Ur-Bowie.	*Um 1890*	Das Moore-Bowie taucht auf.
Um 1840	Andrew Hicks entwirft das erste praktische Bowie-Messer für militärische Zwecke.	*1914*	Erfindung des rostträgen Stahles.
1841	Rezin Bowie stirbt.	*1916*	Lucy Leigh Bowie, eine Verwandte von Rezin Bowie, veröffentlicht ihren berühmten Aufsatz über Jim Bowie und die Bowie-Messer.
1845	Texas tritt der Union bei.	*1934*	US-Piloten erhalten ihr *Survival*-Bowie.
1846	Beginn des Amerikanisch-Mexikanischen Krieges, der zwei Jahre später mit dem Friedensvertrag von Guadalupe Hidalgo endet. *Texas Rangers* verhelfen Bowie-Messer und Colt-Revolver zu weltweiter Bekanntheit.	*1942*	Das als »Ka-Bar« bekannte Messermodell an US-Marine und US-Marineinfanterie ausgegeben. Weltweiter Durchbruch des Bowie-Messers als militärisches Allzweck-Gerät.
1847	Mit dem *Ames-Rifleman Knife* wird das erste offizielle Militär-Bowie in Auftrag gegeben. Gold bei Sutters Mühle in Kalifornien entdeckt.	*1948*	Raymond Warren Thorp veröffentlicht das vielbeachtete Buch »Bowie Knife«: Das erste Vorzeichen für einen neuen *Boom*.
1848	Beginn des kalifornischen Goldrausches, Ende des Amerikanisch-Mexikanischen Krieges; allgemeine Westwanderung. Der Bowie-*Boom* steuert seinem Höhepunkt zu.	*1951*	Von Thorps Buch beeinflusst, veröffentlicht Paul Iselin Wellman den Roman »The Iron Mistress« über die Abenteuer James Bowies und seines Messers: Das zweite Vorzeichen für die Wiederkehr des Bowie.
Ab 1850	In dem Folgejahrzehnt etabliert sich George Wostenholm mit seiner I*XL-Marke als einer der beiden bedeutendsten Hersteller von Bowie-Messern, der andere ist Joseph Rodgers & Sons, wie Wostenholm aus Sheffield. Ab Mitte der 1850er-Jahre neue Stilrichtung der California-Bowies.	*1952*	Alan Ladd verkörpert James Bowie in der gleichnamigen Verfilmung von Wellmans Roman, deutscher Titel: »Im Banne des Teufels«. Die Requisiteure entwerfen für den Film ein eigenes Messer. Dieses »*Iron Mistress Bowie*« sorgt für eine explosionsartige Nachfrage nach Bowies aller Art.
1852	John Jones Bowie berichtet in einem Zeitschrifteninterview über die Sklavenhändler-Ära und beschreibt, wie Jim zu seinem Messer kam.	*Um 1960*	Renovierung der Black'schen Schmiede in Washington, Arkansas.
1854	Feuerwaffentechnische Änderungen läuten das allmähliche Ende der Goldenen Bowie-Ära ein: Der Franzose Eugène Lefaucheux lässt sich einen Hinterlader-Revolver mit völlig durchbohrter Trommel patentieren. Das Patent erstreckt sich jedoch nicht auf die USA.	*Ab circa 1970*	Mehrere Schively-Bowies tauchen auf.
		1975	Erster öffentlicher Auftritt des Moore-Bowie.
1855	Der Amerikaner Rollin White sichert sich das US-Patent auf die völlig durchbohrte Revolvertrommel: Der weltweite Siegeszug der Hinterlader-Revolver für Einheits-Patronenmunition beginnt.	*1976*	Gründung der »American Bladesmith Society« (ABS) in der Black'schen Schmiede. Die ABS wird für die USA der Hauptmotor in der Wiederentdeckung lang vergessener Messerschmiedekünste. Sie bildet die Grundlage für die Entstehung der internationalen Messermachergilden.
1856	Smith & Wesson übernimmt Whites Rechte und beginnt als erstes US-Unternehmen mit dem Bau von Hinterlader-Revolvern für Metallpatronen.	*1979*	William R. Williamson, der weltweit wichtigste Bowie-Sammler, veranstaltet in Louisiana eine weithin beachtete Ausstellung historischer Bowie-Messer.
1861–65	Mit den Schüssen auf Fort Sumter beginnt der US-Bürgerkrieg. Die *D-guard*-Bowies entstehen. Admiral Dahlgren entwickelt das erste Bajonett mit Bowie-Klinge. Mit der Kapitulation von Appomattox endet der Bruderkrieg.	*Um 1980*	Das Musso-Bowie taucht auf.
		1982	Moore-Bowie nachgebaut. Der Film »*First Blood*« (deutsch: »Rambo I«, Hauptrolle: Sylvester Stallone) belebt durch das *Survival*-Bowie der Hauptfigur John Rambo den Ansturm auf große Messer mit Bowie-Klingen.
1869	Smith & Wesson's Patentschutz auf die völlig durchbohrte Revolvertrommel läuft aus: Metallpatronen-Revolver setzen sich in den USA als Standard durch. Sie machen das Bowie-Messer als Selbstverteidigungs-Instrument zusehends überflüssig.	*1988/89*	William R. Williamson entdeckt und kauft das verschollen geglaubte Forrest-Bowie.
		1992	Öffentliche Ausstellung des Forrest-Bowie.
Ab 1870	Das Goldene Zeitalter der Bowie-Messer endet. Die Fertigung vereinfacht sich. Es bildet sich das *Hunting*- oder Cowboy-Bowie heraus.	*1996*	Gründung der ABS Hall of Fame; Bowie und Black posthum als Mitglieder aufgenommen.
1872	Nach Edwin Forrests Tod gilt das Forrest-Bowie als verschollen.	*1997*	Das kalifornische Auktionshaus Butterfield & Butterfield (heute Butterfields) versteigert mit der Kollektion des verstorbenen William R. Williamson die größte und wichtigste Bowie-Messer-Kollektion der Welt, darunter auch das Forrest-Bowie.
1889	Erstmals wird das Jim-Bowie-Gemälde von seinen Verwandten der Öffentlichkeit vorgestellt.	*2003*	Erstes umfassendes Bowie-Buch in deutscher Sprache.

Anschriften

Hier eine kleine Adressliste von Händlern, Messermachern und Hobbyisten, die bei dem Buch geholfen haben. Der Autor erhebt ansonsten keinen Anspruch auf Vollständigkeit und verweist für weiterführende Adresslisten auf die Angaben in den fünf Messer-Bänden aus der Reihe »VISIER Special«.

Willi Baumann: Tel. u. Fax (06162) 3558. Siehe auch www.westerner.de. Authentisch reproduzierte Western-Lederarbeiten.

Heinr. Böker Baumwerk: Schützenstraße 30, 42659 Solingen, Tel. (0212) 40120, www.boker.de, www.magnum-online.de, alteingesessener Solinger Hersteller und Importeur mit Vollsortiment, eine der wichtigsten Messerfirmen in Deutschland.

H. Blokzijl / Engraver and Leathercraft: Scharreweersterweg 13, Appingedam., Groningen, Nederland 9902/ca, Tel. (0031) 596 623 726. Graveur und Lederkünstler, in diesem Zusammenhang: Auf Lederarbeiten und die Beschläge von Bowies spezialisiert.

Daniel Jeremiah Boll: Kottendorfer Straße 21, 42697 Solingen-Ohligs, Tel. (0212) 74 226, Mobil (0173) 7 863 391. Vollzeit-Messerschmied, Hochleistungsmesser aus niedrig und unlegierten Stählen, bevorzugt mit edlen Bein- und Knochenmaterialien belegt. Mitglied der Deutschen Messermachergilde (DMG). Gold- und Silberschmiedearbeiten an seinen Messern: Claudia Schildhorn.

Wolf Borger: Benzstraße 8, 76676 Graben-Neudorf, Tel. (07255) 7230-3, www.messerschmied.de. Messerschmiedemeister (Vizepräsident der DMG). Alle Arten von Schneidwaren und Stählen, Zubehör, selbstentwickeltes Spezialwerkzeug.

Hartmut Burger / Antique Firearms: Friedhofstraße 4, 56290 Dommershausen-Sabershausen, Tel. (06762) 2967. Antike Bowies und Indianer-Messer, ausgesuchte Sammlerwaffen und Antiquitäten.

Butterfields: San Francisco, Kalifornien, USA, www.butterfields.com. Alteingesessenes Auktionshaus, Spezialist für antike Waffen, u.a. Bowies. Alle wichtigen Auktionen zu diesem Thema fanden hier statt.

Wolfgang Dell: Am Alten Berg 9, 73277 Owen-Teck, Tel. (07021) 81 802, www.dell-knives.de, Messermacher. Kopien von Sheffield-Bowies, Jagd- und Klappmesser aller Art.

Christian Deminie: Hintere Gasse 41, 70825 Münchingen, Tel. (07150) 41 668. Hobby-Damastschmied und Messermacher, DMG-Mitglied.

Jozsef Fazekas: fegyverkovacs, 7150 bonyhad, Bartok Bela u.9, Ungarn, Tel./Fax (0036) 74 455 275, www.extra.hu./pyraster (deutscher Vertreter: Jürgen Mark, Heinhausen 5, 42499 Hückeswagen). Messerschmied und -macher, Messer und Blankwaffen aller Art.

Jockl Greiß: Herrenwald 15, 77773 Schenkenzell, Tel. (07836) 957 169, www.jockl-greiss-messer.de. Handgearbeitete Bowies und Jagdgebrauchsmesser aus Rados-Damast und mit edlen Griffmaterialien. Mitglied in der DMG sowie in italienischer und amerikanischer Messermachervereinigung.

Gerhard Haats: Paltrockstraße 3, 26826 Weener, Tel. (04951) 3595. Messermacher, Bowies aller Art, als bis dato einziger Europäer auch California-Bowies.

C. Jul. Herbertz: Postfach 120201, 42655 Solingen, Tel. (0212) 201 061, www.herbertz-messerclub.de. Solinger Traditionsunternehmen, einer der wichtigsten Messer-Importeure Deutschlands. Reiches Sortiment. Direktvertrieb an Endverbraucher über einen Messerclub-Katalog.

Stahlwarenhaus Hebsacker: Gelbinger Gasse 6, 74523 Schwäbisch Hall, Tel. (0791) 84 091, www.haller-stahlwaren.de. Fachhandel mit Vollsortiment. Als Haller Stahlwarenhaus – Am Gartennest 1, 74544 Michelbach/Bilz, (0791) 47 003 – einer der wichtigsten Blankwaffen-Importeure in Deutschland.

Horst und Freia Heinle / Messer-Spezial Frauenwaldstraße 5 A, 61231 Bad Nauheim, Tel. (06032) 87 852, www.Messer-Spezial.de. Messerzubehör aller Art, sehr breites Sortiment an Fachliteratur.

Ulrich Hennicke / Metallgestaltung Hennicke: Ab April 2003: Ensheimer Weg 2, 55288 Armsheim, Tel. (0171) 9 565 341, hennicke.metall@gmx.de. Kunstschmied, handgefertigte Messer, Damastschmiedkurse, alle Damaststähle und Rohklingen.

Peter Herbst: Komotauer Straße 26, 91207 Lauf/Pegnitz, Tel. (09123) 133-15 oder (0911) 9 502 643. Messermacher mit breitem Spektrum. Mitglied in der DMG und der Knife Makers Guild.

Hudson's Bay Indian Trading Post: Wieshof 2, 93199 Zell, Tel. (09468) 352, Fax 460, www.hudsons-bay.de. Sheffield Bowies, Repliken von Indianer- und Trappermessern, breites Zubehörsortiment für Westernhobbyisten.

Hubertus Schneidwarenfabrik, Kuno Ritter GmbH & Co. KG: Wuppertaler Straße 147, 42653 Solingen, Tel. (0212) 5919-94. Messervollsortiment, darunter *Oldstyle*-Verlängerungsmesser und Cowboy-Bowies.

Joseph F. Keeslar: 391 Radio Road, Almo, KY 42020, USA, Tel./Fax (001) 2 707 537 919. ABS-Mastersmith, Vollzeit-Messermacher. Unter anderem klassische und moderne Bowies mit dekorativem Ornamenten- und Rankenwerk, baut auch passende Lederscheiden dazu.

Die Klinge / Markus Schwiedergoll: Kreuzstraße 4, 4139 Dortmund, Tel. (0231) 100 997, www.die-klinge-messer.de. Fachhändler. Breites Sortiment auch an seltenen Messern aller Art. Fachliteratur.

Carl Linder Nachfahren: Erholungstrasse 10, 42699 Solingen, Tel. (0212) 330 856, www.linder.de. Alteingesessener Hersteller von Jagd-, *Outdoor*- und Klappmessern.

Little Fox, Western- und Messershop, Reiner Schröder: St. Ingberter Straße 132, 66386 Hassel, Tel. (06894) 51 665. Messerscheiden im Indianerstil, dazu: Messer aus Monostahl.

Ulrich Look: Weinheimer Straße 24, 40229 Düsseldorf, Tel. (0211) 2 292 388 oder (0171) 7 868 403. Werbegrafiker, Messer-Design, Top-Spezialist für Lederverarbeitung, Kurse nach Absprache. Außerdem als aktiver Hobbyist auch ein Fachmann für die Blütezeit des mittelalterlichen Rittertums.

Bernd Rathey: Schlossstrasse 13, 66564 Ottweiler, Tel. (06824) 3470. Fachhändler, handgefertigte Nobelstücke, Raritäten und Spezialist für französische *couteliers* aller Regionen.

Siegfried Rinkes: Am Sportplatz 2, 91459 Markt-Erlbach, Tel. (09106) 251. Messermacher, selbstentwickelte Bandschleifmaschine, Tageskurse.

Andreas Rombach: Tel. (0160) 3 522 624, Mail: old-west-saddlery@t-online.de. Siehe auch www.westerner.de. Authentisch reproduzierte Western-Lederarbeiten.

Roland Schneebeli: Langenmattstrasse 9, CH-8617 Mönchaltorf, Tel. (0041) 19 481 641, www.tarantula-knife.ch. Handgefertigte Einzelstücke aus edlen Materialien.

Harvey A. Silk / »The Busy Beaver«: Postfach 1166, 64343 Griesheim, Tel. (06155) 2231, Fax 2433, Der.Biber@t-online.de. Auf edle südafrikanische und amerikanische *Custom Knives* spezialisierter Fachhändler. Messerliteratur.

Andreas Schweikert: Schmiedemeister, Rietsweg 26, 72116 Mössingen, Tel. & Fax (07473) 6116 oder Mobil (0171) 8 038 153, www.as-schmiede.de. Auf Stähle aller Art spezialisiert. Besonderheit: Selbstentwickelter *»Snowflake«*-Damast. Baut auch Bowie-Messer. Schmiedekurse.

Western Trading Post / Dirk Bollmann: Kärntner Straße 21, 47249 Duisburg-Buchholz, Tel. (0203) 708 850, Fax 791 572, www.western-trading-post.de. Sheffield-Bowies, außerdem breites Vollsortiment für Western-Hobbyisten. Herstellung und Verkauf von historischer Bekleidung im Stil der USA von 1780 bis 1910.

Literatur

Bücher

Abels, Robert: »Classic Bowie Knives«. New York/USA 1967.

Batson, Dr. James L.: »James Bowie and the Sandbar Fight«. Madison/USA 1992.

Baugh, Virgil E.: »Rendezvous at the Alamo«. New York 1960.

Boeheim, Wendelin: »Handbuch der Waffenkunde«. Nachdruck der Originalausgabe von 1890, Leipzig ohne Jahresangabe

Bothe, Carsten: »Das Messerbuch«. Braunschweig 1997

Bouzek, M. u. Faktor, Z.: Messer und Dolche. Hanau 1991.

Burton, Kenneth J.: »A Sure Defence – The Bowie Knife Book«. Fairfield, New South Wales 1988.

Cole, M.H.: »U.S. Military Knives, Bayonets & Machetes«. 3 Bände. Birmingham/USA 1979.

Davis, William C.: »Three Roads to the Alamo. The Lives and Fortunes of David Crockett, James Bowie, and William Barret Travis«. New York 1998.

Gaines, Ann Graham: »Jim Bowie. Hero of the Alamo«. Aldershot/USA 2000.

Gerstäcker, Friedrich: »Streif- und Jagdzüge durch die Vereinigten Staaten Nordamerikas«. Weimar 1967.

Hardin, Stephen u. Hook, Richard: »The Texas Rangers«. London 1991.

Hauck, Richard Boyd: »David Crockett. A Handbook«. Westport/USA 1982.

Haydock, Tim: »Verschollene Schätze der Welt. Wahrheit und Fiktion«. Stuttgart 1989.

Haythornwaite, Philip u. Hannon, Paul: »The Alamo and the War of Texan Independence 1835-36«. 7. Auflage, London 1991.

Haedeke, Hanns-Ulrich: »Spezialmesser«. Solingen 1996.

Hehn, Richard u. Klups, Norbert: »Messer – Profi-Tipps für Benutzer und Sammler«. Stuttgart 2001.

Hopewell, Clifford: »James Bowie. Texas Fighting Man. A Biography«. Austin/USA 1994.

Laible, Thomas: »Dolche und Kampfmesser«. Braunschweig 2000.

Lamar, Howard R. (Herausgeber): »The New Encyclopedia of the American West«. New Haven /USA und London 1998.

Landrin, M. u. Schmidt, Chr. H.: »Die Kunst des Messerschmiedes«. Weimar 1836.

Levine, Bernard: »Knifemakers of Old San Francisco«. 3. Auflage Boulder/USA 1998.

Levine, Bernard: »Levine's Guide to Knives and their Values«. 4. Ausgabe, Iola/USA 1997.

Minnis, Gordon B.: »American Primitive Knives 1770-1870«. Alexandria Bay, New York/USA 1983.

Moran W.F., Palmer, Ben u. Phillips, Jim: »Bowie Knives of the Ben Palmer Collection«. USA o.O. 1992.

Myers, John Myers: »The Alamo«. Lincoln/London 1948.

Nevin, David: »The Texans«. New York/USA 1975.

Newman, Marc: »Civil War Knives«. Boulder/USA 1998.

Nofi, Albert A.: »The Alamo and the Texas War for Independence«. New York 1994.

Peterson, Harold L.: »American Knives. The First History and Collector's Guide«. Highland Park/USA 1993.

Peterson, Harold L.: »Daggers and Fighting Knives of the Western World. From the Stone Age till 1900«. o.O.

Pohl, Dietmar: »Taktische Einsatzmesser. Entwicklung – Anwendungsbereiche – Modelle und Hersteller«. Stuttgart 2001.

Price, Houston C.: »Official Price Guide to Collector Knives«. 11. Ausgabe, New York/USA 1996.

Reichstein, Andreas: »Der texanische Unabhängigkeitskrieg 1835/36. Ursachen und Wirkungen«. Berlin 1984.

Siebeneicher-Hellwig, Ernst G.: »Messermachen«. Braunschweig 2000.

Thorp, Raymond: »Bowie Knife«. 4. Auflage, Williamstown/USA 1994.

Twain, Mark: »Leben auf dem Mississippi«. Zürich 1990.
Tweedale, Geoffrey: »The Sheffield Knife Book. A History and Collectors Guide«. Sheffield 1996.
Wellman, Paul I.: »The Iron Mistress«. Garden City, New York/USA 1951.
Wilson, R.L.: »Das Gesetz der Prärie – Die Waffen des Wilden Westens«. Stuttgart 1994.
Wilson, R.L.: »Kunstwerke in Stahl«. Stuttgart 2000.
Winchell, F.R.: »A Bowie Primer – Era/Man/Knife«, *Internet-Print on Demand*, daher ohne Jahresangabe.

Zeitschriften, einzelne Artikel, Kataloge und Varia

Diverse Jahrgänge und Einzelausgaben von: »The American Blade Magazine«, später »BLADE – World's 1 Knife Publication«, »Knife Illustrated«, »VISIER – Das internationale Waffenmagazin« und fünf Bände zum Thema Messer aus der »VISIER-Special-Edition«, »Messer-Magazin«, »Wild West«, »Old West«, »True West«.

Zu William R. Williamson: Im 20. Jahrhundert der wichtigste Fachmann zum Thema Bowie-Messer. Doch sind seine Texte weit verstreut. Er veröffentlichte in unzähligen Ausgaben von US-Zeitschriften wie »Guns & Ammo«, »Arms Gazette«, »The American Blade Magazine« oder »The Gun Report« Aufsätze und Artikel. Es fehlt eine Zusammenfassung!

Drei Informationsbroschüren aus dem Alamo-Museum in San Antonio, Texas:

Mary Ann Noonan Guerra: »The Alamo«. San Antonio 1983.

Mary Ann Noonan Guerra: »Heroes of the Alamo and Golia. Revolutionaries on the Road to San Jacinto and Texas Independence«.

The Daughters of the Republic of Texas (Hrsg.): »The Alamo Long Barrack Museum«. Dallas/USA 1986.

Diverse Kataloge des Auktionshauses Butterfield & Butterfield (heute Butterfields) in Kalifornien.

Internet

Alle Link-Angaben wegen der Schnelllebigkeit des Mediums unter Vorbehalt (Stand: November 2002).

»The Handbook of Texas Online«: Das in Amerikanisten-Fachkreisen kurz als HOT bekannte Handbuch bietet eine vorbildliche Informationsquelle zu allem, was Texas betrifft. Noch vorbildlicher waren die Texaner, als sie dieses Meisterwerk der Information ins Internet stellten. Natürlich bildet es auch eine Fundgrube zur Revolutionsära dieses US-Staates. Unter *www.tsha.utexas.edu* abzurufen.

Wissenswertes zum Alamo findet sich unter *http://thealamo.org* und unter *http://hotx.com/alamo*. Zur Revolutionshistorie klicke man auch auf *www.tamu.edu*.

Messerliebhaber klicken auf:
www.messerforum.net
www.BladeForums.com

Berühmte Amerikaner

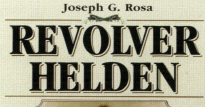

Joseph G. Rosa
Revolverhelden
Im Wilden Westen der USA gehörten das Krachen von Schüssen und der Geruch von Pulverdampf zum Alltag. Oft herrschte das Recht des Stärkeren – und stärker war, wer am schnellsten seine Kanone zog. In diesem Buch stellen sich die berühmten Outlaws, Spieler, Sheriffs und Marshals mit ihren Waffen vor.
192 Seiten, 360 Bilder, davon 67 in Farbe
Bestell-Nr. 01904
€ 42,–

R. L. Wilson, **Kunstwerke in Stahl**
Das gesamte Spektrum an Meisterwerken amerikanischer Büchsenmacher und Graveure. Die Spannweite reicht von Steinschlosspistolen über Langwaffen von Sharps und Remington bis zu den modernen Erzeugnissen von Colt, Winchester, Marlin oder Smith & Wesson. Außerdem stellt die Sammlung Blankwaffen und Messer vor.
384 Seiten, 622 Bilder, davon 429 in Farbe
Bestell-Nr. 02077 € 66,–

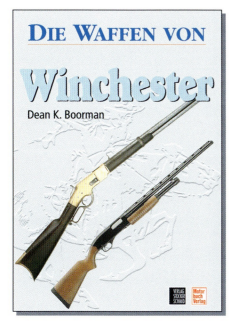

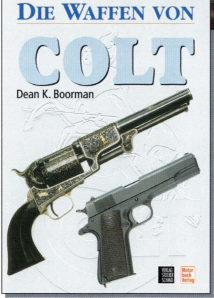

Dean K. Boorman
Die Waffen von Winchester
Der Unterhebel-Repetierer des Oliver Fisher Winchester prägte das Bild Amerikas. Hier ist die spannende Geschichte des Unternehmens und seiner Waffen-Modelle.
128 Seiten, 170 Bilder, davon 120 in Farbe
Bestell-Nr. 30481   € 19,90

Dean K. Boorman
Die Waffen von Colt
Dieses Buch folgt dem Weg der Colt-Feuerwaffen von den ersten Patenten des Samuel Colt aus dem Jahr 1835 bis zum Einsatz des M16A2 in Konflikten unserer Tage.
128 Seiten, 170 Bilder, davon 120 in Farbe
Bestell-Nr. 30482   € 19,90

IHR VERLAG FÜR ZEITGESCHICHTE

Postfach 10 37 43 · 70032 Stuttgart
Tel. (07 11) 2 10 80 65 · Fax (07 11) 2 10 80 70

Stand Januar 2003 – Änderungen in Preis und Lieferfähigkeit vorbehalten

Eliteverbände im Einsatz

Hartmut Schauer
**Ledernacken –
Das US Marine Corps**
Immer wieder verteidigten diese Soldaten ihren Ruf, eine der schlagkräftigsten Truppen der Welt zu sein. Der Autor erzählt ihre Geschichte, listet ihre Einsätze auf und schildert die knallharte Ausbildung der Rekruten.
224 Seiten, 60 Bilder
Bestell-Nr. 01533 € 22,80

David Bohrer
US-Eliteverbände
Auftrag und Einsätze der SEALs der Marine, der »Green Berets« und der Rangers des Heeres, der Special Operations Forces der Luftwaffe und der Force Recon-Kompanien, ihre Ausbildung sowie ihre Ausrüstung und Bewaffnung.
128 Seiten, 201 Bilder, davon 176 in Farbe
Bestell-Nr. 02151 € 26,–

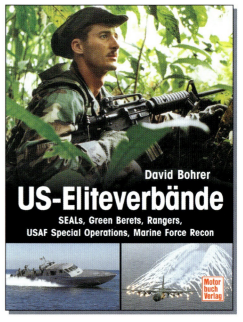

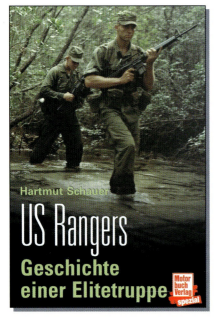
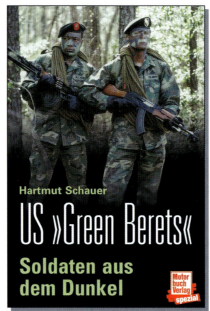

Hartmut Schauer
US Rangers
Eine Spezialausgabe über die US Rangers und ihre 300jährige Geschichte als Elitetruppe des amerikanischen Heeres. Bekannt wurde die Einheit durch Einsätze während des Zweiten Weltkriegs und in Vietnam, 1983 sprangen Rangers über Grenada ab und waren seither noch an vielen Operationen beteiligt.
196 Seiten, 92 Bilder
Bestell-Nr. 01136 € 12,–

Hartmut Schauer
US »Green Berets«
De opresso liber – Freiheit den Unterdrückten – lautet der Wahlspruch der US Special Forces, besser bekannt als »Green Berets«. Im Kalten Krieg 1952 entstanden, schlug der Truppe in Vietnam die »Stunde der Bewährung«, seitdem war sie in aller Welt im Einsatz. Diese Spezialausgabe berichtet davon.
232 Seiten, 41 Bilder
Bestell-Nr. 01052 € 12,–

IHR VERLAG FÜR ZEITGESCHICHTE

Postfach 10 37 43 · 70032 Stuttgart
Tel. (07 11) 2 10 80 65 · Fax (07 11) 2 10 80 70

Stand Januar 2003 – Änderungen in Preis und Lieferfähigkeit vorbehalten